国家中等职业教育示范学校创新教材

汽车概论

Qiche Gailun

主　编　仲　涛　张　彬

副主编　李红军

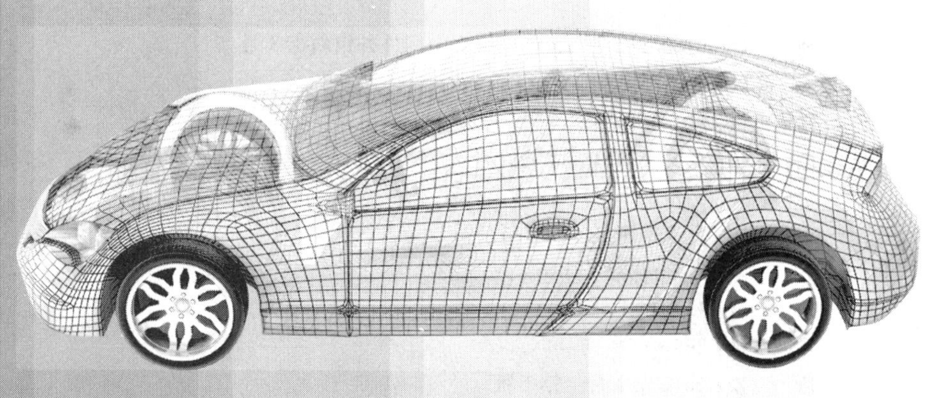

内 容 提 要

本书是国家中等职业教育示范学校创新教材之一，主要内容包括：认识汽车，汽车发动机，汽车底盘，汽车电气设备，汽车的性能与选购及汽车的维护与修理。

本书可作为中等职业学校汽车类专业的教材，也可供相关技术人员参考阅读。

图书在版编目(CIP)数据

汽车概论 / 仲涛，张彬主编. —北京 ：人民交通出版社，2012.3

ISBN 978-7-114-09506-1

Ⅰ. ①汽… Ⅱ. ①仲…②张… Ⅲ. ①汽车－教材 Ⅳ. ①U46

中国版本图书馆 CIP 数据核字(2011)第 235458 号

国家中等职业教育示范学校创新教材

书　　名：**汽车概论**
著 作 者：仲　涛　张　彬
责任编辑：钟　伟
出版发行：人民交通出版社
地　　址：(100011)北京市朝阳区安定门外外馆斜街 3 号
网　　址：http://www.ccpress.com.cn
销售电话：(010)59757973
总 经 销：人民交通出版社发行部
经　　销：各地新华书店
印　　刷：**北京市密东印刷有限公司**
开　　本：787×1092　1/16
印　　张：15
字　　数：365 千
版　　次：2012 年 3 月　第 1 版
印　　次：2015 年 9 月　第 2 次印刷
书　　号：ISBN 978-7-114-09506-1
定　　价：30.00 元

前言

汽车以其高速、机动、舒适、便捷的优点，极大地方便了人们的工作和生活。在我国，汽车已经走进千家万户，近几年我国汽车工业的发展突飞猛进，因此，需要大批的汽车专业技术人才和高素质的劳动者。为了使汽车类专业的学生入校后尽快对汽车及汽车工业有较为全面的了解，我们编写了本书。

本书是作者在依据多年的教学改革实践并广泛征求学生意见的基础上编写而成的，从不同侧面介绍了汽车相关知识，如汽车的发展史、汽车的分类组成、汽车的基本结构、汽车新技术的应用等，图文并茂，通俗易懂。本书可作为汽车类专业低年级学生的教材，也可以作为汽车相关专业选修课教材，同时也可供汽车行业有关技术人员、汽车修理工、驾驶人和汽车爱好者阅读和参考。

本书体现了中等职业学校的培养目标，即以培养初级、中级技能型人才和高素质劳动者为出发点，突出职业教育的特点，注重以就业为导向，以能力为本位，在内容上力求简单明了，实用性强，应用性广。本书内容共分为 6 个单元，建议学时分配如下：

章　序	课程内容	课堂教学	现场教学	合计
绪论		2		2
第 1 单元	认识汽车	5		5
第 2 单元	汽车发动机	16	2	18
第 3 单元	汽车底盘	16	2	18
第 4 单元	汽车电气设备	12		12
第 5 单元	汽车的性能与选购	5		5
第 6 单元	汽车的维护与修理	2		2
	授课合计	58	4	62
	机动			2
总　　计				64

本书由沈阳市汽车工程学校仲涛、张彬担任主编，李红军担任副主编，参编人员有郜敬明、张凯良、肖宏、许维良。全书由张彬统稿。本书在编写过程中得到了赵传胜、金春玉、乌莉、穆冬梅、陈志伟的大力支持，另外，感谢人民交通出版社编辑的无私帮助，编写中参阅了其他同行的著作，在此一并表示衷心的感谢。

由于编者水平有限，书中难免有不足之处，恳请广大读者批评指正。

编　　者

2011 年 12 月

目录

目录

绪　论

1. 了解有关汽车发明的相关知识。

2. 了解世界汽车工业发展的过去、现状、未来发展趋势及国外著名汽车公司。

3. 了解中国汽车工业发展过程及中国著名汽车公司。

一、汽车的发明

车的历史由来已久,陆地上有轮子的运输工具都可以称为“车”。学者们认为,中国是最早使用车的国家之一,大约 4600 年前,我们的祖先就开始造车并把车用于生产、生活和作战。车的动力从人力、兽力、蒸汽机到内燃机,经历了漫长的年代。

三轮汽车的发明者卡尔·本茨(Karl·Friedrich·Benz)(图 0-1)是一名德国工程师,他出生于 1844 年,是火车司机的儿子。本茨从小跟父亲生活在火车上,因此他对火车蒸汽机机车产生了浓厚的兴趣。1878 年,34 岁的本茨曾试制过二冲程煤气发动机,但是没有成功。1879 年,本茨终于首次试验成功了一台二冲程发动机。从 1884 年初到 1885 年 10 月,本茨研制出单缸汽油发动机并将此发动机装到一辆三轮车上成为一辆三轮汽车(图 0-1),它是德国梅赛德斯 - 奔驰汽车公司的第一代“祖宗”(1994 年北京国际汽车工业展览会上,奔驰公司曾展出此车)。这辆三轮汽车打破了传统马车的木架结构,首次用钢管焊成车架,用了 3 个辐条式的车轮做轮子。车架上装有一台小型单缸汽油机,有效工作容积为 1687mL,转速为 200r/min,功率为 1.5 马力(1 马力 =735.498 75W),用高压线圈点火,化油器是带浮子阀的,用水冷却。汽油机发动以后,动力经齿轮和链条传递到后轴,后轴由两个半轴组成,中间装有差速器,以利车辆转弯;前轮架在一个叉子上,类似自行车的前轮装置,上面有转向手柄,用来操作车辆转弯。这辆汽车上还装有变速杆和制动把,车的最高时速可达 18km/h。

另外，为了使人坐在上面感到舒服，在车架和车轴之间，首次装上了钢板弹簧悬架。

由上述特征可以看出，这辆汽车已具备现代汽车的一些基本特点，它是世界上第一辆装有汽油内燃机的三轮汽车，本茨于1886年1月29日向德国专利局申请他发明汽车的专利，1886年11月2日专利局正式批准发布。因此，1886年1月29日被认为是世界汽车诞生日。本茨的专利证书也成为世界上第一张汽车专利证书。这张专利证书的证号是7435，类别属于第46类，即空气及气态动力机械类。

图0-1 卡尔·本茨与卡尔·本茨制造的三轮汽车

四轮汽车的发明者哥德里普·戴姆勒（Gottlieb·Daimler）（图0-2）是德国马车商人的儿子。他的父亲因为蒸汽机汽车抢了他的生意而大为恼火，在一次马车与蒸汽机汽车比赛的打赌中，他父亲大丢脸面，这给小戴姆勒留下了极深的印象，他发誓要发明一种超过蒸汽机汽车的车辆。戴姆勒是一个机器迷，他做过铁匠和车工，也上过几年技术学校。他长期担任内燃机发明者奥托领导下的奥托-朗根公司的技术工作，对奥托内燃机（固定式煤气发动机）的研制作出了重要的贡献。戴姆勒对汽油发动机更感兴趣，他认为奥托内燃机虽然质量大、转速低，但只要稍加改动就可装在汽车上使用。然而奥托本人却目光短浅，墨守成规，他看到当时制造煤气发动机的销路比较好，所以不同意改进。1881年，戴姆勒辞去奥托厂的一切职务，转而与他的同胞兄弟威廉·迈巴赫合作开办了当时的第一家所谓的汽车工厂，开始研究一种"轻便快速"发动机的设计方案。1883年8月15日，戴姆勒发明了世界上第一台"轻便快速"运转的内燃机，这台发动机每马力能带动80kg重物，达到了相当高的转速。此时，戴姆勒并没有就此满足，他想创造一种"所有车辆都能使用的自动推进器"。在1885年，他又研制出第二台立式单缸内燃机，功率达到了1.1马力，他立刻将自己发明的内燃机装到一辆"骑士"自行车上。1886年，戴姆勒又将马车加以改善，增添了传动、转向等必备机构，安装一台1.5马力的汽油发动机，使其成为世界上第一辆没有马拉的"马车"——汽车，这辆车以14.4km/h"令人窒息"的车速从斯图加特驶向了康斯塔特，从而安装有汽油内燃机的第一辆四轮汽车（图0-2）诞生了，与卡尔·本茨研制的三轮汽车是在同一年，本茨和戴姆勒也因此被誉为汽车之父。

戴姆勒和本茨所发明的汽车都采用汽油机。汽油由石油精炼而成，极易蒸发和燃烧，对发动机的起动、加速和工作稳定性十分有利。石油的另一产品——柴油同样具有优良性能，并且，柴油价格低廉（柴油问世时，其价格仅为汽油的一半），引起了汽车研究者们极大的兴趣，他们都在试验让发动机试用这种燃料。

1890年1月，一位叫狄塞尔的德国人摘取了"柴油机发明者"的桂冠，他成功地试制出世界上第一台柴油机。

图 0-2　哥德里普·戴姆勒与哥德里普·戴姆勒发明的四轮汽车

鲁道夫·狄塞尔(图 0-3)于 1858 年 3 月出生于法国巴黎,父母是在法国打工的德国工人。法、德交恶后,由于父母是德国移民,狄塞尔一家被驱逐回德国,家中的生活相当窘迫。但是年少的狄塞尔学习非常勤奋,成绩一直名列前茅。毕业时,他以全校最高分的成绩获得奖学金从而进入德国的慕尼黑工业大学学习,这为他以后的研究工作创造了很好的条件。

图 0-3　狄塞尔与狄塞尔发明的柴油机

1879 年,21 岁的狄塞尔大学毕业,当了一名冷藏工程师。早在大学时代,他就喜欢物理和热力学,当他知道那时蒸汽机的最高效率只有 13% 时,决心攻克蒸汽机的致命弱点,探索一种高效率的发动机。他首先研究发动机的历史,查阅了大量的资料。为了实现自己的愿望和抱负,他辞去了制冷机工程师兼销售经理的职务,自己成立了一个发动机实验室。

针对蒸汽机效率低的弱点,狄塞尔专注于开发高效率的内燃机。当时尼古拉斯·奥托发明的点火式内燃机已较成熟,但那时奥托发动机的燃料是煤气,储存、携带均不方便,效率也受到影响。19 世纪末,石油产品在欧洲极为罕见,于是狄塞尔决定选用植物油来解决机器的燃料问题(他用于实验的是花生油)。因为植物油点火性能不佳,无法套用奥托内燃机的结构。狄塞尔决定另起炉灶,提高内燃机的压缩比,利用压缩产生的高温高压点燃油料。后来,这种压燃式发动机循环便被称为狄塞尔循环。

实验证明,植物油燃烧不稳定,成本也太高,难以承担狄塞尔的“重任”。好在当时石油制品在欧洲逐渐普及,狄塞尔选择了本来用于取暖的重馏分柴油作为机器的燃料。但压燃式发动机的结构强度始终是个难题。一次实验中,汽缸上的零件像炮弹碎片一样四处飞散,差点儿造成人员伤亡。实验不顺利,狄塞尔的资金也渐渐耗尽。他不得不回到制冷机工厂谋生。但狄塞尔没有向困难屈服,他利用业余时间继续实验,一步步完善自己的机器。

1897 年,狄塞尔终于能够向全世界展示自己的成果—— 一台实用的柴油动力压燃式发动机(图 0-3)。这种发动机功率大、油耗低,可使用劣质燃油,显示出辉煌的发展前景。

1898 年,在慕尼黑展览会上,这台柴油机引起了美国人阿尔道夫·布什的浓厚兴趣,他将它成功地装在汽车上使用,油耗比汽油机低了 1/3。

柴油机是动力工程方面的又一项伟大的发明,它比汽油机油耗低,是汽车的又一颗机能良好的"心脏"。后人为了纪念狄塞尔的功绩,将柴油机称为"狄塞尔"(英语的 DIESEL 即为柴油机的意思)。现在你可以在许多汽车前面看到 DIESEL 的字样,就表示这是一辆柴油发动机汽车。

对世界汽车工业发展作出了巨大贡献的另一个人是美国人亨利·福特(图 0-4),他在汽车发展史上享有"汽车大王"的美誉,是他将人类社会带入了汽车时代。福特出生于 1863 年 7 月 30 日,其父是一位农场主。他自小就对从事农事颇有怨言,反而对鼓捣机械充满了浓厚的兴趣。

图 0-4　福特与其公司开发生产的 T 型车

1893 年圣诞节,福特汽油机试验成功,这给了他极大鼓舞。他决心再接再厉,研制"不用马拉的马车"。1896 年春天,他的第一辆汽车研制、试验成功,福特感到无比高兴。1899 年,福特又成功地制作出了三辆汽车,因此在当地他被公认是这一领域的杰出人物。于是,他与其他人合作成立了底特律汽车公司并任制造部经理。然而,公司制造了 20 辆汽车以后,就关门了。1901 年 10 月 10 日,福特接受主要凭赛车建立起了商业信誉的温顿的挑战,亲驾自制赛马车参赛,结果他出人意料地获得了胜利。于是,在商人们的支持下,他又成立了第二个汽车公司。可是批量生产汽车所需的技术完全不同于生产单一的汽车,修理工出身的福特在当时显然还不能胜任这一重任。当投资者发现他只热心于将金钱花在研制一种无法销售的高价竞赛车上时,毫不客气地将其赶出了厂门。这样,福特第二次办汽车厂也以失败而告终。

两次失败经历没将福特吓倒,他仍然谋求在汽车业的发展,并付出了比以往更大的努力:自驾赛车四处表演,不断改进汽车结构。由于经常获得各种比赛的胜利,他一跃成为"全美第一流的汽车司机",并被新闻界誉为"速度之魔"(他的赛车曾在一条 0.8km 长的大街上创下了 11km/h 的速度纪录)。1903 年 6 月,福特第三次与其他人合作,按股份制模式成立了汽车公司，尽管公司只有10位雇员，但他们却制造了性能稳定的A型汽车，A型汽车为福特日后的发展奠定了物质基础，它在不到一年时间内就售出650辆，实现了开门红。第二年，A型车月产量稳定在300辆，第三年达到360辆，福特公司因此而成为全底特律最为忙碌的工厂。1906年，N型车问世，这是一种物美价廉的汽车，外形美观、性能良好，加之随后推出的R型、S型等车，两年之内共售出8000多辆。N型车是福特的得意作品之一，它的成功不仅使福特彻底摆脱了贫困的生活，而且为日后的大发展提供了良好的经验。

1908年秋，令人注目的T型车隆重问世。T型车(图0-4)在设计思路、生产过程、零售定价、销售组织、售后服务等许多方面都采用了与众不同的方法。T型车的各种零件被首次设计成统一规格，实现了总成互换；在大型总装车间，别人发明的流水线装配法被发展成为由机械传送带运送零件和工具，极大地提高了工作效率；采用低定价(每辆车只售850美元，后又降至360美元)的销售策略，使大多数人都能买得起；提供充足的零部件和及时的售后服务保障，消除了用户的后顾之忧。由于该车价格低廉、使用方便、维护容易，销售异常火爆。累计1500多辆的产量更是创造了空前的纪录。T型车不仅使福特获得了巨大的成功，它作为普通民众的交通工具，也改变了人们的生活方式、思维方式和娱乐方式，将人类带入了汽车时代。

在世界汽车发展历史上还有几个重要的年代、人物和事件：

1839年，美国人固特异发明橡胶充气轮胎。

1876年，德国人奥托研制成第一台四冲程汽油发动机。

1895年，发动机前置式汽车问世。

1895年，法国发明家雷诺提出用齿轮传动替代带传动或链传动，改进传动机构，随后变速器、差速器相继出现。

1895年，法国橡胶商米其林兄弟制造出可拆卸的有充气内胎的橡胶轮胎，使车速从20km/h提高到100km/h。

1897年，德国人狄塞尔研制成第一台柴油发动机。

1939年，第一批由德国波尔舍博士于1937年设计的“甲壳虫”车被生产出来，这款车型以其价廉、耐用、便于维修等特点而迅速遍布全球。

二、世界汽车工业

1 世界汽车工业的发展

(1)世界汽车工业的发展总体经历了创建、发展、全盛、稳定、兼并改组和再发展等过程，可分为以下3个主要阶段：

①汽车快速发展时期(19世纪末至20世纪30年代)　继本茨和戴姆勒之后，福特、通用等20余家汽车公司相继成立。汽车生产组织形式由家庭作坊式过渡到大规模、标准化和流水线生产，出现了美国福特和通用等大汽车公司。1913年，福特公司首次采用流水线生产T型汽车，到1920年，实现了每分钟生产1辆汽车的速度。由于T型车经济实用，深受当时人们的欢迎，生产量达1546万辆，创下当时汽车单产世界纪录。从1908—1920年，全世界汽车保有量的50%是T型车，为“装在汽车轮子上的美国”立下了不朽功勋。通用公司采用合作兼并等方法，先后兼并了凯迪拉克、别克、雪佛兰、庞蒂克等30多个汽车公司，进行集团

化生产,分工协作,到1927年成为世界上最大的汽车公司。1984年通用公司从业人员达81.3万人。这个时期,欧洲忙于战乱,而美国工业发展迅速,人民收入提高,加上政府的政策,使美国的汽车工业得以快速发展,处于世界领先地位。

在汽车产量发展的同时,汽车技术也有很大进步,高速汽油机、柴油机、艾克曼式的转向机构、等速万向节、弧齿锥齿轮和准双曲面齿轮传动、带同步器的变速器、四轮制动、液压减振器、充气轮胎和发电机-蓄电池-起动机系统都是这个时期发明的。

②汽车发展的全盛时期(20世纪30年代至70年代初) 第二次世界大战结束后,欧洲各国也大力发展汽车,西欧汽车产量由战前的80万辆猛增到750多万辆,增长了近10倍。德国大众的甲壳虫牌汽车,流线型设计,减少风阻和车尾气体涡流,风靡全球,从1936—1973年共生产2150万辆,创下了单产世界纪录。其中,高尔夫牌轿车,款式新颖齐全,外壳镀锌板,12年不锈,深受欢迎,已经生产2000多万辆,欧洲几乎每个家庭都有1辆。在这个时期,日本也迅速崛起,在引进、消化的基础上,创造出新车型,产量从1963年的100多万辆迅速增加到1970年的400余万辆,其中出口汽车100多万辆。1985年日本出口汽车达675万辆,1980—1993年期间年产量超过美国,跃居世界第一。

这个时期的汽车技术主要是向高速、方便、舒适方面发展。20世纪50年代轿车功率已经达到280kW,最高车速达200km/h,流线型车身、前轮独立悬架、液力自动变速器、动力转向、动力制动、全轮驱动、低压轮胎、子午线轮胎都相继出现。

③汽车企业兼并改组,汽车产量相对稳定时期(20世纪70年代以后) 这个时期的世界汽车年产量稳定在4000万~5000万辆。由于发达国家汽车保有量趋于饱和,汽车生产过剩,市场竞争激烈,日美连续发生5次贸易战,欧美、欧日贸易摩擦不断。各大公司通过参股、控股、转让、兼并,加速了汽车工业国际化和高度垄断。1998年5月7日,德国最大的汽车工业集团戴姆勒·本茨公司与美国第三大汽车公司克莱斯勒公司合并,给汽车工业带来了极大震撼。

这个时期汽车技术的主要发展方向是提高汽车的安全性和降低排气污染。各种保障安全、减少排气污染的新技术、新车型应运而生,如各种防抱死制动系统、电子控制喷油、电子控制点火、三元催化转化系统、电动汽车等。

(2)世界汽车发展现状及发展趋势。由历年来世界汽车产量排名的数据分析可见,世界汽车产业已形成了"4+3"的格局,4大汽车巨头(丰田、通用、福特、大众)汽车销量都超过了500万辆,属第一集团;而本田、日产、标致雪铁龙的销量都超过了300万辆,组成了第二阵营。这7家汽车公司2008年的总销量为4000万辆,占全球汽车销量的77%,几乎垄断了全球汽车市场。

汽车市场竞争依然激烈,重点在亚洲。由于我国汽车市场潜力巨大,所有跨国汽车集团公司均已进入我国,同时在中国周边国家中寻找新的投资地点,如通用、戴姆勒、克莱斯勒、宝马、雷诺、日产、铃木都在印度投资;丰田、大众则在俄罗斯,本田在越南,马自达在泰国都新增或追加投资的项目。

从汽车技术发展看,围绕轿车的安全、环保、节能和防盗等重要问题,汽车电子控制、智能化日益深化和扩大,在20世纪80年代初,电子设备只占汽车成本的2%,而目前已经达到20%~30%。电控燃油喷射(EFI)、无分电器电子点火(DLI)、防抱死制动系统(ABS)、电子控制制动力分配系统(EBD)、动态稳定控制系统(DSC)、电子驱动力调节系统(ETS)、电子差速锁(EDS)、驱动防滑装置(ASR)、电控自动变速器(AT)、安全气囊(SRS)、电子巡航系统

(COS)、智能悬架、速度感应式转向系统(SSS)、三元催化转化系统、故障自诊断系统和各种报警装置几乎都成为现代汽车标准配置,全球卫星定位系统(GPS)、车载蓝牙技术和多路传输系统(CAN)等新技术也被许多汽车采用。同时,汽车新结构、新材料、新工艺和新机型等不断涌现。汽车的设计和制造也广泛采用计算机辅助设计(CAD)、计算机辅助工程分析(CAE)、计算机辅助试验(CAT)、计算机辅助造型(CAS)、计算机辅助制造(CAM)、计算机辅助集成制造系统(CIMS)和计算机虚拟现实系统(VR)等先进技术。

根据发达国家的研究结果发现,未来世界汽车的技术发展将主要集中在:汽车设计技术和控制手段电子化、汽车驱动形式多样化、汽车生产制造柔性化、汽车材料轻量化、汽车生产组织全球化。以开发出更安全、舒适、无污染和节能型、智能化汽车。

2 国外著名汽车公司

进入21世纪,汽车几乎已遍布在世界的各个角落,汽车生产企业也分布于世界各地,以下简单介绍几个最具影响力的公司。

(1)在汽车的发源地德国,著名的汽车公司有梅塞德斯－奔驰汽车公司(简称奔驰汽车公司)、宝马汽车公司、大众汽车集团、保时捷设计与研究公司(原译为波尔舍公司)、欧宝(曾译为奥贝尔)汽车公司。

①梅塞德斯－奔驰公司。世界十大汽车公司之一,德国按销售额为第一大汽车公司,按产量则居第二。1926年由奔驰公司和戴姆勒公司合并而成。在本茨和戴姆勒各自生产出自己的第一部汽车后,两人都于1887年把自己的产品推向市场,两家公司都不断推出新的汽车品种,到1902年,戴姆勒才将公司生产的所有汽车都以自己女儿的名字命名,没想到销量大增。但很快,德国在第一次世界大战中失败,经济衰退,福特汽车以廉价赢得大量德国市场,为求生存,戴姆勒与本茨决定联合起来一致对外。合并后的公司称为戴姆勒－奔驰汽车公司,产品统一命名为梅塞德斯－奔驰。20世纪60年代起,梅塞德斯－奔驰公司的业务向宇航、航空动力等多方面发展,公司改组为戴姆勒－奔驰工业集团,汽车部改称为梅塞德斯－奔驰公司。现在,奔驰汽车公司除以高质量、高性能豪华汽车闻名外,它也是世界上最著名的大型客车和重型载货汽车的生产厂家。小汽车新产品有奔驰W124、奔驰R129、奔驰W126等四大系列。其中W126系列的560SEC和R129系列的500SL都是十分受欢迎的超豪华汽车。具体车型划分为:c级车(中档轿车、跑车);e级车(高档轿车、跑车);s级车(豪华轿车、跑车);g级车(越野车)。

②宝马汽车公司。该公司于1916年创建,创始人是卡尔·拉普和古斯塔夫·奥托,总部设在德国慕尼黑,主要生产高级轿车和跑车。宝马公司初建时只生产飞机发动机,所以选择蓝白相间的螺旋桨形图案作标志。第一次世界大战后德国航空工业受到严格限制,宝马公司于1929年开始生产汽车。20世纪90年代,宝马公司的汽车产量多次超过奔驰公司,成为全球增长最快的高档汽车生产厂家。宝马公司拥有BMW、MINI和Rolls-Royce(劳斯莱斯)三个品牌。宝马公司目前在13个国家设有子公司和生产厂,国内有10家子公司。销售的汽车产品有宝马新3、新5、新7和新8系列豪华小轿车。宝马850i是最新推出的最为豪华的小轿车。

③大众汽车集团。大众汽车公司创建于1938年,初建时是德国国有企业,主要发起人是费迪南德·波尔舍博士,总部设在德国沃尔夫斯堡。20世纪40年代,大众的“甲壳虫”成为欧洲最畅销的车种。1960年大众公司实现私有化,1964年买下奥迪汽车公司,组成大众

汽车集团,后又买下西班牙西特汽车公司和捷克斯科达汽车公司,成为大型世界性汽车工业集团。大众集团的大众汽车公司是欧洲最大的汽车公司,主要产品有高尔夫、捷达、帕萨特等。

④保时捷设计与研究公司。保时捷公司创建于1930年,创始人是费迪南德·保时捷博士(图0-5),公司总部设在德国斯图加特。这是一个非常特殊的公司,既从事保时捷牌超级跑车的设计与生产,又承接其他公司委托的技术研究和设计开发工作。尽管保时捷以其跑车闻名于世,但公司收入的更大部分来自承接的研究工作。大众公司的"甲壳虫"(图0-5)就是保时捷博士研制开发的。

图0-5　保时捷与保时捷设计的"甲壳虫"汽车

保时捷汽车公司对运动车的研究成就辉煌,从创建至今,公司推出了许多令汽车界和车迷注目的运动车产品。它和英国的莲花汽车公司、意大利的法拉利汽车公司以及英国的杰戈娃公司领导着世界运动车的发展潮流。费迪南德·保时捷以及他的儿子费利·保时捷、孙子费迪南德·亚历山大·保时捷都是举世闻名的汽车设计大师,他们三代人推出的跑车产品风靡全世界。保时捷356、保时捷804、保时捷904和保时捷911都是名噪一时的运动车。特别是老保时捷的孙子费迪南德·亚历山大·保时捷设计的保时捷911,直到现在还有广泛的市场。

(2)在首创流水线的美国,著名的汽车公司有通用、福特和克莱斯勒。

①通用汽车公司。通用汽车公司是世界上最大的汽车公司,创建于1908年,创始人是威廉·杜兰特,总部设在美国汽车城底特律。杜兰特原来是美国最大的马车制造商,1904年他买下了别克汽车公司,开始进入汽车制造业,由于财力雄厚和善于经营,公司迅速发展,1908年成为美国最大的汽车公司,在拿不出足够的现金收购福特公司时,他仍不懈努力,笼络了包括凯迪拉克等20多家小公司,于1908年秋正式成立了通用汽车公司。因为杜兰特没有管理庞大公司的能力,两年后通用公司陷于困境,他被迫离开通用。但他不气馁,另建了雪佛兰汽车公司并经营成功,在杜家族巨大的财政支持下,他通过收购股权重新控制了通用。还是由于不善管理,最终换用了具有管理天赋的阿尔弗莱德·斯隆经营通用公司,通用从此开始了一个崭新的时代。通用现有6个分部和2个子公司:凯迪拉克分部、别克分部、奥兹莫比尔分部、旁蒂克分部、佛兰分部、土星分部、欧宝公司和伏克斯豪尔公司,还在瑞典绅宝汽车公司拥有一半股份。

2009年6月1日,通用汽车公司申请破产保护。2009年7月10日成立新通用汽车有限公司,结束破产保护。目前由美国联邦政府注资而持有其60.8%的股权,新公司标志保持不变，只保留“雪佛兰”、“凯迪拉克”、“别克”和“GMC”4 个核心汽车品牌。

②福特汽车公司。福特汽车公司是美国和世界第二大汽车公司，创建于 1903 年，创始人是亨利·福特，总部在底特律附近的迪尔本。1903 年，福特与一个煤商合建公司，并以二人名字命名——福特马尔科姆逊公司。第二年该公司更名为福特汽车公司，不久福特买下了对方的股份，使其成为福特家族的独占企业。福特公司目前有两个分部和两家大型子公司：福特分部、林肯－水星分部、德国福特公司和英国福特公司。福特汽车公司的著名品牌有福特、林肯、沃尔沃、马自达、水星、阿斯顿·马丁、捷豹、陆虎等。

③戴姆勒－克莱斯勒汽车公司。克莱斯勒汽车公司创建于 1925 年，创始人是沃尔特·克莱斯勒，总部设在底特律，是美国第三大汽车公司。它的前身是 1913 年成立的马克斯维尔汽车公司，1924 年，克莱斯勒以自己的名字命名了新开发的轿车，1925 年他买下破产的马克斯维尔公司组建自己的公司。凭借自己的技术和财力，他先后买下道奇、布立格和普利茅斯公司，逐渐发展成为美国第三大汽车公司。1998 年 5 月宣布与戴姆勒－奔驰公司合并为戴姆勒－克莱斯勒公司。如今的克莱斯勒公司有四个分部：道奇、普利茅斯（顺风）、克莱斯勒和鹰·吉普部，它的著名品牌有“奔驰”、“克莱斯勒”等。

（3）法国的著名汽车公司有雷诺、标志、雪铁龙。

①雷诺汽车公司。雷诺汽车公司创建于 1898 年，创始人是路易斯·雷诺，总部设在法国比昂古。第二次世界大战期间，法国被德军占领，雷诺与纳粹德国合作，为其生产军用产品。第二次世界大战结束后，1944 年，路易·雷诺以通敌罪被法国政府逮捕，不久死于狱中，雷诺公司也被法国政府接管收归国有。目前，雷诺公司是法国第二大汽车公司，主要产品有雷诺牌轿车、公务用车及运动车等。雷诺和日产于 1999 年 3 月签订的股本参与协议和联盟协定。雷诺与日产联盟，双方合作密切，缔造了全球优异的销售业绩，同时也协助双方公司在新市场的业务拓展，更让雷诺－日产联盟跻身于世界前五大汽车集团之列。雷诺－日产汽车公司的著名汽车品牌有雷诺、日产等。

②标志汽车公司。标志汽车公司创建于 1890 年，创始人是阿尔芒·标志。标志家族 1810 年建厂生产锯条和工具，把杜斯省的省标 只雄师作为商标，1889 年开始生产汽车。法国的第一辆汽车是标志公司生产的。1976 年标致公司吞并了法国历史悠久的雪铁龙汽车公司，从而成为世界上一家以生产汽车为主，兼营机械加工、运输、金融和服务业的跨国工业集团。标致汽车公司总部在法国巴黎，汽车厂多在弗南修·昆蒂省，雇员总数为 11 万人左右，年产汽车 220 万辆。

③雪铁龙汽车公司。雪铁龙汽车公司创建于 1919 年，创始人是安德列·雪铁龙，总部设在巴黎，它的前身是齿轮厂，故其标志是人字形齿轮。1913 年，雪铁龙把流水线引入法国；1934 年雪铁龙又生产出法国第一辆前轮驱动汽车；1969 年，雪铁龙公司生产了法国第一部电控燃油喷射汽车；1976 年雪铁龙汽车公司加入标致集团，成为法国“标致－雪铁龙”集团成员之一，但它仍然有很大的独立性，其经营活动仍然由自己掌握。雪铁龙公司有 13 个生产厂家和一个研究中心，其中阿尔内·色·布瓦是欧洲最先进的汽车厂。近几年来，雪铁龙公司的产品有“雪铁龙”Ax、Bx、Cx 系列，还有“雪铁龙”TDR 等。1992 年，雪铁龙与东风汽车公司签订协议，成立合资公司——神龙汽车有限公司，生产富康轿车。

（4）意大利著名的汽车公司有菲亚特、法拉力、兰博基尼、阿尔法·罗米欧等。

①菲亚特（FIAT）汽车公司。菲亚特汽车公司是意大利最大的汽车公司，是世界十大汽车公司之一，创建于 1899 年 7 月意大利都灵市，创始人是乔凡尼·阿涅利。菲亚特汽车公

司是世界上第一个生产微型车的汽车生产厂家。公司全称是意大利都灵汽车制造厂,菲亚特(FIAT)即是该公司缩写的译音,也是该公司产品的商标。集团总部设在意大利都灵市,现任董事长是创始人的长孙。该公司拥有菲亚特(Fiat)、蓝旗亚(Lancia)和阿尔发罗米欧(AlfaRomeo)三大轿车品牌,商用车品牌有菲亚特(Fiat)。

②法拉力汽车公司。法拉力汽车公司创建于1929年,创始人是恩佐·法拉力。阿尔法·罗米欧是意大利高级轿车和跑车制造公司,创建于1910年。1919年法拉力第一次参加汽车赛,其优异的赛车成绩引起阿尔法·罗米欧公司注意,1920年法拉力应邀加入阿尔法·罗米欧车队,他不但是一名赛车手,还是一位优秀的组织者,他通过关系聘请到了菲亚特公司著名工程师维多利·亚诺。1923年,法拉力驾驶着亚诺为阿尔法·罗米欧公司制造出的第一辆有实力的赛车在拉文纳汽车大赛中大获全胜,使法拉力和阿尔法·罗米欧车队一举成名。拉文纳是一位伯爵的儿子,第一次世界大战中曾是意大利的王牌飞行员。伯爵夫人曾建议法拉力把她儿子飞机上的吉祥物——一匹黄色奔马印到她儿子的赛车上作为护身符,从此,这匹奔马就出现在每一辆法拉力的和以法拉力命名的汽车上。以后法拉力和亚诺又接连创造了多个赛车史上的奇迹,为阿尔法·罗米欧公司在全世界赢得了声誉。1929年,法拉力离开了阿尔法·罗米欧公司,决心独自发展,但由于受到多种原因的干扰,直到1947年,第一辆以奔马为象征的法拉力汽车才诞生,从此,法拉力带领他心爱的赛车南征北战,为世界赛车史写下了无数辉煌的篇章。法拉力被后人称为赛车之父。

(5)英国著名的汽车公司有劳斯莱斯、莲花等。

劳斯莱斯汽车公司(曾译为罗尔斯-罗伊斯)创建于1906年,创始人是亨利·罗伊斯和查尔斯·罗尔斯。罗尔斯和罗伊斯原本就是商业伙伴,罗伊斯是位工程师,罗尔斯出身贵族,是个兼营汽车销售的赛车手。罗伊斯于1904年制造出他的第一批汽车,罗尔斯对这些车极其欣赏,认为这些车会有极好的发展前景,所以决定共同组建劳斯莱斯(罗尔斯-罗伊斯)汽车公司,罗伊斯负责设计和生产,罗尔斯负责销售。1907年推出了第一辆以劳斯莱斯命名的豪华轿车,后来公司又聘请雕塑专家为劳斯莱斯设计了立体车标——狂喜之灵女神。直到今日,一提到劳斯莱斯,人们总会联想到“豪华”。的确,劳斯莱斯车一直位居世界豪华轿车之冠。第一次世界大战初劳斯莱斯公司就开始生产航空发动机,20世纪70年代时,因投巨资开发新型航空发动机而使公司破产,后由政府对公司进行改组,把公司分为劳斯莱斯汽车公司和劳斯莱斯航空发动机公司。劳斯莱斯品牌仍然由两家公司在两种产品上使用。罗尔斯·罗伊斯航空发动机公司恢复了生机,再次跻身于世界三大航空发动机厂家之列,而劳斯莱斯汽车公司却鲜有作为,2003年劳斯莱斯汽车公司归入宝马集团。罗尔斯·罗易斯汽车公司年产量只有几千辆,连世界大汽车公司产量的零头都不够。它是以一个“贵族化”的汽车公司享誉全球的。曾经有过这样的规定:只有贵族身份的人才能成为罗尔斯·罗易斯轿车的车主。因此罗尔斯·罗易斯轿车成为了显示地位和身份的象征。

(6)瑞典著名的汽车公司是沃尔沃(VOLVO)汽车公司。沃尔沃(VOLVO),瑞典著名汽车品牌,又译为富豪,该品牌汽车是目前世界上最安全的汽车。沃尔沃汽车公司是北欧最大的汽车企业,也是瑞典最大的工业企业集团,世界20大汽车公司之一。创建于1924年,创始人是古斯塔夫·拉尔松和阿萨尔·加布里尔松,该公司原生产轴承,1927年制造成第一部汽车。沃尔沃公司除了大型客车、各种载货汽车在北欧占绝对统治地位外,它的小客车在世界上也非常有名气。沃尔沃小客车以造型简洁,内饰豪华舒适而闻名。“VOLVO”为拉丁语,是“滚动向前”的意思,喻示着汽车车轮滚滚向前、公司兴旺发达和前途无限。北京时间

2010 年 3 月 28 日,中国浙江吉利控股集团有限公司(简称:吉利集团)在瑞典哥德堡与福特汽车签署最终股权收购协议,获得沃尔沃轿车公司(简称:沃尔沃轿车)100% 的股权以及相关资产(包括知识产权)。本次收购涉及金额 18 亿美元。

沃尔沃汽车全线经典车型分成轿车(S 系)、商务旅行车(V 系)、SUV/运动休闲汽车(XC 系)和敞篷车/双门跑车(C 系)四个系列。此外,还有以字母"R"为代表的运动型高性能车系列。公司的产品战略,是利用全球共享技术制造出众多型号的汽车,以满足不同顾客群体的需求。S 系主要产品包括 S80 高级轿车、S60 轿跑车、S40 轿车;V 系主要产品包括 V70、V50;C 系主要产品包括 C70 敞篷跑车,全新 C30;XC 系主要产品包括 XC70,XC90。

(7)日本的著名汽车公司有丰田、日产、本田、三菱、铃木等。

①丰田汽车公司。丰田汽车公司是世界十大汽车工业公司之一,也是亚洲最大的汽车工业公司,总部设在日本爱知县丰田市。该公司创建于 1933 年,现在已发展成为以汽车生产为主,业务涉及机械、电子、金融等行业的庞大工业集团。

丰田公司早期以制造纺织机械为主,创始人丰田喜一郎 1933 年在纺织机械制作所设立汽车部,从而开始了丰田汽车公司制造汽车的历史。丰田公司自 1935 年生产出第一部汽车开始,在它各个不同的历史发展阶段,研发出不同的名牌产品,而且以快速的产品换型击败美欧竞争对手。早期的"皇冠"、"光冠"、"花冠"汽车名噪一时,近年来的"克雷西达"、"雷克萨斯"豪华汽车也极负盛名。丰田汽车公司与韩国的现代汽车公司已结成合作伙伴关系。丰田汽车(TOYOTA)所属品牌有"丰田"、"雷克萨斯(凌志)"等。

②日产汽车公司。日产汽车公司创建于 1933 年,前身是户烟铸造公司和日本产业公司合并的汽车制造公司,1934 年开始使用现名日产汽车公司,是日本三大汽车制造商之一。它在全世界 17 个国家有 21 个制造中心,汽车年产总量约 240 万辆,在全世界 191 个国家和地区销售汽车。日产汽车公司拥有堪称世界一流的技术和研发中心,被车界称作"技术日产"。从 1991 年起,日产公司的经营状况每况愈下,到 1999 年连续 7 年亏损,背负债务高达 21 000 亿日元,市场份额由 6.6% 下降到不足 5%,整个日产公司濒临破产。雷诺和日产于 1999 年 3 月签订股本参与协议和联盟协定,雷诺与日产联盟,双方合作密切,缔造了全球优异的销售业绩,同时也协助双方公司在新市场的业务拓展,更让雷诺 - 日产联盟跻身于世界前五大汽车集团之列。雷诺 - 日产汽车公司的著名汽车品牌有雷诺、日产等。

③本田汽车公司。本田(Honda)汽车公司全称为"本田技研工业股份有限公司"。其前身是本田技术研究所,创建于 1948 年 9 月,创始人是本田宗一郎。该公司生产的摩托车闻名世界,于 1962 年开始生产汽车。本田公司先后建立本田美国公司、本田欧洲英国公司。

本田公司的经营方法十分灵活,汽车产量已高达 190 万辆。在美国设立的本田分公司,1991 年在美国市场上的销量已超过克莱斯勒汽车公司,名列第三。本田公司也在英国建立了分公司。本田公司的"阿科达"和"市民"牌汽车历年来被用户评为质量最佳和最受欢迎的汽车。本田汽车公司素有日本汽车技术发展的"排头兵"之称,公司创始人本田宗一郎非常注重技术开发和研究,因而科技成果颇丰:本田的电子陀螺仪是世界上最先应用在汽车上的导航装置,它可以在荧光屏上显示地图以及行车路线,还可确定汽车的位置。本田公司的四轮防侧滑电子控制器、自动控制车身高度电子装置和复合涡流调整燃烧发动机都是世界上汽车高技术的领先成果。同时,"本田"汽车也是日本第一个达到美国标准的汽车公司。它的主要车型有本田阿库拉轿车、本田 S2000 跑车、本田 NSX 跑车、雅阁轿车、市民轿车等。

三、中国汽车工业

1 中国汽车工业的发展

中国历史上出现的第一辆汽车是1902年袁世凯进贡给慈禧太后67岁大寿的寿礼。这是一辆大约生产于1896—1898年的德国造汽车,该车外形很像18世纪欧洲的马车,车身为木质敞开式,上部有四根木杆支撑着帆布顶篷,前后两排座位,发动机为三缸水冷汽油机,功率为2.94kW(4马力)。该车现存于颐和园,是我国现存年代最早的汽车。

中国的汽车工业起步较晚。1929年5月,中国的第一辆国产汽车在辽宁省沈阳市问世。该车由张学良将军掌管的迫击炮厂制造,是民生工厂厂长李宜春从美国购进"瑞雪"牌汽车进行了拆卸,除发动机、后轴、电气设备和轮胎等采用原车部件外,对其他零件进行重新设计制造,终于试制成功我国第一辆"民生"牌汽车。随后,沈阳民生工厂进行小批量生产。1931年"九一八"事变爆发,日本人侵占了东三省,扼杀了我国汽车工业的萌芽。日本却借机盗取成果,成立了同和汽车株式会社,到1945年日本投降,已达年产量5000辆的生产能力。直到20世纪50年代,新中国成立后才开始建立自己的汽车工业,经历了从无到有、从小到大,创建、成长和全面发展三个历史阶段。

新中国成立后,毛泽东主席、周恩来总理等第一代国家领导人亲自筹划建立中国自己的汽车工业。1950年,建设一座现代化的载货汽车工厂被列入前苏联援助中国的重点工业项目之一。1953年6月,毛泽东主席亲自签发《中共中央关于力争三年内建设长春汽车厂的指示》。同年7月,第一汽车制造厂(简称"一汽")在吉林省长春市奠基。1956年7月,国产第一辆"解放"牌4t载货汽车在第一汽车制造厂诞生。"一汽"也因此被誉为中国汽车工业的摇篮。

1966年以前,我国对汽车工业共投资11亿元,形成"一大四小"5个汽车制造厂,年生产能力近6万辆、9个车型品种。1965年底,全国民用汽车保有量近29万辆,其中国产汽车17万辆("一汽"累计生产15万辆)。经历15年的发展,我国汽车工业的雏形迅速形成了。

在1966—1980年期间建设了"三线"汽车厂,并以中、重型载货汽车和越野汽车为主,同时发展矿用自卸车。由于备战,国家确定在"三线"的山区建设以生产越野汽车为主的第二汽车制造厂(简称"二汽")、四川和陕西汽车制造厂。

20世纪60年代后期,我国提出调动地方生产积极性,建设地方工业体系的方针。全国各省、自治区(除西藏外)均建设汽车制造厂,有的省建了八九个汽车制造厂。地方发展汽车工业,几乎全部仿制国产车型重复生产。据粗略统计,生产"解放"牌车型有20多家,生产"北京130"车型有20多家,生产"跃进"车型有近20家,生产"北京"越野车有近10家;改装车生产向多品种、专业化方向发展,生产厂点近200家。这些工厂技术水平低、规模小,形成汽车生产的"小而全"的分散局面。到1980年,汽车生产厂家56家,汽车生产行业企业总数为2379家。1980年年产量为22.2万辆,是1965年产量的5.48倍;1966—1980年生产各类汽车累计163.9万辆;1980年全国民用汽车保有量169万辆,其中载货汽车148万辆。

十一届三中全会确定了改革开放的政策,加速了经济发展,提高了人民生活水平。汽车需求量的激增对汽车工业提出了加快发展的要求。由于国际形势的缓和,一些大中型军工企业也转产汽车,这些企业有资金、有设备、有技术,是我国汽车工业的一支主力军。

1984年我国把汽车工业作为发展国民经济的支柱产业。1987年我国针对汽车业“缺重少轻，轿车几乎空白”的不利局面，又把轿车工业作为我国汽车工业发展的重点。从20世纪80年代中期开始，我国确定建立“三大”（上海、“一汽”、“二汽”）、“三小”（天津、北京、广州）轿车生产基地，并正式将轿车项目列为国家重点支持项目，中国汽车工业开始了战略转移。中国汽车工业结束了多年来主要生产载货汽车和越野汽车的历史，进入崭新的“轿车时代”。1984年初，中美合资北京吉普汽车有限公司成立，开创了我国合资生产整车的先河。上海大众、一汽大众、神龙公司、上海通用一个个大型中外合资轿车企业迅速崛起，并成为中国轿车工业的主力军。

1994年颁布了中国第一部《汽车工业产业政策》，中国汽车业自此进入了快速发展时期。1998年全国汽车年产量为162.8万辆，全球排名第10位；2000年全国汽车生产跨越200万辆（207.7万辆），全球排名第8位；商用车生产146.5万辆，全球排名第3位；轿车生产61.2万辆，全球排名第13位。在这一时期，汽车消费的市场主体开始由政府、集团公款购买为主逐步向私人购买为主转变。1995年私人购买占30%，到2000年私人购买达50%以上。随着中国加入世界贸易组织，联合重组的浪潮再次席卷中国，中国汽车企业开始加速融入全球化大潮。众多的汽车企业开始寻求与世界汽车巨头的战略联合，新的合资企业也随之纷纷诞生。在此期间，汽车产品结构进一步优化，形成3个大型企业集团为龙头和16个重点企业集团（公司）为主力军的汽车工业新体制。“一汽”、“东风”、“上海”3个大型企业集团的总体规模和综合实力增强，确立了中国汽车工业的龙头地位，其他还有13个重点大企业集团（公司）。中国汽车工业已经从原来那个各自独立的散乱差局面改变成现在的以大集团为主的规模化、集约化的产业新格局。

改革开放30多年来，全国建立了600多家中外合资汽车企业，积累了200多亿美元资本，占全国汽车工业资本的40%以上。中国汽车行业高速发展，近10多年来汽车产销量以每年15%的速度增长，是世界平均速度的10倍，中国已成为世界7大汽车生产国之一。中国汽车工业已经成为世界汽车工业的重要组成部分。

2 中国著名汽车公司

❶ 中国第一汽车集团公司（简称“一汽”）

中国“一汽”是中国汽车工业的摇篮，总部位于吉林省长春市，创建于1953年，毛泽东主席亲笔题名奠基。1956年第一辆国产汽车——解放牌中型货车诞生。1958年生产出第一辆国产高级轿车“红旗”。改革开放以来，“一汽”经过“换型改造”、“上轿车”为主要内容的两次创业，企业不断地发展壮大。目前拥有中国最大的中、重型货车生产基地、6万辆轻型货车生产基地、3万辆红旗轿车生产基地和中德合资的15万辆轿车生产基地，四大基地构成了中国“一汽”生产力的核心。

近年来，“一汽”采取了分开、分立、分流和分离的方法，组建分公司或子公司实行市场机制管理。重组和调整后，拥有一汽轿车、一汽四环、一汽夏利3个股份制的上市公司，一汽-大众、天津丰田等22个中外、中中合资企业，海外11个办事机构（含组装厂），拥有解放、红旗、马自达、一汽奥迪、捷达、宝来、威驰、夏利、雅酷、威姿、福美来等品牌，还组建了“一汽客车有限公司”、“一汽解放汽车有限公司”，形成了生产“轻、中、重、轿客、微”和越野汽车、专用车、变型车多品种、宽系列以及零部件的产品格局。

❷ 东风汽车公司

东风汽车公司(原中国第二汽车制造厂)创建于1969年,是依靠我国自己的力量,设计、建设和装备起来的现代化汽车生产企业,也是国家明确重点支持的三大汽车集团之一。

东风汽车公司的建设发展,大致经历了艰苦创业、改革发展和结构调整三个时期。1978年5 t民用汽车投产,十堰基地初具规模。1980年靠“自筹资金、续建二汽”,闯过了“停缓关”,开始走上了以改革求发展的道路。1981年以“二汽”为核心的东风集团成立。1986年东风集团作为国家经济改革的试点,首批在国家计划中实行单列。1993年被国家批准为国有资产授权经营试点企业,同年开展了以轻型轿车建设为重点的产品结构调整。1990年东风汽车公司与法国PSA标致雪铁龙汽车公司在巴黎正式签订合作协议,成立神龙汽车公司,双方各占32%股份,具备年产15万辆轿车的生产能力。目前生产中档的“雪铁龙－富康”轿车和“毕加索”轿车。之后,东风汽车公司与江苏悦达投资股份有限公司、韩国起亚自动车株式会社合资成立东风悦达起亚汽车公司,主要生产“普莱特”轿车。中信汽车公司、东风汽车公司和日本日产自动车公司合资成立郑州日产汽车公司,主要生产“皮卡”。2000年3月,风神汽车有限公司正式成立,风神汽车有限公司是东风汽车公司、广州京安云豹汽车有限公司、台湾裕隆汽车公司三家股东共同组建的,由东风汽车公司控股的国内合资汽车公司。

经过30余年的建设和发展,东风公司相继建成了十堰、襄樊、武汉三大汽车开发生产基地,拥有货车、轻型车和轿车三大产品系列,年生产能力50万辆。创立“东风科技”、“东风汽车”上市公司,开辟融资渠道,跳出纯产品经营局限;对外合资合作,全方位、多层次展开,保留东风名称和品牌,共同发展新品牌。拥有东风载货汽车(十堰)、东风汽车股份(襄樊)、神龙(武汉)、云南汽车、柳州汽车、杭州汽车、杭州日产柴、武汉万通、风神汽车(花都)、东风悦达起亚(盐城)、东风荣成等11个载货汽车、客车(含底盘)和轿车生产企业,东风康明斯(十堰)、东风柴发(襄樊)、东风朝阳和东风本田(广州)等发动机生产企业,拥有“东风标致(307系列)”、“东风雪铁龙(爱丽舍、赛纳、毕加索)”、“东风日产(新蓝鸟、阳光、天籁)”、“小霸王”、“多利卡”、“东风之星”、“东风梦卡”、“东风信天游皮卡”、“东风小王子”等品牌,形成了生产“重、中、轻、微、客、轿”和越野车、专用车、变型车多品种、宽系列以及零部件的产品格局。

❸ 上海汽车工业(集团)总公司(简称“上汽集团”)

“上汽集团”主要生产经营轿车、客车、拖拉机、摩托车、载货汽车等整车及其配套零部件,并进行资产经营,现有职工6万余人,是我国重点发展的三大汽车集团之一。2002年“上汽集团”销售各类汽车61万辆,成为国内汽车销量最大的企业。旗下有上海大众汽车有限公司、上海通用汽车公司、上汽通用五菱汽车股份有限公司等。

“上汽集团”在上海(安亭、浦东、闵行)、仪征、柳州、合肥、烟台建立了乘用车(客车、轿车)、商用车(载货、载客)生产基地,拥有桑塔纳、帕萨特、波罗、途安、高尔、别克君威、别克凯越、雪佛兰赛欧、赛宝、上汽五菱、申沃等品牌,先后与德国、美国、日本、英国、法国和意大利等国家的汽车和零部件企业集团建立了57家合资企业,还设立了上海汽车股份有限公司,销售、进出口、财务、开发、信息5家专业性公司和汽车工程研究院、培训中心,形成了生产经营轿车、客车、重型载货汽车、拖拉机和摩托车及其零部件的产品格局。

❹ 长安汽车(集团)有限责任公司(简称“长安集团”)

“长安集团”创建于1995年,由原长安机器制造厂和江陵机器厂合并而成,是国内最大的微型汽车生产基地。“长安集团”目前拥有七大汽车制造企业:长安汽车股份有限公司、长安福特汽车有限公司、长安铃木汽车有限公司、南京长安汽车有限公司、河北长安胜利有限公司、河北长安汽车有限公司和长安跨越车辆有限公司。“长安”品牌价值达46.18亿元，成为国内小型车行业最有价值的汽车品牌，并跻身世界汽车品牌前20位。

公司于1984年引进日本铃木微型汽车技术，开发生产微型汽车及微车发动机，是全国最大的微型汽车及发动机生产厂家之一。经过多年的发展，创立了一代名车“长安”牌微型汽车和名机“江陵”牌发动机。多次荣获全国和行业各种评比的最高奖项。公司具有机、车生产一体化的优势，并于1991年引进日本铃木技术，生产“奥拓”微型轿车，是现今国家重点扶持的五家上15万辆经济规模的轿车生产基地之一。2001年4月25日，福特汽车公司和长安汽车集团成立了长安福特汽车有限公司，双方各拥有50%的股份，专业生产满足中国消费者需求的轿车。生产的系列有：奥拓、长安之星、长安雪虎、长安福特（嘉年华、蒙迪欧）等。

❺ 天津一汽夏利汽车股份有限公司

2002年6月14日，中国第一汽车集团公司与天津汽车工业（集团）有限公司在北京人民大会堂签署联合重组协议，一汽集团持有公司50.98%的股份，对公司拥有控股权，企业正式融入一汽体系之中，天津一汽夏利汽车股份有限公司由此得名。公司是中国轿车、微型车的生产基地。1986年，该公司引进日本大发工业株式会社的技术开始生产天津夏利轿车。公司与日本丰田汽车公司成立合资企业，中日双方各占50%股权，生产“丰田”品牌的中档轿车。

公司目前拥有居于国内先进水平的冲压、车身、涂装、装配生产线、整车质量检测线、汽车发动机铸造及机加工生产线、变速器生产线、计算机工作站等，已具备产品开发和年产23万辆轿车（含天津一汽丰田8万辆）、18万台变速器、20万台发动机的生产能力，主要拥有“夏利”一个自有品牌和威姿、雅酷、威乐三个合作品牌以及威驰、花冠两个合资品牌，天内牌系列汽车发动机、天齿牌变速器也是企业的拳头产品。公司生产的轿车遍布祖国的大江南北，并已成功出口美洲市场。

❻ 北京汽车工业控股有限公司

北京汽车工业控股有限公司位居中国轻型货车制造商前五位，由北京汽车工业集团总公司和北京内燃机厂于2001年5月共同改制组建而成。北京汽车工业集团早在1984年，即与当时的克莱斯勒公司[现戴姆勒－克莱斯勒（Daimler Chrysler）（DCXGn.DE）]合资成立北京吉普汽车有限公司，为中国汽车制造业的首家合资企业。

❼ 南京跃进汽车集团

南京跃进汽车集团公司创建于1947年，1958年制造出中国第一辆国产轻型载货汽车，被国家命名为跃进牌。南京跃进汽车集团是国内主要的轻型车生产基地，拥有三大汽车生产基地，即跃进轻型汽车、依维柯汽车和南亚自动车，产品包括货车、轻型客车、轿车和越野车等。

南京跃进汽车集团公司原名为“南京汽车制造厂”。20世纪80年代，南京汽车制造厂对其产品进行更新换代，推出了“跃进”NJ131型载货汽车。后来，该厂引进了意大利工业车辆公司的技术和设备，生产“依维柯”S系列轻型载货汽车和客车。1982年，以南京汽车制造厂为基础成立的南京汽车联营公司，加强了我国轻型载货汽车和客车的生产能力。1995年改为跃进汽车集团公司。

“九五”期间，南京汽车制造厂与意大利菲亚特集团依维柯公司合资成立南京依维柯汽车有限公司，后又引进外资建设南京菲亚特公司，开创了生产轿车的历史。同时对跃进牌汽车的生产企业进行股份制改造，成立跃进汽车股份有限公司。初步形成跃进系列、依维柯系列和菲亚特系列三大整车生产基地。目前公司产品有跃进、依维柯、都灵V系列商旅车、菲亚特派力奥、菲亚特西耶那几大品牌系列。

3 我国著名汽车公司与世界汽车集团的合作

(1)通用集团(含通用汽车、铃木、五十铃、菲亚特、富士重工和大宇),参股合资进入上海通用、金杯通用、上汽通用五菱、长安铃木、昌河铃木、江铃、庆铃、北轻汽、北铃专用车、南京依维柯、江苏南亚、贵州云雀、桂林大宇(客车)和烟台大宇(零部件)。

(2)大众集团,参股合资进入上海大众和一汽大众。

(3)福特集团(含福特汽车、马自达和沃尔沃轿车),参股合资进入江铃和长安福特。

(4)丰田公司(含丰田、大发和日野),参股合资进入一汽丰田、天津丰田、四川丰田、沈飞日野和金杯客车(技术合作)。

(5)戴姆勒-克莱斯勒集团(含戴姆勒-克莱斯勒、三菱和现代),参股合资进入北京吉普、亚星·奔驰、北方奔驰、湖南长丰、东南汽车、北京现代和东风悦达起亚。

(6)雷诺-日产集团(含雷诺-日产、日产和三星),参股合资进入三江雷诺、郑州日产、杭州东风日产柴、风神和东风汽车。

(7)标致-雪铁龙集团,参股合资进入神龙。

(8)本田公司,参股合资进入广州本田、东风本田。

(9)宝马公司,参股合资进入沈阳华晨(宝马)。

国内主要汽车合资企业见表0-1。

国内主要汽车合资企业 表0-1

企 业	合资方(合资时间)	合资项目(车型)
一汽大众汽车有限公司	一汽、德国大众(1991.2)	捷达、奥迪、宝来、高尔夫
一汽海南汽车有限公司	一汽、日本马自达(1998)	马自达、普利马、福美来
天津一汽丰田汽车公司	天汽、一汽、日本丰田(2003.9)	皇冠、花冠、陆地巡洋舰、霸道、夏利、威驰、雅酷
神龙汽车有限公司	东风、法国雪铁龙(1992.5)	富康、毕加索、爱丽舍、赛纳
风神汽车有限公司	东风、中国台湾裕隆(2002.3)	风神新蓝鸟、日产阳光
东风悦达起亚汽车有限公司	东风、悦达、起亚、现代(2001.11)	普莱特、千里马
上海大众汽车公司	上汽、德国大众(1985.3)	桑塔纳、帕萨特、波罗、高尔
上海通用汽车有限公司	上汽、通用(1997.3)	别克、君威、赛欧、凯越
上海通用五菱汽车有限公司	上汽、通用、柳州五菱(2002.6)	五菱之光、五铃都市清风
广州本田汽车有限公司	广汽、本田(1998.7)	本田雅阁、奥德赛、飞度
北京吉普汽车有限公司	北汽、克莱斯勒(1984.11)	切诺基、帕杰罗、欧蓝德、吉普之星、顺途、新城市猎人、挑战者、狂潮
北京现代汽车有限公司	北汽、韩国现代(2002.10)	索纳塔、北京现代伊兰特
长安铃木汽车有限公司	长安、日本铃木(1993.5)	奥拓、羚羊、
长安福特汽车有限公司	长安、福特(2001.4)	嘉年华、蒙迪欧
东南汽车工业有限公司	福建、中国台湾裕隆(1995.11)	得利卡、富利卡、菱帅
南京依维柯汽车有限公司	南京、菲亚特(1996.3)	派力奥、西耶那
江铃汽车有限公司	江铃、福特(1995)	全顺、陆风
华晨宝马汽车公司	华晨、德国宝马(2001.10)	宝马3系、5系轿车
沈阳金杯通用	金杯、通用	雪佛兰

小结

1. 汽车诞生于1886年,德国工程师卡尔·本茨发明了世界上第一辆三轮汽车,哥德里普·戴姆勒发明了世界上第一辆四轮汽车。1886年1月29日被认为是世界汽车诞生日。本茨和戴姆勒被誉为汽车之父。

2. 德国人鲁道夫·狄塞尔成功地试制出世界上第一台柴油机。后人为了纪念狄塞尔的功绩,将柴油机称为“狄塞尔”(DIESEL)。

3. 美国的亨利·福特成功设计了T型车,使汽车由单一生产变为批量生产,并使其成为普通民众的交通工具,从而将人类带入了汽车时代。

4. 世界汽车工业发展总体经历了以下3个主要阶段:汽车快速发展时期、汽车发展的全盛时期以及汽车企业兼并改组、汽车产量相对稳定时期。世界汽车产业已形成了“4+3”的基本格局。未来世界汽车的技术发展将主要集中在:汽车设计技术和控制手段电子化、汽车驱动形式多样化、汽车生产制造柔性化、汽车材料轻量化、汽车生产组织全球化。以开发出更安全、舒适、无污染和节能型、智能化汽车。

5. 我国的汽车工业虽起步较晚,但发展较快。自1956年第一辆国产汽车——解放牌中型货车在一汽诞生以来,中国汽车工业高速发展,近10多年来汽车产销量增长速度是世界平均增长速度的10倍,中国已成为世界7大汽车生产国之一,中国汽车工业已经成为世界汽车工业的重要组成部分。

思考题

1 谁被称为汽车之父?世界汽车诞生日是哪一天?

2. 现代汽车应用哪种发动机?为什么?

3. 柴油机是谁发明的?

4. 国外著名的汽车公司有哪些?它们都有哪些品牌产品?

5. 中国著名的汽车公司有哪些?它们都有哪些品牌产品?

第 1 单元 认识汽车

第一节 汽车的概念与分类

1. 掌握汽车的概念。
2. 掌握汽车的各种分类形式。

一、汽车的概念

车的历史由来已久,陆地上有轮子的运输工具都可以称为“车”。车的动力从人力、兽力、蒸汽机到内燃机经历了漫长的年代。我国的辞书中关于汽车的定义几经更迭,但一直强调一点:用内燃机做动力。“汽车(automobile)”英文原意为“自动车”,在日本也称为“自动车”(日本汉字中的“汽车”则是指我们所说的“火车”)。其他文种也多数是“自动车”,唯有我国例外。

《现代汉语词典》是这样解释汽车的:“用内燃机作动力,主要在公路上行驶的交通工具,通常有四个或四个以上的橡胶轮胎。”随着车用新能源的不断涌现,这些定义已显得很不确切。根据国际标准化组织(ISO)规定,凡由动力驱动,并有 4 个或 4 个以上车轮的非轨道承载的道路车辆都称为汽车。

我国的新国家标准 GB/T 3730.1—2001 对汽车的定义为:汽车(MOTOR VEHICLE)是指由动力驱动,具有四个或四个以上车轮的非轨道承载的车辆,主要用于:载运人员和/或货物、牵引载运人员和/或货物的车辆及特殊用途。它还包括:与电力线相联的车辆,如无轨电车; 整车整备质量超过 400kg 的三轮车辆。

二、汽车的分类

汽车种类繁多，分类方法各不相同。新国家标准 GB/T 3730.1—2001 代替了旧国家标准 GB/T 3730.1—1988，对汽车分类进行了重新定义。该标准是依据国际标准（ISO 3833）制定的，于 2001 年 7 月 3 日对外发布，2002 年 3 月 1 日起正式实施。

1 按用途分类

我国汽车按用途分，可分为乘用车和商用车两大类。

❶ 乘用车（PASSENGER CAR）

乘用车是指在设计和技术特性上主要用于载运乘客及其随身行李和（或）临时物品的汽车，包括驾驶人座位在内最多不超过 9 个座位。它也可以牵引一辆挂车。乘用车可大致分为基本型乘用车（轿车）、多功能车（MPV）、运动型多用途车（SUV）等类型。同时它又可细分为以下几种类型（表 1-1）。

乘用车的分类　　表 1-1

序号	名　称	定　义
1	普通乘用车 saloon（sedan）	车身：封闭式，侧窗中柱有或无。 车顶（顶盖）：固定式，硬顶。有的顶盖一部分可以开启。 座位：4 个或 4 个以上座位，至少两排。后座椅可折叠或移动，以形成装载空间。 车门：2 个或 4 个侧门，可有一后开启门
2	活顶乘用车 convertible saloon	车身：具有固定侧围框架的可开启式车身。 车顶（顶盖）：车顶为硬顶或软顶，至少有两个位置：第一个位置封闭；第二个位置开启或拆除。可开启式车身可以通过使用一个或数个硬顶部件和/或合拢软顶将开启的车身关闭。 座位：4 个或 4 个以上座位，至少两排。 车门：2 个或 4 个侧门。 车窗：4 个或 4 个以上侧窗
3	高级乘用车 pullman saloon	车身：封闭式。前后座之间可以设有隔板。 车顶（顶盖）：固定式，硬顶。有的顶盖一部分可以开启。 座位：4 个或 4 个以上座位，至少两排。后排座椅前可安装折叠式座椅。 车门：4 个或 6 个侧门，也可有一个后开启门。 车窗：6 个或 6 个以上侧窗
4	小型乘用车 coupe	车身：封闭式，通常后部空间较小。 车顶（顶盖）：固定式，硬顶。有的顶盖一部分可以开启。 座位：2 个或 2 个以上的座位，至少一排。 车门：2 个侧门，也可有一个后开启门。 车窗：2 个或 2 个以上侧窗

续上表

序号	名称		定义
5	敞篷车 convertible		车身:可开启式。 车顶(顶盖):车顶可为软顶或硬顶,至少有两个位置:第一个位置遮覆车身;第二个位置车顶卷收或可拆除。 座位:2 个或 2 个以上的座位,至少一排。 车门:2 个或 4 个侧门。 车窗:2 个或 2 个以上侧窗
6	舱背乘用车 hatchback		车身:封闭式,侧窗中柱可有可无。 车顶(顶盖):固定式,硬顶。有的顶盖一部分可以开启。 座位:4 个或 4 个以上座位,至少两排。后座椅可折叠或可移动,以形成一个装载空间。 车门:2 个或 4 个侧门,车身后部有一舱门
7	旅行车 station wagon		车身:封闭式。车尾外形按可提供较大的内部空间。 车顶(顶盖):固定式,硬顶。有的顶盖一部分可以开启。 座位:4 个或 4 个以上座位,至少两排。座椅的一排或多排可拆除,或装有向前翻倒的座椅靠背,以提供装载平台。 车门:2 个或 4 个侧门,并有一后开启门。 车窗:4 个或 4 个以侧窗
8	多用途乘用车 multipurpose passenger car		上述几种车辆以外的,只有单一车室载运乘客及其行李或物品的乘用车。除驾驶人座位以外的座位数超过 7 个,多种用途
9	短头乘用车 forward control passenger car		一种乘用车,它一半以上的发动机长度位于车辆前风窗玻璃最前点以后,并且转向盘的中心位于车辆总长的前四分之一部分内
10	越野乘用车 off-road passenger car		在其设计上所有车轮同时驱动(包括一个驱动轴可以脱开的车辆),或其几何特性(接近角、离去角、纵向通过角,最小离地间隙)、技术特性(驱动轴数、差速锁止机构或其他型式机构)和它的性能(爬坡度)允许在非道路上行驶的一种乘用车
11	专用乘用车(special purpose passenger car)是指运载乘员或物品并完成特定功能的乘用车,它具备完成特定功能所需的特殊车身和/或装备	旅居车 motor caravan	旅居车是一种至少具有下列生活设施结构的乘用车:(1)座椅和桌子;(2)睡具,可由座椅转换而来;(3)炊事设施;(4)储藏设施
		防弹车 armoured passenger car	用于保护所运送的乘员和/或物品并符合装甲防弹要求的乘用车
		救护车 ambulance	用于运送病人或伤员并为此目的配有专用设备的乘用车
		殡仪车 hearse	用于运送死者并为此目的而配有专用设备的乘用车

注:定义中的车窗指一个玻璃窗口,它可由一块或几块玻璃组成(例如通风窗为车窗的一个组成部分)。

❷ 商用车(COMMERCIAL VEHICLE)

商用车是指在设计和技术特性上主要用于商业用途,运送人员和货物的汽车,并且可以牵引挂车。乘用车不包括在内。商用车又可分为以下类型(表 1-2)。

商用车的分类 表 1-2

序号	名　称		定　义
1	客车(BUS)是指在设计和技术特性上用于载运乘客及其随身行李的商用车辆,包括驾驶人座位在内的座位数超过9个。客车有单层的或双层的,也可牵引一挂车	小型客车 minibus	用于载运乘客,除驾驶人座位外,座位数不超过16个的客车
		城市客车 city-bus	一种为城市内运输而设计和装备的客车。这种车辆设有座椅及站立乘客的位置,并有足够的空间供频繁停站时乘客上下车走动用
		长途客车 interurban coach	一种为城间运输而设计和装备的客车。这种车辆没有专供乘客站立的位置,但在其通道内可载运短途站立的乘客
		旅游客车 touring coach	一种为旅游而设计和装备的客车。这种车辆的布置要确保乘客的舒适性,不载运站立的乘客
		铰接客车 articulated bus	一种由两节刚性车厢铰接组成的客车。在这种车辆上,两节车厢是相通的,乘客可通过铰接部分在两节车厢之间自由走动
		无轨电车 trolley bus	一种经架线由电力驱动的客车。这种电车可指定用作多种用途
		越野客车 off-road bus	在其设计上所有车轮同时驱动(包括一个驱动轴可以脱开的车辆)或其几何特性(接近角、离去角、纵向通过角,最小离地间隙)、技术特性(驱动轴数、差速锁止机构或其他型式机构)和它的性能(爬坡度)允许在非道路上行驶的一种车辆
		专用客车 special bus	在其设计和技术特性上只适用于需经特殊布置安排后才能载运人员的车辆
2	半挂牵引车 SEMI-TRAILER TOWING VEHICLE		装备有特殊装置用于牵引半挂车的商用车辆
3	货车(GOODS VEHICLE)是指主要为载运货物而设计和装备的商用车辆,它能否牵引一挂车均可	普通货车 general purpose goods vehicle	一种在敞开(平板式)或封闭(厢式)载货空间内载运货物的货车
		多用途货车 multipurpose goods vehicle	在其设计和结构上主要用于载运货物,但在驾驶人座椅后带有固定或折叠式座椅,可运载3个以上的乘客的货车
		全挂牵引车 trailer towing vehicle	一种牵引杆式挂车的货车。它本身可在附属的载运平台上运载货物
		越野货车 off-road goods vehicle	在其设计上所有车轮同时驱动(包括一个驱动轴可以脱开的车辆)或其几何特性(接近角、离去角 、纵向通过角,最小离地间隙)、技术特性(驱动轴数、差速锁止机构或其他型式的机构)和它的性能(爬坡度)允许在坏路上行驶的一种车辆
		专用作业车 special goods vehicle	在其设计和技术特性上用于特殊工作的货车。例如:消防车、救险车、垃圾车、应急车、街道清洗车、扫雪车、清洁车等
		专用货车 specialized goods vehicle	在其设计和技术特性上用于运输特殊物品的货车。例如:罐式车、乘用车运输车、集装箱运输车等

2 按发动机位置及驱动类型分类

汽车若按发动机位置及驱动类型可分为发动机前置后轮驱动 FR、发动机前置前轮驱动 FF、发动机后置后轮驱动 RR、发动机前置四轮驱动 4DW 和发动机中置后轮驱动 MR 五种。

(1)发动机前置后轮驱动是传统的布置方式。货车、部分中高级乘用车、客车大都是这种布置方式。

(2)发动机前置前轮驱动汽车结构紧凑,整车质量小,底盘低,高速时操纵稳定性好。越来越多的乘用车采用这种结构形式。

(3)发动机后置后轮驱动是大、中型客车常采用的布置形式。发动机的振动、噪声、油气味对乘员影响小,空间利用率高。

(4)发动机前置四轮驱动是指汽车所有车轮都是驱动轮,在越野车、高性能跑车上应用的最多。四个车轮均有动力,地面附着力最大,通过性和动力性好。

(5)发动机中置后轮驱动汽车的发动机放置在前、后轴之间,F1 赛车、跑车常采用这种布置形式。轴荷分配均匀,具有很中性的操控特性。但是发动机占去了座舱的空间,降低了空间利用率和实用性。

汽车驱动情况常用 4×2、4×4 等表示,前一位数表示汽车总车轮数,后一位数表示汽车驱动轮数。

3 按汽车动力装置分类

若按汽车动力装置类型,可分为内燃机汽车、电动汽车和燃气轮机汽车三类。

(1)内燃机汽车是指燃料在汽缸内燃烧,将所产生的热能转化为机械能的汽车。如汽油车、柴油车、气体燃料汽车等。

(2)电动汽车是以蓄电池为能源,以电动机为驱动的汽车。

(3)燃气轮机汽车是采用航空发动机或火箭发动机及特殊燃料,用喷气反作用力驱动的汽车。主要用于赛车。

4 轿车的分类

2001 年重新制定的汽车分类标准 GB/T 3730.1—2001,其中最显著的修改是废除“轿车”的提法,改称为“乘用车”,但目前社会上仍在继续使用的许多 2001 年以前生产的汽车,是按旧标准 GB/T 3730.1—1988 分类的,因此,新旧标准同时在使用。但新标准取代旧标准是历史必然。

轿车的分类方式有很多种,下面介绍几种常见的分类方式。

❶ 按车厢进行分类

按车厢进行分类,轿车可分为三厢轿车、两厢轿车和一厢轿车。

(1)三厢轿车。三厢轿车(图 1-1)是最传统、常见的轿车。所谓三厢是指发动机舱、乘员舱和行李舱。三厢相互隔开、分别明显,中间的乘员舱最高,两头的发动机舱和行李舱较低。

(2)两厢轿车。将三厢轿车的行李舱去掉,就是两厢轿车(图 1-2)。从外形上看,似乎这种轿车没了“屁股”。其实这种轿车的行李舱仍然存在,只不过它隐藏在乘员舱后排座位的后面,从外面看只有发动机舱和行李舱两厢,因此称作两厢轿车。

(3)一厢轿车。一厢轿车(又称单厢轿车)(图1-3)并非真的只有一厢,只是发动机舱很小,很不明显。发动机罩与风窗玻璃几乎成同一斜面,车身像一个大箱子,这类车是由面包车发展而来的。

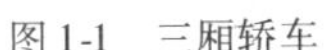

图1-1 三厢轿车

图1-2 两厢轿车

❷ 按排量分类

按排量分类,轿车可分为微型轿车(发动机排量1L以下)、普通轿车(发动机排量1.0~1.6L)、中级轿车(发动机排量1.6~2.5L)、中高级轿车(发动机排量2.5~4L)和高级轿车(发动机排量4L以上)。

(1)微型轿车。发动机排量不超过1L的轿车,称为微型轿车(图1-4)。如国产的奥拓、夏利、QQ、比亚迪F3等都属于微型轿车。

图1-3 厢轿车

图1-4 微型轿车

(2)普通轿车。发动机排量大于1L,但小于或等于1.6L的轿车,称为普通轿车(图1-5)。如捷达、富康、赛欧、高尔等都属于普通轿车。

(3)中级轿车。发动机排量大于1.6L但小于或等于2.5L的轿车,称为中级轿车(图1-6)。如桑塔纳、帕萨特、马自达6、高尔夫、宝来等均属于中级轿车。

图1-5 普通轿车

图1-6 中级轿车

(4)中高级轿车。发动机排量大于2.5L,小于或等于4L的轿车,称为中高级轿车(图1-7)。如奥迪、别克等均属于中高级轿车。

(5)高级轿车。发动机排量大于4L的轿车,称为高级轿车(图1-8)。如红旗旗舰型轿车,排量高达4.6L。

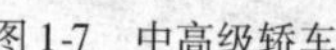

图1-7 中高级轿车

图1-8 高级轿车

❸ 按外形分类

按外形分类,轿车可分为揭背式轿车、双座轿车 、面包车、皮卡、敞篷车和跑车。

(1)揭背式轿车。对于揭背式轿车(图1-9)车身,比较简单的说法就是三厢轿车去掉了行李舱,车身前方依然是发动机舱。再后面是乘员舱,这一点和普通的三厢轿车没有什么分别,但是揭背式轿车没有像三厢轿车那样设计行李舱。从车内布局来看,后排座椅后面的室内空间被用作了储物空间,行李可以从车后的揭盖式后门出入。

(2)双座轿车。一般的双座轿车(图1-10)是指没有后排座椅的2门或者3门(第三扇门是指车身背面的后门)汽车。面包车和越野车虽然也有3门车身,但是双座轿车的车顶更低,因此有所不同。双座轿车以高速和优美的外形为主要设计要求。因此它降低了车身重心,提高了行驶稳定性,同时外观上也显得更加敏捷。

图1-9 揭背式轿车

图1-10 双座轿车

(3)面包车。面包车(图1-11)是轻型客车的俗称。因这种车外形很像一个大面包,故此得名。面包车一般是指座位数(包括驾驶人座位)不超过17座的单层客车。

(4)皮卡。“皮卡”一词由英文名 Pick-Up 音译而来,又称轿货车。简单地说,皮卡(图1-12)实际上就是一部小型货车。在乘用空间后方是没有车顶的货箱,所以可以承载较大体积的货物。它是以轿车基本型改成的客货两用、敞开货箱的运输车型。它只保留轿车车头及驾驶室,前半截与轿车一样,后半截则为敞开式货箱。

图1-11 面包车

图1-12 皮卡

(5)敞篷车。敞篷轿车(图1-13)又称活顶轿车,指可以将顶篷收起来,以享受前所未有的开放感的一种车型。其车顶为篷布(软顶)或金属(硬顶)制作,都能折叠或移动。顶篷的折叠或移动有电动和手动。

(6)跑车。跑车(图1-14)的概念并不十分明确,它属于轿车的一种。一般为双门、双座或四座车,顶盖有硬顶也有可折叠的软质顶篷。由于只按两人设置座位,而其发动机功率与普通轿车相同或接近,所以相对于一般轿车来说,最高车速更高。跑车的车头较长,行李舱较小(甚至没有),车身较具流线型,外观新潮,式样美观。

图1-13　敞篷车

图1-14　跑车

小结

1. 汽车(MOTOR VEHICLE)是指由动力驱动,具有四个或四个以上车轮的非轨道承载的车辆,主要用于:载运人员和/或货物、牵引载运人员和/或货物的车辆及特殊用途。它还包括:与电力线相联的车辆,如无轨电车;整车整备质量超过400kg的三轮车辆。

2. 新国家标准GB/T 3730.1—2001代替了旧国家标准GB/T 3730.1—1988,对汽车分类进行了重新定义,该标准是依据国际标准(ISO3833)制定的,于2001年7月3日对外发布,2002年3月1日起正式实施。

3. 我国汽车按用途分,可分为乘用车和商用车两大类。

4. 乘用车(PASSENGER CAR)是指在设计和技术特性上主要用于载运乘客及其随身行李和(或)临时物品的汽车,包括驾驶人座位在内最多不超过9个座位。它也可以牵引一辆挂车。乘用车可大致分为基本型乘用车(轿车)、多功能车(MPV)、运动型多用途车(SUV)等类型。

5. 商用车(COMMERCIAL VEHICLE)是指在设计和技术特性上用于主要用于商业用途,运送人员和货物的汽车,并且可以牵引挂车。乘用车不包括在内。

6. 汽车若按发动机位置及驱动形式可分为前置发动机前驱动FF、前置发动机后驱动FR、中置发动机后驱动MR、后置发动机后驱动RR和四轮驱动4DW五种。

7. 若按汽车动力装置类型,汽车可分为内燃机汽车、电动汽车和燃气轮机汽车三类。

8. 轿车的分类方式有很多种。按车厢进行分类,轿车可分为三厢轿车、两厢轿车和一厢轿车;按排量分类,轿车可分为微型轿车(发动机排量1L以下)、普通轿车(发动机排量1.0~1.6L)、中级轿车(发动机排量1.6~2.5L)、中高级轿车(发动机排量2.5~4L)和高级轿车(发动机排量4L以上);按外形分类,轿车可分为揭背式轿车、双座轿车、面包车、皮卡、敞篷车和跑车。

思考题

1. 汽车的概念是什么？
2. 汽车按用途可分为哪两种类型？
3. 乘用车的定义是什么？
4. 商用车的定义是什么？
5. 汽车按发动机位置及驱动可分为哪几种类型？
6. 按汽车动力装置类型，汽车可分为哪几种类型？
7. 轿车有哪几种分类方式？如何划分？

第二节　汽车的产品型号

1. 掌握国产汽车型号编制规则。
2. 掌握车辆识别代号的含义。

在汽车上使用汽车产品型号是各国政府为管理机动车辆而实施的一项强制性规定。有了产品型号就可以使用计算机对车辆进行检索管理，在处理交通事故、开展交通事故保险赔偿、破获被盗车辆等方面发挥着重要作用。各国政府都制定了这方面的专门技术法规，强制要求汽车厂在汽车上使用汽车产品型号。

产品型号是指汽车上安装的一块标牌上的一组罗马字母和阿拉伯数字组，每一位符号代表着某一方面的信息。各国对汽车型号的制定方法既有相同之处又有不同之处。

一、国家汽车型号编制规则

国家标准《汽车产品型号编制规则》（GB 9417—1988）规定：国产汽车的产品型号由企业名称代号、车辆类别代号、主参数代号、产品序号组成。必要时附加企业自定代号。对于专用汽车及专用半挂车还应增加专用汽车分类代号。其形式如图 1-15 所示。

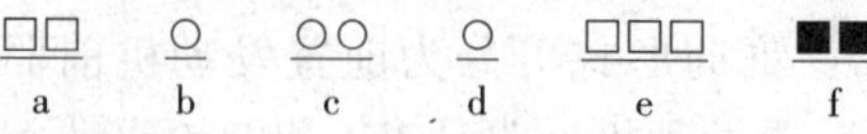

图 1-15　国产汽车型号编制规则

a-企业名称代号；b-车辆类别代号；c-主参数代号；d-产品序号；e-专用汽车分类代号；f-企业自定代号

□-用汉语拼音字母表示；○-用阿拉伯数字表示；■-用汉语拼音字母或阿拉伯数字均可

1 企业名称代号

企业名称代号是识别车辆制造企业的代号，位于产品型号的第一部分，用代表企业名称的两个或三个汉语拼音字母表示。例如，CA：长春一汽；EQ：第二汽车；FV：一汽大众；SGM：上海通用;SVW:上海大众;DC:东风雪铁龙;HG:广州本田;CAF:长安福特;XMQ:厦门汽车(金龙)。

2 车辆类别代号

车辆类别代号是表明车辆附属分类的代号,位于产品型号的第二部分,用一位阿拉伯数字表示,规定见表1-3。

车辆类别代号　　表1-3

车辆类别代号	车 辆 种 类	车辆类别代号	车 辆 种 类
1	载货汽车	6	客车
2	越野汽车	7	轿车
3	自卸汽车	8	—
4	牵引汽车	9	半挂车及专用半挂车
5	专用汽车		

注:上表也适用于所列车辆的底盘。

3 主参数代号

主参数代号是表明车辆主要性能特征的代号,位于产品型号的第三部分,用两位或三位阿拉伯数字表示。

(1)载货汽车、越野汽车、自卸汽车、牵引汽车、专用汽车与半挂车的主参数代号为车辆的总质量,以吨(t)为单位,精确到整数位。当主参数不足两位时,应以0补足。牵引汽车的总质量包括牵引座上的最大质量。当总质量在100t以上时,允许用三位数字表示。

(2)客车及半挂车的主参数代号为车辆长度,以米(m)为单位。当车辆长度小于10m时,应精确到小数点后一位,并以长度(m)值的10倍数值表示。

(3)轿车的主参数代号为发动机排量,以升(L)为单位。应精确到小数点后一位,并以其值的10倍数值表示。

4 产品序号

产品序号表示一个企业的类别代号和主参数代号相同的车辆的投产顺序,位于产品型号的第四部分,用阿拉伯数字表示,数字由0、1、2……依次使用。0表示原设计产品或第一代产品,1表示第一次改型或称第二代产品……依此类推。

5 专用汽车分类代号

当车辆属于专用汽车时,以字母表示专用汽车分类。专用汽车分类代号位于产品型号的第五部分,用反映车辆结构和用途特征的三个汉语拼音表示,结构特征代号规定见表1-4,用途特征代号按中国汽车联合协会行业管理标准规定执行,具体标注形式如图1-16所示。

专用汽车结构特征代号　　表1-4

厢式汽车	罐式汽车	专用自卸汽车	特种结构汽车	起重举升汽车	仓栅式汽车
X	G	Z	T	J	C

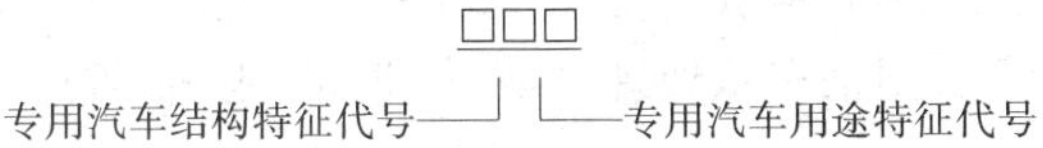

□□□

专用汽车结构特征代号——┘ └——专用汽车用途特征代号

图1-16　专用汽车分类代号

6 企业自定代号

企业自定代号是企业根据需要自行规定的补充代号，一般位于产品型号的最后部分，同一种汽车结构略有变化而需要区别时（例如汽油、柴油发动机，长、短轴距，单、双排座驾驶室，平、凸头驾驶室，左、右置转向盘等），可用汉语拼音字母和阿拉伯数字表示，位数也由企业自定。供用户选装的零部件（如暖风装置、收音机、地毯、绞盘等）不属结构特征变化，应不给予企业自定代号。

编制型号举例：

例1：CA1091是中国第一汽车制造厂生产的第二代载货汽车，总质量为9310kg。

例2：EQ2080是中国第二汽车制造厂生产的越野汽车，越野时总质量为7720kg。

例3：SP6900是中国四平客车厂生产的第一代客车，车长为9080mm。

例4：TJ6481是中国天津客车厂生产的第二代客车，车长为4750mm。

例5：TJ7100是中国天津汽车厂生产的第一代轿车，发动机排量为0.993L。

例6：SH7221是中国上海汽车厂生产的第二代轿车，发动机排量为2.2321L。

除了解我国汽车产品型号的编制方法外，我们还应知道产品型号在车上的位置。美国法规规定汽车型号安装在仪表板左侧，观察者在白天从车外透过前风窗玻璃应能清楚地看到它；欧洲共同体则规定汽车型号安装在汽车右侧的底盘车架上或写在厂家铭牌上。我国汽车型号一般就印在汽车的尾部，非常直观。

二、车辆识别代号

现在世界各国汽车公司生产的汽车大部分都使用了VIN（车辆识别代号编码 Vehicle Identification Number），它由一组字母和阿拉伯数字组成，共17位，又称17位识别代号编码。它是识别一辆汽车不可缺少的工具，每辆汽车只有一个代号，就像人的身份证号码，故又称"汽车身份证"。从VIN中可以识别出该车的生产国家、制造厂家、汽车类型、品牌名称、车型系列、车身形式、发动机型号、车型年款、安全防护装置型号、检测数字、装配工厂名称和出厂顺序号码等。它是汽车修理时的数据检索、配件采购和经营管理所必须掌握的，以免产生误购、错装等严重后果。

各国政府及汽车公司对本国或本公司生产的汽车17位识别代号编码都有具体规定。我国于2004年6月21日发布了《道路车辆车辆识别代号（VIN）内容与构成》（GB/T 16735—2004）的强制性国家标准，并规定于2004年10月1日起开始实施。根据GB/T 16735—2004规定，我国汽车代号与国际车辆识别代号（VIN）接轨，由3部分17位字码组成。对年产量 $I \geqslant 500$ 辆的制造厂，车辆识别代号的第一部分为世界制造厂识别代号（WMI）；第二部分为车辆说明部分（VDS）；第三部分为车辆指示部分（VIS）。

1 WMI（第1～3位）

WMI（第1～3位）：表示制造厂、品牌和类型，用来标识车辆制造厂的唯一性，通常占VIN代码的前三位，用字母或数字表示。

第1位是生产国家代码，用来表示地理区域，如非洲、亚洲、欧洲、大洋洲、北美洲和南美洲等。

1——美国、J——日本、S——英国、2——加拿大、K——韩国、T——瑞士、3——墨西哥、L——中国、V——法国、4——美国、R——中国台湾地区、W——德国、6——澳大利亚、Y——瑞典、9——巴西、Z——意大利

第 2 位是汽车制造商代码，用来表示一个特定地区内的一个国家，美国汽车工程师协会（SAE）负责分配国家代码。

第 3 位是汽车类型代码（不同的厂商有不同的解释），用来表示某个特定的制造厂，由各国的授权机构负责分配。如果某制造厂的年产量少于 500 辆，其识别代码的第三个字码就是 9。

2 VDS（第 4～9 位）

VDS（第 4～9 位）：说明车辆的一般特性，制造厂不用其中的一位或几位字符，就在该位置填入选定的字母或数字占位，其代号顺序由制造厂确定。

轿车：种类、系列、车身类型、发动机类型及约束系统类型；

MPV：种类、系列、车身类型、发动机类型及车辆额定总重；

载货汽车：型号或种类、系列、底盘、驾驶室类型、发动机类型、制动系统及车辆额定总重；客车：型号或种类、系列、车身类型、发动机类型及制动系统。

第 9 位为校验位，通过一定的算法防止输入错误。

3 VIS（第 10～17 位）

VIS（第 10～17 位）：制造厂为了区别不同车辆而指定的一级字符，其最后四位应是数字。

第 10 位表示车型年份，即厂家规定的型年（Model Year），不一定是实际生产的年份，但一般与实际生产的年份之差不超过 1 年。例如：

B 1981 K 1989 V 1997 5 2005；

C 1982 L 1990 W 1998 6 2006；

D 1983 M 1991 X 1999 7 2007；

E 1984 N 1992 Y 2000 8 2008；

F 1985 P 1993 1 2001 9 2009；

G 1986 R 1994 2 2002；

H 1987 S 1995 3 2003；

J 1988 T 1996 4 2004。

第 11 位代表装配厂。

第 12～17 位代表顺序号，一般情况下，汽车召回都是针对某一顺序号范围内的车辆，即某一批次的车辆。

例如：上海大众桑塔纳 2000 型轿车 VIN 编码规则：LSVHJ133022221761。

第 1 位：生产国家代码（L——中国）；

第 2 位：汽车制造商代码（上海大众汽车有限公司）；

第 3 位：汽车类型代码（桑塔纳 2000 轿车）；

第 4 位：车身型式代码（H——4 门加长型折背式车身）；

第 5 位：发动机/变速器代码[J-AYJ（06BC）/FNV（01N. A）]；

第 6 位：乘员保护系统代码[1-安全气囊（驾驶人）]；

第 7 ~8 位:车辆等级代码(33——上海桑塔纳轿车、上海桑塔纳旅行轿车、上海桑塔纳 2000 轿车);

第 9 位:校验位;

第 10 位:年份代码(2——2002);

第 11 位:装配厂代码(2——上海大众汽车有限公司);

第 12 ~17 位:车辆制造顺序号。

小结

1. 国产汽车的产品型号由企业名称代号、车辆类别代号、主参数代号、产品序号组成。必要时附加企业自定代号。对于专用汽车及专用半挂车还应增加专用汽车分类代号。

2. 根据 GB/T 16735—2004 规定,我国汽车代号与国际车辆识别代号(VIN)接轨,由 3 部分 17 位字码组成。对年产量 $I \geq 500$ 辆的制造厂,车辆识别代号的第一部分为世界制造厂识别代号(WMI);第二部分为车辆说明部分(VDS);第三部分为车辆指示部分(VIS)。第一部分通常占 VIN 代码的前 3 位,表示制造厂、品牌和类型;第二部分为第 4 ~9 位,说明车辆的一般特性;第三部分为第 10 ~17 位,是制造厂为了区别不同车辆而指定的一级字符。

思考题

1. 国产汽车的产品型号由哪几部分组成?

2. 车辆识别代号 VIN 由哪几部分组成?共有多少位字码?

3. 车辆识别代号 VIN 有何作用?我国是如何规定的?

4. 解释下列汽车型号的含义:CAl091、EQ2080、SP6900、TJ6481、TJ7100、SH7221、LSVHJ133022221761。

第三节　汽车的总体组成、主要技术参数及行驶原理

学习目标

1. 掌握汽车的总体组成。
2. 掌握汽车的主要技术参数。
3. 掌握汽车的行驶原理。

一、汽车的总体组成

汽车是由数百个总成、上万个零部件装配而成的。不同的车型结构千差万别,但都是由发动机、底盘、车身及其附件和电气设备四部分组成,专用汽车还有其他专用设备。

1 发动机

发动机是汽车的动力源。其作用是使燃料燃烧，将热能转变成机械能，驱动汽车行驶，并驱动其他机电设备。汽车所用动力装置的类型，对于汽车的总体及部件的构造有决定性的影响。目前国内外汽车绝大多数采用往复活塞式内燃机作为动力装置。它一般是由机体组、曲柄连杆机构、配气机构、供给系统、冷却系统、润滑系统、点火系统（汽油发动机采用）、起动系统等部分组成。由于现代科技的高速发展，如今还出现了电动汽车、燃气汽车、太阳能汽车、直接喷射式汽油机等新型发动机。

2 底盘

底盘是汽车的骨架，用来支撑车身和安装所有部件，同时将发动机的动力传递到驱动轮，并按驾驶人要求进行行驶（加速、减速、转向、制动等）。汽车底盘由传动系统、行驶系统、转向系统和制动系统四部分组成。

传动系统的作用是将发动机的动力传递给驱动车轮。其中包括离合器、变速器、万向传动装置、驱动桥等部件。

行驶系统的作用是将汽车各总成、部件连接成一整体，起到支持全车并保证行驶的作用。其中包括车架、车桥（转向从动桥、驱动车轮）、悬架（前悬架、后悬架）等部分。

转向系统的作用就是通过驾驶人转动转向盘，根据需要保持或改变汽车行驶方向。由带转向盘的转向器和转向传动机构组成。

汽车制动系统的作用就是根据需要使汽车减速或在最短的距离内停车；并保证汽车停放可靠，不致自动滑溜。

3 车身及其附件

车身的作用主要用来覆盖、包装和保护汽车零部件，提供装载货物的空间以及对驾驶人和乘员提供舒适的乘坐环境。车身附件是安装于车身之上的附属设备，如座椅、空调、风窗刮水器、玻璃升降器、点烟器、音响和通信设备等。

4 电气设备

电气设备包括电源、灯光系统、点火系统、起动系统、仪表、传感器与报警装置、空调、自动检测装置等。此外，在现代汽车上越来越多地装用了各种电子设备：微处理机、中央计算机系统及各种人工智能装置等，显著提高了汽车的性能。

汽车的结构形式并不是一成不变的。随着科学技术的发展，汽车的总体结构组成和部件的构造必将不断完善。

二、汽车的主要技术参数

1 主要尺寸参数

汽车的主要尺寸参数包括车长、车宽、车高、轴距、轮距、前悬、后悬、最小离地间隙（离地距）、接近角、离去角、最小转弯直径等。《道路车辆外廓尺寸、轴荷及质量限值》（GB 1589—

2004）和《机动车运行安全技术条件》（GB 7258—2004）均对我国道路车辆的极限尺寸作了规定：货车、乘用车及二轴客车的长度不大于12m，宽度不大于2.5m，高度不大于4m。

❶ 车长

如图1-17所示，车长是从汽车前保险杆最凸出的位置量起，直到后保险杆最凸出的位置，这两点之间的距离（汽车最前端到最后端的距离）。车长是对汽车的用途、功能、使用方便性等影响最大的参数。因此一般以车长来划分车身等级。车身长意味着纵向可利用空间大，这是显而易见的；但太长的车身会给调头、停车造成不便。一般中小型乘用车长4m左右，接近5m长的可算作大型车了。我国对公路车辆长度的限制是：对于载货汽车及越野汽车不大于12m，牵引汽车带半挂车不大于16m，汽车拖带挂车不大于20m，挂车不大于8m，大型客车不大于12m，铰接式大型客车不大于18m。

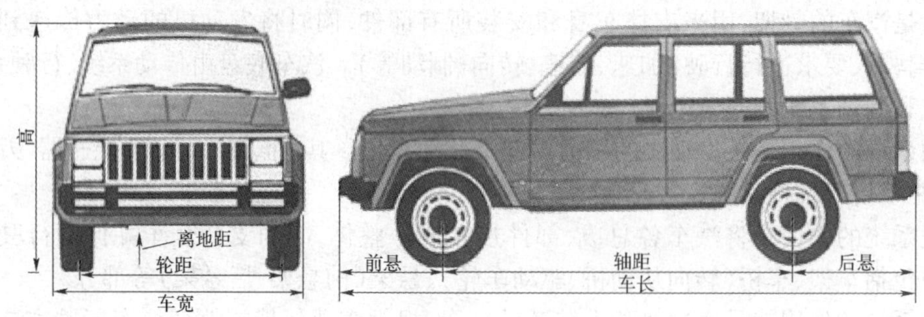

图1-17　汽车的主要尺寸参数（一）

❷ 车宽

如图1-17所示，车宽是车身左、右最凸出位置的距离，但是不包含左、右后视镜伸出的宽度，即后视镜折叠后的宽度。车宽主要影响乘坐空间和灵活性。对于乘用轿车，如果要求横向布置的三个座位都有宽阔的乘坐感（主要是足够的肩宽），那么车宽一般都要达到1.8m。近年由于对安全性的要求，车门壁的厚度有所增加，因此车宽也普遍增加。我国对公路车辆的限制尺寸是：车宽（不包括后视镜）不大于2.5m，左、右后视镜等突出部分的侧向尺寸总共不大于250mm。

❸ 车高

如图1-17所示，车高是从地面算起，一直到车身顶部最高的位置，但不包括天线的长度。车高直接影响重心（操控性）和空间。大部分轿车高度在1.5m以下，与人体的自然坐姿高度相比低很多，主要是出于降低全车重心的考虑，以确保高速拐弯时不会翻车。MPV、面包车等为了营造宽阔的乘坐（头部空间）和载货空间，车身一般比较高（1.6m以上）。我国对公路车辆高度的限制是不大于4m。

❹ 轴距

如图1-17所示，轴距是前、后车轮轴之间纵向测定的距离。在车长被确定后，轴距是影响乘坐空间最重要的因素，因为占绝大多数的2厢和3厢轿车，乘员的座位都是布置在前后轴之间的。长轴距使乘员的纵向空间增大，直接得益的是对乘坐舒适性影响很大的脚部空间。在行驶性能方面，长轴距能提高直路巡航的稳定性，但转向灵活性下降，回旋半径增大。因此在稳定性和灵活性之间必须作出取舍，取得适当的平衡。

❺ 轮距

如图1-17所示，轮距是左、右车轮中心的距离。轮距直接影响汽车的前后宽度比例。

与其他尺寸相比，轮距更受机械布局（尤其是悬架系统类型）的影响，是造型设计师需要在早期就确定的参数。一般轿车的前轮距比后轮距略大（相差 10～50mm），即车身前半部比后半部略宽，这与气流动力学有关。

6 前、后悬

如图 1-17 所示，汽车的前悬是指汽车前端至前轮中心之悬置部分。一般来说，前轮驱动车的前悬会比同级后轮驱动车前悬长，强调运动性的后轮驱动车通常前悬都很短。汽车的后悬是指汽车后端至汽车后轮中心之悬置部分。除了装设大型保险杆或后置发动机的车型以外，一般后悬较长的车型会拥有较大的行李舱空间，在高级豪华房车上经常会出现此情形。由图 1-17 所示知，车长＝前悬＋后悬＋轴距。所以轴距越长，前后悬便越短。

7 离地距（最小离地间隙）

如图 1-17 所示，离地距即车体最低点与地面的距离。后驱车的离地最低点一般在后轴中央，前驱车一般在前轴，也有些轿车的离地距最低点在前防撞杆下缘（气流动力学部件）。离地距必须确保汽车在行走崎岖道路、上下坡时的通过性，即保证不“刮底”。但离地距高也意味着重心高，影响操控性，一般轿车的最低离地距为 130～200mm，符合正常道路状况的使用要求。越野车离地距普遍大于 200mm。赛车由于安装了扰流车身部件，并且要降低重心，离地距可以低至 50mm，当然前提是赛车跑道路面平坦，在普通街道上肯定是不可行的。汽车的企业标准中应规定满载时的离地距为好，但也有的汽车的企业标准中规定空载时的离地距，如别克轿车离地距（空载）为 148mm。

8 接近角

接近角是指汽车满载、静止时，前端突出点向前轮所引切线与地面间夹角 A（图 1-18）。A 越大，越不易发生汽车前端触及地面，通过性越好。

9 离去角

离去角是指汽车满载、静止时，后端突出点向后轮所引切线与地面间的夹角 B（图 1-18）。B 越大，越不易发生汽车后端触及地面，通过性越好。

10 最小转弯半径

将汽车的转向盘转动到极限，让汽车以最低稳定速度转向行驶时，外侧转向轮的中心平面在支承平面上滚过的轨迹圆半径就是汽车最小转弯半径（图 1-19）。它表征了汽车能够通过狭窄弯曲地面的能力。最小转弯半径越小，汽车的机动性越好。乘用车的最小转弯半径一般为轴距的 2～2.5 倍。

图 1-18　汽车的主要尺寸参数（二）

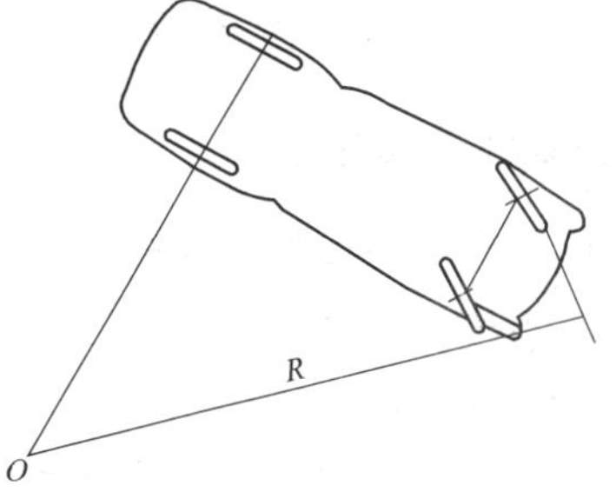

图 1-19　汽车的最小转弯半径

2 主要质量参数

汽车的质量参数主要包括汽车的装载质量、整备质量、总质量、整备质量系数和轴荷分配等。

❶ 汽车的装载质量

汽车的装载质量是指在硬质良好路面上行驶时所允许的额定装载质量。当汽车在碎石路面上行驶时，装载质量应有所减少（为好路的75% ~80%）。乘用车主要用于载运乘客及其随身行李物品，一般以座位数计算，包括驾驶人座位在内最多不超过9个座位；商用车中的客车是以载客量计，载货汽车则以其在良好的硬路面上行驶时所装载货物质量的最大限额(t)计。城市公共汽车的装载质量等于座位数并包括站立乘客数（一般按每人不小于0.125m^2面积计），其他城市客车按每人不小于0.15m^2面积计。长途客车和旅游客车的装载质量以座位数计算。超载将导致车辆早期损坏，制动距离变长，甚至造成交通事故。

❷ 汽车的整备质量

汽车的整备质量指汽车在加满燃料、润滑油、工作液（如制动液）及发动机冷却液并装备（随车工具及备胎等）齐全后但未载人、载货时的总质量。整备质量越小的汽车，燃油消耗越少，经济性越好。

❸ 汽车的总质量

汽车的总质量是指已整备完好、装备齐全并按规定载满客、货时的汽车质量，又称满载质量。即：总质量 = 整备质量 + 装载质量。

❹ 整备质量系数

整备质量系数是指载货汽车的装载质量与整车整备质量（整备质量）的比值。它表明单位汽车整备质量所承受的汽车装载质量。此系数越大表明该车型的材料利用率及设计与工艺水平越高。

❺ 轴荷

轴荷是指汽车满载时各车轴对地面的垂直载荷。

国家标准《道路车辆外廓尺寸、轴荷及质量限值》（GB 1589—2004），以及国家标准《机动车运行安全技术条件》（GB 7258—2004）均规定：二轴货车的最大允许轴荷不得超过10t；客车及三轴以上（含三轴）货车的最大允许轴荷不得超过10t。

❻ 轴荷分配

轴荷分配是指汽车在空载或满载时的整车质量，分配到各车轴上的百分比。它是汽车的重要质量参数。

对于经常在较差路面上行驶的载货汽车，为了保证其在泥泞路面上的通过能力，常将满载时前轴负荷控制在26% ~27%，以减小前轮滚动阻力并增大后驱动轮的附着力。

3 主要性能指标

汽车的主要性能指标有汽车的动力性、燃料经济性、制动性、通过性、操纵稳定性、行驶平顺性和有害气体排放等。

❶ 汽车的动力性

汽车的动力性是指汽车的最高车速、最大爬坡能力和汽车的加速能力。汽车的动力性良好，就能使在设计给定的使用条件下，以较高的速度行驶，能克服较大的行驶阻力，加速时间短，从而提高汽车的运输能力。

汽车的动力性通常以汽车的最高车速（km/h）、加速时间（s）、汽车的最大爬坡度（°）等参数来评价（或称为汽车的动力性指标）。

(1)汽车的最高车速(km/h)。汽车的最高车速是指汽车满载时,在平直良好的路面上(水泥路面和沥青路面)所能达到的最高行驶速度,它是汽车的一个重要动力指标。目前,乘用车最高车速一般为150~200km/h。

(2)汽车的加速时间(s)。汽车的加速时间是指汽车加速到一定车速所需要的时间。常用原地起步加速时间与超车加速时间表示。它是汽车的一个重要动力指标。乘用车常用0~100km/h的换挡加速时间来评价,一般为10~15s。

(3)汽车的最大爬坡度(°)。汽车的最大爬坡度是指汽车满载时,在良好的路面上以最低前进挡所能爬行的最大坡度。货车要求的最大爬坡度在16.5°左右;越野车要求的最大爬坡度在30°左右。

❷ 汽车的燃料经济性

燃料经济性是指汽车在一定的使用条件下,以最小的燃油消耗量完成单位运输工作的能力。我国与欧洲通常以百公里油耗(L/100km)来衡量,即汽车在良好的水平硬路面上以一定载荷(轿车半载、货车满载)及最高挡等速行驶时的百公里燃料消耗量。它是汽车燃料经济性常用的评价指标。同排量汽车,其数值越大,燃油经济性越差。

❸ 汽车的制动性

汽车的制动性是指汽车在行驶过程中,强制地减速以致需停车或在下长坡时维持一定行驶速度的能力。通常以汽车的制动距离作为评价汽车的制动性能的一个重要指标。汽车的制动距离是指在良好的试验跑道上在规定的车速下紧急制动(紧急制动时踏板力,乘用车要求不大于500N,其他车要求不大于700N)时,由踩制动踏板起到完全停车时的距离。按我国GB 7258—2004新标准规定,乘用车以50km/h车速下的最小制动距离应不大于19m。

❹ 汽车的通过性

汽车的通过性是指汽车在额定装载质量下能以足够高的车速通过各种坏路及无路地带的能力。它在一定程度上表征了汽车通过高低不平地带和障碍物的能力。通常以汽车的最小离地间隙(离地距)、接近角、离去角、最小转弯半径等尺寸参数作为评价汽车的通过性的重要指标。

❺ 操纵稳定性

汽车的操纵稳定性包含着互相联系的两部分内容,一个是操纵性,另一个是稳定性。操纵性是指汽车能够及时而准确地执行驾驶人的转向指令的能力;稳定性是指汽车受到外界扰动(路面扰动或突然阵风扰动)后,能自行尽快地恢复正常行驶状态和方向,而不发生失控,以及抵抗倾覆、侧滑的能力。

❻ 行驶平顺性

汽车行驶时,对路面不平度的隔振特性,称为汽车的行驶平顺性。路面平面度达到一定程度时,将使乘客感到不舒适和疲劳,或是运载的货物损坏。路面平面度激起的振动引起的附加动载荷将加速有关零件的磨损,缩短汽车的使用寿命。车轮载荷的波动会影响车轮与地面之间的附着性能,关系到汽车的操纵稳定性。

❼ 有害气体排放

汽车排放污染主要有三个排放源:一是由发动机排气管排出的燃料燃烧后的废气;二是曲轴箱排放物;三是燃料蒸发排放物。汽车有害气体排放主要是由发动机引起的,其排气中含有多种对人体有害的物质,主要有一氧化碳(CO)、碳氢化合物(HC)、氮氧化物(NO)、二氧化硫(SO_2)、醛类和微粒(含炭烟)等,应予以控制。

我国对轻型车、重型车、摩托车等各类车型的污染物排放的控制目标是:2000—2001 年达到欧Ⅰ(即我国的第一阶段控制目标);2004—2005 年达到欧Ⅱ(即我国的第二阶段控制目标);2010 年前后争取与国际排放控制水平接轨。

三、汽车行驶的基本原理

汽车行驶要受到向前的驱动力和向后的行驶阻力。

1 汽车的驱动力 F_t

要使汽车以一定速度运动,必须对汽车施加一个推动力以克服阻力,此推动力称为牵引力(驱动力)。

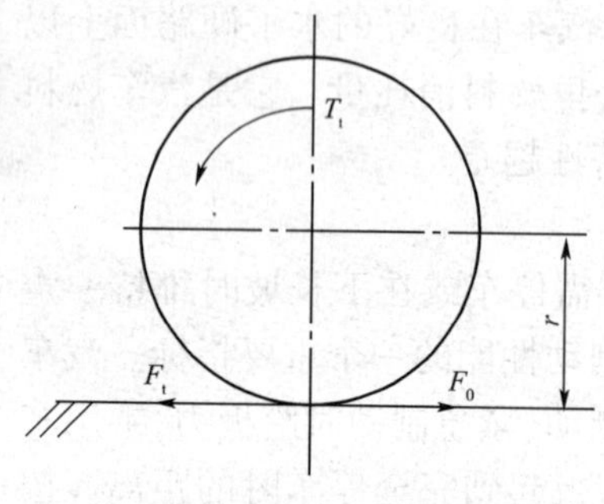

图 1-20　汽车的驱动力

汽车发动机输出的转矩经传动系统传递至驱动轮,产生驱动转矩 T_t(图 1-20)。该转矩使车轮对地面产生一圆周力 F_0,同时地面对驱动轮产生反作用力 F_t 推动汽车前进,F_t 称为汽车的驱动力,计算公式为

$$F_t = T_t / r$$

式中:T_t——作用于驱动轮上的转矩(N · m);

r——车轮半径(m)。

根据作用力与作用力的关系,路面对轮胎边缘施加一个反作用力 F_t,其大小与 F_0 相等,方向相反。

F_t 为外界对汽车施加的推动力,即牵引力。当牵引力增大到能克服汽车静止状态的最大阻力时,汽车便开始起步。

2 汽车的行驶阻力 F

汽车从静止到开始运动(起步),或在正常行驶过程中,需要克服各种阻力,包括滚动阻力 F_f、空气阻力 F_w、上坡行驶时的坡度阻力 F_i 和加速行驶时的加速阻力 F_j。行驶阻力之和为

$$F = F_f + F_w + F_i + F_j$$

❶ 滚动阻力 F_f

滚动阻力是由于车轮滚动时,轮胎和地面发生变形造成阻碍运动的力。此外,轮胎与路面间以及车轮轴承内存在摩擦。车轮滚动时产生的这些变形与摩擦都要消耗发动机一定的动力,其数值与汽车总重力、轮胎结构和气压以及路面性质有关。

❷ 空气阻力 F_w

汽车行驶时,空气与汽车表面相互摩擦,同时车身前部受到迎面空气流的压力,而车身后部因空气涡流而产生真空度,这样就形成了阻碍汽车行驶的空气阻力,以 F_w 表示。试验表明,空气阻力的数值与汽车的正面投影面积(或称迎风面积)以及汽车与空气的相对速度的平方成正比;它还与汽车外部轮廓形状和表面质量有关。如将车身做成流线形,空气阻力将显著减小。

❸ 坡道阻力 F_i

坡道阻力是汽车沿坡道上行驶时,其总重力沿坡道方向的分力。上坡时,汽车总重力沿

路面方向的分力形成的阻力即为上坡阻力，其数值决定于汽车总重力和道路的纵向坡度。

❹ 加速阻力 F_j

汽车加速行驶时，需要克服其加速运动时汽车质量的惯性力，称为加速阻力。

3 汽车行驶方程式及驱动条件

在任何情况下，欲保证汽车匀速行驶，牵引力 F_t 必须与行驶总阻力 $\sum F$ 相等，即

$$F_t = F_f + F_w + F_i + F_j$$

上式即为汽车行驶方程式。

当汽车驱动力等于滚动阻力、空气阻力和坡度阻力之和时，汽车匀速行驶；当驱动力大于后三者之和时，汽车才能起步或加速行驶；当驱动力小于后三者之和时，则汽车无法起步或减速行驶。故得出汽车的行驶的驱动条件为

$$F_t \geqslant F_f + F_w + F_i$$

4 汽车行驶的基本条件

当总阻力超过牵引力时，汽车将减速以至于停车。这时欲维持车速不变，就应当相应地增大牵引力。但这一点并不是在任何情况下都能实现的，如汽车在冰雪或泥泞路面上行驶时，便会出现驱动车轮滑转（打滑）的现象。此时，尽管节气门加大（一般情况下，加大节气门是增大牵引力的），汽车仍不能行驶，只是驱动车轮滑转得更快而已，牵引力却增加不了。这说明：牵引力的增加或牵引力的最大值不仅决定于发动机的最大转矩和传动系统的传动比，还受到轮胎与路面附着性能的限制。地面对轮胎的切向反作用力的极限值称为附着力 F_φ，它与驱动轮法向反用力 F_z 成正比，即

$$F_\varphi = F_z\varphi$$

式中：φ——附着系数。

地面切向反作用力不能大于附着力，即

$$F_t \leqslant F_\varphi = F_z\varphi$$

上式即为汽车行驶的附着条件。

汽车行驶必须同时满足驱动条件和附着条件，合称驱动－附着条件，即

$$F_f + F_w + F_i \leqslant F_t \leqslant F_\varphi$$

F_φ 的大小取决于车轮所受的重力大小、路面和轮胎类型。

小结

1. 汽车是由数百个总成、上万个零部件装配而成的。不同的车型结构千差万别，但都是由发动机、底盘、车身及其附件和电气设备四部分组成，专用汽车还有其他专用设备。

2. 发动机的作用是使燃料燃烧，将热能转变成机械能，驱动汽车行驶，并驱动其他机电设备。目前国内外汽车绝大多数采用往复活塞式内燃机作为动力装置。它一般是由机体组、曲柄连杆机构、配气机构、供给系统、冷却系统、润滑系统、点火系统（汽油发动机采用）、起动系统等部分组成。

3. 底盘是汽车的骨架，用来支撑车身和安装所有部件，同时将发动机的动力传递到驱动

轮,并按驾驶人要求进行行驶(加速、减速、转向、制动等)。汽车底盘由传动系统、行驶系统、转向系统和制动系统四部分组成。

4. 车身的作用主要用来覆盖、包装和保护汽车零部件,提供装载货物的空间以及对驾驶人和乘员提供舒适的乘坐环境。车身附件是安装于车身之上的附属设备,如座椅、空调、风窗刮水器、玻璃升降器、点烟器、音响和通信设备等。

5. 汽车主要参数包括尺寸参数(车长、车宽、车高、轴距、轮距、前悬、后悬、最小离地间隙(离地距)、接近角、离去角、最小转弯直径等)、质量参数(装载质量、整备质量、总质量、整备质量系数和轴荷分配等)、性能参数(最高车速、加速时间、最大爬坡度、百公里油耗、汽车的制动距离、汽车有害气体排放等)。

6. 要使汽车以一定速度运动,必须对汽车施加一个推动力以克服阻力。此推动力称为牵引力(驱动力)。

7. 汽车行驶要受到向前的驱动力和向后的行驶阻力。驱动力 $F_t = T_t/r$,行驶阻力包括滚动阻力、空气阻力、坡度阻力和加速阻力。

8. 汽车行驶方程式为 $F_t = F_f + F_w + F_i + F_j$;汽车行驶的驱动条件为 $F_t \geqslant F_f + F_w + F_i$。

9. 汽车行驶的基本条件为 $F_f + F_w + F_i \leqslant F_t \leqslant F_\varphi$,即驱动－附着条件,驱动力 F_t 的发挥受限于附着力 F_φ。附着力是地面对轮胎的切向反作用力的极限值,它的大小取决于车轮所受的重力大小、路面和轮胎类型。

思考题

1. 名词解释:车长、车宽、车高、轴距、轮距、前悬、后悬、最小离地间隙(离地距)、接近角、离去角、最小转弯直径、装载质量、整备质量、总质量、整备质量系数、轴荷分配、最高车速、加速时间、最大爬坡度、百公里油耗、汽车的制动距离、驱动力、附着力。

2. 汽车主要由哪几大部分组成? 各自的作用是什么?

3. 汽车行驶过程中受到哪些力?

4. 写出汽车行驶方程式及汽车行驶的驱动条件。

5. 试述汽车行驶的基本条件。

第2单元 汽车发动机

第一节 发动机的概念与分类

1. 掌握发动机的基本概念。
2. 掌握汽车用发动机的分类。
3. 掌握发动机的型号编制规则。

一、发动机的概念

发动机(engine)是将某一种形式的能量转换为机械能并拖动某些机械进行工作的机器。

汽车的动力来自发动机,发动机俗称是汽车的"心脏"。发动机还广泛应用于火车、工程机械、拖拉机、发电机、船舶、坦克、排灌机械和众多其他机械。

按能源及转换方式的不同,发动机的分类如图2-1所示。

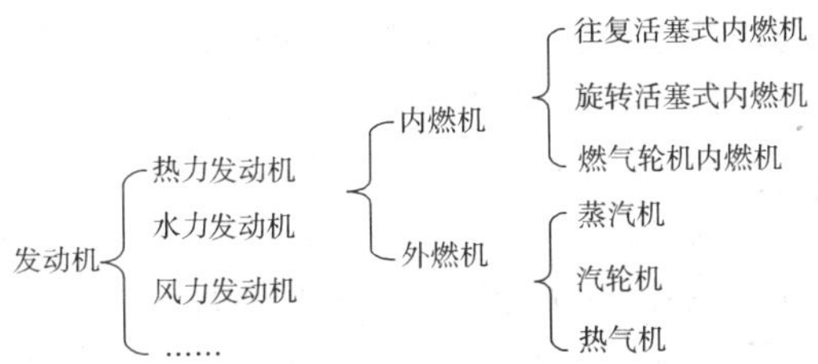

图2-1 发动机分类

汽车发动机大多是热能动力装置,简称热力发动机。热力发动机是借助工质的状态变化，将燃料燃烧所产生的热能转变为机械能。

热力发动机分内燃机和外燃机。将液体燃料或气体燃料和空气混合后直接输入机器内部燃烧产生热能，热能再转变为机械能的装置称为内燃机，内燃机包括活塞式内燃机和燃气轮机。而外燃机（如蒸汽机）是指燃料在其外部的锅炉内燃烧，加热锅炉内的水，使之变为高温、高压的水蒸气，再送往机器内部，将其热能转变为机械能的装置。外燃机包括蒸汽机、汽轮机和热汽机（又称斯特灵发动机）等。

内燃机与外燃机相比具有单机功率范围大（0.6～74760kW）、热效率高（汽油机略高于0.3，柴油机达0.4左右）、体积小、质量轻、操作简单，便于移动、起动性能好和维修方便等优点。因而被广泛应用于现代汽车上。往复活塞式内燃机在汽车上应用最为广泛。

二、汽车用发动机的分类

1 按所用燃料分类

根据所使用的燃料，发动机可分为汽油机、柴油机、气体燃料发动机、煤气机、液化石油气发动机和多种燃料发动机等。

汽油机是使用汽油为燃料的发动机；柴油机是使用柴油为燃料的发动机；气体燃料发动机是利用压缩天然气为燃料的发动机；液化石油气发动机是利用液化石油气为燃料的发动机；多种燃料发动机是可同时使用两种以上燃料的发动机，如压缩天然气/汽油发动机、液化石油气/汽油发动机或氢气/汽油发动机等。

2 按工作循环的冲程数分类

根据每一个工作循环所需活塞行程数，可将发动机分为四冲程发动机与二冲程发动机。完成一个循环需要活塞往复四个行程的称为四冲程发动机，完成一个循环需要活塞往复两个行程的称为二冲程发动机。

3 按冷却方式分类

根据冷却方式，发动机可分为水冷式和风冷式。以水或冷却液为冷却介质的称为水冷式发动机；以空气为冷却介质的称为风冷式发动机。汽车发动机多采用水冷式发动机。

4 按点火方式分

根据点火方式，发动机可分为点燃式（汽油机）和压燃式（柴油机）。点燃式发动机是压缩汽缸内的可燃混合气，用外源点火燃烧的内燃机；压燃式发动机是压缩汽缸内的空气或可燃混合气，产生高温，引起燃料自燃的内燃机。

5 按汽缸数及排列方式分类

只有一个汽缸的内燃机称为单缸发动机，有两个或两个以上汽缸的内燃机称为多缸发动机；汽缸中心线与水平面垂直的发动机，称为立式发动机，汽缸中心线与水平面呈一定角度（不是直角）的发动机，称为斜置式发动机；汽缸中心线与水平面平行的发动机，称为卧式发动机；多缸发动机根据汽缸间的排列方式，可分为直列式、对置式和V形等发动机；具有两个或两个以上直立汽缸，并呈一列布置的发动机，称为直列式发动机，两个或两列汽缸分别排列在同一曲轴的两边呈180°夹角的发动机，称为对置式发动机，具有两个或两列汽缸，其中心线夹角呈V形，并共用一根曲轴输出功率的发动机，称为V形发动机。

三、发动机的型号

国家标准《内燃机产品名称和型号编制规则》(GB/T 725—2008)规定，我国的发动机型号由以下四部分组成(图2-2)。

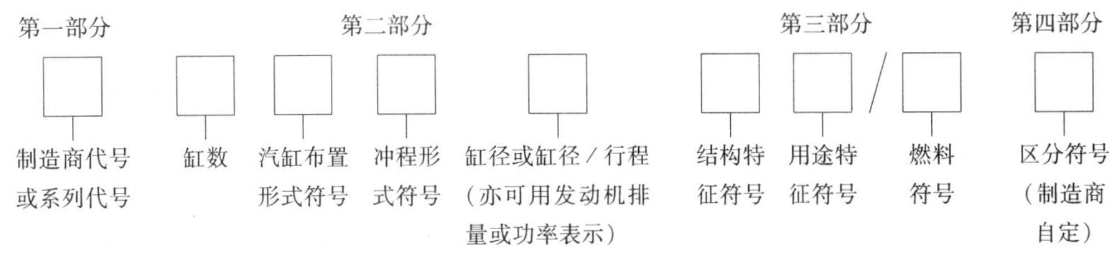

图2-2 发动机的型号编制规则

符号含义：

(1)汽缸布置形式符号(表2-1)。

汽缸布置形式符号 表2-1

符　号	含　义	符　号	含　义
无符号	多缸直列	H	H形
V	V形	X	X形
P	平卧式		

(2)冲程形式符号。无符号为四冲程，E表示二冲程。

(3)结构特征符号(表2-2)。

结构特征符号 表2-2

符　号	含　义	符　号	含　义
无符号	冷却液冷却	Z	增压
F	风冷	ZL	增压中冷
N	凝气冷却	DZ	可倒转
S	十字头式		

(4)用途特征符号(表2-3)。

用途特征符号 表2-3

符　号	含　义	符　号	含　义
无符号	通用型	D	发电机组用
T	拖拉机用	C	船用主机(右机基本型)
M	摩托车用	CZ	船用主机(左机基本型)
G	工程机械用	Y	农用三轮车用
Q	车用	L	林业机械
J	铁路机车用		

(5)燃料符号(表2-4)。

燃料符号 表2-4

符号	燃料	符号	燃料
无符号	柴油	W	煤矿瓦斯
P	汽油	M	煤气
T	天然气	S	柴油/天然气
		SCZ	柴油/沼气
CNG	压缩天然气	M	甲醇
LNG	液化天然气	E	乙醇
LPG	液化石油气	DME	二甲醇
Z	沼气	TME	生物柴油

发动机型号编制示例:

(1)汽油机型号:

492Q/P-A——四缸、直列、四行程、缸径92mm、冷却液冷却、汽车用(A为区分符号)。

(2)柴油机型号:

YZ6102Q——六缸、直列、四行程、缸径102mm、冷却液冷却、汽车用(YZ为扬州柴油机厂代号)。

(3)燃气机型号:

12V190ZL/T——12缸、V形、四行程、缸径190mm、冷却液冷却、增压中冷、燃气为天然气。

(4)双燃料发动机型号:

G12V190ZLS——12缸、V形、缸径190mm、冷却液冷却、增压中冷、燃料为柴油/天然气双燃料(G为系列代号)。

小结

1. 发动机(engine)是将某一种形式的能量转换为机械能并拖动某些机械进行工作的机器。

2. 根据所使用的燃料,发动机可分为汽油机、柴油机、气体燃料发动机、煤气机、液化石油气发动机和多种燃料发动机等。

3. 根据每一个工作循环所需活塞行程数,可将发动机分为四冲程发动机与二冲程发动机。

4. 根据冷却方式,发动机可分为水冷式和风冷式。

5. 根据点火方式,发动机可分为点燃式(汽油机)和压燃式(柴油机)。

6. 根据汽缸排列方式,发动机可分为直列式、对置式和V形。

思考题

1. 发动机的概念是什么?

2. 按所用燃料不同,发动机分为哪几种类型?

3. 按冲程数不同,发动机分为哪几种类型?

4. 按冷却方式不同，发动机分为哪几种类型？

5. 按点火方式不同，发动机分为哪几种类型？

6. 解释下列发动机型号代表的含义：492Q/P-A、YZ6102Q、12V190ZL/T、G12V190ZLS。

第二节 发动机的组成与工作原理

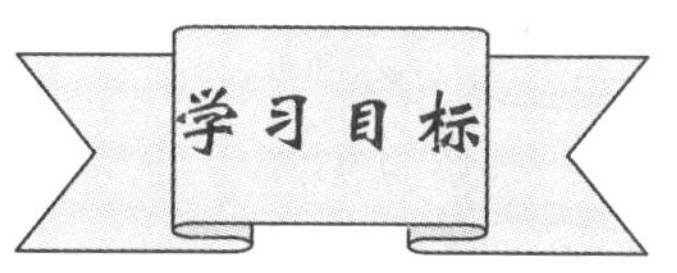

1. 掌握发动机的组成和常用基本术语。
2. 理解发动机的基本工作原理。

一、发动机的组成

发动机是一部由许多机构和系统组成的将燃料燃烧产生的热能转变为机械能的机器。现代汽车发动机的结构形式很多，常用的有汽油机与柴油机两种。即使同一类发动机，具体结构和组成也有很大的不同。

1 汽油机的组成

如图2-3所示，汽油发动机由机体组、曲柄连杆机构、配气机构，供给系统、润滑系统、冷却系统、起动系统和点火系统组成。

① 机体组

发动机的机体组一般包括汽缸盖、汽缸体及油底壳，是发动机的主体部分。汽缸体的上部是汽缸，下部是曲轴箱。机体组的作用是作为发动机各工作机构和附件的装配基体，而其本身的许多部分又分别是曲柄连杆机构、配气机构、供给系统以及润滑系统和冷却系统的组成部分。汽缸盖装在汽缸体的上部，汽缸盖、汽缸与活塞到达上止点时的顶部空间构成燃烧室，燃料在其中燃烧产生热能。在发动机构造中常把机体组列入曲柄连杆机构。

② 曲柄连杆机构

曲柄连杆机构包括活塞、连杆、曲轴、飞轮等。曲柄连杆机构的功用是将活塞的往复直线运动转变为曲轴的旋转运动并输出动力。

③ 配气机构

配气机构主要包括进气门、排气门、弹簧、摇臂、推杆、挺柱、凸轮轴以及凸轮轴正时齿轮（由曲轴正时齿轮驱动）。其功用是按照发动机每一汽缸内所进行的工作循环和发火次序的要求，定时开启和关闭各汽缸的进、排气门，使新鲜可燃混合气或空气及时进入汽缸，废气及时从汽缸内排出。

④ 供给系统

供给系统主要包括汽油箱、汽油泵、汽油滤清器、电喷装置（或化油器）、空气滤清器、进气管、排气管、排气消声器等。其作用是把燃油与空气混合形成一定比例的可燃混合气，并送入汽缸以供燃烧，然后将燃烧生成的废气排出发动机。

5 润滑系统

润滑系统一般由机油泵、机油集滤器、限压阀、油路、机油滤清器和机油冷却器等组成。其作用是将润滑油供给作相对运动的零件以减少它们之间的摩擦阻力，减轻零件的磨损，同时起到冷却零件、清洗零件的作用。

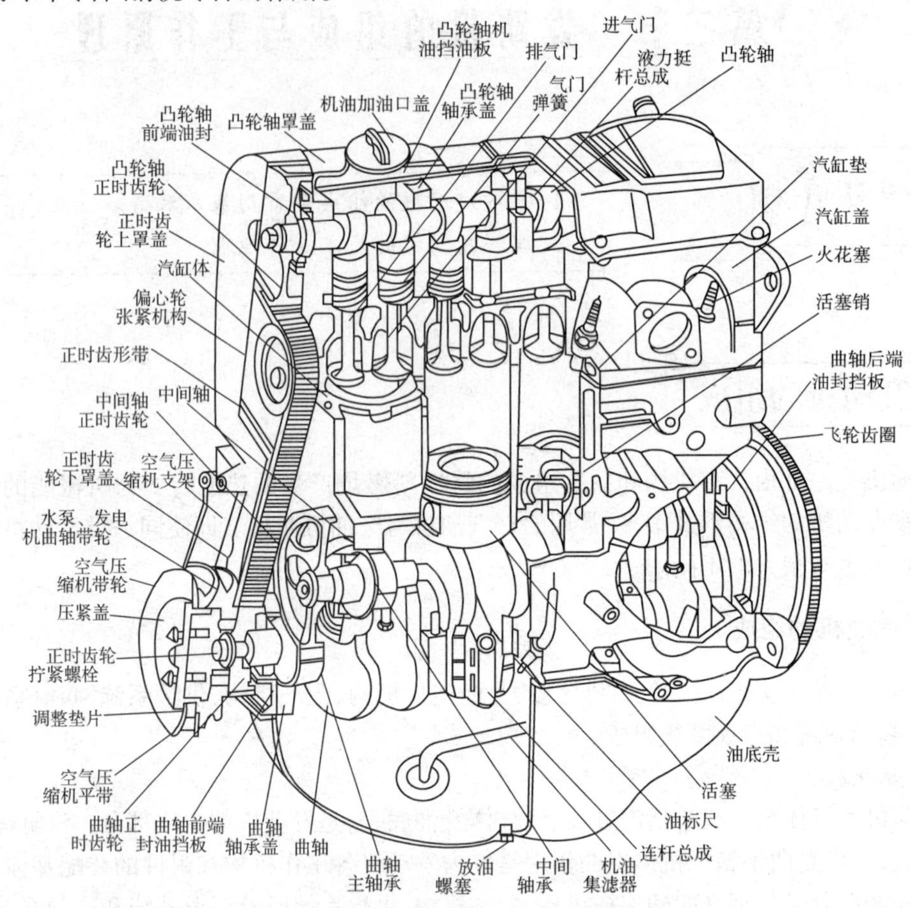

图 2-3　一汽奥迪 100 型轿车发动机

6 冷却系统

冷却系统主要包括水泵、风扇、分水管、汽缸体放水阀、散热器以及汽缸体和汽缸盖里铸出的空腔——水套等。发动机在运转过程中因为受热，需要冷却。冷却系统的功用是把受热机件的热量散到大气中去，以保证发动机正常工作。

7 起动系统

起动系统包括起动机及其附属装置。其功用就是使静止的发动机起动并转入自行运转。

8 点火系统

点火系统主要包括蓄电池、发电机、断电器、分电器、点火线圈、火花塞等。其功用是保证按规定时刻及时点燃汽缸中被压缩的可燃混合气。

汽车用汽油机一般都由上述的两个机构和五个系统组成。

2 柴油机的组成

柴油机是由两个机构和四个系统组成。柴油机的燃料采用柴油，无化油器和火花塞；柴油由喷油泵和喷油器直接喷入汽缸，与压缩后的高温空气混合并进行自燃。与汽油机相比，柴油机不需要点火系统，喷油泵和喷油器是柴油机燃料供给系统中最为重要的部件，柴油机的机体、曲柄连杆机构、配气机构、润滑系统、冷却系统、起动系统，与汽油机基本相同。

二、发动机的基本术语

如图2-4所示，活塞安装在汽缸中，活塞可在汽缸内作往复直线运动，活塞通过连杆和曲轴相连，曲轴可绕其轴线旋转。

(1)上止点：活塞离曲轴回转中心最远处，通常指活塞上行到最高位置。

(2)下止点：活塞离曲轴回转中心最近处，通常指活塞下行到最低位置。

(3)活塞行程(S)：上、下两止点间的距离(mm)。

(4)曲柄半径(R)：与连杆下端(即连杆大头)相连的曲柄轴径中心到曲轴回转中心的距离(mm)。显然，$S=2R$。曲轴每转一周，活塞移动两个行程。

(5)汽缸工作容积(V_h)：活塞从上止点到下止点所让出的空间容积(L)，计算公式为

$$V_h=\frac{\pi D^2}{4\times10^6}S$$

式中：D——汽缸直径(mm)。

(6)发动机排量(V_L)：指多缸发动机所有汽缸工作容积之和(L)。设发动机的汽缸数为i，则

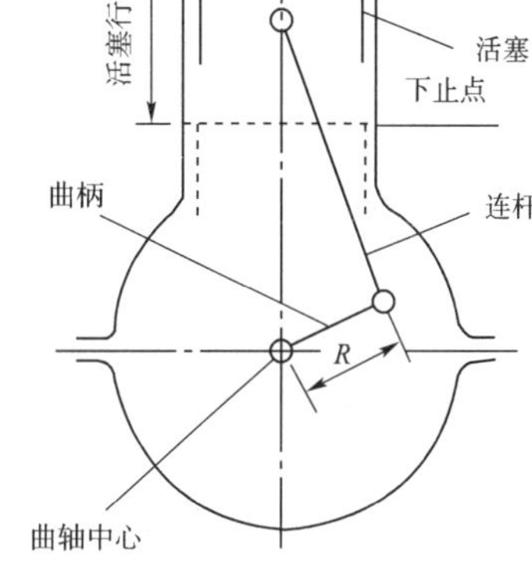

图2-4 发动机基本术语示意图

$$V_L=V_h i$$

(7)燃烧室容积(V_C)：活塞在上止点时，活塞顶上方的空间称为燃烧室，它的容积称为燃烧室容积(L)。

(8)汽缸总容积(V_a)：活塞在下止点时，活塞顶上方的容积称为汽缸总容积(L)。它等于汽缸工作容积与燃烧室容积之和，即

$$V_a=V_h+V_C$$

(9)压缩比(ε)：汽缸总容积与燃烧室容积的比值，即

$$\varepsilon=\frac{V_a}{V_C}=\frac{V_h+V_C}{V_C}=1+\frac{V_h}{V_C}$$

压缩比表示活塞由下止点运动到上止点时，汽缸内气体被压缩的程度。压缩比越大，压缩终了时汽缸内的气体压力和温度就越高。一般车用汽油机的压缩比为6~11，柴油机的压缩比为15~22。发动机压缩比也不能过高，否则会导致压缩终了温度和压力升高，汽油机产生爆震燃烧，热负荷、机械负荷、噪声和振动加大，起动困难。

三、四冲程汽油机工作原理

1 四冲程汽油机的工作原理

四冲程汽油机是由进气、压缩、做功和排气四个行程完成一个工作循环，其工作过程如

图 2-5 所示。

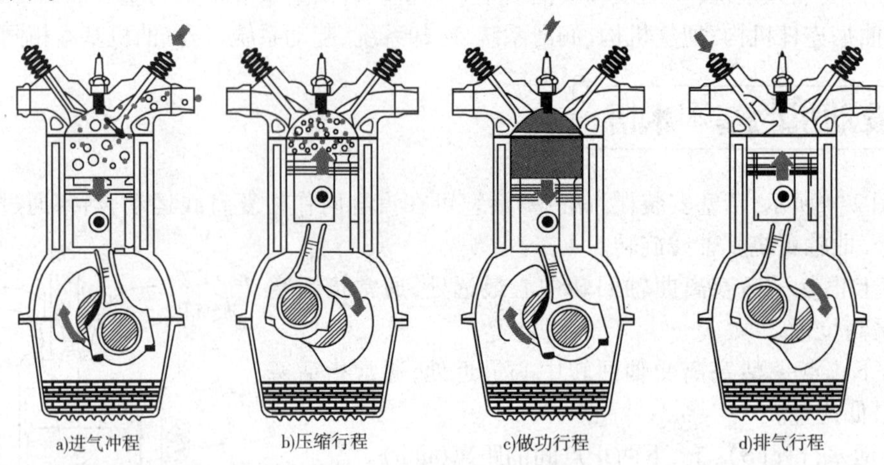

图 2-5　四冲程汽油机工作原理

❶ 进气行程

曲轴带动活塞由上止点向下止点移动，同时，进气门开启，排气门关闭。进气过程开始时，活塞位于上止点，当活塞由上止点向下止点移动时，活塞上方的容积增大，汽缸内的气体压力下降，形成一定的真空度。由于进气门开启，汽缸与进气管相通，混合气被吸入汽缸，直至活塞向下运行到下止点。当活塞移动到下止点时，汽缸内充满了新鲜混合气和上一个工作循环未排出的废气。在进气过程中，受空气滤清器、化油器、进气管路、进气门的影响，在进气终了时，汽缸内气体压力低于大气压。

❷ 压缩行程

活塞由下止点向上止点移动，进排气门均关闭。曲轴在飞轮等惯性力的作用下带动旋转，通过连杆推动活塞向上移动，汽缸内容积逐渐减小，气体被压缩，汽缸内的混合气压力与温度随之升高。

❸ 做功行程

进排气门关闭，火花塞点火，混合气剧烈燃烧，汽缸内的温度、压力急剧上升，高温、高压气体推动活塞由上止点向下移动，通过连杆带动曲轴旋转。在发动机工作的四个行程中，只有这个行程才实现热能转化为机械能，所以，这个行程称为做功行程。

❹ 排气行程

活塞到达下止点，排气门打开，活塞从下止点移动到上止点，废气随着活塞的上行，被排出汽缸。由于排气系统有阻力，且燃烧室也占有一定的容积，所以在排气终了时，不可能将废气排净，这部分留下来的废气称为残余废气。残余废气不仅影响充气，对燃烧也有不良影响。

排气行程结束时，活塞又回到了上止点，完成了一个工作循环。随后，曲轴依靠飞轮转动的惯性作用仍继续旋转，开始下一个工作循环。如此周而复始，发动机就不断地运转起来。

2 四冲程柴油机的工作原理

四冲程柴油机的工作原理和四冲程汽油机的工作原理一样，每个工作循环也是由进气、压缩、做功和排气四个行程所组成。但柴油和汽油性质不同，柴油机在可燃混合气的形成、着火方式等与汽油机有较大区别。下面主要介绍与汽油机工作原理不同之处。图2-6所示为单缸四冲程柴油机工作原理示意图。

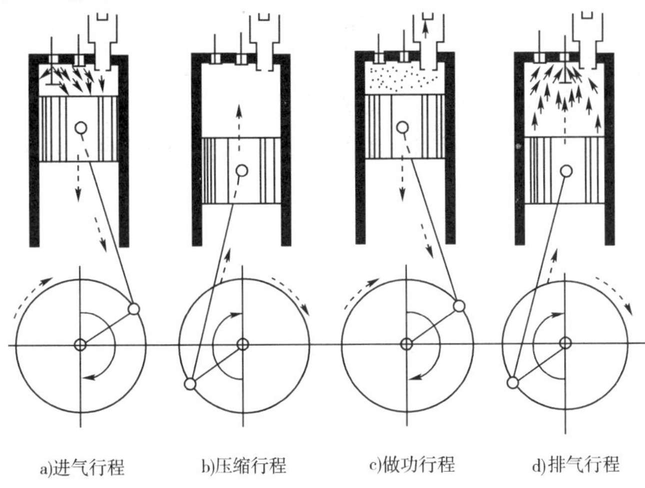

图2-6　四冲程柴油机工作原理示意图

(1)进气行程。进气行程如图2-6a)所示,它不同于汽油机的是进入汽缸的不是混合气,而是纯空气。

由于进气阻力比汽油机小,上一冲程残留的废气温度比较低等原因,进气终了压力和温度与汽油机稍有不同,压力为800~900kPa,温度为320~350K。

(2)压缩行程。压缩行程如图2-6b)所示,不同于汽油机的是压缩的是纯空气,且由于柴油机压缩比大,压缩终了的温度和压力都比汽油机高,压力可达3~5MPa,温度可达800~1000K。

(3)做功行程。做功行程如图2-6c)所示,此行程与汽油机有很大不同,压缩行程末,喷油泵将高压柴油经喷油器呈雾状喷入汽缸内的高温空气中,迅速汽化并与空气形成可燃混合气。因为此时汽缸内温度远高于柴油的自燃温度(约500K),自行着火燃烧,且以后的一段时间内边喷边燃烧,汽缸内的温度、压力急剧升高,推动活塞下行做功。

此行程中,瞬时压力可达5~10MPa,瞬时温度可达1800~2200K;做功终了,压力为200~400kPa,温度为1200~1500K。

(4)排气行程。排气行程如图2-6d)所示,与汽油机排气行程基本相同。排气终了,汽缸压力为105~125kPa,温度为800~1000K。

3 四冲程柴油机与汽油机的相同点与不同点

(1)两发动机工作循环的基本内容相似,其共同点是:

①每个工作循环曲轴转两转(720°),每一行程曲轴转半转(180°),进气行程是进气门开启,排气行程是排气门开启,其余两个行程是进、排气门均关闭。

②四个行程中,只有做功行程产生动力,其他三个行程是为做功行程做准备工作的辅助行程,虽然做功行程是主要行程,但其他三个行程也不可缺少。

③发动机运转的第一个循环,必须有外力使曲轴旋转完成进气、压缩行程,着火后,完成做功行程,依靠曲轴和飞轮储存的能量便可自行完成以后的行程,以后的工作循环发动机无须外力就可自行完成。

(2)两种发动机工作循环的主要不同之处是：

①汽油机的汽油和空气在汽缸外混合，进气行程进入汽缸的是可燃混合气。而柴油机进气行程进入汽缸的是纯空气，柴油是在做功行程开始阶段喷入汽缸，在汽缸内与空气混合，即混合气形成方式不同。

②汽油机用电火花点燃混合气，而柴油机是用高压将柴油喷入汽缸内，靠高温气体加热自行点火燃烧，即点火方式不同。所以汽油机有点火系统，而柴油机则无点火系统。

小结

1. 发动机是一部由许多机构和系统组成的将燃料燃烧产生的热能转变为机械能的机器。常用的有汽油机与柴油机两种。

2. 四冲程发动机是活塞在汽缸内上、下止点间往复移动四个行程，完成进气、压缩、做功、排气一个工作循环的发动机。按点火方式分为点燃式和压燃式。汽油机采用点燃式，柴油机采用压燃式。

3. 汽车发动机主要由机体组、曲柄连杆机构、配气机构、供给系统、润滑系统、冷却系统、点火系统（汽油机）和起动系统所组成。

4. 活塞行程是指上、下两止点间的距离。

5. 汽缸工作容积是指活塞从上止点到下止点所让出的空间容积。

6. 发动机排量是指多缸发动机所有汽缸工作容积之和。

7. 燃烧室容积是指活塞在上止点时，活塞顶上方空间的容积。

8. 汽缸总容积是指活塞在下止点时，活塞顶上方的容积，它等于汽缸工作容积与燃烧室容积之和。

9. 压缩比是指汽缸总容积与燃烧室容积的比值，它表示活塞由下止点运动到上止点时，汽缸内气体被压缩的程度。压缩比越大，压缩终了时汽缸内的气体压力和温度就越高。

10. 四冲程汽油机和四冲程柴油机工作原理一样，每个工作循环都是由进气、压缩、做功和排气四个行程所组成。但柴油和汽油性质不同，柴油机在可燃混合气的形成、着火方式等与汽油机有较大区别。

思考题

1. 汽油发动机是由哪几部分组成的？各系统的作用是什么？并指出发动机外露主要部件的名称。

2. 解释下列技术术语：上止点、下止点、活塞行程、曲柄半径、汽缸工作容积、发动机排量、燃烧室容积、汽缸总容积、压缩比。

3. 简述四冲程汽油机的工作原理。

4. 汽油机与柴油机有哪些相同点和不同点？

第三节　曲柄连杆机构

1. 掌握曲柄连杆机构的功用、组成及各主要零部件的结构特点。

2. 理解多缸发动机的工作循环。

曲柄连杆机构是发动机将热能转化为机械能的主要机构。

一、功用与组成

1 功用

曲柄连杆机构的功用是把燃气作用在活塞顶上的力转变为曲轴的转矩，以向工作机械输出机械能。在发动机的做功行程中，燃烧气体的压力直接作用在活塞顶上，推动活塞在汽缸内作往复直线运动，通过活塞销、连杆转变为曲轴的旋转运动，并从曲轴对外输出动力。在进气、压缩和排气行程中，通过飞轮释放的能量将曲轴的旋转运动转变为活塞的往复直线运动。

2 组成

曲柄连杆机构由机体组、活塞连杆组和曲轴飞轮组组成。

二、机体组

机体组是发动机的骨架，是发动机各机构和系统的装配基体，通过它还可以实现运动机件的润滑和受热部件的冷却。它主要由汽缸体、汽缸盖、汽缸垫以及油底壳等不动零件组成。

1 汽缸体

汽缸体是以汽缸组成的机体，是汽缸体与曲轴箱的连铸体，由高强度灰铸铁或铝合金铸造而成。汽缸体由汽缸、曲轴支承孔、曲轴箱、加强筋、冷却水套、润滑油路等部分组成。其上部有汽缸，是汽缸体内引导活塞往复运动的空间，下部有曲轴支承孔。曲轴运动的空间称为曲轴箱。在机体内部铸有许多加强筋、冷却水套和润滑油路等。汽缸的外表面制有水套或散热片，以便散热。为了节省贵金属材料，降低成本，方便维修，现代汽车广泛采用在缸体内镶入汽缸套的结构。图 2-7 所示为奥迪 100 汽车发动机的缸体。

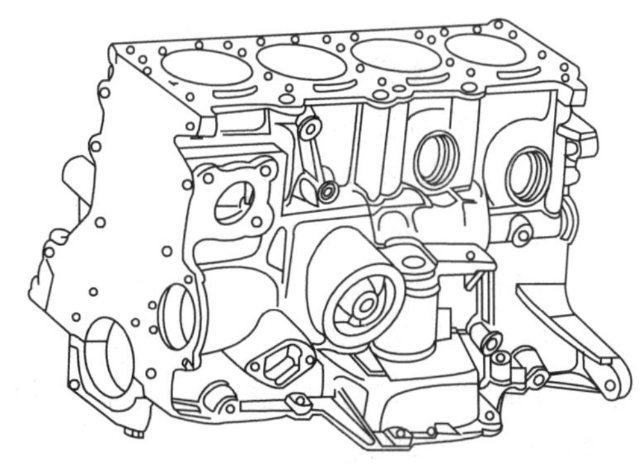

图 2-7　汽缸体

按汽缸套是否与冷却液接触分为干式汽缸套和湿式汽缸套两种(图2-8):

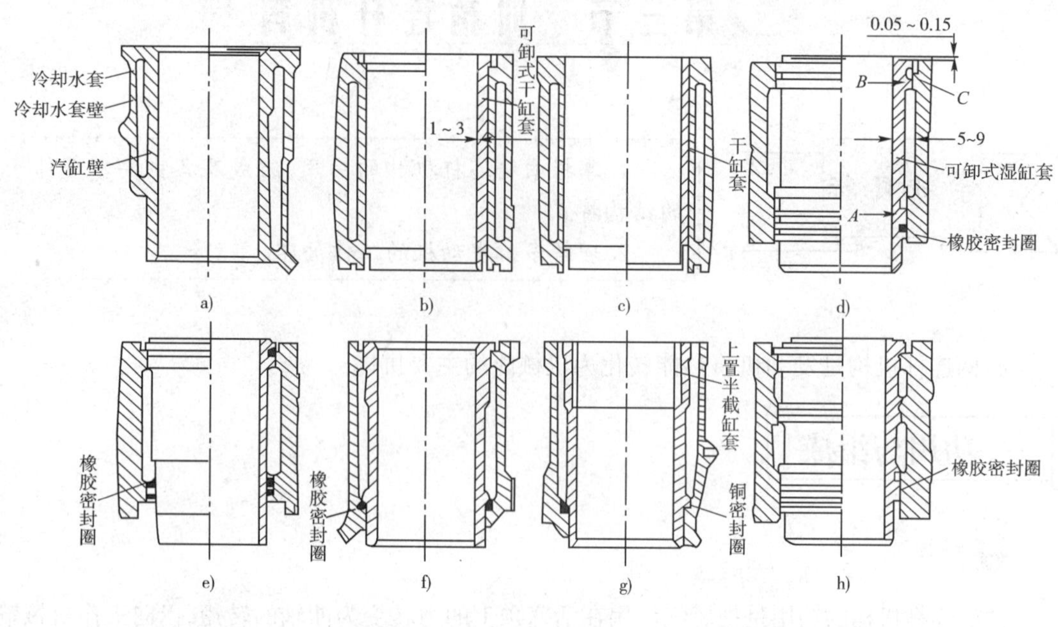

图2-8 汽缸套

(1)干式汽缸套(图2-8a)~图2-8c)):其外壁不直接与冷却液接触,而和汽缸体的壁面直接接触,壁厚较薄,一般为1~3mm。

特点:具有整体式汽缸体的优点,强度和刚度都较好,但加工比较复杂,内、外表面都需要进行精加工,拆装不方便,散热不良。

(2)湿式汽缸套(图2-8d)~图2-8h)):其外壁直接与冷却液接触,汽缸套仅在上、下各有一圆环地带和汽缸体接触,壁厚一般为5~9mm。

特点:散热良好,冷却均匀,加工容易,通常只需要精加工内表面,而与冷却液接触的外表面不需要加工,拆装方便,但其强度、刚度不如干式汽缸套好,而且容易产生漏冷却液现象,所以常加橡胶密封圈等防止漏冷却液,使用和维修时应密切注意,否则将产生冷却液漏入油底壳的严重后果。

根据机体与油底壳安装位置的不同,汽缸体的结构形式有一般式汽缸体、龙门式汽缸体和隧道式汽缸体3种(图2-9):

(1)汽缸体安装油底壳的加工面和曲轴旋转中心线位于同一平面的汽缸体为一般式汽缸体,如图2-9a)所示。其特点是机体高度小,质量轻,结构紧凑,便于加工,曲轴拆装方便;但刚度和强度较差。多用于中小型发动机,如夏利、富康发动机(BJ492Q)。

(2)若汽缸体安装油底壳的加工面低于曲轴旋转中心线,则称为龙门式汽缸体,如图2-9b)所示。其特点是强度和刚度都好,能承受较大的机械负荷;但工艺性较差,结构笨重,加工较困难。多用于中型及重型车用发动机。如捷达/高尔夫发动机(CA6102)。

(3)隧道式汽缸体的曲轴主轴承孔为整体式(图2-9c)),装用滚动轴承,主轴承孔较大,曲轴从汽缸体后部装入。其特点是结构紧凑、刚度和强度好;但加工精度要求高,工艺性较差,曲轴拆装不方便。它主要应用于机械负荷大的柴油机上,如黄河JN1181C13型汽车装用的6135Q型发动机。

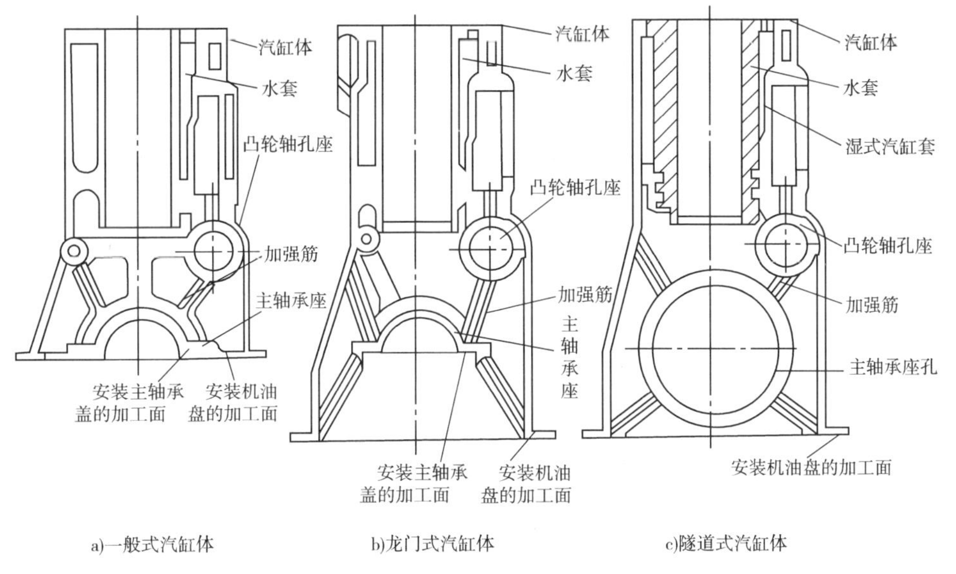

图 2-9　汽缸体结构形式示意图

2 汽缸盖与燃烧室

1 汽缸盖

汽缸盖的功用是密封汽缸的上部,并与活塞顶、汽缸壁共同构成燃烧室。

汽缸盖(图 2-10)是燃烧室的组成部分,经常与高温高压燃气接触,因此需承受很大的热负荷和机械负荷。水冷发动机的缸盖内部铸有冷却水套,缸盖下端面的冷却液孔和缸体上端面的冷却液孔相通,其中循环流动的冷却液对燃烧室等高温部件进行冷却。

汽缸盖上还安装有进、排气门座和气门导管孔,用于安装进、排气门,还有进气道、排气道等。顶置凸轮轴式发动机,缸盖上还加工有凸轮轴轴承孔。汽油机的缸盖上还加工有安装火花塞的孔,柴油机的缸盖上还加工有安装喷油器的孔。

汽缸盖一般由灰铸铁和合金铸铁铸成,由于铝合金的导热性好,能够实现较大的压缩比,越来越多的汽缸盖都采用铝合金材质。

汽缸盖的结构因发动机的不同而不同,图 2-10为上海桑塔纳轿车 AJR 发动机的汽缸盖。

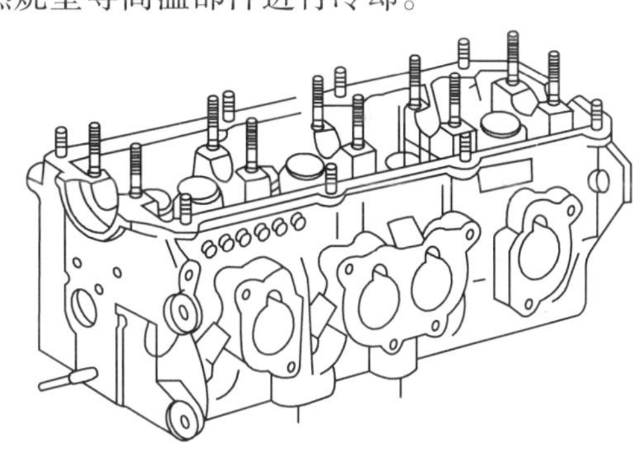

图 2-10　上海桑塔纳轿车 AJR 发动机汽缸盖

2 汽油机燃烧室

汽油机的燃烧室由活塞顶部及汽缸盖上相应凹部空间组成。汽油机燃烧室常见的形状有以下 3 种(图 2-11):

(1)盆形燃烧室:这种燃烧室的横剖面呈倒盆形,如图 2-11a)所示。盆形燃烧室结构简单,制造成本低。但不够紧凑,散热面积大,热损失大,火焰传播距离长,爆震倾向大 。

(2)楔形燃烧室:这种燃烧室的横剖面呈楔形,如图 2-11b)所示。楔形燃烧室结构简单、紧凑,散热面积小,热损失小;能保证混合气在压缩行程中形成良好的涡流运动,有利于提高混合气的混合质量;进气阻力小,提高了充气效率。但火花塞置于楔形燃烧室高处,火焰传播距离长，爆震倾向变大；而且存在较大激冷面，容易形成有害 HC 排放。

(3)半球形燃烧室：这种燃烧室的横剖面呈半球形，如图 2-11c)所示。半球形燃烧室结构紧凑、复杂，火花塞布置在燃烧室中央，火焰行程短，燃烧速率高，散热少，热效率高。可采用 4 气门结构，充气效率高，排气净化好，在轿车发动机上广泛应用。

a)盆形燃烧室　　b)楔形燃烧室　　c)半球形燃烧室

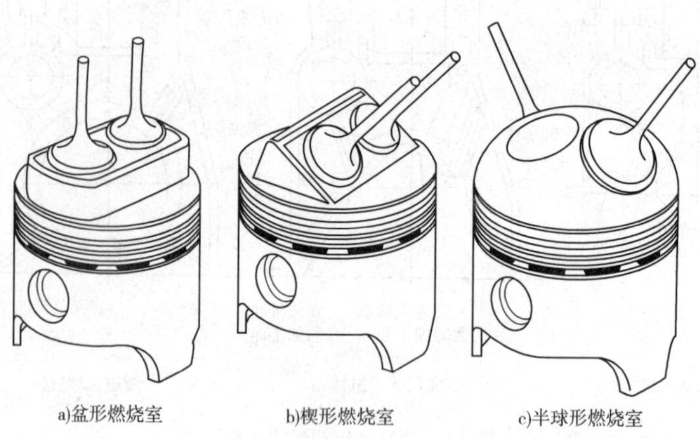

图 2-11　汽油机燃烧室形状

3 汽缸垫

汽缸垫的功用是保持汽缸密封不漏气，保持由机体流向汽缸盖的冷却液和机油不泄漏。汽缸衬垫要有足够的强度；要耐压、耐热、耐腐蚀；要有弹性，补偿机体顶面和缸盖底面的粗糙度和平面度。其按所用材料不同，可分为金属 - 石棉衬垫、金属 - 复合材料衬垫、全金属衬垫三种，目前应用较多的是多层金属片汽缸垫和金属 - 石棉汽缸垫。其结构如图 2-12 所示。

a型　　b型

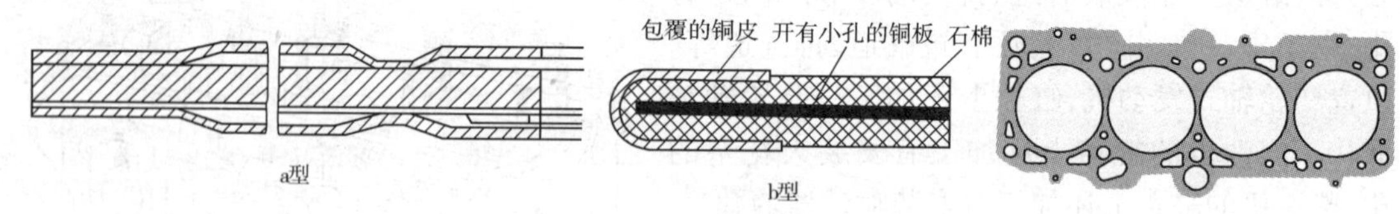

图 2-12　汽缸垫

4 油底壳

油底壳的功用是用来封闭机体的下部和储存润滑油。油底壳通常用薄钢板冲压而成，或者用铝合金铸造而成，为了加强散热，通常铸有散热片，曲轴箱中部和后部通常做的深一些，内部有隔板，防治大量泡沫的产生，下部有放油螺塞。图 2-13 所示为上海桑塔纳轿车 AJR 发动机油底壳。

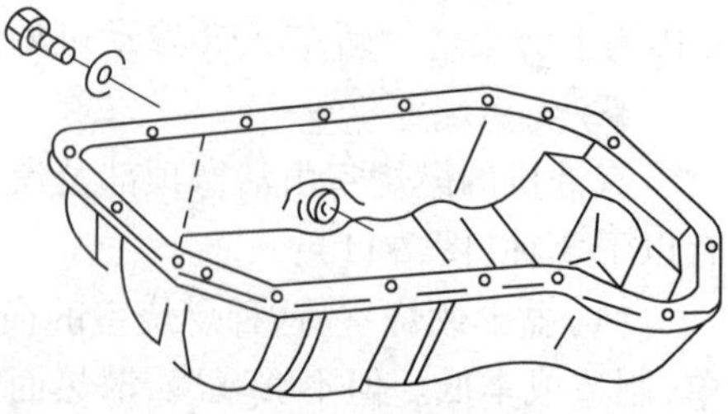

图 2-13　油底壳

三、活塞连杆组

活塞连杆组的功用是将活塞的往复运动转变为曲轴的旋转运动，同时将作用于活塞上的力转变为曲轴对外输出的转矩，以驱动汽车车轮转动。它由活塞、活塞环、活塞销、连杆、连杆轴瓦等部件组成,图 2-14 所示为奥迪 100 型轿车发动机的活塞连杆组。

1 活塞

活塞的功用是承受燃气压力,并将此力通过活塞销传递给连杆,以推动曲轴旋转;同时与汽缸盖、汽缸壁共同组成燃烧室。

在发动机做功冲程与活塞顶部相接触的燃气温度最高达 2273 ~ 2773K,活塞顶部的最高温度可达 473 ~ 673 K。材料的强度和硬度由于温度升高而降低,温度不均匀易产生热应力(裂纹)。做功冲程中受到燃气的带冲击性的高压力的作用,柴油机瞬时最高压力为 6 ~ 9MPa,汽油机为 3 ~ 5MPa。导致活塞侧压力增大,加速活塞表面磨损,引起活塞变形。同时,活塞在作往复运动时,活塞还承受本身所产生的往复惯性力侧压力。活塞由于受到上述周期性变化的燃气压力和惯性力的作用,各个部分就产生交变的拉伸、压缩和弯曲应力,使活塞容易变形。活塞常用铝合金制造,铝合金质量小,导热性好,但是热膨胀系数大,高温下,强度和硬度下降很快。有的柴油机采用高级铸铁或耐热钢制造。

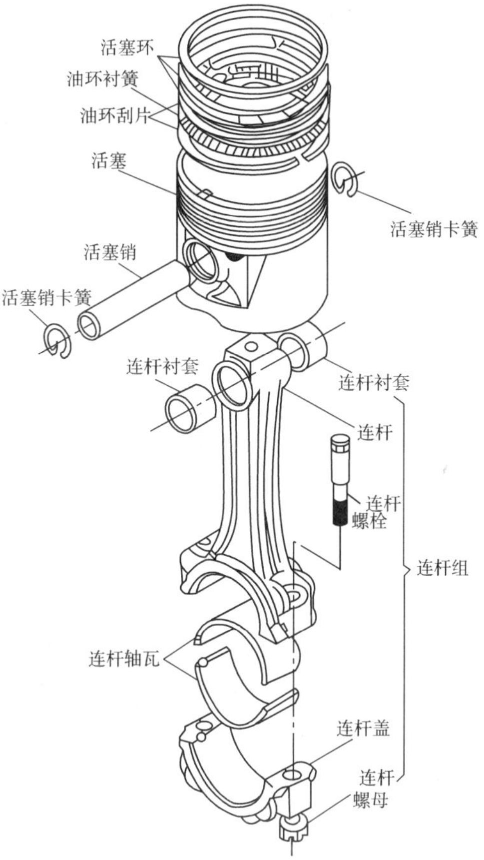

活塞由顶部、头部、裙部和销座四部分组成,其结构如图 2-15 所示。

图 2-14 活塞连杆组

❶ 活塞顶部

如图 2-16 所示,活塞顶部有平顶、凹顶和凸顶三种:

(1)平顶活塞顶部是一个平面,结构简单,制造容易,受热面积小,顶部应力分布较为均匀,一般用在汽油机上,柴油机很少采用。

(2)凹顶活塞顶部呈凹陷形,凹坑的形状和位置必须有利于可燃混合气的形成和燃烧。凹顶的大小还可以用来调节发动机的压缩比。柴油机活塞顶部一般采用特殊形状的凹顶。

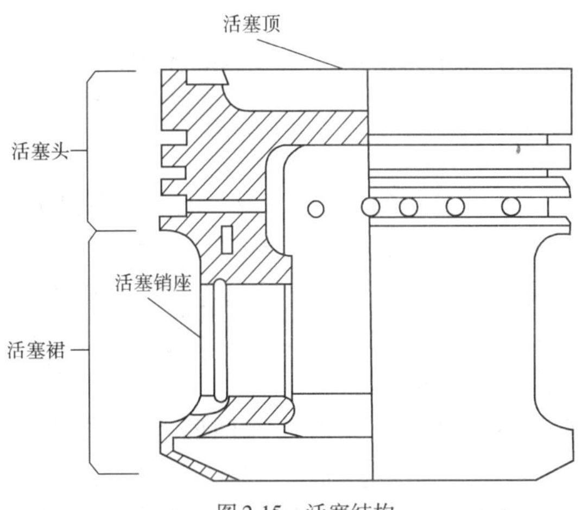

图 2-15 活塞结构

(3)凸顶活塞的顶部凸起,起导向作用,有利于改善换气过程。二行程汽油机常采用凸顶活塞。

有些活塞顶部打有箭头标记,安装时应将箭头指向前方,有的活塞顶部还刻有缸号,以便于安装。

上海桑塔纳轿车 AJR 发动机的活塞为凹顶活塞,顶部为盆形顶双边凸台。

❷ 活塞头部

活塞头部指第一道活塞环槽到活塞销

孔以上的部分,如图2-15所示。其上加工有数道环槽,用以安装活塞环。为了提高第一道环槽的耐热和耐磨性,有的活塞在第一道环槽部位铸入耐热合金钢护圈。

图2-16 活塞顶部形状

❸ 活塞裙部

活塞裙部指从油环槽下端面起至活塞最下端的部分,如图2-15所示。活塞裙部对活塞在汽缸内的往复运动起导向作用,并承受气体侧压力。

为了使活塞在正常工作温度下与汽缸壁保持比较均匀的间隙,以免在汽缸内卡死或加大局部磨损,必须在冷态下预先把活塞裙部加工成不同的形状。

(1)预先将活塞裙部加工成椭圆形,椭圆的长轴方向与销座垂直。

(2)预先将活塞裙部做成锥形、阶梯形或桶形。

(3)预先在活塞裙部开槽。在裙部开横向的隔热槽,可以减小活塞裙部的受热量;在裙部开纵向膨胀槽,可以补偿裙部受热后的变形量。槽的形状有“T”形或“Π”形。裙部开竖槽后,会使其开槽的一侧刚度变小,在装配时应使其位于做功行程中承受侧压力较小的一侧。通常柴油机活塞受力大,裙部一般不开槽。

(4)拖板式活塞。在许多高速汽油机上,为了减轻活塞质量,把裙部不受侧压力的两边切去一部分或开孔,以减小惯性力,减小销座附近的热变形量,称拖板式活塞。该结构裙部弹性好,质量小,活塞与汽缸的配合间隙较小。

(5)裙部铸恒范钢。为了减小铝合金活塞裙部的热膨胀量,有些汽油机活塞在活塞裙部或销座内铸入热膨胀系数低的恒范钢片。恒范钢为低碳铁镍合金,其膨胀系数仅为铝合金的1/10,而销座通过恒范钢片与裙部相连,牵制了裙部的热膨胀变形量。

2 活塞环

活塞环是一种具有弹性的开口环,按其功能可分为气环和油环。气环的作用:密封、传热。油环的作用:布油、刮油、封气、传热。

❶ 气环

气环开有切口,具有弹性,在自由状态下外径大于汽缸直径,它与活塞一起装入汽缸后,外表面紧贴在汽缸壁上,形成第一密封面;被封闭的气体不能通过环周与汽缸之间,便进入了环与环槽的空隙,一方面把环压到环槽端面形成第二密封面,另一方面,作用在环背的气体压力又大大加强了第一密封面的密封作用。汽油机一般采用2道气环,柴油机一般采用3道气环。

气环的断面形状很多,常见的有矩形环、锥形环、扭曲环、梯形环和桶形环,如图2-17所示。

(1)矩形环:其断面为矩形,结构简单,制造方便,易于生产,应用最广。但矩形环随活塞往复运动时，会把汽缸壁面上的机油不断送入汽缸中。这种现象称为“气环的泵油作用”。

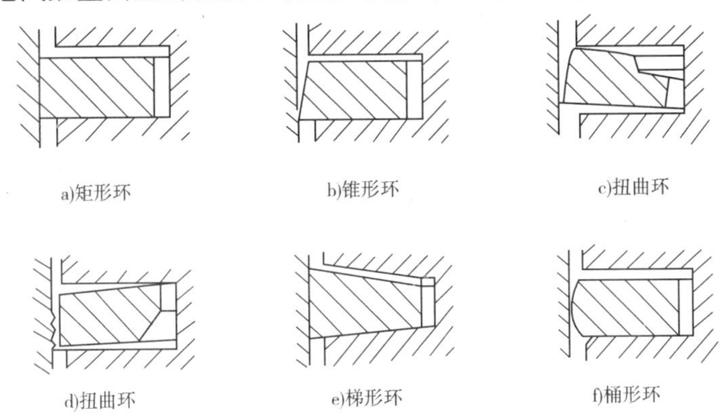

a)矩形环　b)锥形环　c)扭曲环

d)扭曲环　e)梯形环　f)桶形环

图 2-17　气环的断面形状

(2)锥形环：其断面呈锥形，外圆工作面上加工一个很小的锥面(0.5°～1.5°)，减小了环与汽缸壁的接触面，提高了表面接触压力，有利于磨合和密封。活塞下行时，便于刮油；活塞上行时，由于锥面的“油楔”作用，能在油膜上“飘浮”过去，减小磨损，安装时，不能装反，否则会引起机油上窜。

(3)扭曲环：扭曲环是在矩形环的内圆上边缘或外圆下边缘切去一部分，使断面呈不对称形状，在环的内圆部分切槽或倒角的称内切环，在环的外圆部分切槽或倒角的称外切环。由于扭曲环在活塞上行时，可以减小摩擦和磨损，活塞下行时，则有刮油效果，避免机油上窜。同时，还可以减轻“泵油”的副作用。目前被广泛应用于第 2 道活塞环槽上，安装时必须注意断面形状和方向，内切口朝上，外切口朝下，不能装反。

(4)梯形环：其断面呈梯形，工作时，梯形环在压缩行程和做功行程随着活塞受侧压力的方向不同而不断地改变位置，这样会把沉积在环槽中的积炭挤出去，避免了环被粘在环槽中而折断。可以延长环的使用寿命。缺点是加工困难，精度要求高。

(5)桶形环：桶形环的外圆为凸圆弧形。当桶形环上下运动时，均能与汽缸壁形成楔形空间，使机油容易进入摩擦面，减小磨损。由于它与汽缸呈圆弧接触，故对汽缸表面的适应性和对活塞偏摆的适应性均较好，有利于密封，但凸圆弧表面加工较困难。

❷ 油环

油环有普通油环和组合油环两种：

(1)普通油环：一般用耐磨合金铸铁制造。外圆面的中间车削有一道凹槽，凹槽底部加工出很多排油小孔或狭缝，使刮下的机油能顺畅下泄，避免油压升高。

(2)组合式油环：它由上下数片刮油钢片与中间的扩张器组成。扩张器使刮油钢片紧紧压向汽缸壁和活塞环槽。刮油钢片表面镀铬，很薄，与缸壁的接触面积很小，刮油效果好，质量轻。近年来汽车发动机上越来越多地采用了组合式油环。缺点主要是制造成本高。

3 活塞销

活塞销的作用是连接活塞与连杆，并传递两者之间的作用力。活塞销两端支承在销座孔中，为了防止销的轴向窜动，常在销座两端用锁环嵌入环槽限位。

连接配合方式：与活塞销座孔及连杆小头衬套孔的连接配合有全浮式和半浮式两种方式。

(1)全浮式：指当发动机工作时，活塞销、连杆小头和活塞销座都有相对运动，使磨损均匀。

活塞销两端装有卡环,进行轴向定位。由于铝活塞热膨胀量比钢大,为了保证高温工作时活塞销与活塞销座孔有正常间隙(0.01~0.02mm),在冷态时为过渡配合,装配时,应先把铝活塞加热到一定程度,再把活塞销装入。

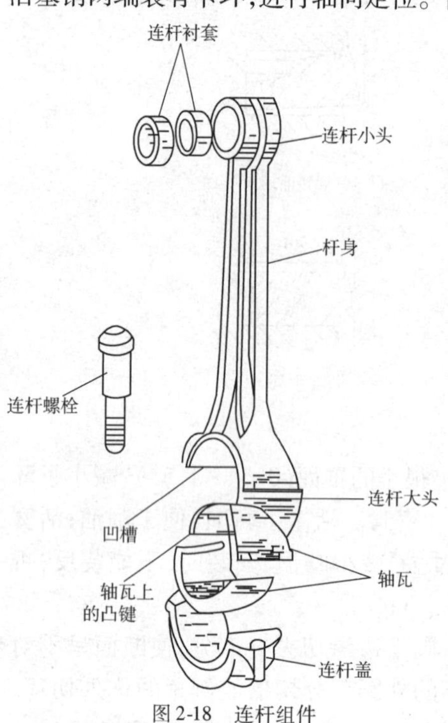

图2-18 连杆组件

(2)半浮式:活塞中部与连杆小头采用紧固螺栓连接,活塞销只能在两端销座内作自由摆动,而和连杆小头没有相对运动。活塞销不会作轴向窜动,不需要卡环,轿车上应用较多。

4 连杆

连杆的作用是连接活塞与曲轴,将活塞的往复运动转变成曲轴的旋转运动。如图2-18所示,它是由连杆小头、连杆杆身、连杆大头三部分组成。连杆小头和活塞销连接,小头孔内压有减摩青铜衬套。连杆大头与曲轴的连杆轴颈相连,连杆轴承盖用螺栓与大头的上半部分连接。为了减少摩擦,延长连杆的使用寿命,连杆大头孔中装有两个半圆形的薄壁连杆轴瓦。

四、曲轴飞轮组

曲轴飞轮组件主要由曲轴、曲轴轴承、飞轮、曲轴油封、曲轴扭转减振器、带轮及正时齿轮等组成。图2-19所示为东风6100Q-1型发动机曲轴飞轮组分解图。

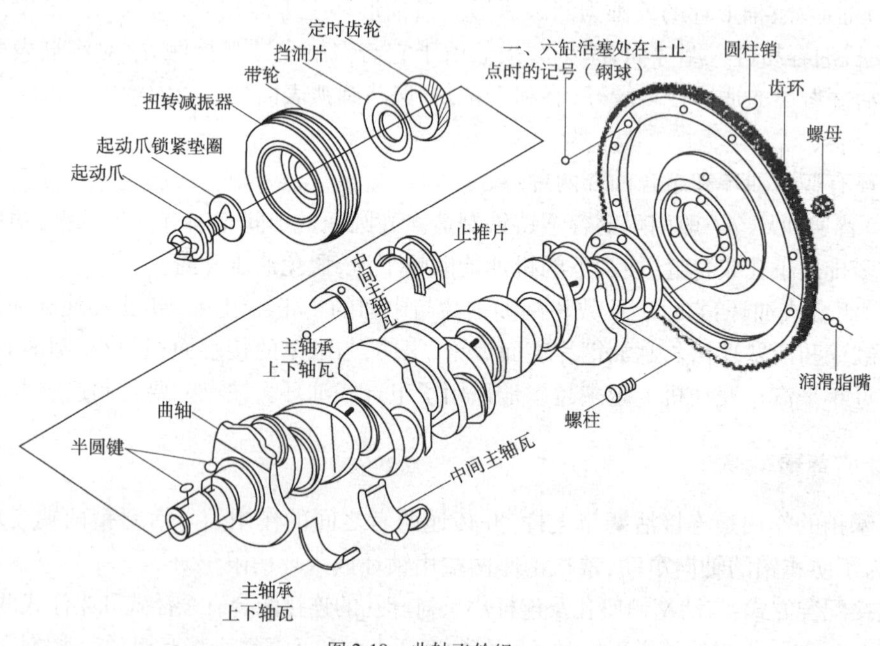

图2-19 曲轴飞轮组

1 曲轴

曲轴的功用是承受连杆传来的力，并将连杆的往复运动转变为曲轴的旋转运动，同时驱动汽车、发动机的配气机构及其他辅助装置（发电机、水泵、风扇等）。发动机工作时，曲轴在周期性变化的气体力、惯性力及其力矩的共同作用下，承受弯曲和扭转交变载荷，因此，曲轴应有足够的强度和刚度，轴径应有足够大的承压表面和耐磨性，曲轴的质量应尽量小而且润滑良好。曲轴一般由45、40Cr、35Mn2等中碳钢和中碳合金钢模锻而成，轴颈表面经高频淬火或氮化处理，最后进行精加工。有的柴油机采用球墨铸铁曲轴，价格便宜，耐磨性好，轴颈不需硬化处理。为提高曲轴的疲劳强度，消除应力集中，轴颈表面应进行喷丸处理，圆角处要经滚压处理。

曲轴由曲轴主轴颈、曲柄销（连杆轴颈）、曲柄臂、平衡重块等组成。连杆轴颈与连杆大头相配合，曲柄臂连接主轴颈和连杆轴颈，平衡重块的作用是使曲轴旋转时保持平衡状态。曲轴的前端安装有正时齿轮，称为自由端；曲轴的后端用来安装飞轮，称为输出端。曲轴的结构如图2-20所示。

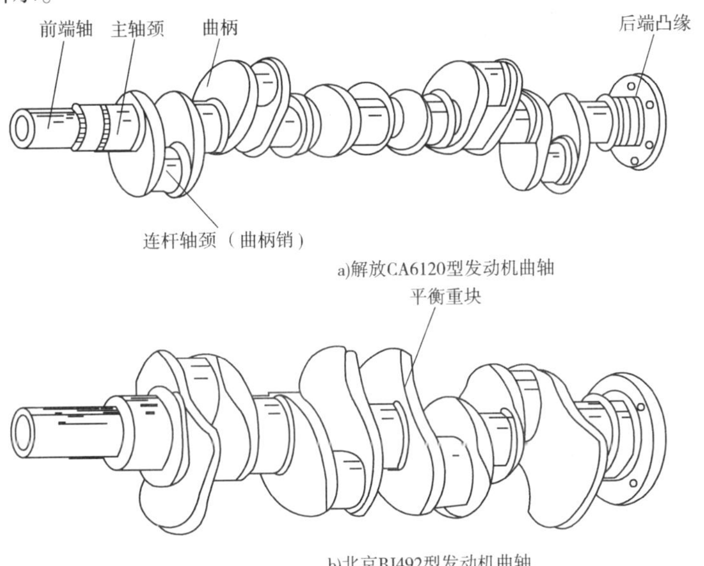

图2-20 曲轴

一个曲柄销（连杆轴颈）、左右两个曲柄臂和左右两个主轴颈构成一个曲拐，曲轴的曲拐数取决于汽缸的数目及其排列方式。直列式发动机曲轴的曲拐数等于汽缸数；V形发动机曲轴的曲拐数等于汽缸数的一半。

按照曲轴的主轴颈数，可以把曲轴分为全支承曲轴和非全支承曲轴两种。

全支承曲轴：曲轴的主轴颈数比汽缸数目多一个，即每一个连杆轴颈两边都有一个主轴颈。优点是抗弯能力强，但主轴颈多，加工表面多，曲轴长。

非全支承曲轴：曲轴的主轴颈数比汽缸数目少或与汽缸数目相等，主轴承载荷较大，但缩短了曲轴的总长度，使发动机的总体长度有所减小。

曲轴的形状和各曲拐的相对位置，取决于汽缸数、汽缸排列方式（直列或V形等）和发动机的点火顺序。多缸发动机的点火顺序应均匀分布在720°曲轴转角内，并且使连续做功的两缸相距尽可能远，以减轻主轴承的载荷，避免可能发生的进气重叠现象。

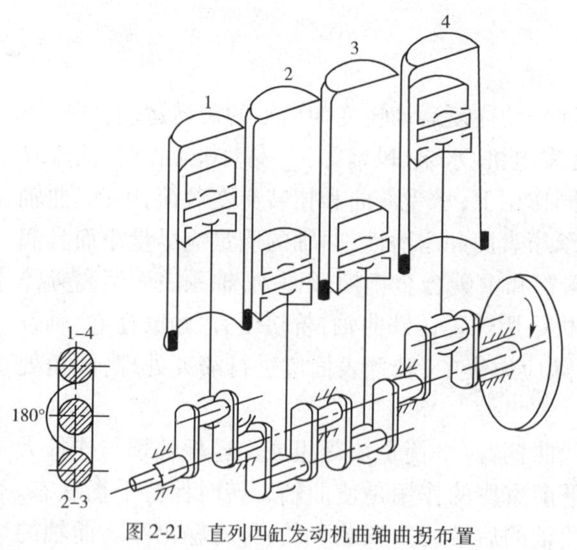

图 2-21　直列四缸发动机曲轴曲拐布置

直列四缸四冲程发动机曲柄布置及工作顺序：点火间隔角为 720°/4 = 180°，4 个曲柄布置在同一平面内（图 2-21）。1、4 缸与 2、3 缸互相错开 180°，其发火顺序的排列有两种可能，即 1 – 3 – 4 – 2 或 1 – 2 – 4 – 3，其工作循环分别见表 2-5 和表2-6。

直列六缸四冲程发动机曲柄布置及工作顺序：点火间隔角为 720°/6 = 120°，6 个曲柄分别布置在三个平面内（图 2-22）。有两种点火顺序，1 – 5 – 3 – 6 – 2 – 4 和 1 – 4 – 2 – 6 – 3 – 5，国产汽车都采用前一种，其工作循环见表 2-7。

直列四缸四冲程发动机工作循环表（点火顺序 1 – 3 – 4 – 2）　　表 2-5

曲柄转角(°)	第一缸	第二缸	第三缸	第四缸
0 ~ 180	做功	排气	压缩	进气
180 ~ 360	排气	进气	做功	压缩
360 ~ 540	进气	压缩	排气	做功
540 ~ 720	压缩	做功	进气	排气

直列四缸四冲程发动机工作循环表（点火顺序 1 – 2 – 4 – 3）　　表 2-6

曲柄转角(°)	第一缸	第二缸	第三缸	第四缸
0 ~ 180	做功	压缩	排气	进气
180 ~ 360	排气	做功	进气	压缩
360 ~ 540	进气	排气	压缩	做功
540 ~ 720	压缩	进气	做功	排气

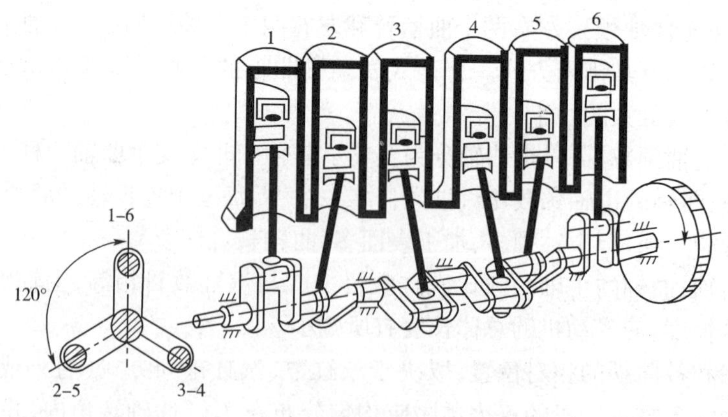

图 2-22　直列六缸发动机曲轴曲拐布置

直列六缸四冲程发动机工作循环表(点火顺序 1 – 5 – 3 – 6 – 2 – 4)　　表 2-7

<table>
<tr><th colspan="2">曲柄转角(°)</th><th>第一缸</th><th>第二缸</th><th>第三缸</th><th>第四缸</th><th>第五缸</th><th>第六缸</th></tr>
<tr><td rowspan="3">~180</td><td>60</td><td rowspan="3">做功</td><td rowspan="2">排气</td><td>进气</td><td>做功</td><td rowspan="2">压缩</td><td rowspan="3">进气</td></tr>
<tr><td>120</td><td rowspan="3">压缩</td><td rowspan="3">排气</td></tr>
<tr><td>180</td><td rowspan="3">进气</td><td rowspan="3">做功</td></tr>
<tr><td rowspan="3">0 ~ 360</td><td>240</td><td rowspan="3">排气</td><td rowspan="3">压缩</td></tr>
<tr><td>300</td><td rowspan="3">做功</td><td rowspan="3">进气</td></tr>
<tr><td>360</td><td rowspan="3">压缩</td><td rowspan="3">排气</td></tr>
<tr><td rowspan="3">0 ~ 540</td><td>420</td><td rowspan="3">进气</td><td rowspan="3">做功</td></tr>
<tr><td>480</td><td rowspan="3">排气</td><td rowspan="3">压缩</td></tr>
<tr><td>540</td><td rowspan="3">做功</td><td rowspan="3">进气</td></tr>
<tr><td rowspan="3">0 ~ 720</td><td>600</td><td rowspan="3">压缩</td><td rowspan="3">排气</td></tr>
<tr><td>660</td><td rowspan="2">进气</td><td rowspan="2">做功</td></tr>
<tr><td>720</td><td>排气</td><td>压缩</td></tr>
</table>

2 曲轴扭转减振器

曲轴是一种扭转弹性系统,各曲柄的旋转速度忽快忽慢呈周期性变化。安装在曲轴后的飞轮转动惯量最大,可以认为是匀速旋转,由此造成曲轴各曲柄的转动比飞轮时快时,这种现象称之为曲轴的扭转振动。当振动强烈时甚会扭断曲轴。曲轴扭转减振器的作用是吸收曲轴扭振动的能量,消减扭转振动,避免发生强烈的共振及引起的严重恶果。

目前用的较多的是摩擦式曲轴扭转减振器,其工作理是使曲轴扭转振动能量逐渐消耗于减振器内的摩,从而使振幅逐渐减小。图 2-23 所示为一汽奥迪 8L四缸发动机所采用的橡胶摩擦式曲轴扭转减振器。

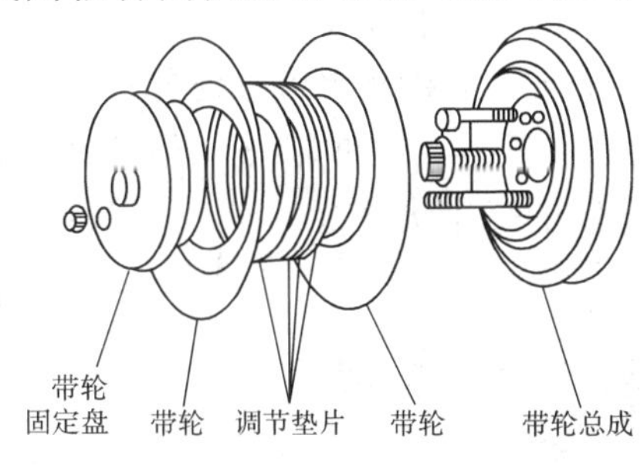

图 2-23　摩擦式曲轴扭转减振器

3 飞轮

飞轮大而重,具有很大的转动惯量。其主要功用是用来储存做功行程的能量,用于克服气、压缩和排气行程的阻力和其他阻力,使曲轴能均匀地旋转;飞轮外缘压有齿圈,与起动的驱动齿轮啮合,供起动发动机用;另外汽车离合器也安装在飞轮上,利用飞轮后端面作驱动件的摩擦面,用来对外传递动力。

在飞轮轮缘上作有记号(刻线或销孔)供找压缩上止点用。当飞轮上的记号与外壳上的号对正时,正好是压缩上止点。有的还有进排气相位记号、供油(柴油机)或点火(汽油)记号供安装和修理用。图 2-24 所示为几种发动机的点火正时记号。

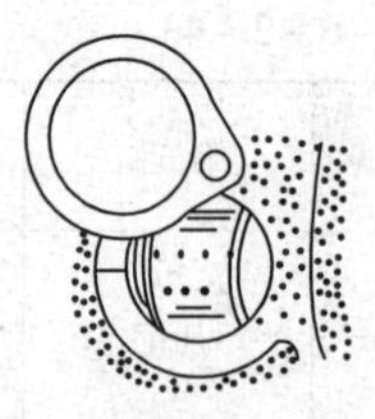
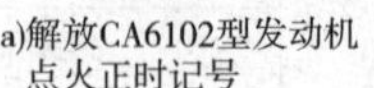
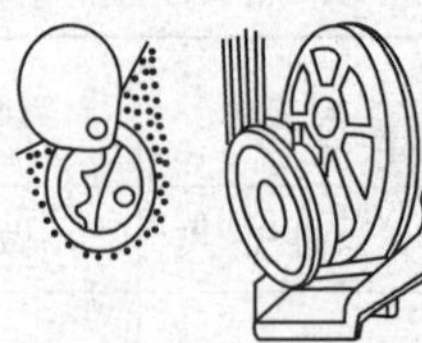
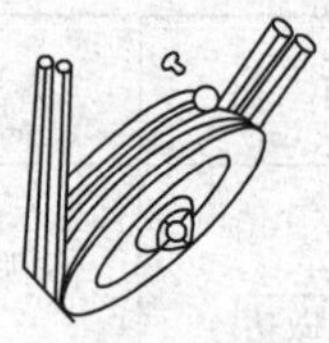

a)解放CA6102型发动机点火正时记号　b)东风EQ6100-1型发动机点火正时记号　c)北京BJ492型发动机点火正时记号

图 2-24　发动机点火正时记号示例

小结

1. 曲柄连杆机构的功用是把燃气作用在活塞顶上的力转变为曲轴的转矩，以向工作机械输出机械能。

2. 曲柄连杆机构包括机体组件（汽缸体、汽缸或汽缸套、汽缸盖、汽缸垫等）、活塞连杆组件（活塞、活塞环、活塞销、连杆、连杆轴瓦等）及曲轴飞轮组件（曲轴、飞轮等）。

3. 汽缸体分一般式、龙门式、隧道式三种；汽缸套有干式、湿式两种；汽油机燃烧室常见的有半球形燃烧室、楔形燃烧室、盆形燃烧室。不同结构特点，具有不同功能。

4. 活塞连杆组的功用是将活塞的往复运动转变为曲轴的旋转运动，同时将作用于活塞上的力转变为曲轴对外输出的转矩，以驱动汽车车轮转动。它由活塞、活塞环、活塞销、连杆、连杆轴瓦等部件组成。

5. 活塞环有气环和油环两类。气环起密封、传热作用；油环起布油、刮油、传热作用。活塞环安装时应注意安装位置和方向。

6. 曲轴的曲柄布置应该使各缸点火顺序均匀分布在720°曲轴转角内。4 缸机的点火顺序只有 1 - 2 - 4 - 3 和 1 - 3 - 4 - 2 两种。根据曲轴的曲柄布置和点火顺序，可分析多缸发动机各缸的工作状况。

思考题

1. 简述曲柄连杆机构的作用和组成。

2. 机体组由哪些主要机件组成？各起什么作用？

3. 活塞连杆组由哪些主要机件组成？各起什么作用？

4. 汽油机燃烧室常见的有哪几种？

5. 汽缸套有哪两种形式？

6. 活塞环分哪两大类？各起什么作用？

7. 简述曲轴的功用和组成。

8. 飞轮的主要功用是什么？

9. 直列四缸四冲程发动机有哪两种点火顺序？

10. 国产汽车直列六缸四冲程发动机常采用哪一种点火顺序？

第四节　配气机构

1. 掌握配气机构的功用、组成及各主要零部件的结构特点。

2. 理解配气相位的概念。

一、功用与类型

1 功用

配气机构的功用是按照发动机每一汽缸内所进行的工作循环和发火次序的要求，定时开启和关闭各汽缸的进、排气门，使新鲜可燃混合气（汽油机）或空气（柴油机）及时进入汽缸，废气及时从汽缸内排出。

2 类型

现代汽车发动机采用气门式配气机构，其结构形式很多。配气机构一般按气门布置形式的不同，可分为侧置气门式和顶置气门式；按照凸轮轴布置形式的不同，可分为下置式、中置式和顶置式；按照各汽缸气门数量的不同，可分为二气门、三气门、四气门、五气门配气机构，每缸超过二气门的发动机称为多气门发动机。

目前轿车发动机上多采用顶置凸轮轴式配气机构，顶置凸轮轴与曲轴相距较远，必须采用链传动或齿形带传动的方式来取代正时齿轮传动。

二、配气机构的组成及工作过程

1 组成

以上海桑塔纳2000型轿车JV、AFE发动机为例，介绍配气机构的结构组成，如图2-25所示。

配气机构主要由气门组和气门传动组组成。

气门组由气门、气门座、气门导管和气门弹簧组成，其作用是保证对汽缸的密封，并按要求定时开启和关闭气门。

气门传动组主要由凸轮轴、凸轮轴正时齿形带轮和液力挺杆等组成，其作用是使进气门、排气门按规定的时刻开启和关闭，并保证气门有足够的升程及要求的运动规律。

2 工作过程

发动机工作时，曲轴正时齿轮带动凸轮轴正时齿轮，使凸轮轴转动，凸轮推动液压挺柱组件进一步压缩气门弹簧,气门向下逐渐开启。凸轮尖顶转过后,液压挺柱组件中的柱塞回落,气门弹簧伸张,气门逐渐关闭。

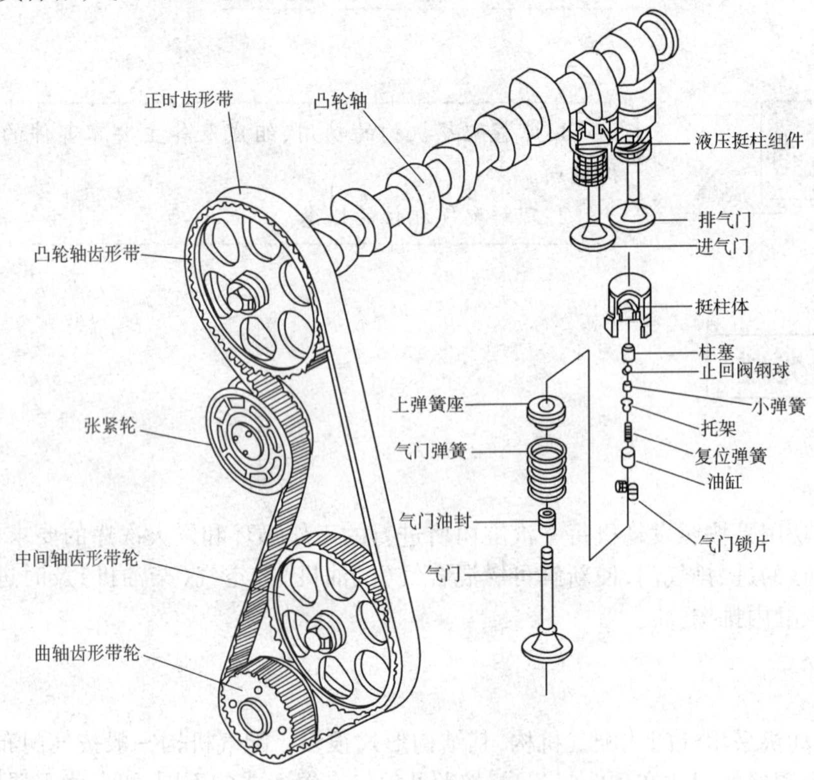

图 2-25　顶置凸轮轴式配气机构

三、配气机构主要零件

1 气门组

气门组由气门、气门座、气门导管、气门弹簧、气门锁夹等零件组成,如图 2-26 所示,它的主要组件是气门。为了改善气门和气门座密封面的工作条件,有的进气门还设有气门旋转机构。

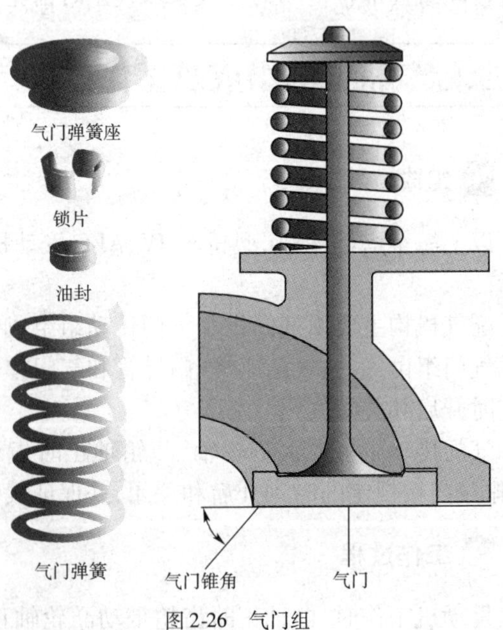

图 2-26　气门组

❶ 气门

气门顶形状有平顶、凹顶和凸顶(图 2-27)。平顶气门结构简单,制造方便,吸热面积小,质量也小,应用最多;凹顶气门质量小,惯性小,与杆部的过渡有一定的流线形,可以减小进气阻力,常用作进气门;凸顶气门刚度大,受热面积也大,用于某些排气门。

气门密封锥面的锥角称为气门锥面,一般

为 30°~45°。气门头的边缘应保持一定的厚度，一般为 1~3mm，以防止工作中由于气门与气门座之间的冲击而损坏或被高温气体烧蚀。为了减少进气阻力，提高汽缸的充气系数，多数发动机进气门的头部直径比排气门的大。

❷ 气门座

汽缸盖的进、排气道与气门锥面相贴合的部位称为气门座。可在汽缸盖上直接镗出，但大多数是用耐热合金钢单独制成座圈（称气门座圈），压入汽缸盖（体）中，以提高使用寿命和便于维修更换。

❸ 气门导管

气门导管的作用是在气门作往复直线运动时进行导向，以保证气门与气门座之间的正确配合与开闭。当凸轮直接作用于气门杆端时，承受侧向作用力并起传热作用。

气门与气门导管间留有 0.05~0.12mm 的微量间隙。该间隙过小，会导致气门杆受热膨胀与气门导管卡死；间隙过大，会使机油进入燃烧室燃烧。为了防止过多的润滑油进入燃烧室，有的在气门导管上安装有橡胶油封。

❹ 气门弹簧

气门弹簧的作用是保证气门复位。气门弹簧多为圆柱形螺旋弹簧（图 2-28a））。发动机安装一根气门弹簧时，采用不等距弹簧（图 2-28b）），以防止共振。安装两根弹簧时（图 2-28c）），弹簧内、外直径不同，旋向不同，它们同心安装在气门导管的外面，不仅可以提高弹簧的工作可靠性，防止共振的产生，还可以降低发动机的高度。

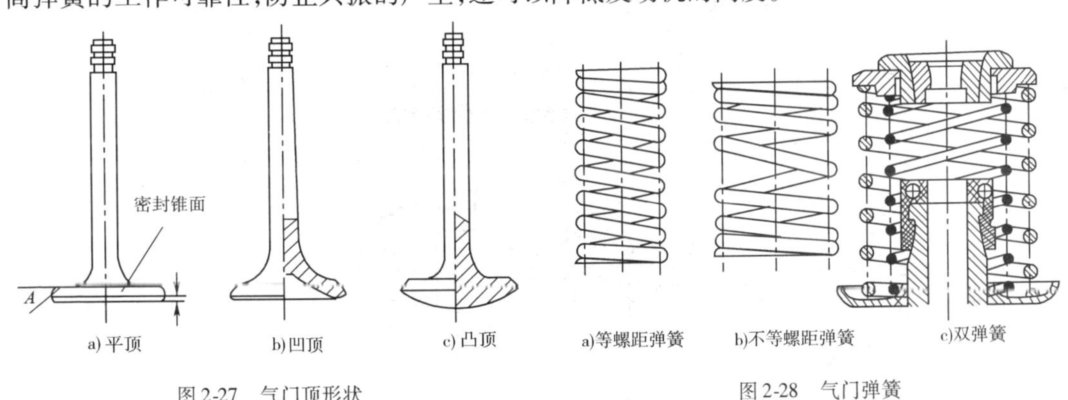

图 2-27　气门顶形状　　　图 2-28　气门弹簧

❷ 气门传动组

气门传动组主要由凸轮轴、凸轮轴正时齿形带轮和液力挺杆等组成，主要组件是凸轮轴。

❶ 凸轮轴

凸轮轴的作用是按规定时刻开启和关闭气门。汽油机的凸轮轴还有驱动机油泵、分电器和汽油泵等附件的作用，如图 2-29 所示。

凸轮轴一般用优质钢模锻而成，也可采用合金铸铁或球墨铸铁铸造。各轴颈的工作面一般经热处理后精磨，以改善其耐磨性。为了便于安装，凸轮轴的各轴颈直径一般做成从前向后依次减小。

凸轮轴通常由曲轴通过一对正时齿轮驱动，小齿轮和大齿轮分别用键安装在曲轴与凸轮轴的前端，其传动比为 2∶1。在装配曲轴与凸轮轴时，必须将正时齿轮的记号对准，以保证正确的配气定时和发火时刻。

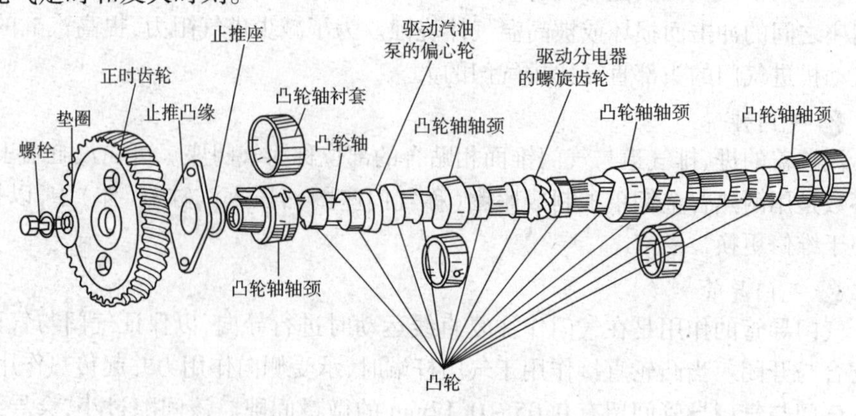

图 2-29 凸轮轴组件

② 液压挺柱

发动机工作过程中热膨胀造成的气门关闭不严问题用预留气门间隙的方法来解决，但由于气门间隙的存在，配气机构在工作时将产生冲击而发出响声，为了解决这一矛盾，有的发动机上采用了液压挺柱。液压挺柱无须调整气门间隙。

图 2-30 所示为桑塔纳和捷达轿车发动机采用的液压挺柱。

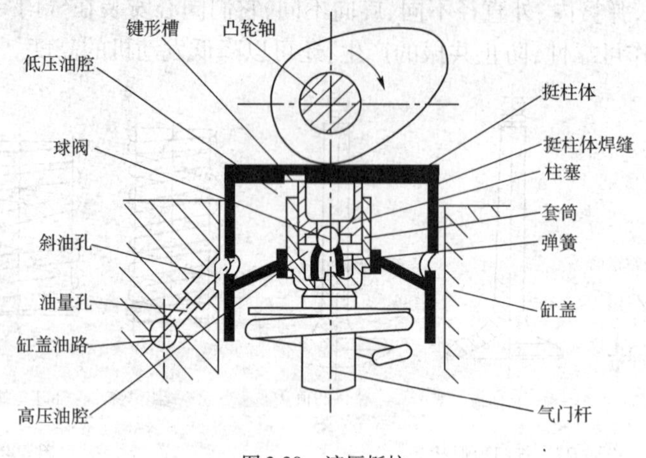

图 2-30 液压挺柱

四、配气定时（配气相位）

为了使发动机在换气过程中做到进气充分，排气彻底，以提高发动机充气效率，增加发动机功率，实际上进、排气门都是早开迟闭的。进、排气门实际开启和关闭的时刻以曲轴转角表示即为配气定时，又称配气相位。用环形图表示配气相位称为配气相位图，如图 2-31 所示。

桑塔纳轿车的配气相位见表 2-8。

1 进气提前角

进气提前角是指发动机从进气门打开时刻到活塞行至上止点所转过的曲轴转角，用 α 表示。其目的是为了保证进气开始时，进气门已开启较大，增加进入汽缸的新鲜气体或可燃混合气。非增压发动机进气提前角一般在 0° ~ 40°CA。该角度过小，进气充量增加少；该角度过大，又会导致废气流入进气管。

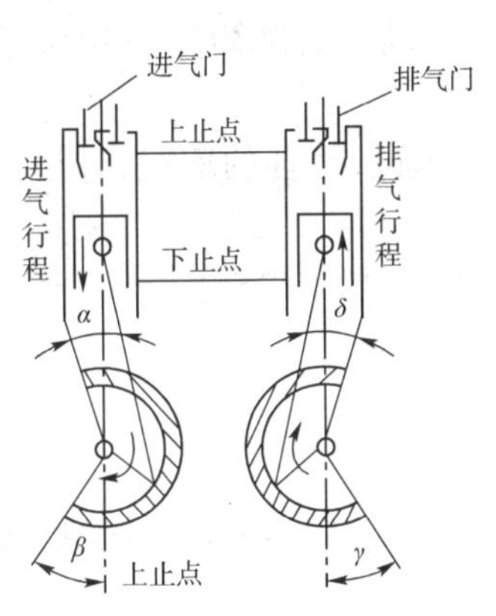

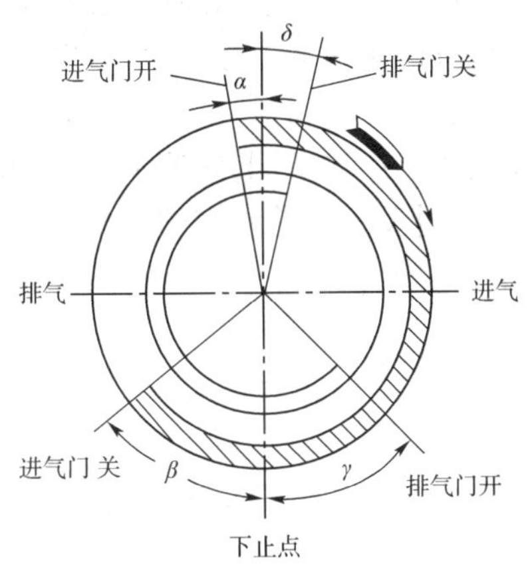

图 2-31　配气相位图

配气相位　　表 2-8

气门正时	JV 型	AFE 型	AJR 型
进气门开，上止点前	1°	2°	1.2°
进气门关，下止点后	37°	34°	37.45°
排气门开，下止点前	42°	44°	40.8°
排气门关，上止点前	2°	8°	4.55°

注：AJR 型发动机的配气正时参数，是在凸轮升程 1mm 时测得的数据。

2 进气迟后角

进气迟后角是指活塞从下止点行至进气门完全关闭的曲轴转角，用 β 表示。其目的是利用进气气流惯性和压力差继续进气。非增压发动机进气迟后角一般在 40° ~ 70°CA。该角度过小，进气气流惯性未能得到充分利用，降低了进气充量；而该角度过大，进气气流惯性已用完，会导致已经进入汽缸的新鲜充量又被排出。

3 排气提前角

排气提前角是指从排气门打开到活塞行至下止点所转过的曲轴转角，用 γ 表示。其目的是利用废气压力，使汽缸内废气排得更干净。但排气提前角也不宜过大，否则将造成做功能力损失。非增压发动机一般在 45° ~ 55°CA。

4 排气迟后角

排气迟后角是指活塞从上止点到排气门完全关闭所转过的曲轴转角，用 δ 表示。其目的是利用排气气流性惯性使废气排除更干净。非增压发动机该角度一般在 10° ~ 35°CA。该角度过大会造成排出的废气又被吸入汽缸。

5 气门重叠角

由于进、排气门的早开和迟闭，就会有一段时间内进、排气门同时开启的现象，这种现象称为气门重叠，重叠的曲轴转角称为气门重叠角。气门重叠角的大小为 $\alpha + \delta$。适宜的气门重叠角，可以利用气流压差和惯性清除残余废气，增加新鲜充量，称此为燃烧室扫气。非压发动机气门重叠角一般为20°~80°CA，增压发动机一般为80°~160°CA，所以增压发动可以有效提高充气量。

发动机的结构不同，转速不同，配气相位也就不同，最佳的配气相位角是根据发动机能要求，通过反复试验确定的。

小结

1. 配气机构的作用是根据发动机需要，适时地开启和关闭各缸的进、排气门，进行进和排气。

2. 配气机构主要由气门组和气门传动组组成。现代轿车发动机较多采用顶置多气门上置凸轮轴式、齿形带传动式结构。

3. 气门组的主要组件是气门，为了进气充分，进气门的直径一般比排气门大。

4. 气门传动组的主要组件是凸轮轴。四冲程发动机每完成一个工作循环，各缸的进气门需要开闭一次，即需要凸轮轴转过一圈，曲轴转过两圈，曲轴转速与凸轮轴转速之比(动比)为2:1。

5. 为了保证配气机构的气门关闭严密，开闭及时，开度足够，四冲程发动机在换气过中，进、排气门均应早开和迟闭。进、排气门实际开闭时刻用曲轴转角来表示，称为配气位。整个进气行程的持续时间相当于曲轴转角$180°+\alpha+\beta$；整个排气行程的持续时间相于曲轴转角$180°+\gamma+\delta$；气门重叠角的大小为$\alpha+\delta$。

思考题

1. 名词解释：进气提前角、进气迟后角、排气提前角、排气迟后角、气门重叠角、配相位。

2. 配气机构的作用是什么？主要由哪些部件组成？

3. 配气机构布置形式有哪些分类？

4. 气门组和气门传动组的主要部件有哪些？它们的作用是什么？

5. 进气提前角、进气迟后角、排气提前角、排气迟后角、气门重叠角一般为多少？

第五节　汽油机燃料供给系统

1. 掌握汽油机燃料供给系统的功用、组成及各主要零部件的作用。

2. 掌握桑塔纳2000型轿车电控燃油喷射系统的组成。

一、功用与类型

1 功用

汽油机是以汽油为燃料。燃料要能在发动机内迅速、完全燃烧，首先必须使汽油在进入汽缸前喷成雾状及蒸发，并与适量的空气均匀混合。这种按一定比例将汽油与空气均匀混合成的混合物称为可燃混合气。可燃混合气中汽油含量的多少，称为可燃混合气浓度。

汽油机燃料供给系统的功用是根据发动机各种不同工作状况的要求，配制出一定数量和浓度的可燃混合气，供入汽缸，使之在压缩行程接近终了时点火燃烧而做功，最后将燃烧后生成的废气排到大气中去。

2 类型

现代汽油机燃料供给系统有化油器式燃料供给系统和电控燃油喷射式燃料供给系统两种。

二、化油器式燃料供给系统

化油器式燃料供给系统一般由下列装置组成，如图2-32所示。

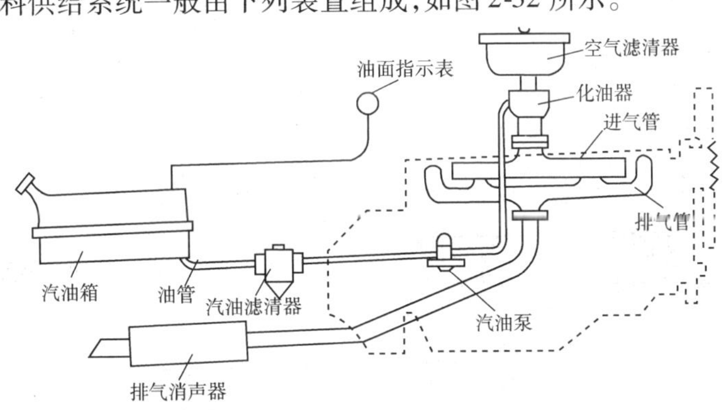

图2-32　化油器式燃料供给系统组成

(1)汽油供给装置：包括汽油箱、汽油滤清器、汽油泵和输油管，其功用是用以完成汽油的储存、输送和滤清任务。为检查汽油箱中的汽油储存量，设置了油面指示表。

(2)空气供给装置：指空气滤清器。其功用是清除空气中的尘土和砂粒，向化油器提供清洁的空气以延长发动机的使用寿命。有的轿车还设置有消声器，以减小进气噪声。

(3)可燃混合气供给装置：指化油器。其功用是根据发动机各工况的要求，配制一定浓度和数量的可燃混合气，供入汽缸，使之燃烧。

(4)可燃混合气供给和废气排出装置：由进气歧管、排气歧管和排气消声器组成。进气歧管的功用是将化油器所供给的可燃混合气分别送给各个汽缸；排气歧管是汇集发动机各缸的废气，安全地排到大气中；消声器的功用是减少排气噪声和消除废气中的火焰及火星，使废气安全排入大气。

汽油自油箱流经汽油滤清器，滤去杂质后，被吸入汽油泵，汽油泵将汽油送入化油器中。空气则经空气滤清器滤去所含灰尘后，流入化油器。汽油在化油器中实现雾化和蒸发，并与空气混合形成可燃混合气，经过进气管分配到各个汽缸。混合气燃烧生成的废气经排气管与排气消声器等被排到大气中。

三、电控燃油喷射式燃料供给系统

早期的化油器式发动机存在着燃油分配不均匀，难以实施反馈控制等缺点，这对发动机的动力性和经济性的提高和排放性的改善有着不利影响。为了适应汽车排放法规日益严格的要求，轿车与轻型车发动机上普遍采用了电控燃油喷射系统。

（一）电控燃油喷射系统的组成及各主要零部件的作用

电控燃油喷射系统是利用各种传感器感应采集的信号送入一个电控单元（ECU）中，根据发动机各种工况的实际要求来控制喷油量，其结构组成如图 2-33 所示。

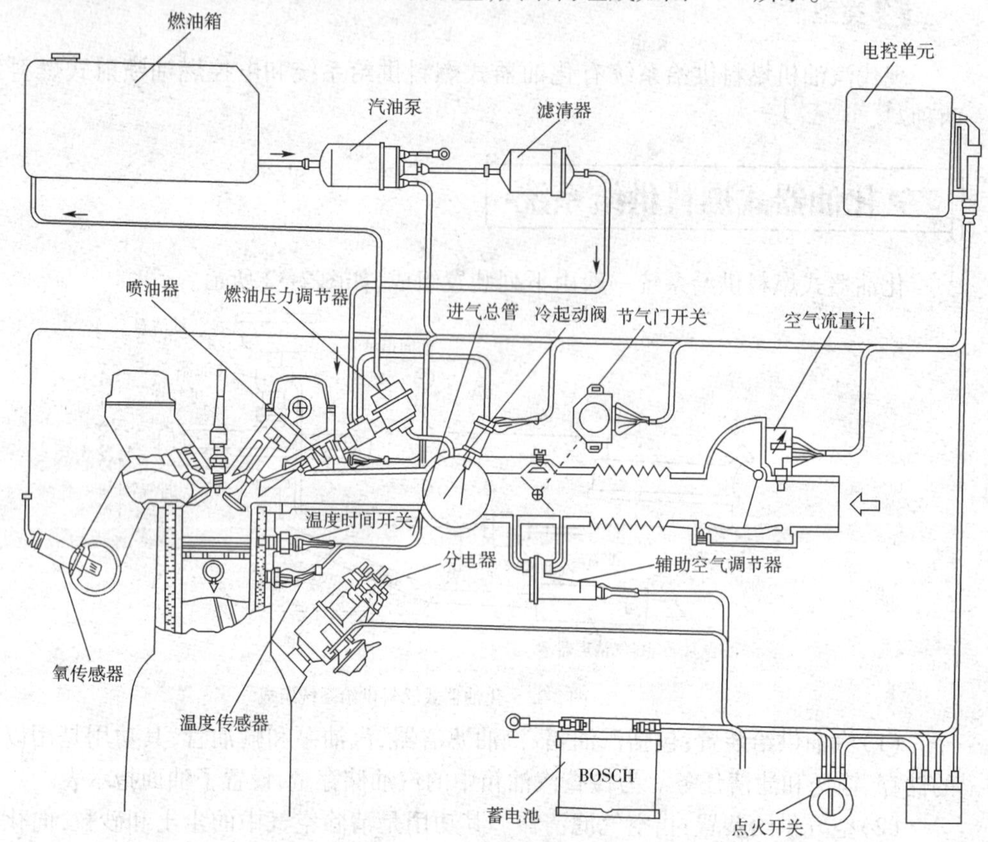

图 2-33　电控燃油喷射系统

电控燃油喷射系统一般由燃油供给、空气供给和电路控制三部分组成。

1 燃油供给系统

1 组成、功用及工作原理

燃油供给系统包括燃油箱、燃油泵、燃油滤清器、燃油分配管、燃油压力调节器和喷油器，如图 2-34 所示，其功用是向汽缸内供给燃烧所需要的汽油。

燃油泵将汽油从燃油箱抽出并加压，经燃油滤清器过滤后送至燃油分配管，再由燃油压力调节器调压，使油压与进气歧管内气压差始终保持恒定，经输油管配送给各缸的喷油器，喷油器根据微机（ECU）发出的指令，将适量的燃油喷入各进气歧管，多余的燃油经回油管回到油箱。

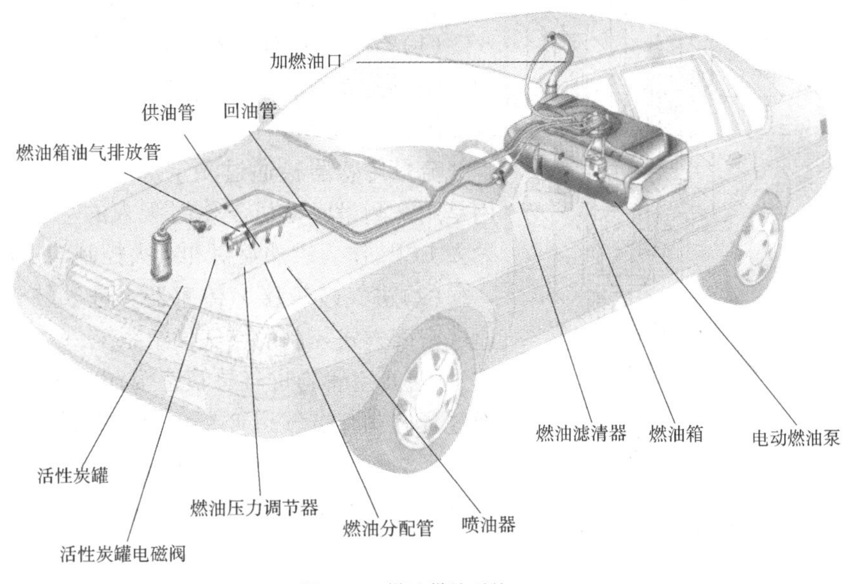

图 2-34　燃油供给系统

❷ 主要零部件的作用

（1）电动燃油泵。电动燃油泵安装在燃油箱内，可消除喷油时油压产生的微小波动，其功用是供给各喷油器及冷起动阀所需要的燃油。在电控燃油喷射系统中最常用的是滚柱式电动燃油泵，其结构如图 2-35 所示。

（2）喷油器。发动机各正常工况喷油量，由喷油器根据其通电时间长短来决定。

喷油器（图 2-36）是电控燃油喷射系统执行机构中的一个关键部件，它安装在各缸进气歧管上，多点燃油喷射系统的每个汽缸上各安装有一个喷油器。它的功用是接受电控单元（ECU）送来的喷油指令，将计量精确的燃油喷入进气歧管中。

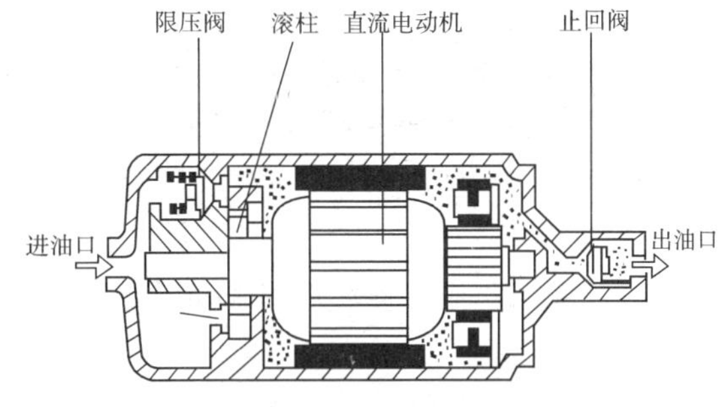

图 2-35　电动燃油泵结构简图

（3）燃油分配管。燃油分配管（导轨）（图 2-37）的功用是将燃油均匀地、等压地分配给各个喷油器，另外还有储油蓄压的作用。

（4）燃油压力调节器。燃油压力调节器（图 2-38）的作用是使系统油压（供油总管内油压）与进气歧管压力之差保持常数，一般为 250kPa。这样从喷油器喷出的燃油量尽可能相等。

2 空气供给系统

❶ 组成、功用及工作原理

空气供给系统包括空气滤清器、空气流量计（或进气歧管压力传感器）、进气歧管、怠速控制阀和进气总管等（图 2-39），其功用是测量和控制汽油燃烧时所需的进气量。

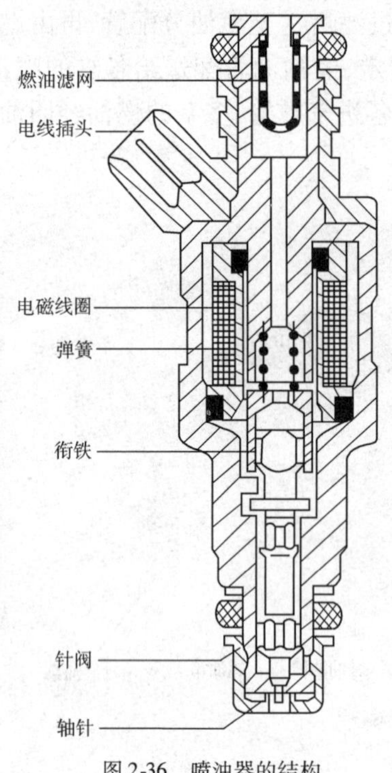

图 2-36　喷油器的结构

空气经空气滤清器过滤后，用空气流量计测量，通过气门体进入进气总管，再分配到各进气歧管，与喷油器喷的汽油混合后被吸入汽缸内燃烧。汽车行驶时，空气流量由驾驶人通过加速踏板操纵节气门控制的。

❷ 主要元件的功用

(1)空气流量计。空气流量计用于质量流量方式控的空气供给系统，安装在空气滤清器后方的进气管上，其构如图 2-40 所示。它是精确测量空气流量的传感器（又空气流量传感器），通过测定空气流量可控制空燃比。其用是用来测量发动机工作时吸入的空气量并转换为电信输入 ECU，作为燃油喷射和点火控制的主控信号。

(2)进气歧管压力传感器。进气歧管压力传感器用速度密度方式控制的空气供给系统，一般安装于节气门体方，通过真空管与进气总管连接；也有的安装在进气总管上通过真空孔与进气道连接，其结构如图 2-41 所示。其功是用于测量发动机进气歧管内的绝对压力，ECU 根据此信和发动机转速信号来确定基本喷油量。

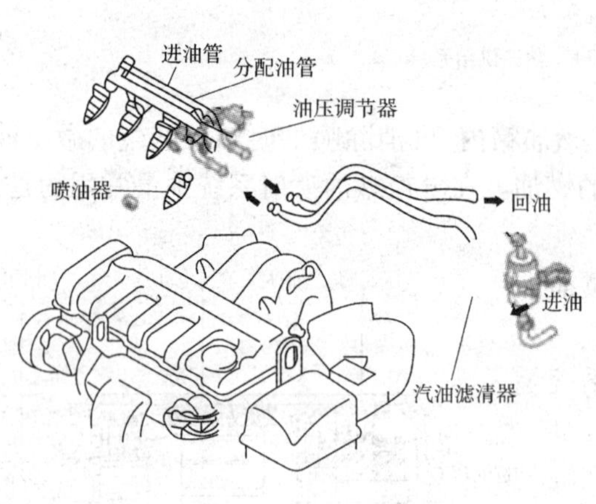

图 2-37　燃油分配管

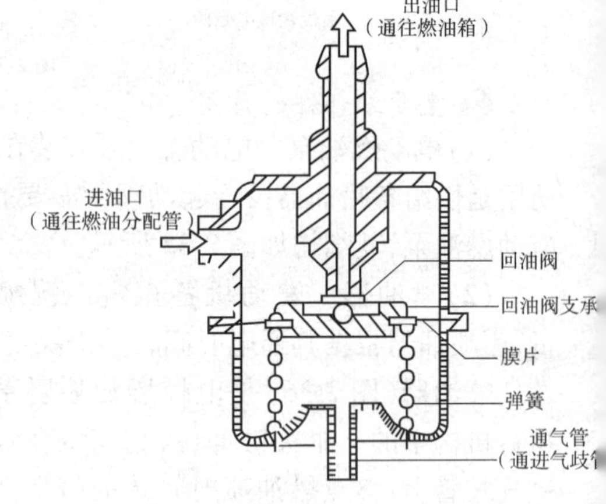

图 2-38　燃油压力调节器

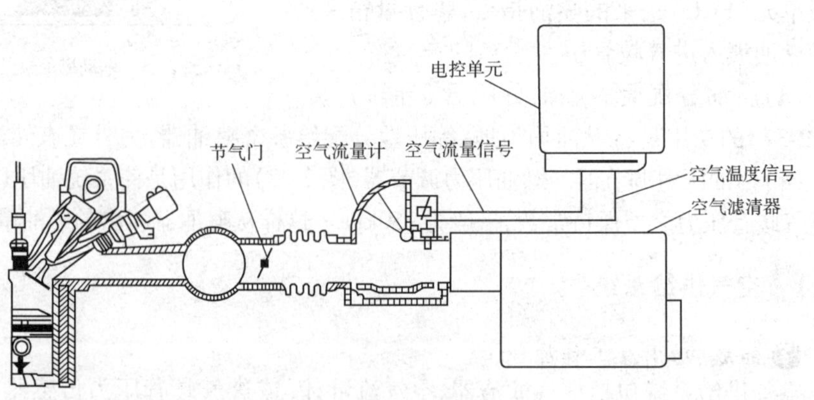

图 2-39　空气供给系统

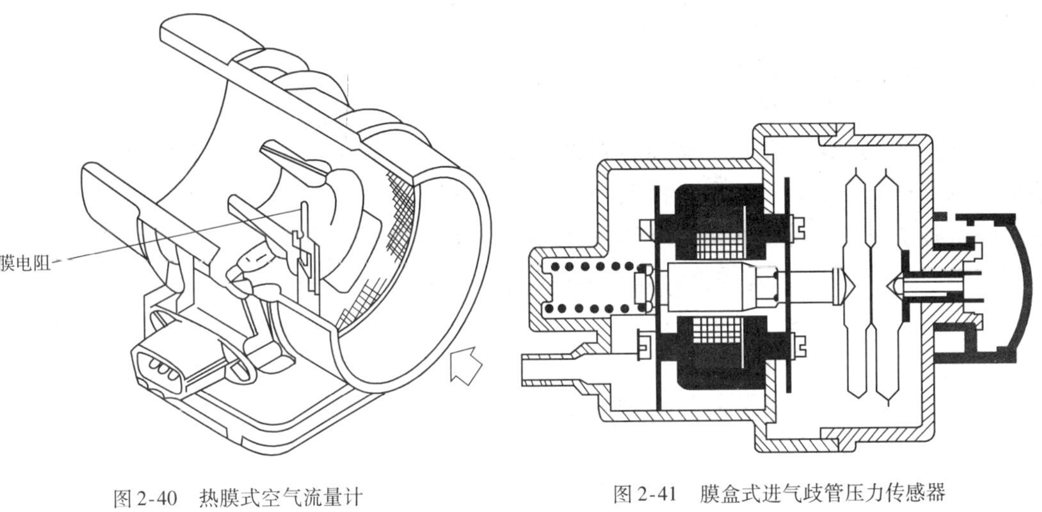

图 2-40　热膜式空气流量计

图 2-41　膜盒式进气歧管压力传感器

3 电路控制系统

❶ 组成、功用及工作原理

电路控制系统包括各种传感器、电控单元（ECU）和执行器（图 2-42），其功用是根据发动机运转工况和车辆运行状况确定汽油的最佳喷射量。

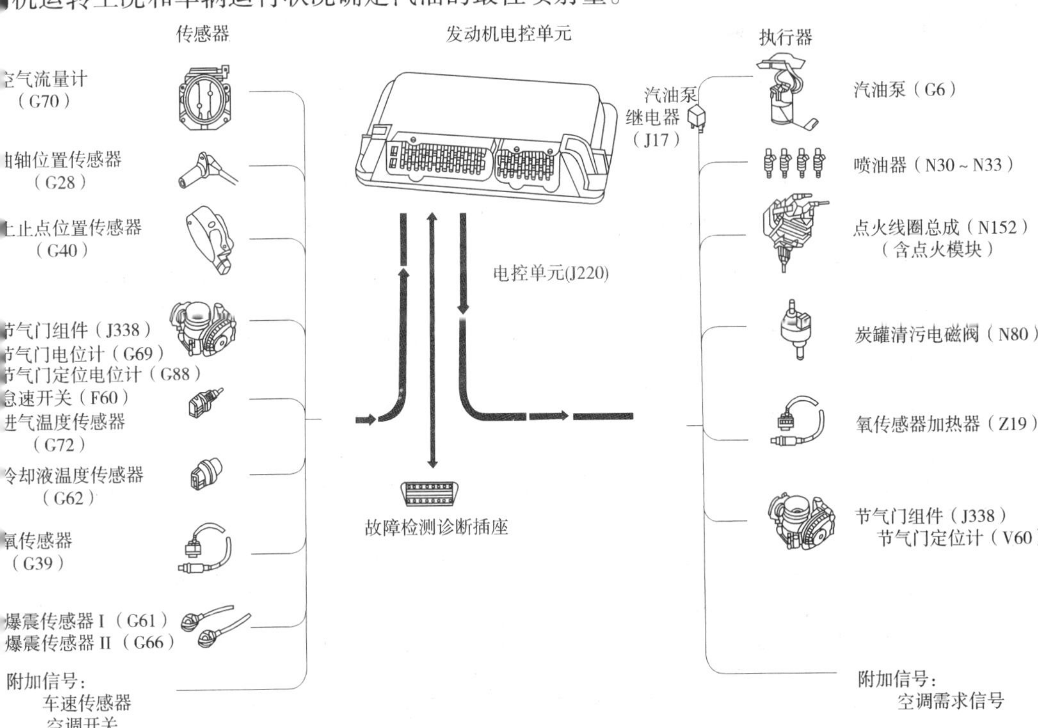

图 2-42　上海桑塔纳轿车 AJR 发动机电子控制系统的组成

电控单元（ECU）通过电路接受的输入信号有发动机转速、进气空气流量、起动信号、节气门位置、冷却液温度以及进气温度等信号。它们分别来自分电器点火线圈、空气流量传感器、起动开关、节气门开关、冷却液温度传感器以及空气温度传感器。这些信号输入电控单元后，由电控单元进行综合判断与计算，确定喷油器的开启时间，即所需要的喷油量，并控制喷油器喷油。

❷ 主要元件的功用

(1)电控单元(ECU)。电控单元是控制系统的主要组成元件,是电控发动机的计算和控制中心,其结构如图2-43所示。它通过存储在期内的程序来处理从传感器传来的信号,这些信号是电控单元对执行机构进行控制的基础。电控单元(ECU)的功用是根据存储器中存放的发动机各工况的最佳喷油持续时间,在接收了各种传感器传来的信号后,确定满足发动机运转状态的燃油喷射量,并根据计算结果控制喷油器喷油与喷油时间。

(2)各种传感器。传感器的功用是检测发动机的实际运行状况,为电控单元(ECU)提供运行状况的信息。控制系统包括各种传感器,如节气门位置传感器、冷却液温度传感器、进气温度和压力传感器、氧传感器以及转速传感器等。

①节气门位置传感器(图2-44)安装在节气门体上,它是用来检测节气门的开度状态,其将节气门打开的角度转换为负荷信息并传递给电控单元。

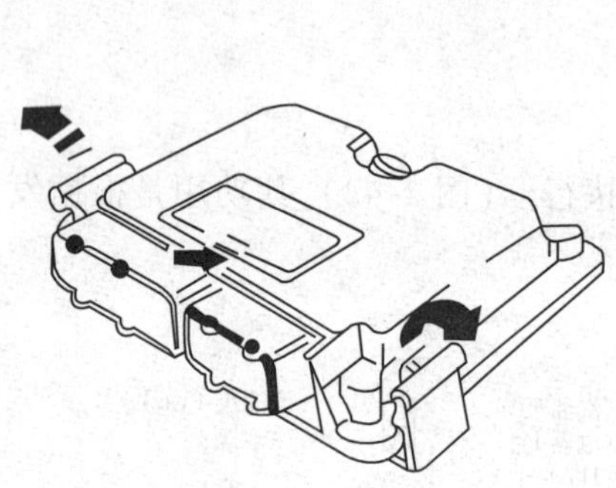

图2-43 电控单元(ECU)

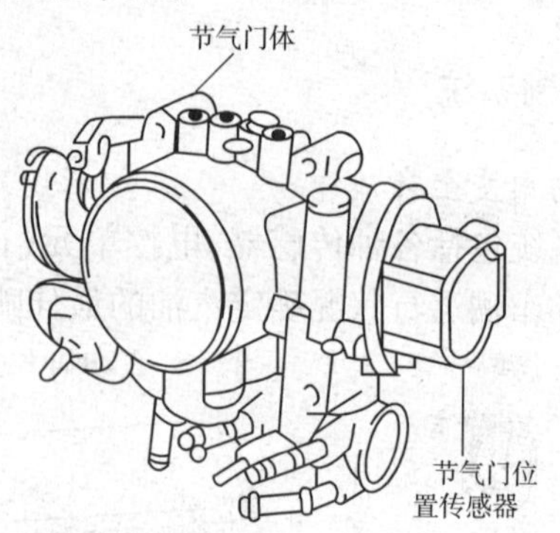

图2-44 节气门体与节气门位置传感器

②进气歧管压力传感器(图2-45)能依据发动机的负荷状态测出进气歧管内绝对压力的变化,并转换成电压信号与转速信号一起输送给电控单元,作为决定喷油器基本喷油量的依据。

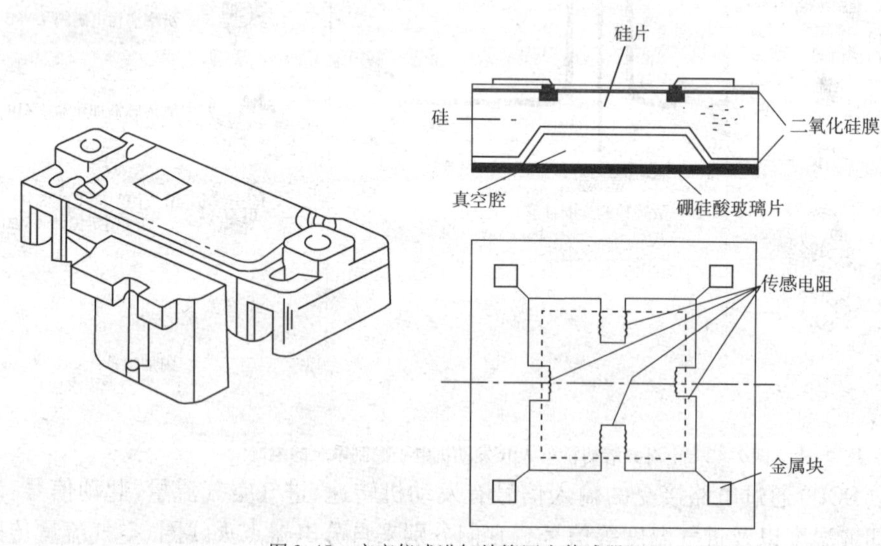

图2-45 应变仪式进气歧管压力传感器

③温度传感器(图2-46)用来检查发动机冷却液的温度、进气温度和排气温度,电控单元根据温度变化信息修正喷油量及点火时刻。

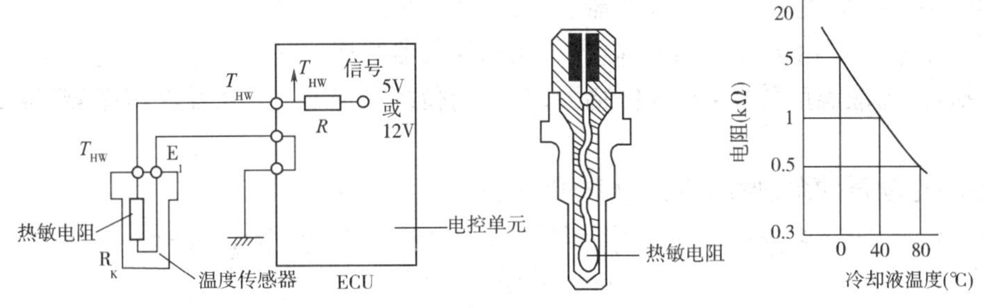

图 2-46 温度传感器

④氧传感器(图 2-47)对排气中氧的含量进行监测,并向计算机输入空燃比的反馈信号,进行喷油量的闭环控制,使空燃比控制在理论值范围内。目前大部分汽车上使用的是一种加热型的氧化锆氧传感器。

⑤转速传感器又称曲轴位置传感器(图 2-48),它除了可提供相对与活塞上止点位置的曲轴转角信号外,还能精确地测出发动机的转速。将发动机工作时曲轴转角的转速信息传递给电控单元,作为控制系统进行各项控制参数运算的主要依据。

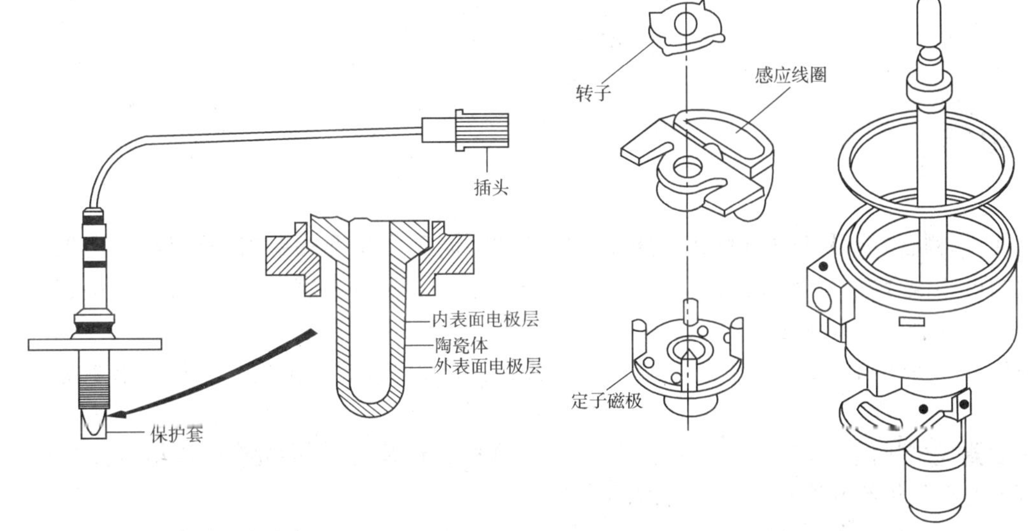

图 2-47 氧化锆氧传感器

图 2-48 电磁感应式曲轴位置传感器

发动机上各传感器将采集到的信号,由输入装置传输到电子控制单元(ECU),随后由模拟数字转换器将这些模拟信号转换成计算机能识别的数字信号,这些信号被暂时存储于随机存储器内。

当发动机起动后,这些信号通过计算机转换成控制指令,指令通过数字模拟转换器变成模拟量,再由输出装置传送到执行器——喷油器、分电器等(AJR 型机上取消分电器,传到点火控制部分),以控制喷油器的喷油时刻及喷油持续时间,控制点火正时及点火能量,从而保证发动机在最佳状态下工作。

(二)典型电控燃油喷射系统的组成

图 2-49 所示为桑塔纳 2000 型轿车电控燃油喷射系统的组成。它包括空气供给系统、燃油供给系统和控制系统。

(1)燃油供给系统:它主要由电动汽油泵、燃油滤清器、燃油压力调节器、喷油器等组成。

(2)空气供给系统:它主要由空气滤清器、节气门体等组成。

(3)控制系统:它主要由各种传感器、电控单元和执行器组成。

传感器包括:冷却液温度传感器、氧传感器、节气门位置传感器、空气温度传感器、爆震传感器等组成。

执行器包括:电动汽油泵、喷油器、点火线圈等。

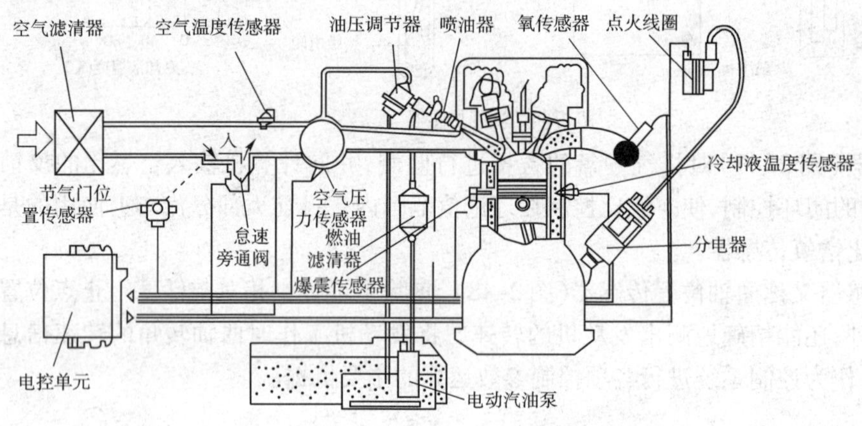

图 2-49　电控燃油喷射系统

小结

1. 汽油机燃料供给系统的功用是根据发动机各种不同工作状况的要求,配制出一定数量和浓度的可燃混合气,供入汽缸,使之在压缩行程接近终了时点火燃烧而做功,最后将燃烧后生成的废气排到大气中去。

2. 现代汽油机燃料供给系统有化油器式燃料供给系统和电控燃油喷射式燃料供给系统两种。

3. 化油器式燃料供给系统一般由汽油供给装置、空气供给装置、可燃混合气供给装置和可燃混合气供给和废气排出装置四部分组成。

4. 电控燃油喷射系统一般由燃油供给系统、空气供给系统和电路控制系统等三部分组成。

5. 燃油供给系统包括燃油箱、燃油泵、燃油滤清器、燃油分配管、燃油压力调节器和喷油器,其功用是向汽缸内供给燃烧所需要的汽油。

6. 空气供给系统包括空气滤清器、空气流量计(或进气歧管压力传感器)、进气歧管、怠速控制阀和进气总管等,其功用是测量和控制汽油燃烧时所需的进气量。

7. 电路控制系统包括各种传感器、电控单元(ECU)和执行器,其功用是根据发动机运转工况和车辆运行状况确定汽油的最佳喷射量。传感器将发动机的工作状态信息转变为电信号,输送给电控单元(ECU),ECU 对传感器信号进行分析、处理、运算和判断后,向执行器发出控制指令,实现对发动机运行的最佳控制。

8. 发动机常用的传感器有节气门位置传感器、进气歧管压力传感器、温度传感器、氧传感器、转速传感器(曲轴位置传感器)、爆震传感器等。

9. 发动机常用的执行器有电动汽油泵、喷油器、点火线圈等。

思考题

1. 汽油机燃料供给系统的功用是什么?

2. 汽油机燃料供给系统有哪两种类型?

3. 化油器式燃料供给系统由哪几部分组成?

4. 电控燃油喷射系统由哪几大部分组成?各组成部分包括哪些零部件?它们的作用是什么?

5. 简述电控燃油喷射系统中的燃油供给系统、空气供给系统和电路控制系统的工作过程。

6. 发动机常用的传感器和执行器有哪些?各安装在发动机的什么位置上?

第六节　柴油机燃料供给系统

1. 柴油机燃料供给系统的功用、组成及工作过程。
2. 各主要零部件的作用与结构。

柴油机是以柴油为燃料。由于柴油比汽油黏度大,蒸发性差,所以在柴油机工作时,必须采用高压喷射的方法在压缩行程活塞接近上止点时,将柴油以雾状喷入燃烧室,直接在汽缸内部形成混合气,并借助汽缸内的高温自行发火燃烧。对于多缸柴油机,还应保证各缸喷油均匀,供油提前角一致,喷油持续时间相等,这样才能保证发动机正常工作。

一、功用与组成

1 功用

柴油机燃料供给系统的功用是根据柴油机各种不同工作状况的要求,以规定的工作顺序定时、定量、定压的将洁净的柴油以较高的喷油质量喷入燃烧室,并与空气迅速混合自行燃烧而做功,最后将燃烧后生成的废气排到大气中去。同时,还能根据柴油机负荷的变化自动调节循环供油量,以保证柴油机在各种工况稳定运转;并能储存一定量的柴油,保证汽车的最大续驶里程。

2 组成及工作过程

(1) 组成

一般柴油机燃料供给系统由燃油供给装置、空气供给装置、混合气形成装置和废气排出装置组成,如图 2-50 所示。

(1)燃油供给装置通常由燃油箱、输油泵、低压油管、柴油滤清器、喷油泵、高压油管、喷油器和回油管等部件组成。

(2)空气供给装置由空气滤清器、进气管和汽缸盖内的进气管路组成,有的还安装有增压器。

(3)混合气形成装置由燃烧室组成。

(4)废气排出装置由汽缸盖内的排气道、排气管及排气消声器组成。

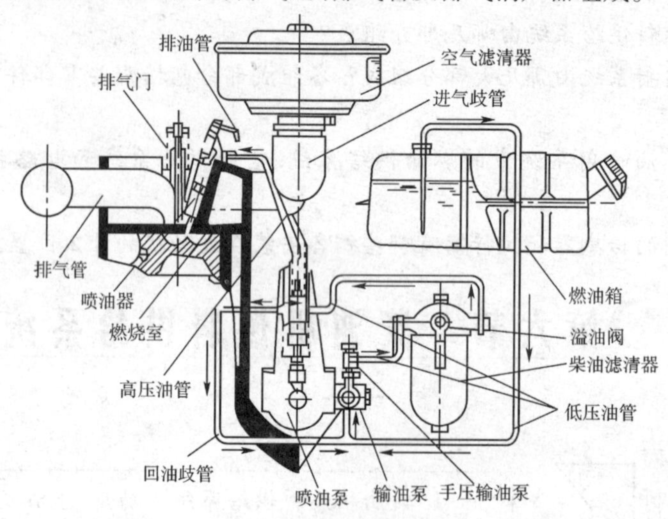

图 2-50 柴油机燃料供给系统的组成

❷ 工作过程

直列式喷油泵一般由曲轴的正时齿轮驱动,固定在喷油泵泵体上的输油泵由喷油泵的凸轮轴驱动。发动机工作时,输油泵从柴油箱内将柴油吸出,经柴油粗滤器滤清后,并将柴油压力提高到 0.15 ~ 0.30MPa,再经柴油细滤器滤去杂质后送至喷油泵,喷油泵将柴油压力进一步提高至 10MPa 以上,通过高压油管泵入喷油器,喷油器再将柴油以雾状喷入燃烧室并与空气混合后自行着火燃烧。输油泵供给的多余柴油以及喷油器顶部回油孔流出的少量柴油,都经回油管流回柴油箱。喷油泵前端安装有喷油提前调节器,后端与调速器组成一体。喷油提前调节器的作用是能够保证在柴油机转速变化时,喷油提前角自动地发生相应的改变,使喷油器在最佳时间喷射。调速器的作用是根据柴油机负荷的变化,自动地调节喷油泵的供油量,以保证柴油机在各种工况下稳定运转。

二、主要零部件的结构和功用

1 输油泵

输油泵有活塞式、膜片式和滑片式几种形式。活塞式输油泵的结构如图 2-51 所示。其功用是将燃油从油箱吸出,并克服燃油滤清器等的阻力,以一定的压力和流量输往喷油泵。

2 柱塞式喷油泵

喷油泵是柴油机燃料供给系统中最重要的部件,被称为柴油机的心脏。它的基本作用是根据发动机的不同工况，定时定量地产生高压柴油。

柱塞式喷油泵种类繁多，国产汽车用喷油泵一般以其柱塞行程等参数不同分 A、B、P、Z 等系列。图 2-52 所示为汽车使用较多的 A 型喷油泵的基本结构。

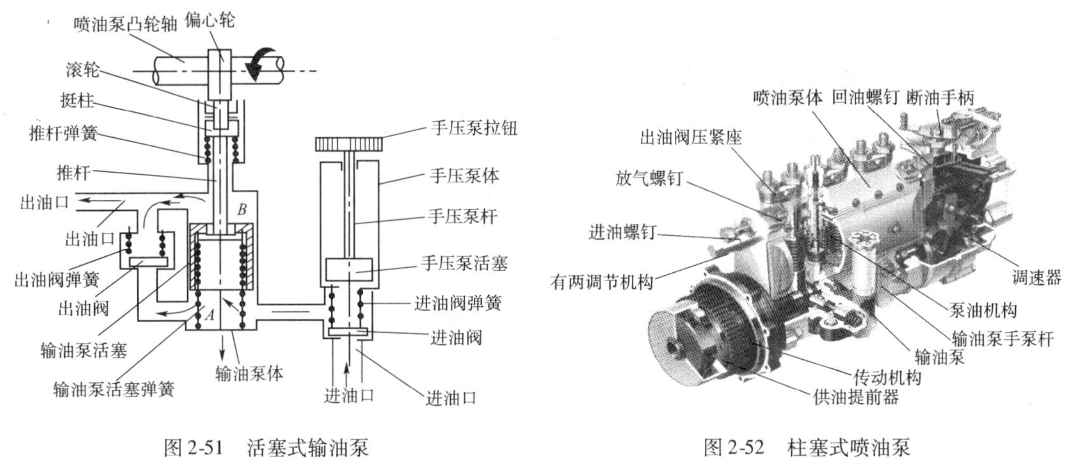

图 2-51　活塞式输油泵

图 2-52　柱塞式喷油泵

3 调速器

调速器的功用是保证发动机在怠速时稳定工作并限制最高转速，有的甚至能控制在允许的转速范围内稳定工作。柴油机都安装有调速器，用得较多的是全程式和两极式机械调速器。

全程式调速器的基本结构如图 2-53 所示。

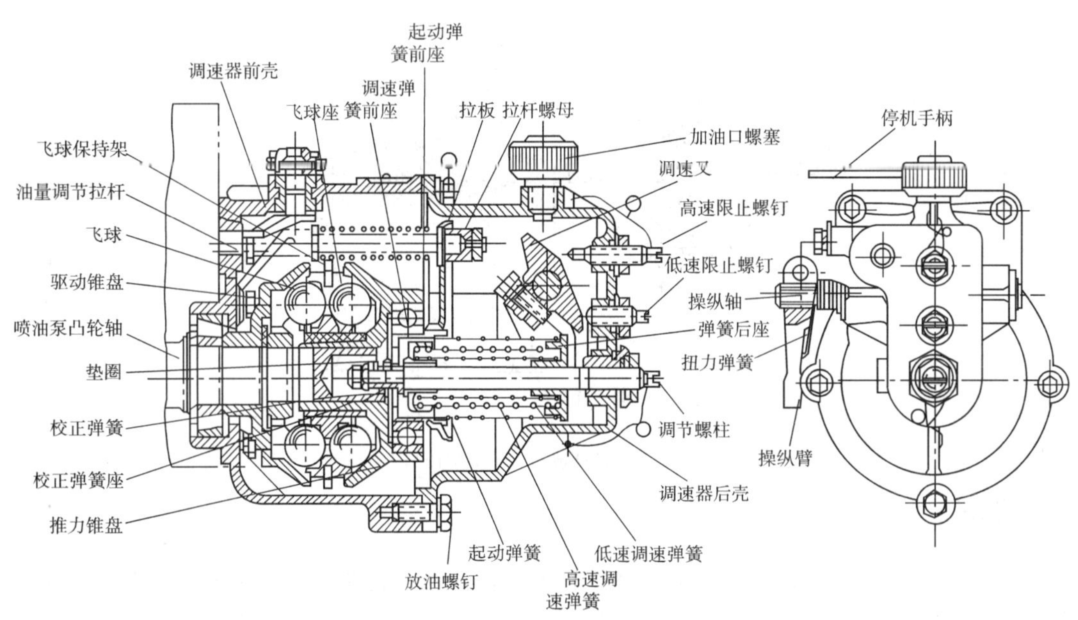

图 2-53　全程式调速器的基本结构

两极式机械调速器是指限制和稳定柴油机最高和最低转速的调速器。中间转速则由驾驶人直接通过操纵杆控制，调速器本身不起自动调速作用。它被汽车广泛采用，其结构各异，图 2-54 所示为常用的两极式机械调速器的基本结构和工作原理。

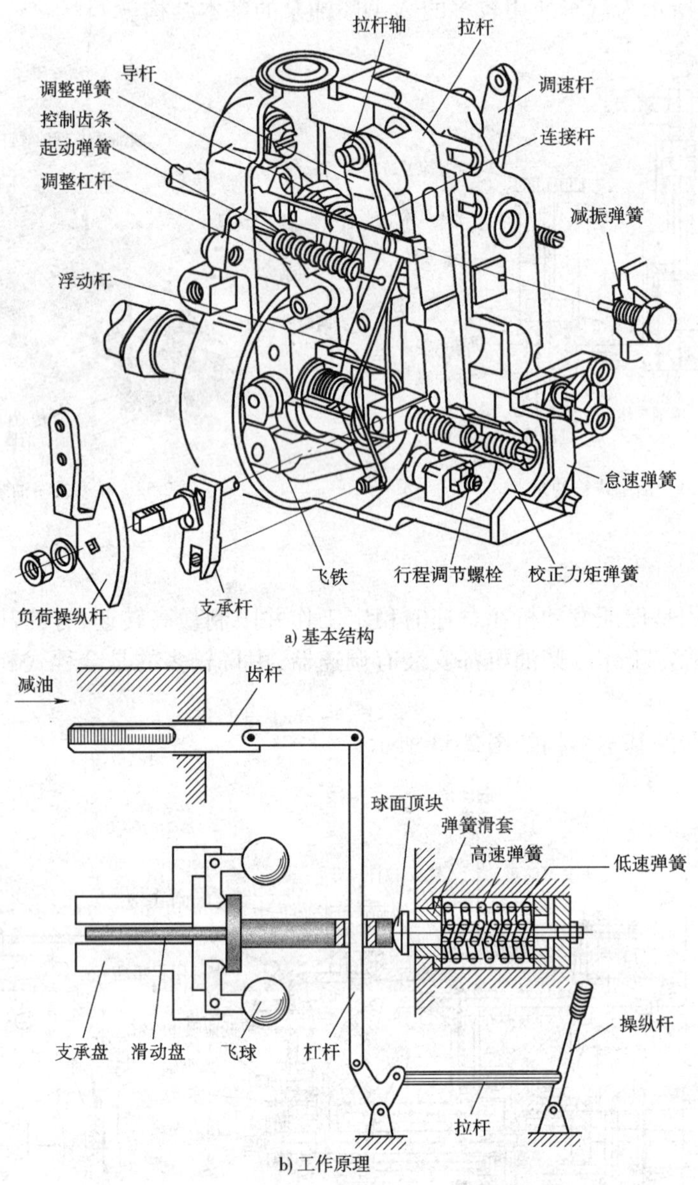

图 2-54　两极式机械调速器的基本结构和工作原理

4 喷油器

喷油器是一种向柴油机燃烧室喷射高压燃油的装置。其功用是根据不同柴油机要求，将高压油泵来的柴油雾气，以一定的喷油压力、喷雾细度、喷油规律、射程和喷雾锥角喷入燃烧室特定位置，与空气混合燃烧。

汽车用柴油机喷油器大多采用孔式喷油器，其基本构造如图 2-55 所示。

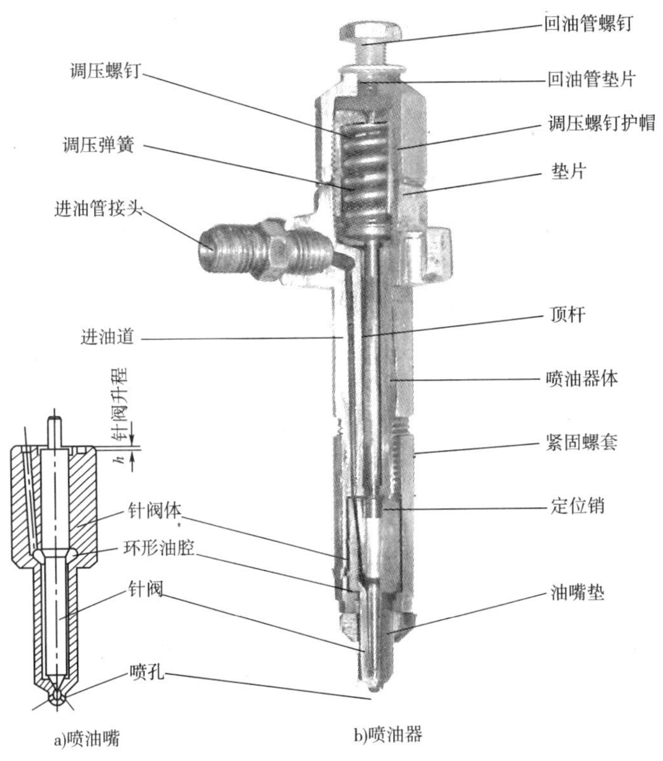

图 2-55　孔式喷油器

小结

1. 柴油机燃料供给系统的功用是根据柴油机各种不同工作状况的要求，以规定的工作顺序定时、定量、定压的将洁净的柴油以较高的喷油质量喷入燃烧室，并与空气迅速混合自行燃烧而做功，最后将燃烧后生成的废气排到大气中去。同时，还能根据柴油机负荷的变化自动调节循环供油量，以保证柴油机在各种工况稳定运转；并能储存一定量的柴油，保证汽车的最大续驶里程。

2. 柴油机燃料供给系统由燃油供给装置、空气供给装置、混合气形成装置及废气排出装置组成。

3. 输油泵的功用是将燃油从油箱吸出，并克服燃油滤清器等的阻力，以一定的压力和流量输往喷油泵。

4. 喷油泵的功用是根据发动机的不同工况，定时、定量地产生高压柴油。

5. 调速器的功用是保证发动机在怠速时稳定工作并限制最高转速，有的甚至能控制在允许的转速范围内稳定工作。

6. 喷油器的功用是根据不同柴油机要求，将高压油泵来的柴油雾气，以一定的喷油压力、喷雾细度、喷油规律、射程和喷雾锥角喷入燃烧室特定位置，与空气混合燃烧。

思考题

1. 柴油机燃料供给系统的功用是什么?
2. 柴油机燃料供给系统由哪几部分组成?
3. 输油泵的功用是什么? 分为哪几大类?
4. 喷油泵的功用是什么? 分为哪几大类?
5. 调速器的功用是什么? 分为哪两种类型?
6. 喷油器的功用是什么? 柴油机大多采用何种喷油器?

第七节　冷却系统

1. 掌握冷却系统的功用及组成。
2. 掌握冷却系统各主要零部件的作用及组成。

一、功用及组成

1 发动机冷却系统的功用

发动机冷却系统的功用是使工作中的发动机得到适度的冷却,从而使发动机在最适宜的温度范围内工作。

发动机冷却系统分为水冷却系统和风冷却系统两大类,目前汽车发动机广泛采用强制循环水冷却系统。所谓强制循环水冷却系统是利用水泵强制地使冷却液(或水)在冷却系统中进行循环流动,不断带走零件表面热量。采用水冷却时,汽缸盖内冷却液的温度应在80～90℃之间。

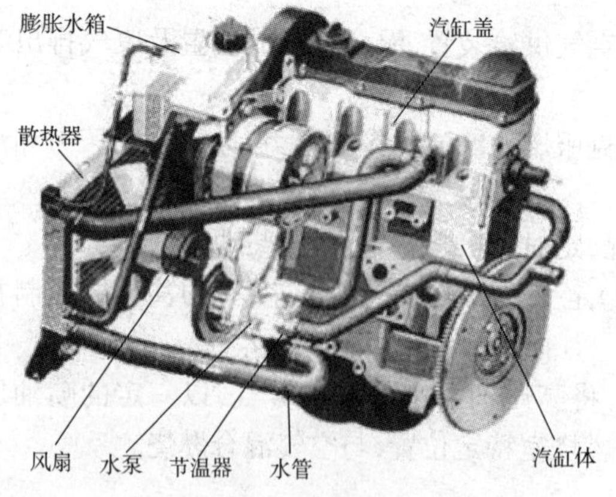

图2-56　桑塔纳轿车水冷却系统的组成

2 发动机冷却系统的组成

图2-56所示为典型的水冷却系统的组成示意图,主要包括:水泵、散热器、节温器、风扇、风扇控制机构、百叶窗、水套、补偿水箱(又称膨胀水箱)、冷却液温度表及冷却液温度警报装置等部件。车型不同,发动机冷却系统组成、冷却液循环路线也有所不同。

为了保证发动机在不同负荷、转速和气

候条件下保持正常的工作温度，冷却液的循环路线是不同的。桑塔纳 2000Gsi 轿车 AJR 发动机冷却系统布置图如图 2-57 所示，冷却液轴向进入水泵后，经水泵叶轮径向直接流进发动机机体水套，吸收机体热量。此后，冷却液分两路循环，一路为大循环，一路为小循环。当冷却液温度高时，冷却液进行大循环，即冷却液流经散热器冷却后，进入安装在机体水泵进口处的节温器，此时节温器主阀门打开，副阀门关闭，冷却液流向水泵进水口，以求迅速降低冷却液温度，增强冷却效果；当冷却液温度较低时，冷却液进行小循环，此时节温器主阀门关闭，副阀门打开，冷却液直接进入节温器后的水泵进水口，不经散热器冷却，以使发动机冷却液温度迅速升高到正常工作温度。桑塔纳 2000Gsi 轿车 AJR 发动机冷却液温度低于 85℃时，进行小循环；当冷却液温度高于 85℃时，部分冷却液进行大循环；当冷却液温度达到 105℃时，全部冷却液将沿出水管进入散热器进行大循环，散热器的散热能力得到最大限度地发挥。

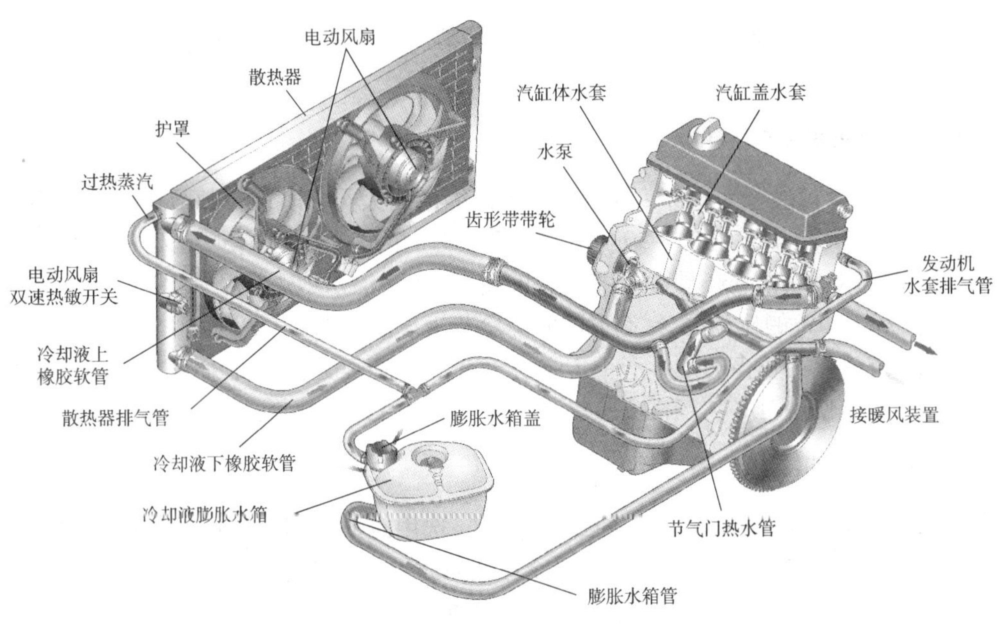

a)冷却系统布置图

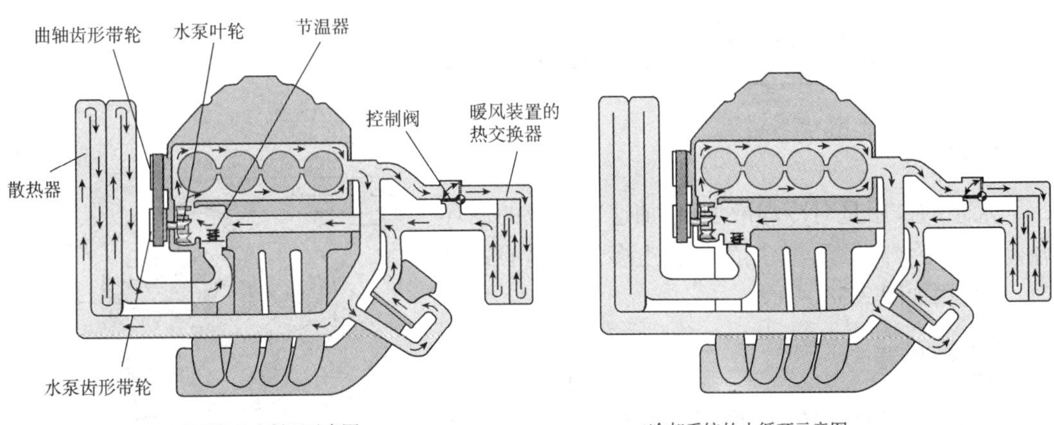

b)冷却系统的大循环示意图

c)冷却系统的小循环示意图

图 2-57 桑塔纳轿车 AJR 发动机冷却系统布置及大小循环示意图

二、冷却液

冷却液是发动机冷却系统中最重要的工作介质，汽车常用的冷却液有水及加有防冻剂的防冻冷却液。防冻冷却液中含有特殊添加剂，能起到冷却、防冻、防锈和防积水垢等作用，被现代轿车发动机普遍采用。

1 防冻冷却液的种类

防冻冷却液主要由冷冻剂与水按一定比例混合而成。按冷冻剂的种类不同，防冻冷却液分为酒精型、甘油型和乙二醇型三种，前两种已淘汰。

乙二醇是一种无色黏稠液体，能与水以一定比例混合，沸点为 197.4℃，冰点为 -11.5℃，与水混合后还可使防冻冷却液的冰点显著降低（最低可达 -68℃）。乙二醇型防冻冷却液是用乙二醇作为冷冻剂，与水、防腐剂和染色剂等多种添加剂配制而成。用不同比例的乙二醇和水混合可配制成不同冰点的防冻冷却液。这类防冻冷却液的优点是沸点高、冰点低、冷却效率高，已被广泛使用。

2 乙二醇型防冻冷却液的牌号

乙二醇型防冻冷却液分为防冻冷却液和防冻浓缩液两大类。防冻冷却液按其冰点不同分为 -25、-30、-35、-40、-45、-50 共 6 个牌号，可直接加入汽车中使用。防冻浓缩液是为了便于储运，使用时应根据产品说明书规定的比例，用蒸馏水或去离子水稀释，如防冻浓缩液与蒸馏水各以 50% 的比例混合，制成的防冻冷却液冰点不高于 -37℃。

目前，我国进口量比较多的是日产 TCL 防冻液和美国壳牌防冻液，它们都随冷却液浓度的增加而冰点下降，使用时必须严格按照包装上各自的浓度配比使用。

3 乙二醇型防冻冷却液的选用

乙二醇型防冻冷却液的牌号是按冰点来划分的，选用时应根据车辆选用地区冬季的最低气温来选择合适的牌号。一般选用的防冻冷却液的冰点应比最低气温低 10℃左右。

桑塔纳系列轿车使用大众公司推荐的含 G11 添加剂的防冻冷却液，它是由含防腐剂的乙二醇添加剂与水混合而成的。

三、主要零部件的作用及组成

1 水泵

水泵的作用是对冷却液加压，加速冷却液的循环流动，保证冷却可靠。车用发动机上多采用离心式水泵，其结构如图 2-58 所示。

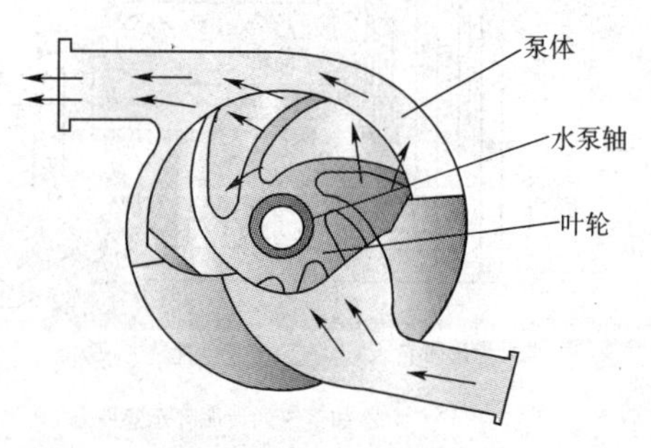

图 2-58　离心式水泵

2 散热器

散热器（又称水箱）的作用是储存冷却液并将冷却液在机体内吸收的热量传给外界空气，使冷却液散热降温，再次循环。其结构如图 2-59 所示。

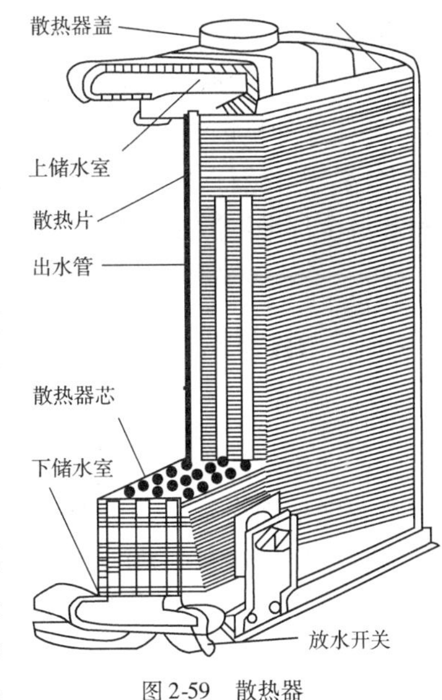

图 2-59　散热器

3 补偿水箱

补偿水箱用一根软管与散热器溢流管相连，如图 2-60 所示。其作用是给冷却液提供一个膨胀空间。当冷却液受热膨胀时，部分冷却液流入补偿水箱；当冷却液降温时，补偿水箱储存的冷却液又被吸入散热器中，这样可以使散热器内经常充满冷却液，提高冷却效果，同时可避免由于冷却液的溢失所造成冷却液的消耗。

4 风扇

冷却风扇的作用是对空气产生吸力，使之沿轴向流动。车用发动机冷却风扇的类型很多，按其驱动的动力来分，可分为机械风扇和电动风扇。机械风扇由曲轴通过传动带盘驱动，通常用液力耦合器控制冷却风扇与驱动传动带盘的接合与分离。电动风扇（图 2-61）直接由直流电动机驱动，其工作状态由冷却液温度决定，由散热器上温控开关控制，只有冷却液温度达到一定值时风扇才能转动。

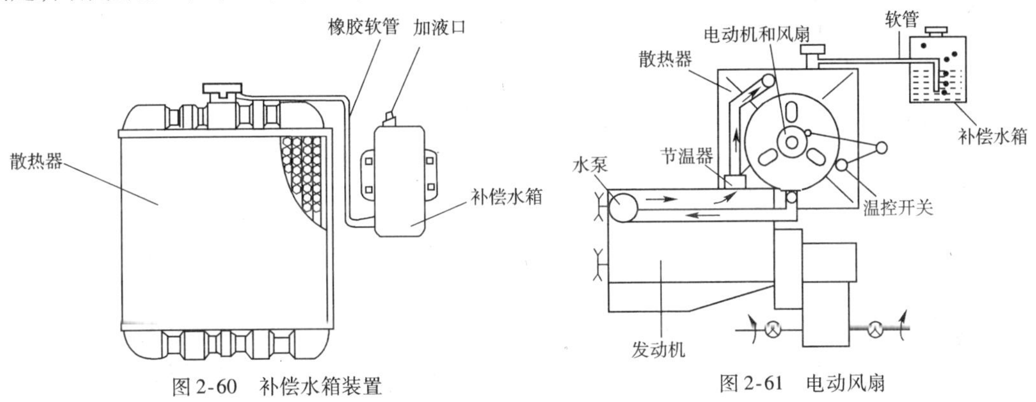

图 2-60　补偿水箱装置　　图 2-61　电动风扇

5 节温器

节温器的作用是根据冷却液的温度，自动地控制通过散热器的冷却液流量，使发动机在正常的温度范围内工作。其结构如图 2-62 所示。节温器安装在水泵的进水口处，根据冷却液温

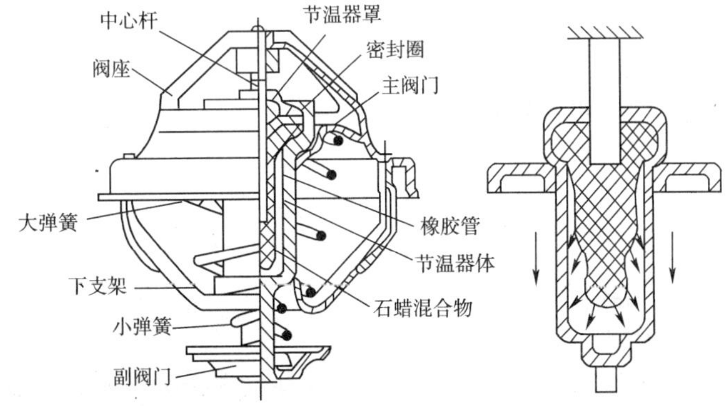

图 2-62　桑塔纳 2000 型轿车发动机蜡式节温器

度自动调节冷却液的流向。当冷却液温度过低时，节温器关闭了由散热器经水泵进入发动机汽缸体水套的水管，冷却液不经过散热器，只在水套与水泵间进行小循环，从而防止发动机过冷，并使发动机迅速而均匀的热起；当发动机冷却液的温度上升到规定温度（一般高于80℃）时，节温器开始打开，冷却液流经散热器，当冷却液温度升高到105℃时，节温器阀门完全打开，冷却液全部经过散热器进行大循环，使冷却液温度下降，保持发动机在正常的温度下工作。

小结

1. 发动机冷却系统的功用是使工作中的发动机得到适度的冷却，从而使发动机在最适宜的温度范围内工作。目前汽车发动机广泛采用水冷却系统。采用水冷却时，汽缸盖内冷却液的温度应在80～90℃之间。

2. 典型的水冷却系统由水泵、散热器、节温器、风扇、风扇控制机构、百叶窗、水套、补偿水箱（又称膨胀水箱）、冷却液温度表及冷却液温度警报装置等部件组成。

3. 水泵的作用是对冷却液加压，加速冷却液的循环流动，保证冷却可靠。

4. 散热器（又称水箱）的作用是储存冷却液并将冷却液在机体内吸收的热量传给外界空气，使冷却液散热降温，再次循环。

5. 节温器的作用是根据冷却液的温度，自动地控制通过散热器的冷却液流量，使发动机在正常的温度范围内工作。

6. 冷却系统的工作原理：当发动机工作温度较低时，节温器主阀门关闭，副阀门打开，冷却液经节温器返回发动机机体水套，进行小循环；当发动机工作温度高于一定值时，节温器主阀门开启，副阀门关闭，冷却液经节温器及散热器进水软管流入散热器，在散热器中，冷却液向流过散热器周围的空气散热而降温，最后冷却液经散热器出水软管返回水泵，进行大循环；当发动机冷却液温度处于大小循环的温度范围内，节温器主阀门和副阀门都部分开启，冷却液大小循环都同时存在，以调节发动机温度基本稳定在最适宜的工作范围。

7. 现代轿车发动机普遍采用乙二醇型防冻冷却液。乙二醇型防冻冷却液分为防冻冷却液和防冻浓缩液两大类。防冻冷却液按其冰点不同分为－25、－30、－35、－40、－45、－50共6个牌号，可直接加入汽车中使用。

思考题

1. 发动机冷却系统的功用是什么？
2. 汽缸盖内冷却液的温度一般为多少？
3. 试述水冷却系统的基本组成及其工作过程。
4. 水泵的作用是什么？
5. 散热器的作用是什么？
6. 节温器的作用是什么？
7. 现代轿车发动机普遍采用何种冷却液？该冷却液可分为哪两种类型？
8. 防冻冷却液有哪几个牌号？如何选择？

第八节 润滑系统

1. 掌握润滑系统的功用及组成。
2. 掌握润滑系统各主要零部件的作用及组成。
3. 了解润滑油的循环路线。
4. 掌握润滑油的分类及选用。

一、功用及组成

1 发动机润滑系统的功用

发动机各零部件的润滑是由润滑系统来完成的。发动机润滑系统的功用是将清洁的、定量的润滑油不断地供给各运动零件的摩擦表面,其具体内容是:润滑、清洗、冷却、密封、防锈和缓冲。

根据发动机不同运动表面的工作特点,一般采用以下三种润滑方式:

(1)压力润滑:就是将润滑油以一定压力输送到摩擦表面间隙中形成油膜润滑的方式。压力润滑主要用于负荷大、相对运动速度高的摩擦面,如主轴承、连杆轴承、凸轮轴轴承、配气机构摇臂轴等处。

(2)飞溅润滑:是利用发动机工作时曲轴等运动零件飞溅起来的油滴或油雾来润滑外露表面、负荷较小的摩擦表面,如汽缸壁、活塞销、凸轮、挺柱、偏心轮、连杆小头等。

(3)润滑脂润滑:通过定期加注润滑脂来润滑零件工作表面的方式,如水泵及发电机轴承等。

现代汽车发动机润滑多采用压力润滑与飞溅润滑相结合的综合润滑方式。

2 发动机润滑系统的组成

图2-63所示为典型轿车发动机润滑系统的组成示意图,主要包括:集滤器、机油泵、限压阀、油路和油管、机油滤清器、旁通阀、止回阀、机油散热器、机油压力传感器、机油压力表(指示灯)、机油标尺等部件。不同的发动机,由于组成和结构形式不同,润滑系统的布置形式和装置也略有不同。

二、润滑系统油

现代汽车发动机的润滑油路大致相同。图2-64所示为上海桑塔纳轿车JV型1.8L汽油发动机的润滑系统,它采用综合润滑方式。发动机工作时,润滑油由油底壳经集滤器初步过滤后进入机油泵,提高压力后进入机油滤清器,从机油滤清器出来的润滑油最后进入主油路,再由主油路经曲轴箱上的五条并联横向油路引入曲轴主轴承中,润滑主轴颈,然后经曲轴内部的斜向油路流入四个连杆轴承,润滑连杆轴颈。主油路中的部分润滑油经分油路送入中间轴的后轴承,主油路的另一条油路直通凸轮轴轴承润滑油路,分别向五个凸轮轴轴承供油。

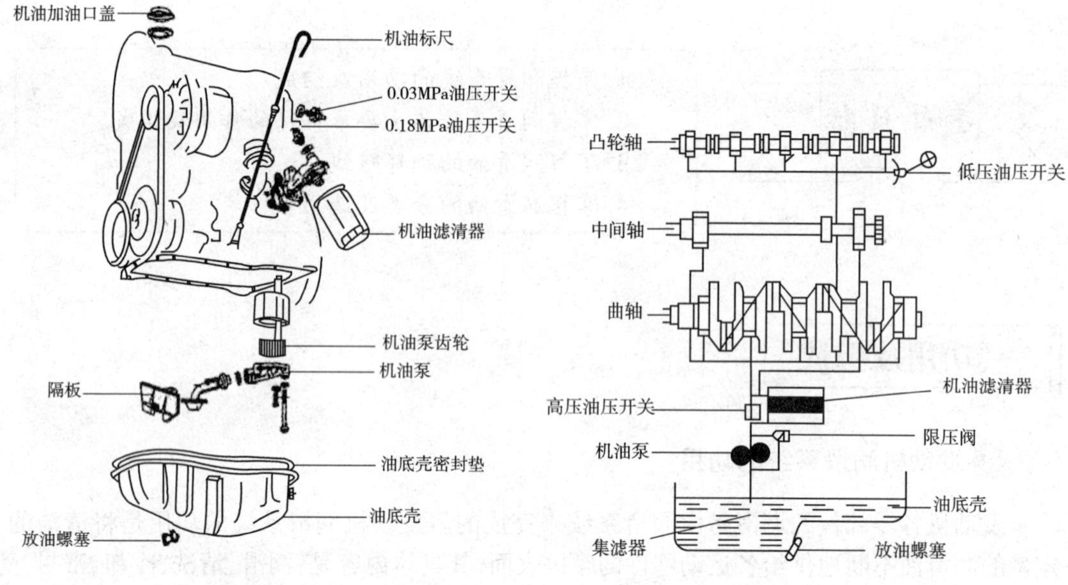

图 2-63　一汽奥迪 100 型轿车发动机润滑系统　　图 2-64　润滑系统油路

在汽缸盖和汽缸体右侧(从前向后看)布置有回油孔,使汽缸盖上的机油流回曲轴箱。

润滑系统的报警系统装有两个油压开关,均位于机油滤清器支架上。当打开点火开关时,位于仪表板中的机油压力警告灯开始闪烁,起动发动机。当机油压力大于 0.03MPa 时,低压油压开关断开,警告灯自动熄灭。发动机低速运转时,如果机油压力低于 0.03MPa,则低压油压开关触点闭合,机油压力警告灯闪烁。当发动机转速超过 2150r/min 时,如果机油压力达不到 0.18MPa 时,高压油压开关的触点断开,机油压力警告灯闪烁,警报蜂鸣器同时报警。

三、润滑剂

汽车发动机润滑剂有润滑油(机油)和润滑脂(黄油)两类。

1 润滑油

(1)循环在润滑系统中的润滑油有如下功用:

①润滑。润滑油在运动零件的所有摩擦表面之间形成连续的油膜,以减小零件之间的摩擦。

②冷却。润滑油在循环过程中流过零件工作表面,可以降低零件的温度。

③清洗。润滑油可以带走摩擦表面产生的金属碎末及冲洗掉沉积在汽缸、活塞、活塞环及其他零件上的积炭。

④密封。附着在汽缸壁、活塞及活塞环上的油膜,可起到密封防漏的作用。

⑤防锈。润滑油有防止零件发生锈蚀的作用。

(2)润滑油的分类。国际上广泛采用美国 SAE 黏度分类法和 API 使用分类法,而且它们已被国际标准化组织(ISO)确认。美国工程师学会(SAE)按照机油的黏度等级,把润滑油分为冬季用润滑油和非冬季用润滑油。冬季用润滑油有 6 种牌号:SAE0W、SAE5W、SAE10W、SAE15W、SAE20W 和 SAE25W。非冬季润滑油有 4 种牌号:SAE20、SAE30、SAE40 和 SAE50。号数较大的润滑油黏度较大,适于在较高的环境温度下使用。

API 使用分类法是美国石油学会(API)根据润滑油的性能及其最适合的使用场合,把润滑油分为 S 系列和 C 系列两类。S 系列为汽油机润滑油,目前有 SA、SB、SC、SD、SE、SF、SG 和 SH 八个级别。C 系列为柴油机润滑油,目前有 CA、CB、CC、CD 和 CE 五个级别。级号越靠后,使用性能越好,适用的机型越新或强化程度越高。其中,SA、SB、SC 和 CA 等级别的润滑油,除非汽车制造厂特别推荐,否则将不再使用。

我国的润滑油分类参照 ISO 分类方法,分为以下 3 类(GB/T 7631.3—1995):

①汽油机润滑油分为 SC、SD、SE、SF、SG、SH 六个级别;

②柴油机润滑油分为 CC、CD、CD-Ⅱ、CE、CF-4 五个级别;

③二冲程汽油机润滑油分为 ERA、ERB、ERC、ERD 四个级别。

级号越靠后,使用性能越好,适用于机型越新或强化程度越高的发动机。

每一种使用级别又有若干种单一黏度等级和多黏度等级的润滑油牌号。例如:CC 级润滑油有 3 个单一黏度等级(30、40 和 50 号)和 6 个多黏度等级(5W-30、5W-40、10W-30、10W-40、15W-40 和 20W-40)的润滑油牌号。

单一黏度等级的润滑油黏温性较差,只适应某一温度范围使用。多黏度等级的润滑油黏温性好,适应温度范围宽。

我国润滑油分类与 API 分类的对应关系见表 2-9。

(3)润滑油的选用。

①汽油机选择汽油机润滑油,柴油机选择柴油机润滑油,二冲程汽油机选择相应润滑油。这是因为不同发动机工作原理、工作条件不同所致。

②根据发动机的强化程度选用合适的润滑油使用等级。例如:柴油机的强化程度用系数 K 表示,当 $K \leq 50$ 时,选用 CC 级润滑油;$K > 50$ 时,应选用 CD 级润滑油。

③根据气温选用适当黏度等级的润滑油,可参见图 2-65 选择。

我国润滑油分类与 API 分类的对应关系 表 2-9

我国的分类	API 分类
SC	≠ SC
SD	≠ SD
SE	= SE
SF	= SF
CC	= CC
CD	= CD

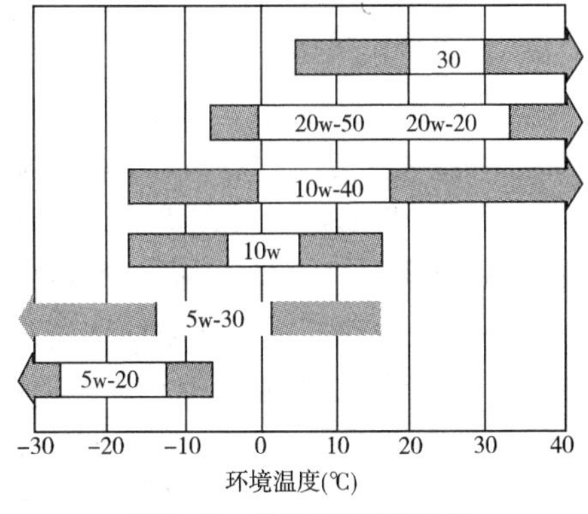

图 2-65 发动机润滑油选用

(4)润滑脂。润滑脂具有良好的黏附性,在常温下可附着于垂直表面而不流淌,可以在敞开或密封不良及受压较大的摩擦部位工作,并有防水、防尘、密封作用。

汽车发动机主要在水泵轴承及发电机轴承使用润滑脂。目前普遍推荐使用的是通用锂基润滑脂,它具有良好的高低温适应性,可在 -30 ~ 120℃的温度范围内使用,具有良好的抗水性、防锈性、安定性和润滑性，在高速运转的水泵及发电机轴承使用，不变质，不流失，保证润滑。

四、主要零部件的作用及组成

1 油底壳

油底壳的作用是储存机油，在其上加密封垫后固定在汽缸体底面上，其结构如图2-66所示。

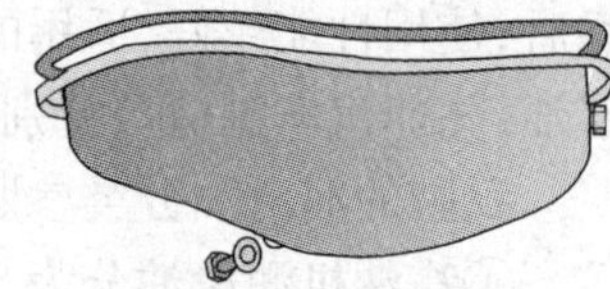

图2-66　油底壳

2 机油泵

机油泵是进行压力润滑和保证机油循环而建立足够油压的装置。其作用是将一定数量的机油建立起压力并输送到摩擦表面。其结构如图2-67所示。

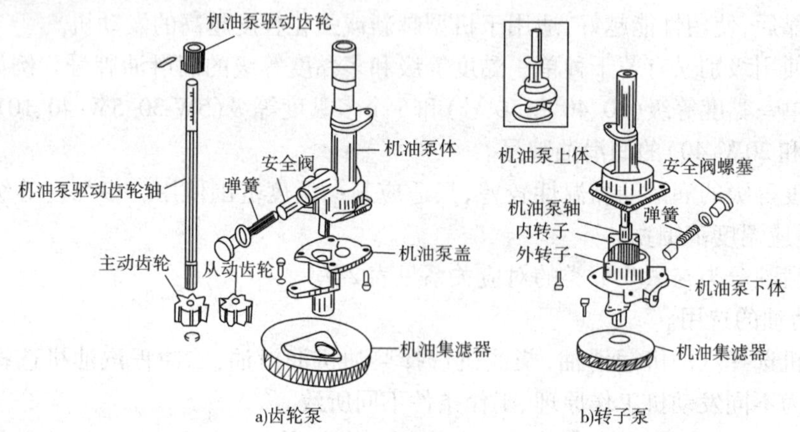

图2-67　机油泵

3 机油滤清器

一般润滑系统中安装有几个不同滤清能力的滤清器，集滤器、粗滤器和细滤器分别串联和并联在主油路中。与主油路串联的滤清器称为全流式滤清器，一般为粗滤器；与主油路并联的滤清器称为分流式滤清器，一般为细滤器，过油量为10%～30%。

(1)机油集滤器安装在机油泵吸油管端部，其作用是防止较大颗粒杂质进入机油泵内。它一般是金属网式的，其结构如图2-68所示。

(2)机油粗滤器。机油粗滤器用来滤去机油中粒度较大(直径在0.05～0.1mm以上)的杂质。它对机油流动阻力较小，一般串联于机油泵与主油路之间，属于全流式滤清器。目前，国产汽车发动机一般采用纸质滤清器，其结构如图2-69所示，机油流动方向如图中箭头所示。在上盖设有旁通阀，当滤芯堵塞时，旁通阀被机油压力顶开，润滑油不经滤芯而直接流入主油路，保证供油不会中断。

4 限压阀及旁通阀

限压阀(装在机油泵盖上)的作用是限制最高油压；旁通阀的作用是避免因粗滤器堵塞

而使主油路供油中断。

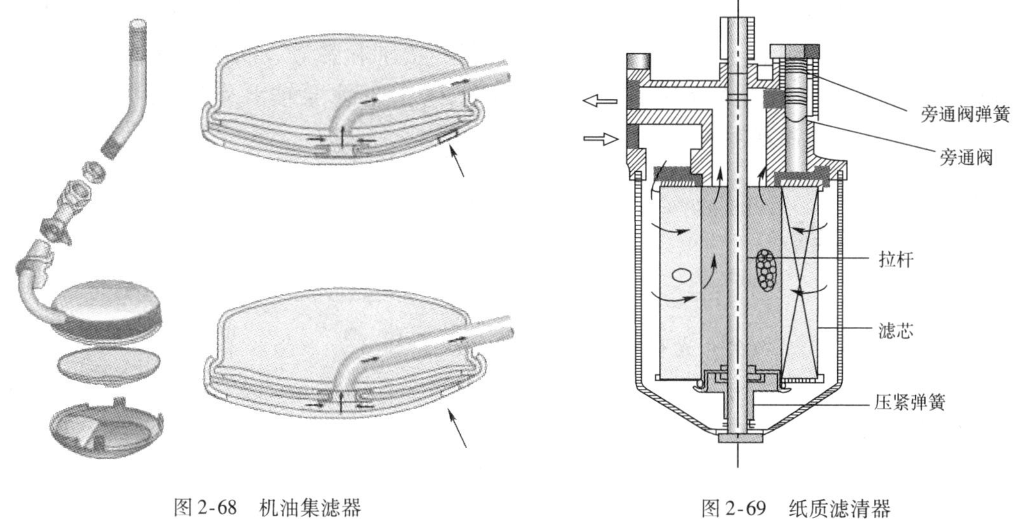

图 2-68 机油集滤器　　图 2-69 纸质滤清器

5 机油散热器

机油散热器在有些热负荷较高的发动机上设置。其作用是加强润滑油冷却，保持润滑油油温在正常工作范围(343 ~ 363K)内，一般发动机是靠汽车行驶中的迎面空气流吹拂油底壳来使润滑油冷却的。

机油压力表、温度表、机油压力传感器和机油标尺，它们是便于驾驶人随时掌握润滑系统工作状况的装置。

此外，发动机润滑系统还包括由部分油管和在发动机机体上加工出的油路等组成的机油引导、输送、分配装置。

小结

1. 发动机润滑系统的功用是将清洁的、定量的润滑油不断地供给各运动零件的摩擦表面，其具体内容是：润滑、清洗、冷却、密封、防锈和缓冲。

2. 现代汽车发动机润滑多采用压力润滑与飞溅润滑相结合的综合润滑方式。曲轴主轴颈、连杆轴颈及凸轮轴颈等负荷较大的摩擦表面采用压力润滑；负荷较轻的汽缸壁面和配气机构的凸轮、挺柱、气门杆、摇臂等采用飞溅润滑；水泵及发电机轴承采用润滑脂润滑。

3. 发动机润滑系统主要由集滤器、机油泵、限压阀、油路和油管、机油滤清器、旁通阀、止回阀、机油散热器、机油压力传感器、机油压力表(指示灯)、机油标尺等部件组成。

4. 油底壳的作用是储存机油。

5. 机油泵的作用是将一定数量的机油建立起压力并输送到摩擦表面。

6. 机油集滤器的作用是防止较大颗粒杂质进入机油泵内。

7. 机油滤清器的作用是防止机油中混入的金属磨屑和其他机械杂质以及润滑油本身生成的胶质进入主油路。

8. 机油散热器的作用是加强润滑油冷却，保持润滑油油温在正常工作范围(343 ~ 363

K)内。

9. 汽车发动机润滑剂有润滑油和润滑脂两类。我国润滑油分汽油机润滑油、柴油机润滑油和二冲程汽油机润滑油三大类，每类又分为若干级别和牌号。润滑油的选用应根据发动机类型、强化程度及气温等条件确定。润滑脂主要应用于水泵轴承及发电机轴承，目前普遍推荐使用的是通用锂基润滑脂。

思考题

1. 发动机润滑系统的功用是什么？
2. 发动机的润滑方式有几种？现代汽车发动机多采用哪种润滑方式？
3. 发动机润滑系统主要由哪些部件组成？
4. 以上海桑塔纳轿车JV型汽油发动机的润滑系统为例，简述发动机的润滑油路。
5. 机油泵的作用是什么？
6. 常见的机油滤清器有哪几种？在润滑油路中如何安装？
7. 机油集滤器和粗滤器的作用是什么？
8. 机油散热器的作用是什么？
9. 汽车发动机润滑剂有哪两种类型？
10. 简述润滑油的功用。
11. 我国的润滑油分为哪三类？每一类又包括哪些级别？
12. 我们应该如何合理选用发动机润滑剂？

第九节　新型汽车发动机

1. 电动汽车的特点、分类。
2. 燃气汽车的特点、分类。
3. 太阳能汽车的特点。
4. 直接喷射式汽油机的特点。

随着全球对能源危机的认识不断深化及环境保护意识的加强，早在20世纪70年代，世界上很多国家开始利用生物质资源进行燃料乙醇的工业化生产，寻找石油资源替代品。据国际能源机构预测，我国的石油消费总量逐年递增，而原油产量却逐渐减少，石油供需矛盾日益突出，要解决石油供给问题，只能采取进口渠道，从而使我国国民经济的发展势必依赖外援。而加快石油替代步伐是优化能源结构，降低石油的对外依存度的重要手段。汽车燃料是石油资源消耗主渠道之一，这种能源的使用均为一次性消耗，开发使用后便不可再生，因此应尽快开发利用车用替代能源和新能源。例如利用国内丰富的煤炭资源替代石油、天然气替代石油、加快实施开发可再生生物能源等，都不失为可选择的新能源发展方向。

目前，大气污染严重，环保问题刻不容缓，汽车废气排放成为一大公害。据统计大中型城市中40% ~70%的大气污染物来源于内燃机汽车的尾气排放。为了解决能源短缺、环境污染等问题,电动汽车、燃气汽车、太阳能汽车、直接喷射式汽油机等新型发动机汽车相继问世。

一、电动汽车

电动汽车是依靠电能驱动的车辆,而电能在驱动汽车行驶过程中基本不排放有害气体,对环境不会造成污染。随着低价格、高能量和长寿命新型电池的研究发展,以及人们对环保的强烈呼吁,电动汽车将进入实用阶段,成为解决能源与环境问题、取代石油能源的一个重要选择。

1 电动汽车的特点

1873年在英国出现了第一辆电动汽车。但由于一些技术问题难以解决,而内燃机汽车的生产技术已趋于成熟,所以电动汽车没有得到进一步的发展。1973年能源危机爆发,为了开发新能源汽车以及保护环境,实现汽车零排放,人们逐渐意识到电动汽车开发工作的重要意义,在一些国家掀起了研究电动汽车的热潮。与传统的内燃机汽车相比较,电动汽车具有以下几个特点:

❶ 能广泛地利用各种能源

电动汽车使用的能源,不仅可以用传统的汽油、柴油等矿物燃料发电,也可以用取之不竭的太阳能、水力能等多种能源发电,还可以利用旋转零件转动或制动时惯性能量发电,可以广泛地利用各种能源。

❷ 能量的利用率高

传统汽车使用汽油、柴油作为燃料,原始燃料的可利用能量只有18%左右。在低负荷及部分负荷时,由于混合气雾化质量差,燃烧不完善,可利用的能量不足15%。而电动汽车若经过火力发电厂发电,原始燃料的可利用能量大约为20%。如果利用太阳能、水能、原子能等发电,则利用率会更高。如果采用将化学能转变为电能的燃料电池,则电池能量利用率可达50%左右。因此,使用电动汽车可以节约大量的能源。

❸ 电动汽车是零排放汽车

由于电动汽车是依靠电驱动,所以电动汽车本身不会产生有害气体,是零排放车辆,但产生电动汽车电能的物质不同,会有不同程度的间接污染。用燃煤发电,会产生CO等有害物质,因此应把电厂建在人烟稀少的地区;用太阳能、风能、水能等发电,对环境无害;用混合动力发电,内燃机不经常使用,排量较小,因此排放到大气中的有害物质很少;用铅酸或镍镉电池发电时,有毒的铅、镉会污染环境。但这些有害物质如进行及时处理,不会对健康造成直接危害。

❹ 结构简单和维修使用方便

电动汽车相对于比传统内燃机汽车结构简单,运动部件减少,从而大大降低了日常的维修量,驾驶人的操作更为方便,维修简单。

目前,电动汽车技术还不如传统内燃机汽车技术那样成熟完善,还存在着动力电池寿命短、一次充电后的有效行程短、价格较贵等主要问题。随着科学技术的发展和电动汽车的推广与普及,电动汽车存在的技术难题会逐步得到解决。

2 电动汽车的类型

根据所使用的基本动力能源不同，电动汽车大致可分为 3 类：蓄电池电动汽车(Electric Vehicle，Ev)、混合动力电动汽车(Hybrid Electric Vehicle，HEV)、燃料电池汽车(Fuel Cell Electric Vehicle，FCEV)。

❶ 蓄电池电动汽车(EV)

蓄电池电动汽车是指利用蓄电池作为动力，用电动机驱动的汽车。它不包括无轨电车及在车站、码头或厂内使用的电动叉车和普通的电瓶车。

蓄电池电动汽车与普通汽车的主要区别是动力源的改变，EV 用蓄电池-电动机系统取代了内燃机汽车的汽油机、柴油机。

蓄电池电动汽车虽然历史悠久，但一直仅限于某些特定范围内应用，市场较小。主要原因是由于各种类别的蓄电池，普遍存在价格高、寿命短、外形尺寸大和质量重、充电时间长等严重缺点。随着高性能锂离子电池的性/价比不断提升，未来的市场上可能会出现最高车速≥100km/h，续驶里程≥250km 的高性能蓄电池电动汽车。

❷ 燃料电池电动汽车(FCEV)

燃料电池是通过电化学反应将燃料的化学能直接转变为电能的高效率发电装置。燃料电池汽车是利用燃料电池组作为动力源的汽车，它同内燃机相似，只要不断地供给燃料，燃料电池就能不断地把燃料氧化的化学能转换为电能，解决了蓄电池一次充电续驶里程短的问题，成为 21 世纪电动汽车的发展方向。

最早的 FCEV 是燃料电池大客车，燃料电池的辅助装置质量重，体积大，因此在早期的 FCEV 上，燃料电池组的辅助装置占据了大客车很大的装载空间，几乎没有乘客乘坐的空间，给 FCEV 的总布置带来了很大的困难。经过多个国家的汽车公司和燃料电池公司的努力，燃料电池的小型化得到了迅速发展，已经成功地应用到各类型的 FCEV 上。

燃料电池电动汽车存在着燃料电池发动机的耐久性寿命短、制造成本高、对工作环境的适应性差、汽车的使用成本过高等缺点，但由于燃料电池仍然是人类迄今为止，发明的最清洁、安静又可无限再生的能源，因此为实现燃料电池电动汽车的产业化，各国的汽车公司和燃料电池公司正加大研究步伐，努力实现燃料电池电动汽车关键零部件的国产化，以降低整机成本，进一步提高整机的优化集成技术，着力提高整机的耐候性(高、低气温变化)、抗大气污染能力和耐电负荷急剧变化能力等。

❸ 混合动力电动汽车(HEV)

由于完全由动力蓄电池驱动的蓄电池电动汽车，其性能/价格比长期以来都远远低于传统的内燃机汽车，难于与传统汽车相竞争，20 世纪 90 年代以来各大汽车公司都着手开发混合动力电动汽车。它是介于内燃机汽车与电动汽车之间的一种车型，它使用两种以上的动力源，而其中有一个可以释放电能，能按照不同的道路交通条件进行动力源组合或转换，发挥最佳的动力效率，达到高效、节能、环保的目的。辅助动力可以采用燃烧某种燃料的原动机或动力发电机组。HEV 在排放、节能等方面接近 EV、FCEV，动力性、续驶里程与传统燃料汽车相当，是现阶段取代传统燃料汽车最理想的车辆。目前，各大汽车公司推出的电动汽车大部分是混合动力电动汽车。美国通用 GM EV1 型混合动力电动汽车使用汽油作为燃料，燃油经济性指标达到 21.1km/L，其排放已经降低到 1/10ULEV(超低排放车辆)的水平。HEV 将在 21 世纪的运载车辆中占有重要的地位。

二、燃气汽车

以燃气为燃料的汽车称为燃气汽车。目前,常用的燃气汽车有压缩天然气汽车(CNGV或CNG)和液化石油气汽车(LPGV或LPG),它们分别以压缩天然气和液化石油气为燃料。燃气汽车的CO排放量比汽油车减少90%以上,碳氢化合物排放减少70%以上,氮氧化合物排放减少35%以上,是目前较为实用的低排放汽车。

1 CNGV和LPGV的特点

1 CNGV和LPGV的优点

(1)有害气体排放低。天然气和液化石油气在常温下为气态,容易与空气混合形成均匀的可燃混合气,燃烧完全,可以大幅度减少CO、HC和微粒的排放。另外,天然气和液化石油气的火焰温度低,因此NO的排放量也相应减少。

(2)热效率高。天然气辛烷值高达130,液化石油气的辛烷值也在100左右,因此,燃用天然气或液化石油气可提高发动机的压缩比,从而获得较高的发动机热效率。

(3)冷起动性和低温运转性能良好,在暖机期间无须加浓混合气。

(4)可以燃用稀混合气。其燃烧界限宽,稀燃特性优越,可以减少NO_x的生成和改善燃料经济性。

(5)延长润滑油更换周期。因其不稀释润滑油,可以延长润滑油的更换周期和发动机的使用寿命。

2 CNGV和LPGV的缺点

(1)储运性能差。因为天然气在常温、常压下是气体,所以体积大,储运性能差。目前广泛采用将天然气压缩到20MPa高压或将石油气压缩到1.6MPa,充入车用气瓶内储运的办法。这些气瓶既增加了汽车自重,又减少了载货空间。

(2)一次充气的续驶里程短。

(3)动力性能下降。CNG(压缩天然气)或LPG(液化石油气)均呈气态进入汽缸,使发动机充气系数降低;另外,与汽油或柴油相比,CNG或LPG的理论混合气热值小,因此,燃用CNG或LPG将使发动机功率下降。

目前,燃气仍然是世界汽车代用燃料的主流,在中国代用燃料汽车中占到90%左右。美国的目标是,到2010年,公共汽车领域有7%的汽车使用天然气,50%的出租车和班车改为专用天然气的汽车;到2010年,德国天然气汽车数量将达到10万~40万辆,加气站将由目前的180座增加到300座以上。业内专家指出,替代燃料的作用是减轻并最终消除由于石油供应紧张带来的各种压力以及对经济发展产生的负面影响。近期,中国仍将主要用压缩天然气、液化气、乙醇汽油作为汽车的替代燃料。汽车代用燃料能否扩大应用,取决于中国替代燃料的资源、分布、可利用情况,也取决于替代燃料生产与应用技术的成熟程度以及减少对环境污染等;替代燃料的生产规模、投资、生产成本、价格决定着其与石油燃料的竞争力;汽车生产结构与设计改进必须与燃料相适应。以燃气替代燃油将是中国乃至世界汽车发展的必然趋势。

2 燃气汽车的类型

压缩天然气、液化石油气是两种极有前途的汽车代用燃料。目前,CNGV及LPGV汽车从燃烧方式上分以下几种：

(1)两用燃料汽车：汽油与 LPGV 或 CNGV 之间互相转换，互不影响；

(2)纯 CNGV 或 LPGV 汽车：单独燃烧 CNGV 或 LPGV；

(3)双燃料汽车：柴油与 CNGV 或 LPGV 可以掺混燃烧，也可单独燃用柴油。

三、太阳能汽车

太阳能汽车是将太阳能转化为电能的汽车。太阳能汽车使用太阳能电池把光能转化成电能，电能会在储电池中存储备用，用来推动汽车的电动机。由于太阳能汽车不用燃烧化石燃料，所以不会放出有害物。据估计，如果由太阳能汽车取代燃汽车辆，每辆汽车的二氧化碳排放量可减少 43% ~54%。所以一些环保人士大力提倡发展太阳能汽车。

由于太阳能电池的能量较小，而且受天气的影响(在阴天、下雨时，太阳能电池的转换效率降低或停止)，所以太阳能汽车往往与蓄电池组共同组成太阳能混合动力电动汽车。当太阳强烈，转换为电能充足时，由太阳能电池板将太阳能转换为电能后，通过充电器向动力电池组充电，也可以由太阳能电池板直接提供电能，通过电流变换器将电流输送到驱动电动机，驱动汽车行驶，其驱动模式相当于串联式混合动力电动汽车(SHEV)。一般采用智能控制系统来控制其运行。当太阳较弱或阴天，则靠蓄电池组对外供电。

1 太阳能汽车的特点

太阳能是取之不尽、价格低廉、零污染的理想能源，太阳能汽车具有如下优点：

(1)太阳能电动车以光电代燃料，可节约有限的石油资源。白天，太阳电池把光能转换为电能自动存储在动力电池中，在晚间还可以利用低谷电(220V)充电。

(2)无污染，无噪声。因为不用燃油，太阳能电动车不会排放污染大气的有害气体。没有内燃机，太阳能电动车在行驶时听不到燃油汽车内燃机的轰鸣声。

(3)与传统内燃机汽车比较，耗能少，热效率较高，传统内燃机汽车只有 1/3 左右的能量消耗在推动车辆前进上，其余 2/3 左右的能量损失在发动机和驱动链上；而太阳能电动车 90% 的能量用于推动车辆前进。

(4)易于驾驶。无须电子点火，只需踩下加速踏板便可起动，利用控制器使车速变化。不需换挡、踩离合器，简化了驾驶的复杂性，避免了因操作失误而造成的事故隐患。

(5)由于太阳能电动车结构简单，除了定期更换蓄电池以外，基本上不需日常维护，省去了传统汽车必须经常更换机油、添加冷却液等定期维护的烦恼。小巧的车身，灵便转向，可以轻而易举的将车泊入拥挤不堪的都市停车场。

(6)在都市行车，为了等候交通信号灯，必须不断的停车和起动，既造成了大量的能源浪费，又加重了空气污染，使用太阳能电动车，减速停车时，可以不让电动机空转，大大提高了能源使用效率和减少了空气污染。

(7)太阳能电动车没有内燃机、离合器、变速器、传动轴、散热器、排气管等零部件，结构简单，制造难度降低。

太阳能汽车的缺点是能量的来源要依赖天气，能量转换效率较低，造价高，同时与传统内燃机相比，行驶速度较低。

2 太阳能在汽车上的应用

到目前为止，太阳能在汽车上的应用技术主要有两个方面：一是作为驱动力，二是用作汽车辅助设备的能源。

❶ 作为驱动力

太阳能作为驱动力，一般采用特殊装置吸收太阳能，再转化为电能驱动汽车运行。按照应用太阳能的程度又可分为如下两种形式：

(1)太阳能作为第一驱动力驱动汽车。这种汽车完全用太阳能为驱动力代替传统燃油，已经没有发动机、底盘、驱动桥、变速器等构件，而是由电池板、储电器和电动机组成.利用贴在车体外表的太阳电池板，将太阳能直接转换成电能，再通过电能的消耗，驱动车辆行驶，汽车的行驶快慢只要控制输入电动机的电流就可以解决。目前此类太阳能汽车的车速最高能达到100km/h以上，而无太阳光最大续行能力也在100km左右。

还有一种概念上的太阳能汽车，这种汽车在车体上没有安装光伏电池板，而只是配置蓄电池，而电能全部来自专门的太阳能发电装置。优点是外观与现有车辆类似，没有“另类”的感觉，缺点是要经常到太阳能电站充电，当然续行能力也受到限制。

(2)太阳能和其他能量混合驱动汽车。太阳能辐射强度较弱，光伏电池板造价昂贵，加之蓄电池容量和天气的限制，使得完全靠太阳能驱动的汽车的实用性受到极大的限制，不利于推广。因此就出现了一种采用太阳能和其他能量混合驱动的汽车。

复合能源汽车外观与传统汽车相似，只是在车表面加装了部分太阳能吸收装置，比如车顶电池板，用于给蓄电池充电或直接作为动力源。这种汽车既有汽油发动机，又有电动机，汽油发动机驱动前轮，蓄电池给电动机供电驱动后轮。电动机用于低速行驶。当车速达到某一速度以后，汽油发动机起动，电动机脱离驱动轴，汽车便像普通汽车一样行驶。

由于采用了混合驱动形式，带来了诸多好处。首先，因为有汽油发动机驱动，所以蓄电池不会过放电，蓄电池的容量只要满足一天使用即可，与全用蓄电池的车相比，其容量可减少一半，也减轻了车重；其次，城市中大多数车辆都处在低速行驶状态下，采用电动机驱动可最大可能的降低城市局部污染。

❷ 作为汽车辅助能源

传统的轿车，功率一般在几十千瓦左右，而太阳辐射功率至多$1kW/m^2$，目前的光电转换效率小于30%。因此全部用太阳能驱动传统的轿车，需要几十平方米的接收面积，显然难以达到。但在传统汽车上可以用太阳能作为辅助动力，以减少常规燃料的消耗，而且现代汽车的电气化程度日益提高，各辅助设备的耗电量也因此急剧增加。这方面的应用主要有以下几种形式：

(1)太阳能用作汽车蓄电池的辅助充电能源。在轿车上加装太阳电池后，可在车辆停止使用时，继续为电池充电，从而避免电池过度放电，节约能源。

(2)用于驱动风扇和汽车空调等系统。汽车在阳光下停泊，由于车内空气不流通，使得车体成了收集太阳能的温室，造成车内温度升高，使车内释放大量的有害物质，从而使车内空气品质变差。若加装太阳能装置，比如加装太阳能风扇等，则可以为车辆在停泊期间无能耗提供新风并降温，保证车辆再次上路时有良好的空气品质。

汽车天窗的玻璃下方设置有太阳能电池，太阳能电池与设置的控制单元输入端相连接，输入端连接车辆空调系统的温度传感器，同时输入端还与蓄电池和点火器相连接。玻璃下方的太阳能电池吸收太阳能，经汽车天窗控制单元可对蓄电池进行充电，保证蓄电池的电能充足，同时延长蓄电池的使用寿命。而太阳能天窗带给消费者的最直接好处是，在夏天高温天气里，汽车在烈日下停车熄火，完全没有能源供给时，能自动调节车内温度。利用内置在天窗内部的太阳能集电板依靠阳光所产生的电力，经过控制系统来驱动鼓风机，将车厢外的冷空气导入车内，驱除车内热气，达到降温的目的。当驾驶人及乘员在打开车门及坐在座位上时，不会感觉热浪袭人、闷热难耐，汽车的空调系统可以在最短时间内将车内温度降至舒适的程度。同时可以改善车内的空气状况，冬天也可以减少车内前风窗玻璃的结霜。根据资料显示，与没有通风降温的车型相比，安装了太阳能天窗的汽车驾驶室内的温度最高降低20℃。

目前国内销售的车型当中，奔驰E级，奥迪A8、A6L、A4、途锐等部分车型都已配备了太阳能天窗。

四、直接喷射式汽油机

现代汽油机采用的“进气道喷射系统”，虽然降低了汽油机废气中CO、HC和NO_x三种有害气体的排放，但仍没有从根本上完全摆脱传统的混合气外部形成方式，依然存在冷起动时和暖机期间HC排放高的问题。这种进气道喷射汽油机汽油的蒸发和与空气的混合主要依靠进气门和进气道壁面的高温以及进气门打开时灼热的废气倒流和冲击。这种混合气形成方式在发动机稳定工况下尚可满足要求，但在变工况（如车辆加速时）和发动机冷起动时汽油的蒸发和油气混合严重不足。不得不过量喷油，然而这将造成大量未燃HC经排气门进入三元催化转化器。特别是在冷起动时，三元催化转化器正处于低温状态而尚未达到起燃温度，这样就会造成很高的有害物排放。直接喷射式汽油机从油气混合机理上可以解决上述变工况（如车辆加速时）和冷起动时油气混合不足的问题。特别是在发动机尚未暖机的状态下，因为能改善变工况时对空燃比的控制，不但能改善车辆的加速响应性，而且还能降低此时的有害物排放。

汽油机缸内直接喷射（Gasoline Direct Injection，GDI）技术的出现使发动机技术进入了一个崭新的时代。它可能在21世纪取代传统的汽油机缸外喷射，成为理想的燃烧方式。

1 直接喷射式汽油机的结构特点

GDI发动机也是电控汽油喷射发动机的一种。普通的电控汽油喷射发动机是把汽油喷射到进气管内，而GDI发动机是把汽油直接喷射到汽缸内与普通的电控汽油喷射发动机相比，其结构主要有以下特点：

❶ 直立式进气管道

传统发动机的进气管道一般采用水平布置，而GDI发动机采用直立式的进气管道，进气阻力更小，提高了充气效率，与普通发动机相比功率和转矩提高10%左右。有的GDI发动机还采用带涡流阀（SCV）的螺旋进气管道，利用进气涡流使火花塞附近的混合气浓度高于其他部分的混合气浓度，形成分层可燃混合气（浓度梯度），实现分层燃烧，降低了最高燃烧温度，减少NO的排放量，使发动机的动力性、经济性和排放性能得到提高。

❷ 高压汽油泵

普通电控汽油喷射发动机的喷射压力为0.3~0.4MPa，而GDI发动机采用高压汽油泵，其喷射压力可达5MPa。高压喷射提高了雾化质量，微小汽油油滴瞬时蒸发，弥补了因向缸内直接喷射而造成的混合气形成时间短、空间小的缺陷，保证了混合气的质量。

❸ 高压旋流喷油器

它被安装在汽缸上，直接向汽缸喷油，每缸一个旋流喷油器，高压汽油泵输出的高压汽油供给高压旋流喷油器，喷出旋流油雾，可使雾化的汽油在燃烧室内分布更合理，对缩短混合气形成时间更为有利。此外，喷油器的喷射方式可根据燃烧方式调节。

❹ 弯曲顶面活塞

GDI发动机采用独特的弯曲顶面活塞，使喷油器喷出的油雾形成纵向涡流，并有较多的油雾停留在火花塞附近，保证在火花塞附近的混合气有较高的浓度，以便将混合气点燃实现分层燃烧。火花塞附近的混合气被点燃后，再利用涡流使火焰迅速传播，即使是很稀的混合气，也能保证火焰的正常传播。

2 直接喷射式汽油机的工作特点

(1)汽油直接喷射到汽缸内，汽油喷射的位置、时刻、数量可控 GDI发动机在点火的瞬时，火花塞电极周围局部区域的混合气较浓（空燃比为12～13.5），便于发动机起动和着火燃烧。大部分区域的混合气较稀，而且在浓、稀之间有从浓到稀的各种空燃比的混合气，使燃烧室中混合气浓度有组织地形成各种层次，有利于形成涡流使火焰迅速传播。这样，极稀的混合气也能被火焰传播而稳定燃烧，从而实现稀薄燃烧和分层燃烧。

(2)能根据发动机不同的工况，采用不同的燃烧方式：

①超稀混合气燃烧方式：小负荷工况采用超稀混合气燃烧方式。在压缩行程后期将汽油喷入汽缸，并利用弯曲顶面活塞形成的挤压涡流，在火花塞附近形成较浓的混合气层，但在整个汽缸内的混合气为超稀混合气，空燃比为25～40。

②稀混合气燃烧方式：中等负荷工况采用稀混合气燃烧方式。在进气行程将汽油喷入汽缸，整个汽缸内的混合气为稀混合气，空燃比为20～25。

③浓混合气燃烧方式：大负荷工况采用浓混合气燃烧方式。在进气行程喷入汽缸，并利用压缩行程产生的挤气涡流形成均匀的混合气，但整个汽缸内的混合气为浓混合气，空燃比约为12.5，比理论混合气（空燃比为14.7）稍浓。

综上所述，由于GDI发动机采取了稀薄燃烧和分层燃烧等技术，使发动机的燃料经济性和排放性能大幅度提高，一般油耗可降低35%～40%，CO和HC的排放量减少30%左右，NO_x的排放量减少95%左右。由于GDI发动机充气效率提高，使发动机动力性提高10%左右。GDI发动机的点火系统采用微机控制，利用爆震传感器进行闭环控制，能有效地消除爆震现象。GDI发动机的不足之处是由于采用稀薄燃烧，使得传统的三元催化转化器的转换效率大大降低，甚至不能发挥作用，必须使用专门研制的催化转化器。

小结

1.电动汽车是依靠电能驱动的车辆，它具有零排放的极大优点。按其使用的动力源可分为：蓄电池电动汽车（EV）、燃料电池电动汽车（FCEV）、混合动力电动汽车（HEV）。蓄电池电动汽车是指利用蓄电池作为动力，用电动机驱动的汽车；燃料电池是通过电化学反应将燃料的化学能直接转变为电能的高效率发电装置;混合动力电动汽车是介于内燃机汽车与电动汽车之间的一种车型,它使用两种以上的动力源。

2. 燃气汽车是以燃气为燃料的汽车。常用的燃气汽车有压缩天然气汽车(CNGV 或 CNG)和液化石油气汽车(LPGV 或 LPG),分别以压缩天然气和液化石油气为燃料。

3. 太阳能汽车是将太阳能转化为电能的汽车。太阳能在汽车上的应用技术主要有两个方面:一是作为驱动力,二是用作汽车辅助设备的能源。

4. 直接喷射式汽油机(GDI)是把汽油直接喷射到汽缸内的发动机,它采用了稀薄燃烧和分层燃烧等技术,使发动机的燃料经济性和排放性能大幅度提高。

思考题

1. 名词解释:EV、FCEV、HEV、LPGV、CNGV、太阳能汽车、GDI。
2. 试述电动汽车的优缺点。
3. 试述 CNGV 和 LPGV 的优缺点。
4. 试述 CNGV 和 LPGV 的类型。
5. 试述太阳能汽车的优缺点。
6. 太阳能在汽车上的应用技术主要包括哪两个方面?
7. 试述 GDI 的结构特点与工作特点。

第 3 单元 汽车底盘

第一节 汽车传动系统

1. 掌握汽车底盘的组成。
2. 掌握传动系统各总成、构件的功用、类型、构造及工作情况。
3. 了解自动变速器的组成。

汽车底盘由传动系统、行驶系统、制动系统和转向系统等组成，如图 3-1 所示。

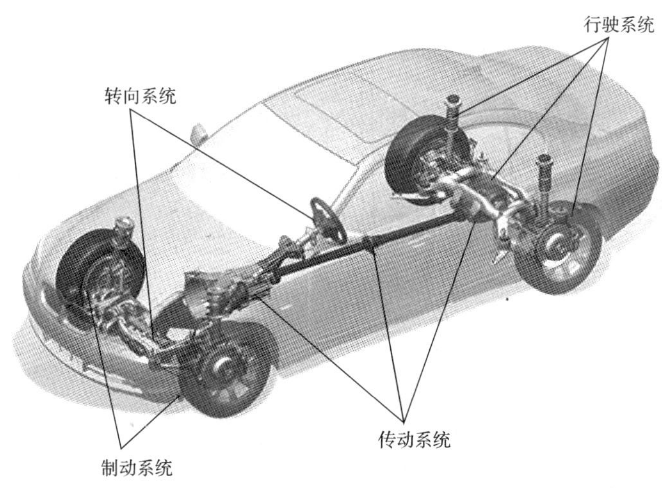

图 3-1 汽车底盘组成

一、概述

（一）传动系统的作用

汽车传动系统的基本作用是将发动机发出的动力传递给驱动车轮。保证汽车在不同使用条件下能正常行驶，且具有良好的动力性和燃油经济性。为此，传动系统应具备如下作用：

（1）减速增扭；

（2）变速；

（3）实现汽车倒驶；

（4）必要时中断动力传递；

（5）差速。

（二）传动系统的分类

1 按结构和传动介质分类

按结构和传动介质分为：机械式、液力机械式、电传动式。

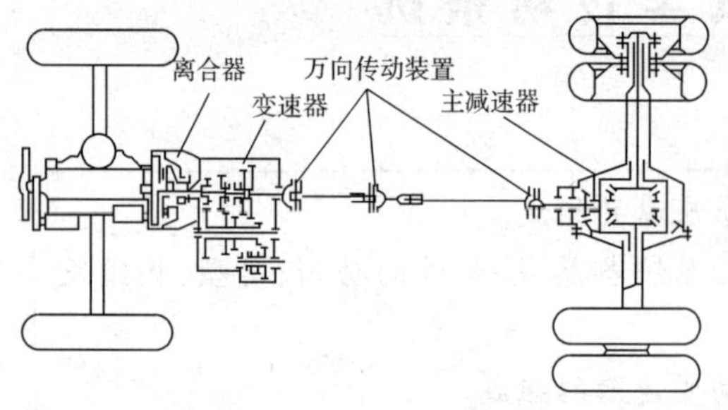

图 3-2　机械式传动系统示意图

（1）机械式：主要由离合器、变速器、万向传动装置、主减速器、差速器和半轴等组成，如图 3-2 所示。

（2）液力机械式：组合运用液力传动和机械传动。以液力机械变速器取代机械传动系统的摩擦式离合器和普通齿轮式变速器，其他组成部件及布置形式均与机械式传动系统相同，如图 3-3 所示。

（3）电传动式：电传动是由发动机驱动发电机发电，再由电动机对驱动桥进行驱动或由电动机直接对带有减速器的驱动轮进行驱动，如图 3-4 所示。

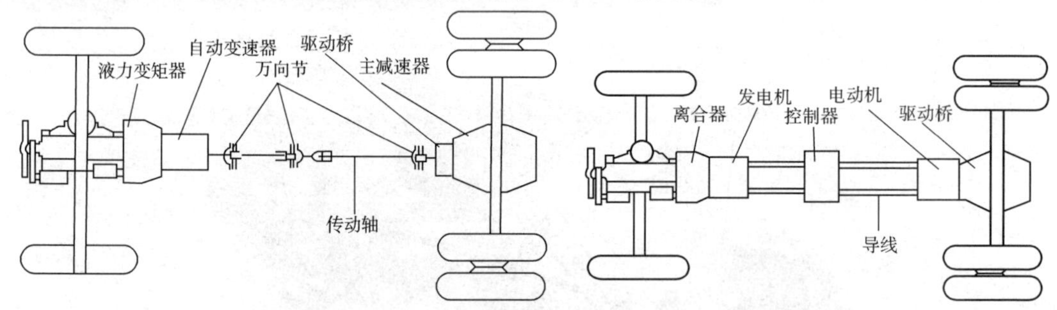

图 3-3　典型液力机械传动示意图

图 3-4　电传动示意图

2 按传动比变化分类

按传动比变化分为：有级传动系统和无级传动系统。

3 按传动比的变换方式分类

按传动比的变换方式分为：强制操纵式、自动操纵式和半自动操纵式。

（三）传动系统的组成

机械传动系统一般由离合器、变速器、万向传动装置、主减速器、差速器和半轴等组成，如图 3-5 所示。

图 3-5　传动系统的组成

（四）传动系统的布置形式

汽车传动系统的布置形式主要与汽车驱动形式和发动机的安装有关。汽车的驱动形式通常用汽车车轮总数 × 驱动车轮数来表示，根据驱动车轮数的不同，汽车驱动可以分为 4 × 4、4 × 2 两种驱动形式。

常见汽车传动系统主要有以下几种布置形式：

（1）发动机前置前轮驱动（FF 型）。许多轿车上常采用发动机前置前轮驱动的布置形式，如图 3-6 所示。在前置前轮驱动的汽车中，根据发动机布置形式又可分为发动机横置前轮驱动和发动机纵置前轮驱动。

（2）发动机前置后轮驱动（FR 型）。图 3-7 所示为发动机前置后轮驱动，是将发动机、离合器和变速器连成一个整体安装在汽车前部，主减速器、差速器和半轴安装在汽车后桥，两者通过万向传动装置相连，这是目前载货汽车广泛采用的一种传动布置形式。

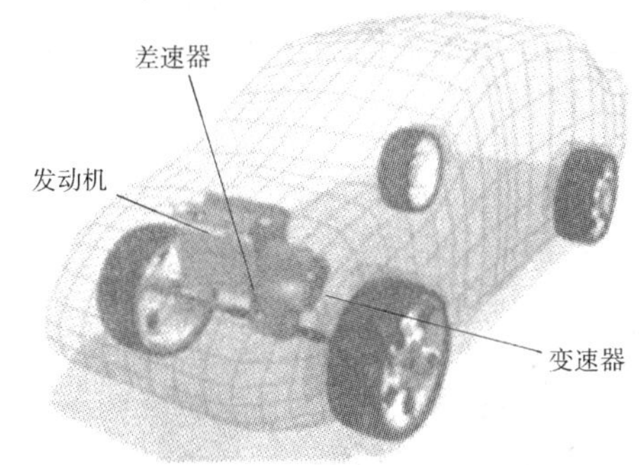

图 3-6　发动机前置前轮驱动示意图

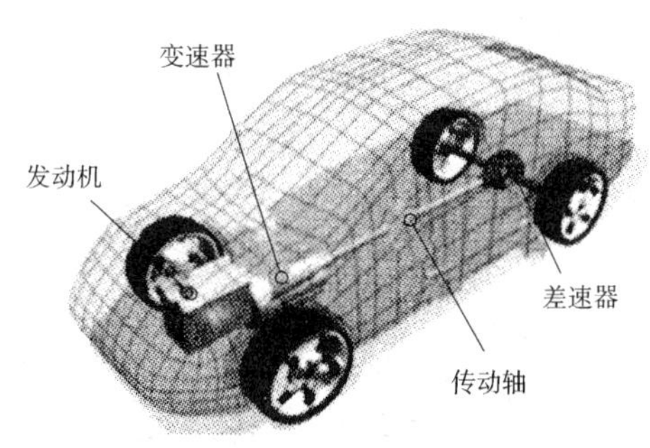

图 3-7　发动机前置后轮驱动示意图

（3）发动机后置后轮驱动（RR 型）。某些大客车和微型小客车采用发动机后置后轮驱动形式，如图 3-8 所示。

（4）四轮驱动（4WD）。为了提高汽车的通过性，许多越野汽车采用四轮驱动的布置形式，如图 3-9 所示，汽车的全部车轮都是驱动轮。

（5）发动机中置、后桥驱动（MR 型）。

图 3-8 发动机后置后轮驱动示意图

图 3-9 四轮驱动示意图

二、离合器

离合器位于发动机与变速器之间的飞轮壳内，通过螺钉固定在飞轮后平面上，用来分离或接合前后两者之间动力联系。

（一）离合器的功用

（1）使汽车平稳起步；

（2）便于变速器换挡；

（3）防止传动系统过载。

离合器的结构型式有多种，按传递转矩的方式不同可分为：摩擦式、液力式和电磁式。目前应用最广泛的是摩擦式离合器。

（二）摩擦式离合器

摩擦式离合器按不同方式有不同类型：①按从动盘的数目分为单片式和双片式；②按压紧弹簧的形式分为多簧式、中央弹簧式和膜片弹簧式；③按操纵方式分为机械式、液压式和气压式。

摩擦式离合器通常由主动部分、从动部分、压紧机构和操纵机构四部分组成，如图 3-10 所示。

1 主动部分

主动部分由飞轮、离合器盖、压盘等组成。离合器盖用螺栓固定于飞轮后端面，压盘通过传动片与离合器盖相连，可做轴向移动，如图 3-11 所示。

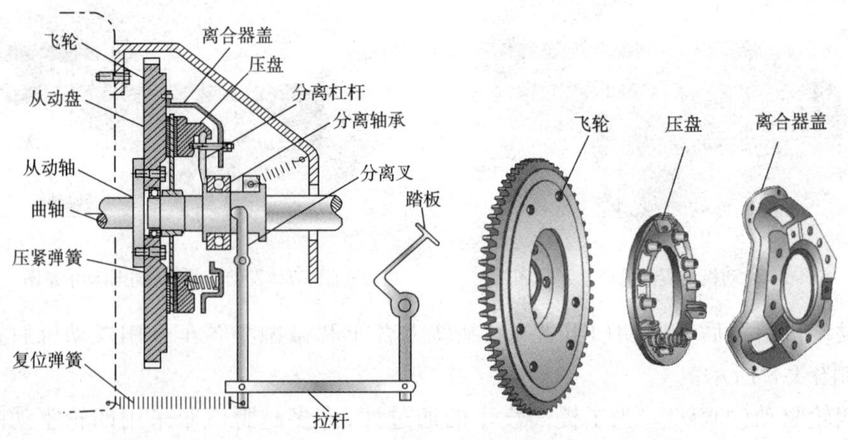

图 3-10 摩擦式离合器

图 3-11 主动部分

2 从动部分

从动部分由从动盘和从动轴(变速器第一轴)等组成。双面带摩擦衬片的从动盘安装在压盘和飞轮之间,通过花键套安装在变速器第一轴上,如图3-12所示。

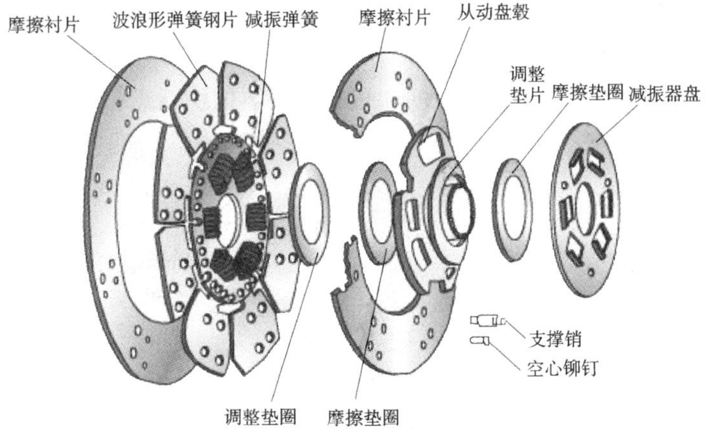

图3-12 从动部分

3 压紧机构

压紧机构由若干压紧弹簧组成,安装在压盘与离合器盖之间,沿轴向均匀分布,如图3-13所示。

4 操纵机构

操纵机构由分离杠杆、分离轴承、分离叉、复位弹簧、踏板、拉杆、调节叉等组成,如图3-14所示。分离杠杆中部铰接在离合器盖的支架上,外端铰接在压盘上。分离轴承压装在分离套筒上,分离套筒安装在变速器第一轴轴承盖上。

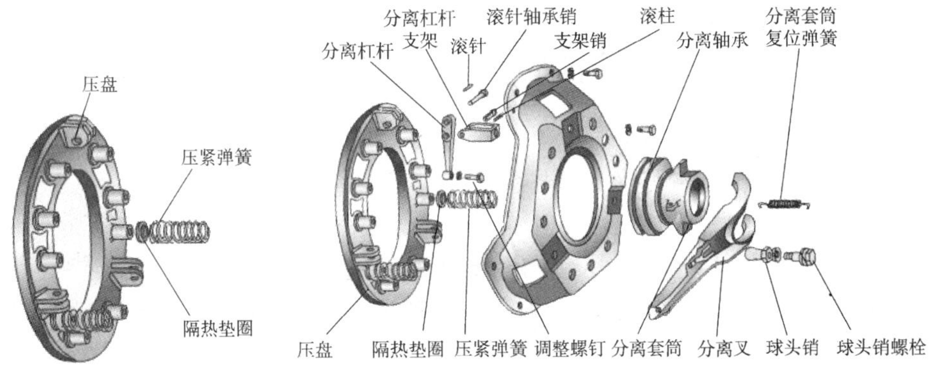

图3-13 压紧机构

图3-14 操纵机构

一般情况下离合器处于接合状态,发动机工作时,飞轮带动离合器盖和压盘旋转,在压紧弹簧的作用下,从动盘摩擦衬片紧压在飞轮和压盘之间,产生摩擦力矩,通过从动盘带动变速器第一轴一起旋转。

踩下离合器踏板,通过一些联动构件使分离轴承前移,压在分离杠杆内端,分离杠杆外端带动压盘后退,压缩压紧弹簧,使从动盘与飞轮、压盘分离,动力传递中断,离合器处于分离状态。

当驾驶人缓慢放松踏板时，通过联动件使作用在压盘上的拉力逐渐减小，在压紧弹簧的作用下，从动盘与飞轮、压盘的接触逐渐增加，摩擦力矩逐渐增大，当大于阻力矩时，从动盘与飞轮等速转动，汽车起步。

（三）膜片弹簧离合器

以桑塔纳2000型乘用车所采用的膜片弹簧离合器为例，如图3-15所示，该离合器采用膜片弹簧压紧，传动片传动，带有轴向缓冲和扭转减振器的从动盘。

图3-15　膜片弹簧离合器

1 离合器盖和压盘总成

如图3-16所示，离合器盖和压盘总成中的压紧弹簧是一个薄弹簧钢板制成的碟形膜片弹簧，靠中心部分开有若干径向切口，形成弹性分离指端。膜片弹簧两端有钢丝支撑圈，通过铆钉固定于离合器盖，形成膜片弹簧工作支点。

图3-16　膜片弹簧离合器盖和压盘总成

压盘与离合器盖通过弹性传动片连接，传动片一端用铆钉铆接于离合器盖，另一端用铆钉连同分离拉钩一起铆接在压盘上。

2 从动盘及扭转减振器

如图3-17所示，从动盘主要由两块摩擦衬片、从动盘本体及与之铆接的波形弹簧片、扭转减振器等组成。两块摩擦衬片分别铆接在波形弹簧片的波峰和波谷上，以增加从动盘的轴向弹性，使离合器接合更加平稳柔和。

扭转减振器由弹性元件和摩擦阻尼元件两部分组成。从动盘本体和花键盘毂通过减振弹簧弹性连接在一起,共同构成缓冲机构,盘毂夹在从动盘本体和减振盘之间,两侧同时还夹有两个环状的摩擦垫圈(阻尼元件),用以衰减振动能量。

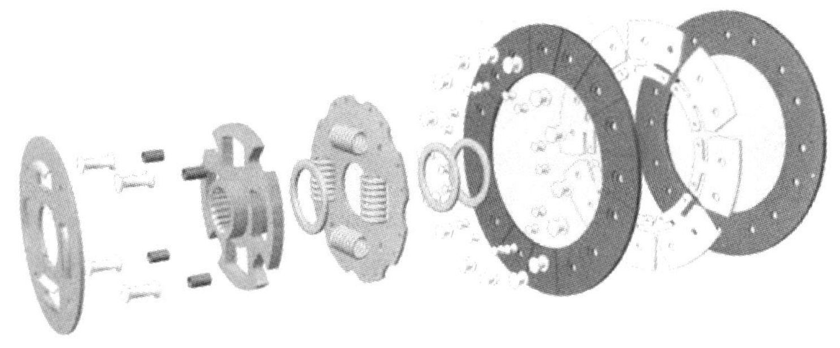

图 3-17　从动盘及扭转减振器

3 膜片弹簧离合器的结构特点

(1)利用一个膜片弹簧代替了压紧弹簧和分离杠杆,使机构更简单。

(2)膜片弹簧工作中的压紧力几乎不受转速影响,具有高速时压紧力稳定的特点。

(3)膜片与压盘接触面积大,压力分布均匀,压盘不易变形,接合柔和,分离彻底。

(4)结构简单、紧凑,轴向尺寸小,零件少,质量轻,容易平衡。

(四)多簧式离合器

东风 EQ1092 型汽车采用多个螺旋弹簧压紧、传动片传动、从动盘带有轴向缓冲和扭转减振器的单片摩擦式离合器,如图 3-18 所示。其结构和工作原理参看摩擦式离合器。

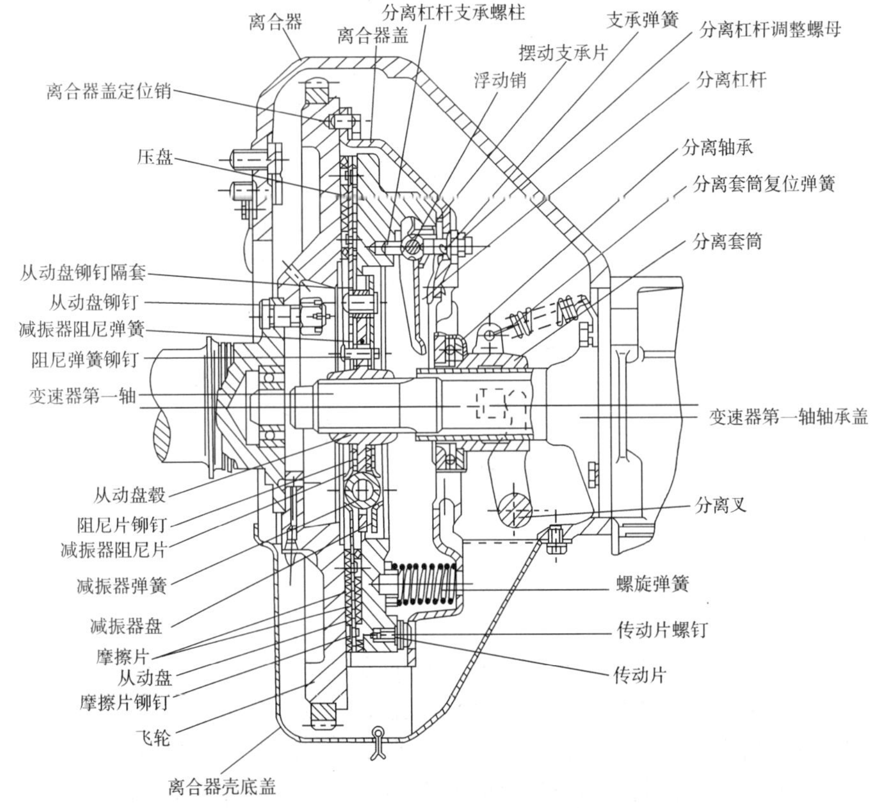

图 3-18　多簧式离合器

(五)离合器操纵机构

离合器操纵机构的作用是使离合器分离,并使之柔和接合,以适应换挡和汽车起步的需要。离合器操纵机构分为机械式、液压式和气压式,目前广泛应用的是机械式和液压式。

1 机械式操纵机构

如图3-19所示,机械式操纵机构通常有杠杆式和绳索式两种:杠杆式操纵机构,结构简单、工作可靠,但杠杆铰接多,中间磨损大,当车身和车架发生变形时,影响其正常工作,一般应用于货车;绳索式操纵机构广泛应用在乘用车和微型货车上,结构简单,便于布置,但拉索磨损较大,工作时受车身或拉杆、拉索变形等影响,会导致行程损失过大。

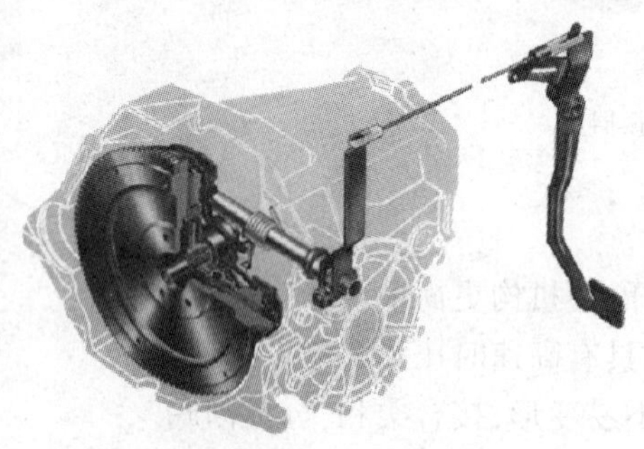

图3-19 机械式操纵机构

2 液压式操纵机构

如图3-20和图3-21所示,液压式操纵机构具有摩擦阻力小、质量轻、操纵轻便、接合柔和、布置方便、不受车身车架变形影响等优点,另外由于采用了吊挂式踏板,提高了车身内的密封性,因此应用较广泛。

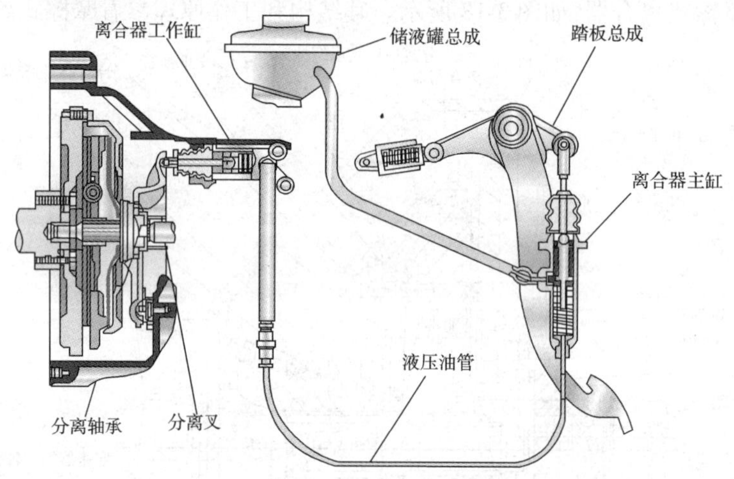

图3-20 液压式操纵机构(一)

三、变速器

(一)变速器的功用

(1)改变传动比:扩大发动机输出转矩和转速的变动范围,满足汽车行驶中各种条件下对牵引力和车速的要求,同时使发动机能在较为经济的工况下工作。

(2)设置倒挡:使汽车在发动机曲轴旋转方向不改变的前提下,能倒向行驶。

(3)设置空挡:在发动机起动、怠速运转、汽车换挡或需要停车进行动力输出时,中断向驱动轮的动力传递。

(二)变速器的分类

1 按传动比的变化方式分

(1)有级式:变速器具有有限个定值传动比。

(2)无级式:传动比在一定范围内连续变化。

(3)综合式:由有级式变速器和无级式变速器共同组成,其传动比可以在最大值与最小值之间几个分段的范围内作无级变化。

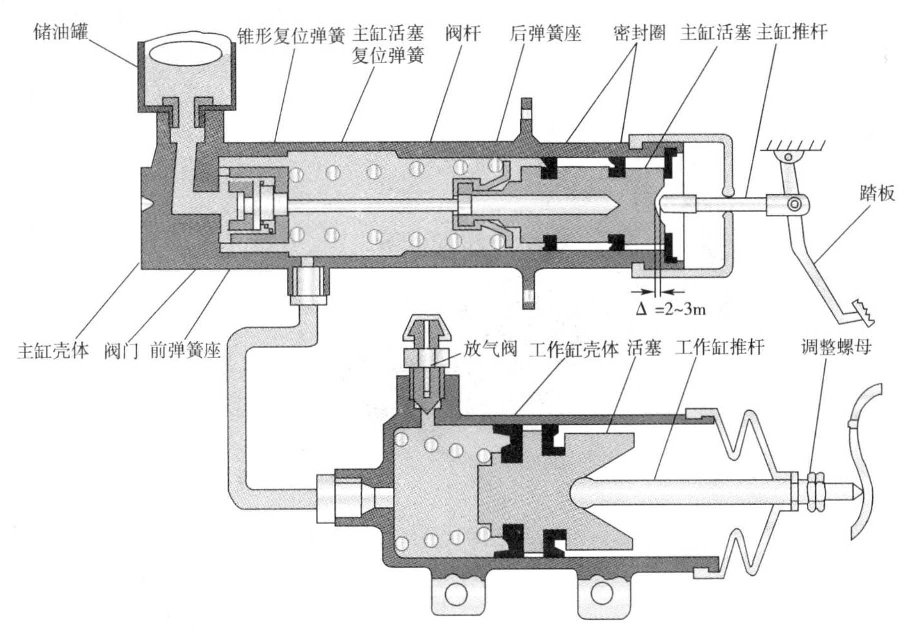

图 3-21 液压式操纵机构(二)

2 按操纵方式分

(1)手动变速器:驾驶人直接操纵变速杆来改变齿轮副的啮合,以获得不同的传动比。

(2)自动变速器:传动比的选择及换挡是有反映发动机负荷和车速的信号系统来控制的,驾驶人只需操纵加速踏板就可以改变车速。

(三)变速器的基本组成和变速原理

汽车上广泛采用齿轮传动的变速器,如图 3-22 所示。

齿轮式变速器由变速传动机构和变速操纵机构两部分组成。变速传动机构主要由壳体、第一轴、第二轴、中间轴、倒挡轴、各挡齿轮和轴承等组成,其作用是改变转矩和转速的传动比及方向;变速操纵机构主要由盖、操纵装置、自锁装置、互锁装置和倒挡保险装置等组成,其作用是实现变速器传动比和转向的变化,即完成换挡操作。

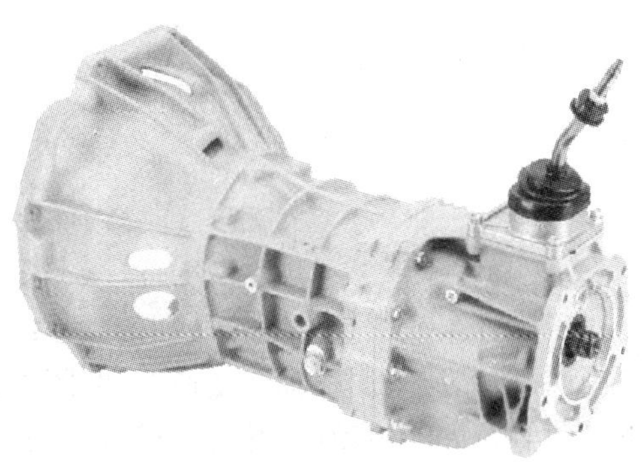

图 3-22 齿轮式变速器

1 变速传动机构

普通有级式变速器,其变速传动机构有二轴式和三轴式两种。

❶ 二轴式变速器

在汽车传动系统中,对于采用发动机前置前轮驱动或发动机后置后轮驱动的汽车,由于受到总体布置的影响,一般广泛采用二轴式变速器,如图3-23和图3-24所示。

桑塔纳2000型乘用车采用五挡手动机械式变速器,它由壳体、输入轴、输出轴、倒挡轴及轴上齿轮组成。除倒挡外,所有前进挡均为斜齿常啮合齿轮传动,故传动效率高。采用同步器换挡,使换挡迅速、操纵轻便,同时减少了接合时的冲击和噪声。

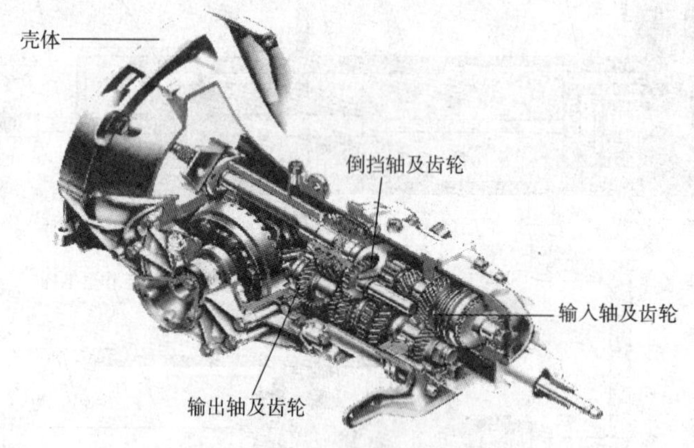

图3-23 二轴式变速器(一)

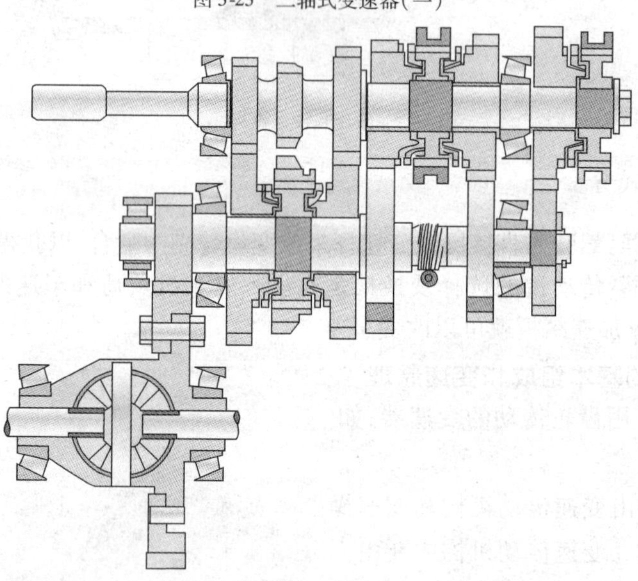

图3-24 二轴式变速器(二)

❷ 三轴式变速器

对于货客车或中、重型货车,在传动系统中,要求输出更大的转矩和实现较大的速度变动范围,一般广泛采用三轴式变速器,如图3-25所示。与二轴式变速器相比,在相同径向尺寸下可获得较大的传动比;并可获得直接挡,此时变速器的传动效率高。

东风EQ1092型汽车采用三轴式五挡手动机械式变速器,有五个前进挡和一个倒挡,由壳体、第一轴(输入轴)、中间轴、第二轴(输出轴)、倒挡轴、各轴上齿轮、及轴承等组成。

2 变速操纵机构

齿轮式变速器一般采用机械式操纵机构,可分为直接拨动式和远距离操纵式两类,如图3-26所示。

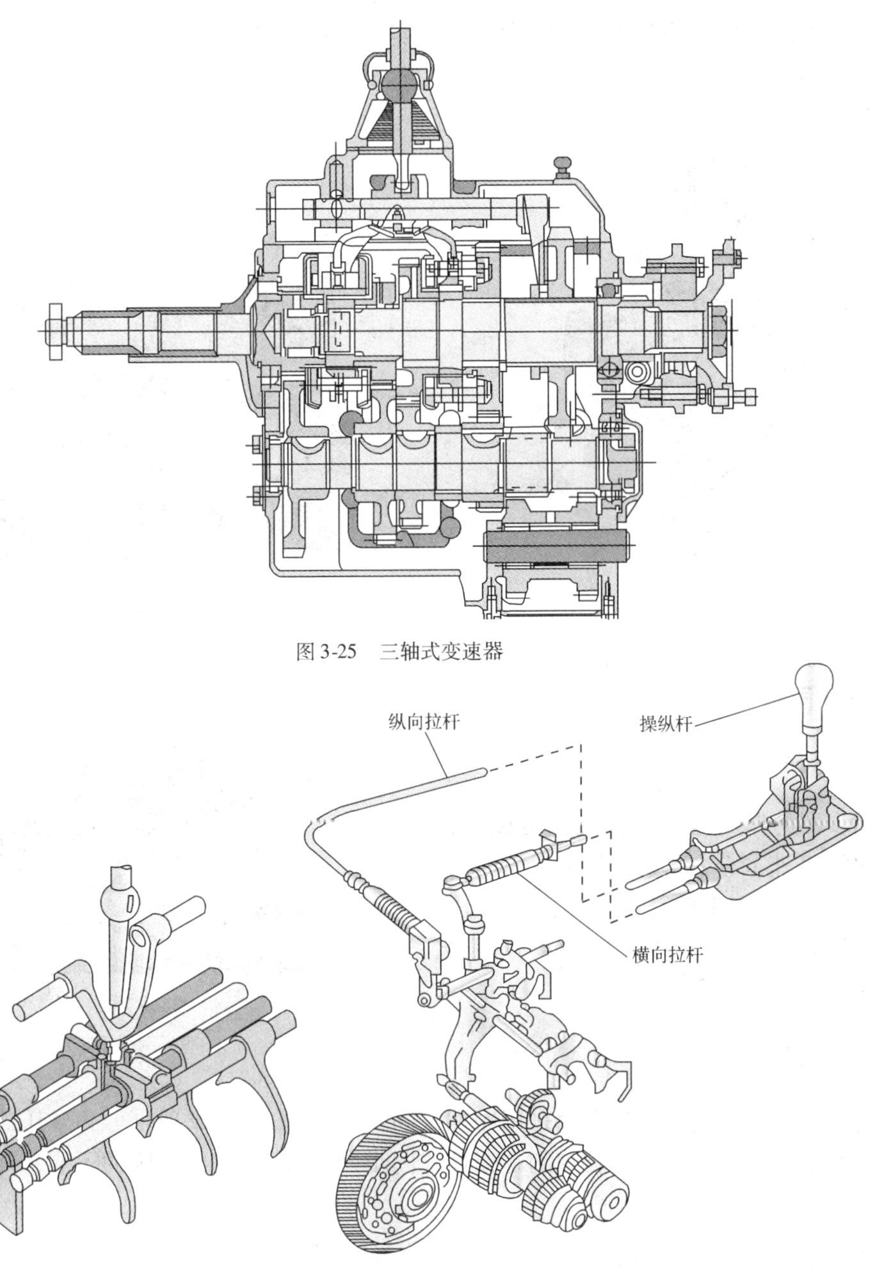

图3-25 三轴式变速器

图3-26 变速操纵机构

为了保证变速器的操纵机构能准确、安全可靠地工作,对操纵机构有以下几点性能要求:

(1)变速器不应自行脱挡或自行换挡,同时应保证换挡传动时,轮齿、接合套或同步器的接合套花键以全齿进行啮合(由自锁装置来保证)。

(2)变速器工作中不应同时换入两个挡位(由互锁装置来保证)。

(3)防止误换倒挡(由倒挡锁来保证)。

3 锁止装置

(1)自锁装置:由自锁钢球和自锁弹簧等组成,如图3-27所示。

(2)互锁装置:由互锁钢球、互锁销等组成,如图3-28所示。

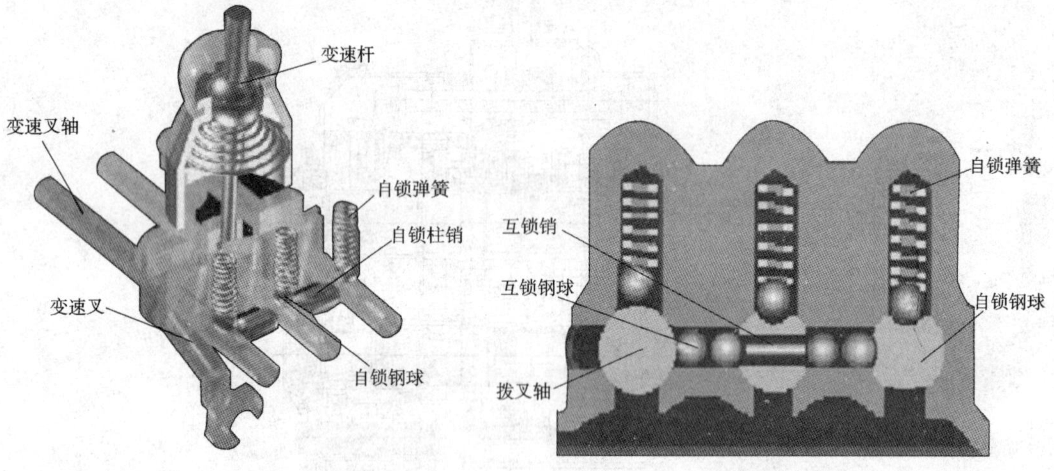

图3-27 自锁装置

图3-28 互锁装置

(3)倒挡锁装置:由倒挡锁销、倒挡锁弹簧等组成,如图3-29所示。

(四)同步器

1 作用

同步器的作用是使接合套与待接合齿圈之间能迅速同步;阻止在同步之前轮齿进行啮合;防止产生接合齿圈之间的冲击;缩短换挡时间,迅速完成换挡操作;延长齿轮寿命。

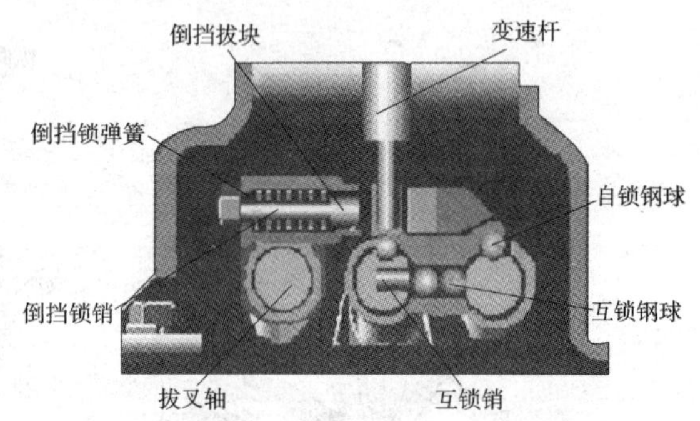

图3-29 倒挡锁装置

2 分类

目前所采用的同步器几乎都采用摩擦式同步装置,按工作原理可分为常压式、惯性式和自动增力式三类。现在应用较多的是惯性式同步器,根据其锁止机构的不同,分为锁环式和锁销式两种。

3 锁环式惯性同步器

轿车和轻、中型货车的变速器广泛采用锁环式惯性同步器,其细部结构多种多样,但工作原理是一样的。如图3-30所示,它主要由同步器齿轮毂、接合套、同步环(锁环)、滑块、弹簧圈等组成。

锁环式惯性同步器的工作原理如图3-31所示,是同步开始时,拨叉推动接合套、滑块、锁环移动，变速齿轮带动锁环相对于接合套转过一个角度，使滑块位于锁环缺口一侧。在惯性力矩作用下，锁环与接合套齿始终抵触，锁环阻止接合套继续移动，有效防止同步前强行啮合。在变速杆推力作用下，锁环与齿轮锥面压紧，摩擦力矩增大，二者迅速同步。同步后，惯性力消失，锁环退转一个角度，使滑块位于缺口中央，接合套先与锁环齿啮合，然后再与变速齿轮啮合，顺利换上挡位。

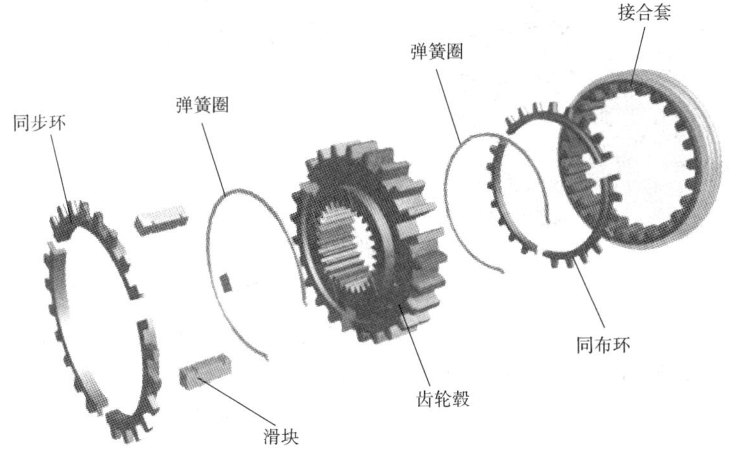

图 3-30　锁环式惯性同步器

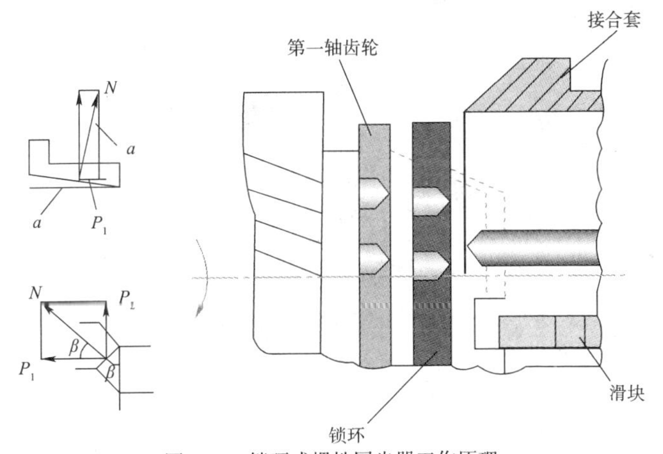

图 3-31　锁环式惯性同步器工作原理

(五) 自动变速器

1 自动变速器的功用

根据行驶阻力的变化，在一定范围内自动地、无级地改变传动比和转矩比，而不再需要手动变速器和离合器参加。

2 自动变速器的种类

(1) 按传动比变化方式分：有级式、无级式、综合式。

(2) 按汽车的驱动方式分：后驱自动变速器、前驱自动变速器。

(3) 按变速系统的控制方式分：液控液力自动变速器、电控液力自动变速器。

3 液力机械自动变速器

液力机械自动变速器通常由液力变矩器、机械式变速器、液力系统、控制系统及操纵装置等组成，如图 3-32 所示。

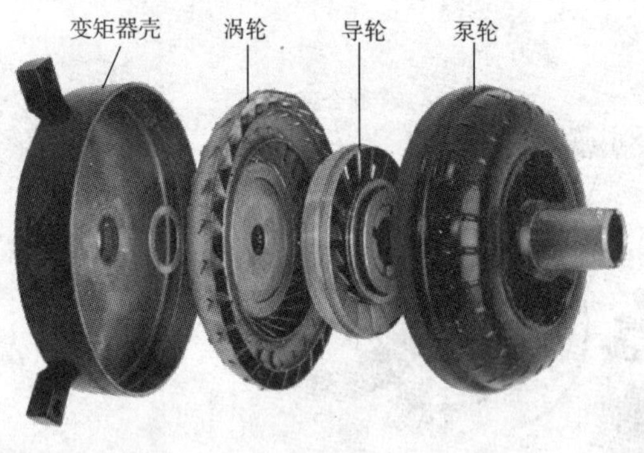

图 3-32　液力变矩器

行星齿轮机构是自动变速器的重要组成部分之一，如图 3-33 所示，主要由太阳轮（中心轮）、齿圈、行星架和行星齿轮等元件组成。

4 操纵装置

自动变速器操纵装置如图 3-34 所示，由选挡手柄、换挡阀及联动件组成。通过选挡手柄改变换挡阀的位置，从而实现对自动变速器挡位变换的控制。通常自动变速器通过选挡手柄可实现 3 个前进挡（L 或 1、S 或 2、D）、1 个倒挡（R）、1 个空挡（N）和 1 个驻车挡（P）的控制。

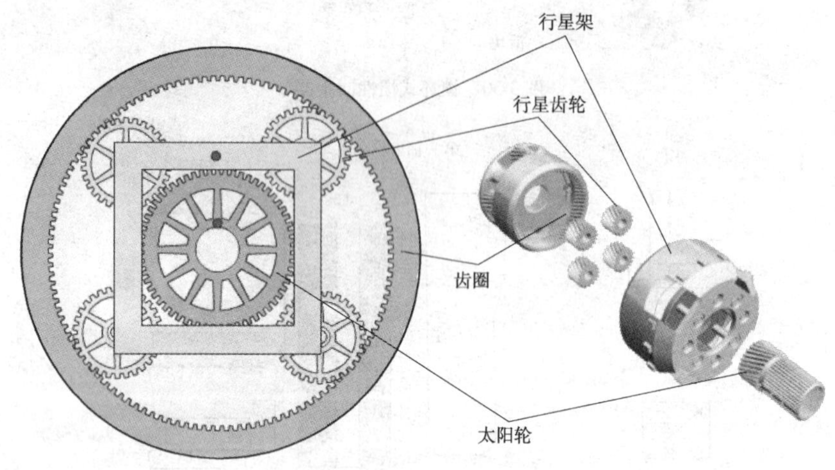

图 3-33　行星齿轮机构

各挡位功能如下：

P 挡：当手柄在此位置时，变速器输出轴锁止，车轮不能转动，防止汽车移动。同时，换挡执行机构使变速器处于空挡位置，此时，可起动发动机。

R 挡：当手柄在此位置时，变速器的输出轴转动方向与输入轴转向相反，倒车。

N 挡：当手柄在此位置时，变速器处于空挡位，与 P 挡时相同，但输出轴不锁止，汽车可移动，此挡可起动发动机。

D 挡：这是一般驾驶常用的挡位，当手柄在此位置时，变速器可从 1 挡到最高挡自动变换。液力式或电液式的系统都是根据车速、节气门开度等因素变化，按换挡规则自动换挡。

图 3-34　自动变速器挡位设置

S 挡：当手柄在此位置时，自动变速器控

制系统将限制前进挡的变换范围,只能在 1 挡↔2 挡(或 3 挡)间变化(有的 S 位只锁定 2 挡,具有发动机制动功能)。这样可防止汽车在长坡道行驶出现“循环跳挡”,从而使变速器的摩擦片加速磨损,此挡适用于长坡道和易打滑路面行驶。

L 挡:当手柄在此位置时,自动变速器控制系统将限制前进挡的变换范围,只能在 1↔2 挡变换或只能在 1 挡。(被称为强制 1 挡)。具有发动机制动,此挡适用于在陡坡或差路面状况下行驶。

四、万向传动装置

万向传动装置的布置如图 3-35 所示。万向传动装置的作用是连接不在同一直线上的变速器输出轴和主减速器输入轴,并保证在两轴之间的夹角和距离经常变化的情况下,仍能可靠地传递动力。它主要由万向节、传动轴和中间支承组成。安装时必须使传动轴两端的万向节叉处于同一平面,即前端万向节从动叉与后端万向节主动叉在同一平面内。

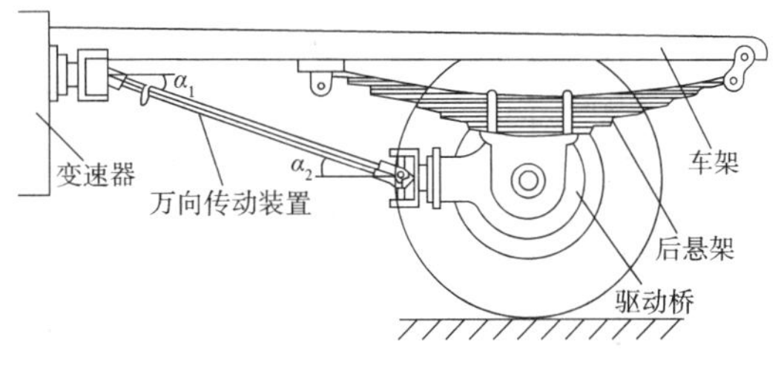

图 3-35　万向传动装置

1 万向节

万向节是万向传动装置中实现变角度传动的主要部件,它的功用是在轴间夹角及相互位置不断变化的两转轴之间传递动力。

万向节分为刚性万向节和挠性万向节两种类型。汽车上普遍采用刚性万向节。根据其输出轴和输入轴轴线夹角大于零时传动的瞬时角速度是否相等,刚性万向节又分为不等速万向节(常用的为十字轴式)和等速万向节(球叉式、球笼式等)。

十字轴式万向节结构简单、工作可靠,且允许所连接的两轴之间有较大夹角,因此在汽车上应用最为普遍,如图 3-36 所示。

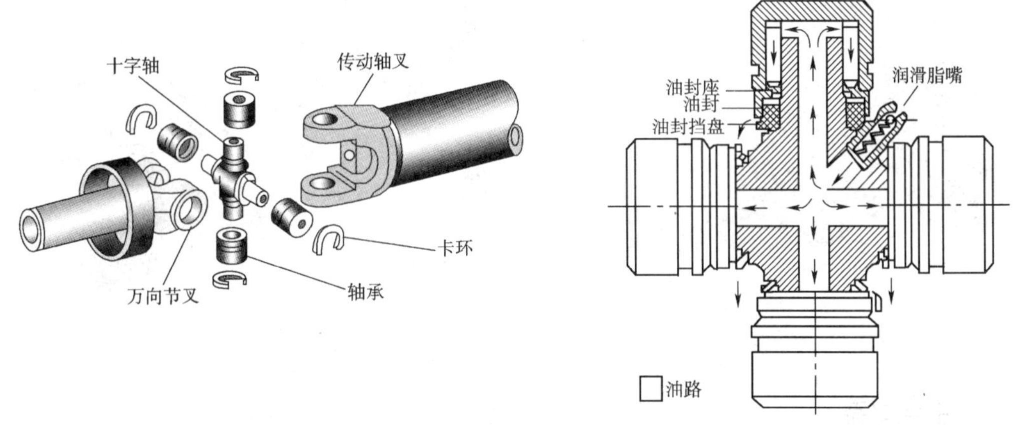

图 3-36　十字轴万向节

2 传动轴

传动轴是连接变速器(或分动器)与驱动桥的部件。其作用是将变速器(分动器)传来的转矩传递给驱动桥。传动轴有空心轴和实心轴两种,多数是做成空心轴。在传动轴的两端分别焊有带花键的轴头和万向节叉。由于传动轴是高速旋转件,因此在传动轴和万向节装配后,要经过动平衡试验,并装配平衡片。平衡后的传动轴总成在叉轴上标有记号,以便拆装时保持两者的相对位置。为适应传动轴工作时长度的变化,通常采用伸缩花键。为了润滑花键齿,须定期加注润滑油。

五、驱动桥

驱动桥由主减速器、差速器、半轴及桥壳组成,如图3-37所示。驱动桥的作用是将万向传动装置传递来的动力转过90°,改变力的传递方向,并由主减速器降低转速,增大转矩后,经差速器分配给左右半轴和驱动轮。

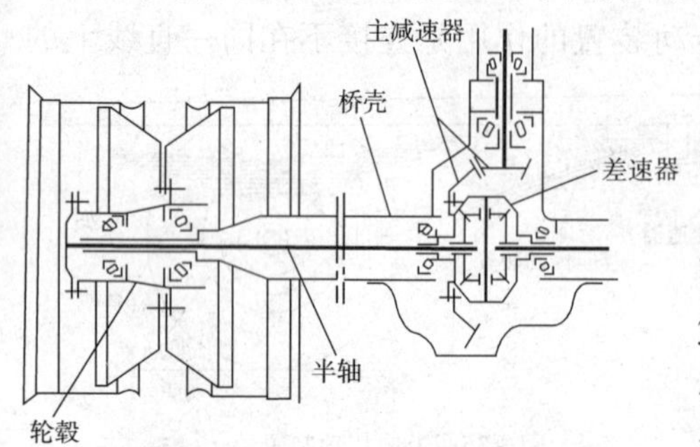

图3-37 驱动桥的组成

驱动桥按其结构形式可分为整体式和断开式两种。整体式驱动桥又称非断开式驱动桥,如图3-38所示。驱动桥壳与主减速器壳刚性地连成一体,通过悬架与车身或车架相连。两侧车轮安装在此刚性桥壳上,半轴与车轮不可能在横向平面内作相对运动。

输入驱动桥的动力首先传到主减速器主动锥齿轮,经主减速器减速后转矩增大,再经差速器分配给左右两半轴,最后传至驱动车轮。

断开式驱动桥主减速器固定在车架上,而两驱动轮分别与车架采用弹性连接。为了适应驱动轮独立上下跳动的需要,差速器与车轮之间的半轴也要分段,各段之间用万向节连接,如图3-39所示。

图3-38 整体式驱动桥

图3-39 断开式驱动桥

1 主减速器

主减速器又称主传动器,它的作用是降低转速,增大转矩。当发动机纵置时还具有改变转矩旋转方向的作用。

主减速器的结构形式,按参加减速传动的齿轮副数目分,可分为单级式主减速器和双级式主减速器;按主减速器传动比挡数分,可分为单速和双速主减速器;按主减速器所在位置分,可分为中央主减速器和轮边主减速器。

❶ 单级主减速器

单级主减速器结构简单,体积小,质量轻,传动效率高,一般应用于乘用车和轻中型货车上,如图 3-40 所示。

❷ 双级主减速器

采用双级主减速器(图 3-41)可以获得较大传动比,保证驱动桥有足够的离地间隙,并可缩短传动轴的长度。

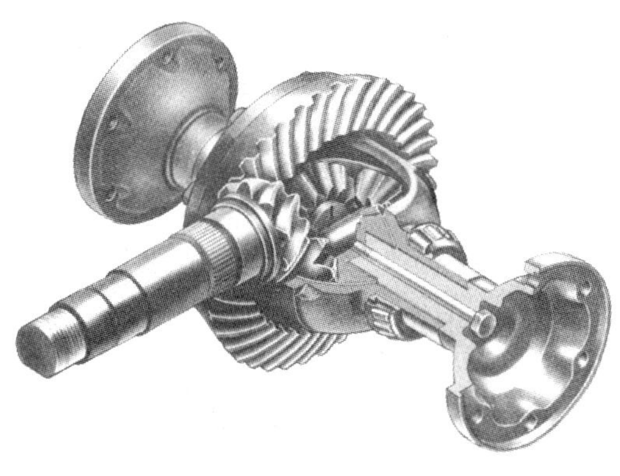

图 3-40 单级主减速器

2 差速器

差速器是用来保证驱动轮在各种运动条件下的动力传递,避免轮胎与地面间打滑。

当汽车转弯行驶时,内、外驱动轮在相同时间内移动的曲线距离不等,如图 3-42 所示,为了保证两侧驱动轮处于纯滚动状态,就必须改用两根半轴分别连接两侧车轮,而由主减速器从动齿轮通过差速器分别驱动两侧半轴和车轮,使它们可用不同角速度旋转。

图 3-41 双级主减速器

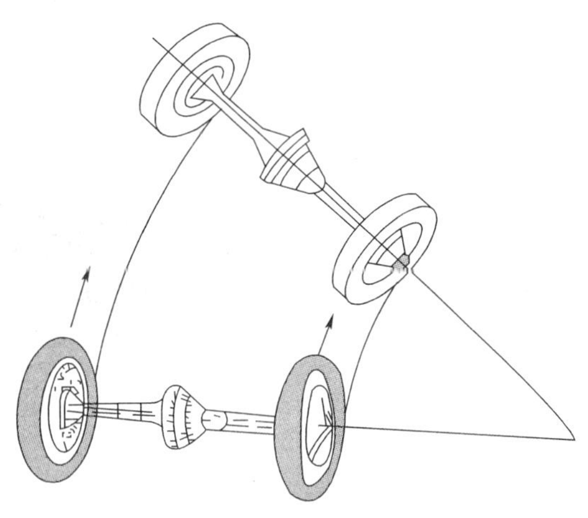

图 3-42 差速器差速行驶示意图

差速器可分为普通差速器和防滑差速器两大类。

❶ 普通差速器的结构

汽车上广泛采用了对称式锥齿轮普通差速器。它主要由行星齿轮、行星齿轮轴(十字轴)、半轴齿轮和差速器壳等组成,如图 3-43 所示。

在中级以下的汽车上,由于驱动车轮的转矩不大,差速器内多用两个行星齿轮。相应的行星齿轮轴为一根直销轴,差速器壳可以制成开有大窗孔的整体式壳,如图 3-44 所示。

❷ 普通差速器的工作原理

差速器工作原理如图 3-45 所示。

当汽车在平直的路面上直线行驶时,两侧车轮在相同的时间内滚过的距离相等,两驱动轮所受阻力也相同。此时行星齿轮和差速器壳主减速器从动锥齿轮一起旋转，左右驱动轮转速相等，差速器不起差速作用。

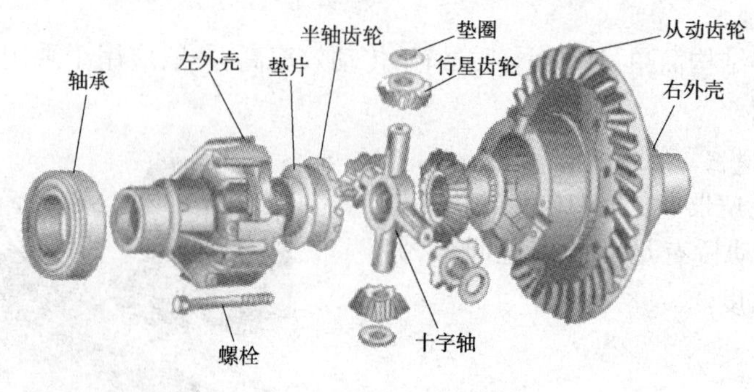

图3-43　普通差速器

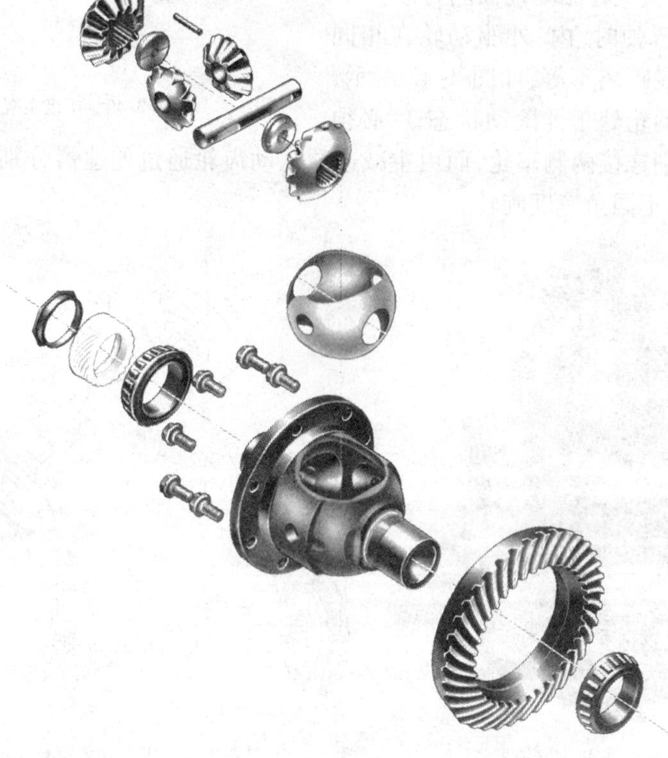

图3-44　普通差速器

当汽车转弯时，外轮的行程大于内轮行程。左右驱动轮所受阻力不同，迫使差速器行星齿轮产生自转。此时，行星齿轮既随差速器公转，又有相对的自转。外轮的转速等于公转加自转，从而使外驱动轮的转速加快，内驱动轮的转速相应减慢，避免了车轮发生滑拖现象。

当一侧驱动轮陷入泥泞中滑转时，另一侧车轮虽然在良好路面上，汽车也不能行驶。这是因为行星齿轮相当于一个以其轴心向两边伸出的等臂杠杆，任何时候它总是将转矩平均分配给左右半轴。当一侧驱动轮滑转时等于杠杆失去了力点，该侧半轴也就没有了转矩，导致汽车不能行驶。

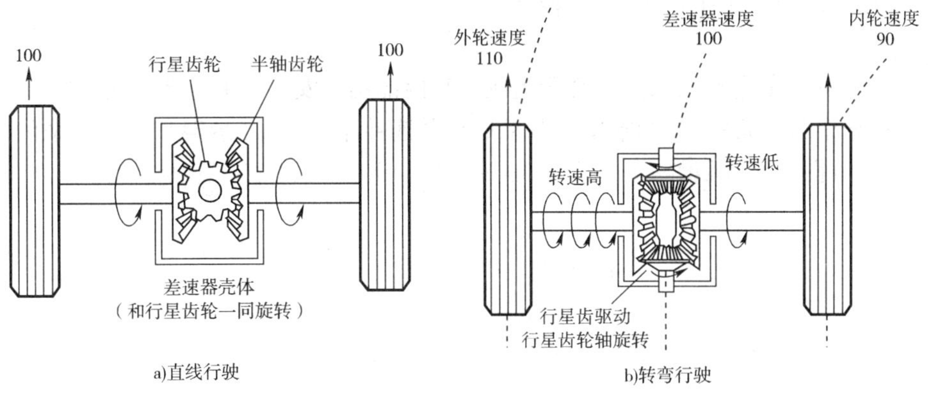

图 3-45　差速器工作原理示意图

❸ 防滑差速器

常用的防滑差速器有:人工强制锁止式和自锁式两大类。

强制锁止式差速器是在普通差速器上设置差速锁,需要时,由驾驶人操纵差速锁使两半轴成为一个整体,使差速器不起作用,破坏平分转矩的特性,达到所需的行驶要求。

自锁式差速器在左右半轴转速不同时,会自动向慢转一方车轮多分配一些转矩,从而提高汽车的通过性和操纵稳定性。

3 半轴和桥壳

❶ 半轴

半轴是在差速器和驱动轮之间传递动力的实心轴。现代汽车多采用全浮式和半浮式半轴支承两种形式。

(1)全浮式半轴支承如图 3-46 所示。

全浮式半轴支承,半轴两端均不承受任何弯矩及反力,故称全浮式。所谓“浮”,即指卸除半轴的弯曲载荷而言。全浮式半轴支承广泛应用于各型货车上。

(2)半浮式半轴支承如图 3-47 所示。

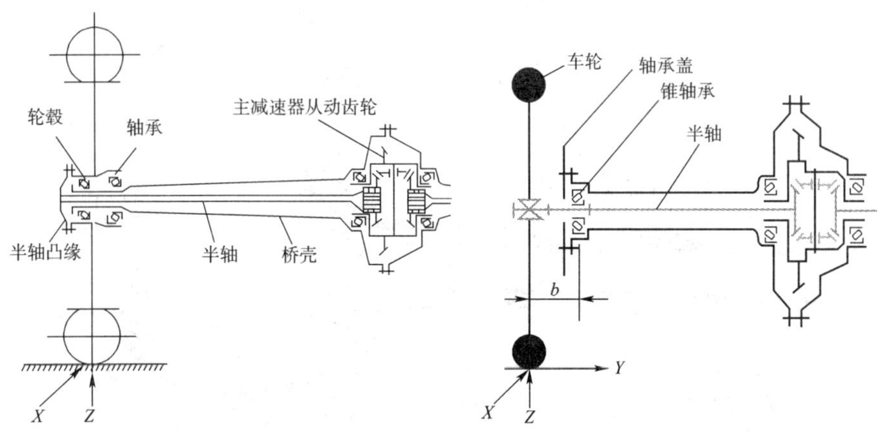

图 3-46　全浮式半轴支承　　图 3-47　半浮式半轴支承

半浮式半轴支承,半轴内端不承受弯矩,外端却承受全部弯矩,故称为半浮式。半浮式支承结构紧凑,广泛应用于轿车及微、轻型汽车上。

❷ 桥壳

桥壳一般由主减速器壳和半轴套管组成。其内部用来安装主减速器、差速器和半轴等;其外部通过悬架与车架相连,两端安装制动底板并连接车轮,承受悬架和车轮传来的各种作用力和力矩,如图3-48所示。

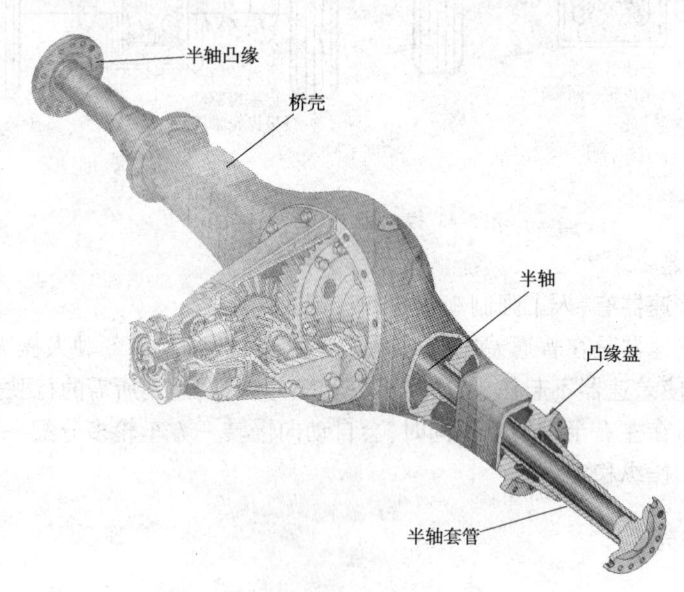

图3-48 驱动桥壳

驱动桥壳可分为整体式桥壳和分段式桥壳两类,如图3-49和图3-50所示。

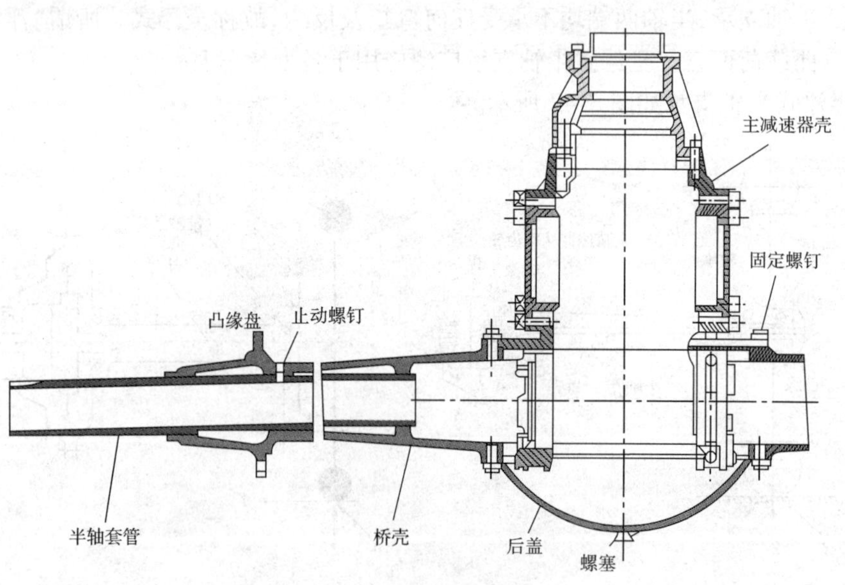

图3-49 整体式桥壳示意图

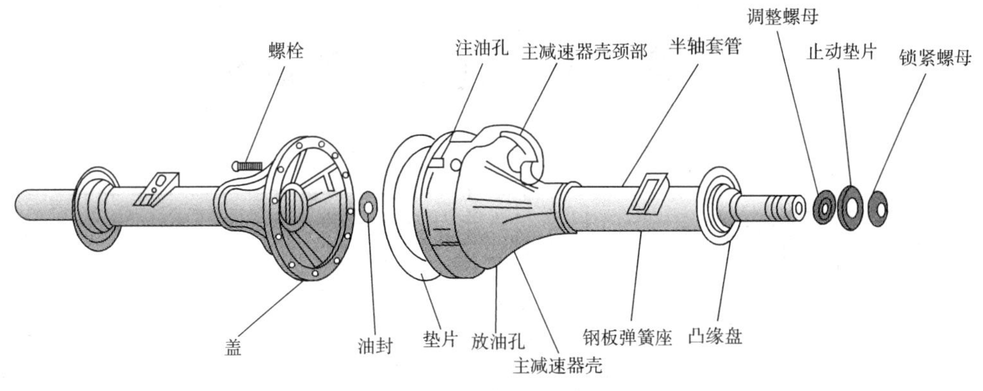

图 3-50　分段式桥壳

小结

1. 汽车底盘主要由传动系统、行驶系统、转向系统和制动系统组成。

2. 汽车传动系统的基本作用是将发动机输出的动力传递给驱动车轮。保证汽车在不同使用条件下能正常行驶,且具有良好的动力性和燃油经济性。

3. 传动系统主要由离合器、变速器、万向传动装置、主减速器、差速器和半轴等组成。

4. 离合器的功用:①使汽车平稳起步;②便于变速器换挡;③防止传动系统过载。

摩擦式离合器通常由主动部分、从动部分、压紧机构和操纵机构四部分组成。

5. 变速器的功用:改变传动比,设置倒挡,设置空挡。

6. 万向传动装置的作用是连接不在同一直线上的变速器输出轴和主减速器输入轴,并保证在两轴之间的夹角和距离经常变化的情况下,仍能可靠地传递动力。它主要由万向节、传动轴和中间支承组成。

7. 驱动桥由主减速器、差速器、半轴及桥壳组成。驱动桥的作用是将万向传动装置传递来的动力转过 90°,改变力的传递方向,并由主减速器降低转速,增大转矩后,经差速器分配给左右半轴和驱动轮。

思考题

1. 汽车底盘由哪些系统组成?

2. 传动系统的作用、组成是什么?

3. 机械摩擦式离合器的工作原理是什么?

4. 变速器的作用是什么?

5. 变速器操纵机构的组成及各锁止机构的作用是什么?

6. 简述普通十字轴刚性万向节等角速传动的条件。

7. 驱动桥主要由哪些构件组成?

8. 驱动桥的作用是什么?

9. 主减速器的作用是什么?

第二节　汽车行驶系统

1. 掌握汽车行驶系统的组成、作用。
2. 掌握车架的功用、类型。
3. 掌握车桥的组成及转向轮定位内容。
4. 了解轮胎的表示方法及悬架的组成。

汽车行驶系统由车架、车桥、车轮与轮胎、悬架等四部分组成，如图 3-51 所示。其作用是将汽车构成一个整体，支承汽车的总质量；将传动系统传递来的转矩转化为汽车行驶的驱动力；承受并传递路面对车轮的各种反力及力矩；减振缓冲，保证汽车平顺行驶；与转向系统配合，正确控制汽车的行驶方向。

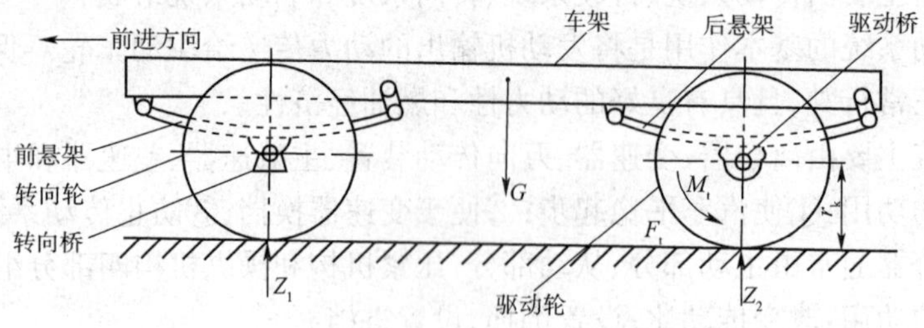

图 3-51　汽车行驶系统的组成及部分受力情况

图中：G——汽车的总质量；

Z_1、Z_2——汽车的总质量引起地面分别作用于前、后车轮上的垂直反力；

M_t——由半轴传至驱动轮上的转矩；

F_t——推动汽车前进的驱动力；

r_k——车轮回转中心到地面的距离。

一、车架

车架是整个汽车的基体。车架上安装有发动机、变速器和万向传动装置、车桥、车身等总成和部件，并使它们保持正确的相对位置。车架既要足够坚固，在各种力的作用下不断裂，又要有适度的韧性，使变形在允许范围。车架还是整个汽车的公共电极。为了达到上述各种功能的要求，车架用钢材制成。

车架按其结构形式不同可分为边梁式车架、中梁式车架、综合式车架和无梁式车架。图 3-52 所示为边梁式车架，由两根贯穿汽车前后的纵梁为主体，其间以若干根梁用铆接、焊接或用螺栓连接的方法相连，以形成一个框架。边梁式车架便于安装车身和布置总成，有利于改装变形和发展多品种车型的需要，所以，目前被广泛采用。

中梁式车架由一根贯穿汽车纵向的中央纵梁和若干根横向悬伸托架构成，如图 3-53 所示。

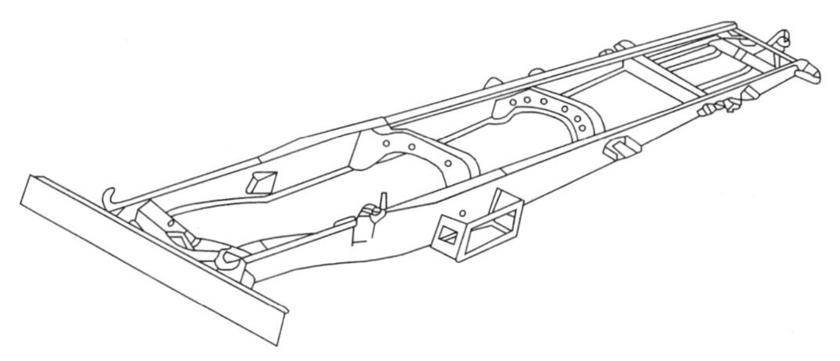

图 3-52　边梁式车架

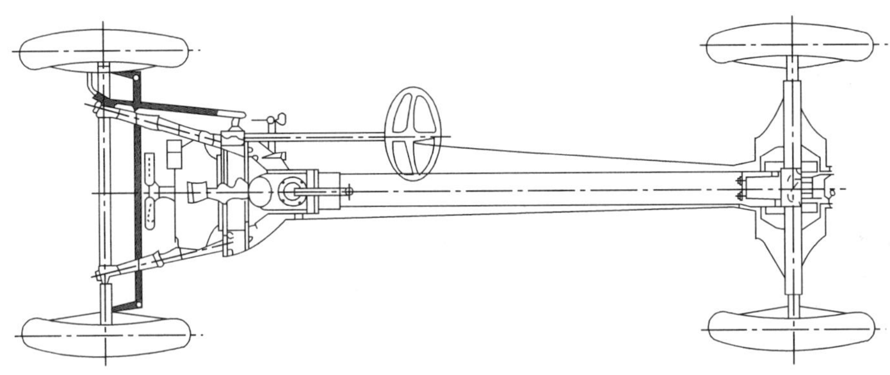

图 3-53　中梁式车架

二、车桥

汽车上所有两端安装着车轮的总成都可以称为车桥。车桥的基本作用是承受和传递地面与车架之间的各种作用力。按照车桥在车上的位置不同，车桥可分为前桥和后桥；根据其作用不同，车桥又可分为转向桥、驱动桥、转向驱动桥、支持桥四种类型。

1 转向桥

汽车的前桥一般是转向桥，如图 3-54 所示。它除了具有车桥的基本作用以外，还能使安装在其上的两个车轮发生偏转，实现汽车转向。转向桥主要由前轴、转向节、主销和轮毂等四部分组成。

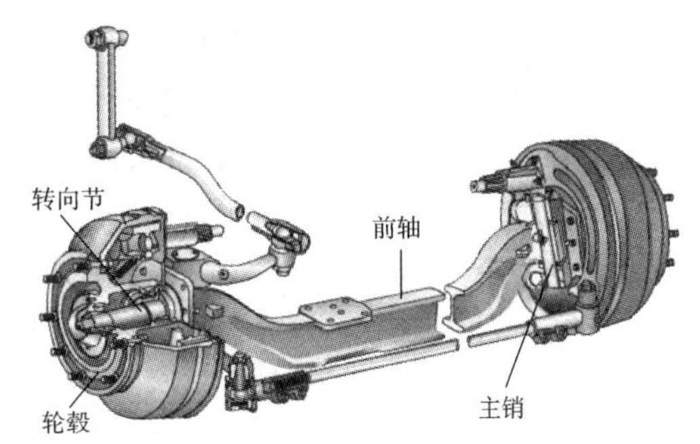

图 3-54　转向桥的组成

2 转向驱动桥

转向驱动桥同一般驱动桥一样，由主减速器、差速器、半轴和桥壳组成。但由于转向时转向轮需要绕主销偏转一个角度，故与转向轮相连的半轴必须分成两段（内半轴和外半轴），其间用万向节（一般多用等角速万向节）连接，同时主销也因此而分制成两段（或用球头销代替）。转向节轴颈部分做成中空的，以便外半轴穿过其中。

3 转向轮定位

转向轮定位是指转向轮、转向节和前轴三者之间的安装具有一定的相对位置，如图3-55所示。其主要作用是使汽车保持稳定直线行驶，转向轻便，减少汽车行驶中轮胎和转向机件的磨损。转向定位包括主销后倾、主销内倾、前轮外倾和前轮前束等四个部分。

1 主销后倾

主销后倾是主销在前轴上安装，其上端略向后倾斜。于是主销轴线与通过前轮中心的地面垂线之间在汽车纵平面内形成一个夹角，称之为主销后倾角（图3-55）。其主要作用是当汽车直行行驶时保持其稳定性，并能使汽车转向后，前轮自动回正。

主销后倾角是由前轴、悬架和车架装配在一起时，使前轴向后倾斜或依靠钢板弹簧座间加装楔形垫块而形成的。

2 主销内倾

主销内倾是指主轴在前销上安装，其上端向内倾斜，于是主销轴线与地面垂线之间在汽车横向平面内形成一个夹角，如图3-56所示，称之为主销内倾角。该内倾角一般不超过8°。主要是使转向轮自动回正，转向操纵轻便。

主销内倾角是在前轴制造加工时，使主销孔向内倾斜而获得的。

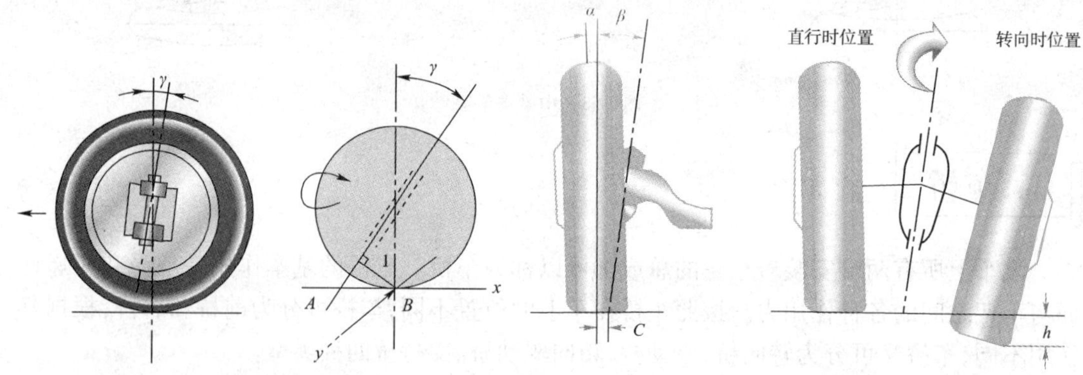

图3-55 主销后倾　　图3-56 主销内倾

3 前轮外倾

前轮外倾是指前轮安装后，其上端向外倾斜。于是前轮的旋转平面与纵向垂直平面形成一个夹角，如图3-57所示，称之为前轮外倾角，一般为1°左右。前轮外倾角的主要作用是使转向轻便，使车轮紧靠轮毂内轴承，以减少外轴承及轮毂螺母的负荷，有利于安全行驶。

前轮外倾角是由转向节结构确定的。当转向节安装在前轴上后，其转向节轴相对于水平面向下倾斜，从而使前轮安装后出现外倾。

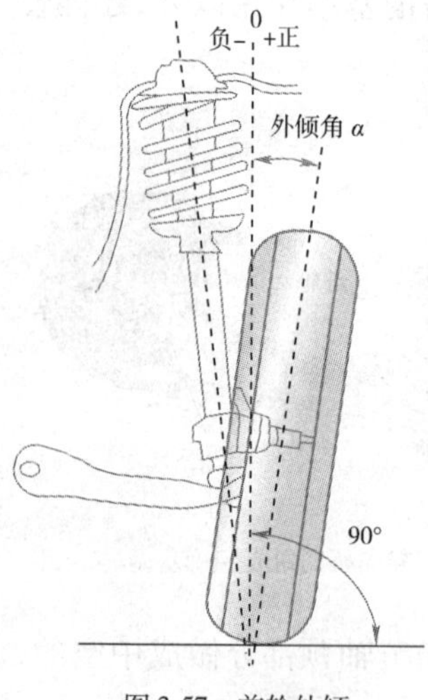

图3-57 前轮外倾

4 前轮前束

前轮安装后，前端略向内束，如图3-58所示，称为前轮前束。两前轮前端距离 B 小于后端距离 A，其差值（$A-B$）称为前轮前束值。前轮前束的作用是消除因前轮外倾使汽车行驶时向外张开的趋势，减小轮胎磨损和燃料消耗。

前轮前束可通过改变横拉杆的长度来调整。

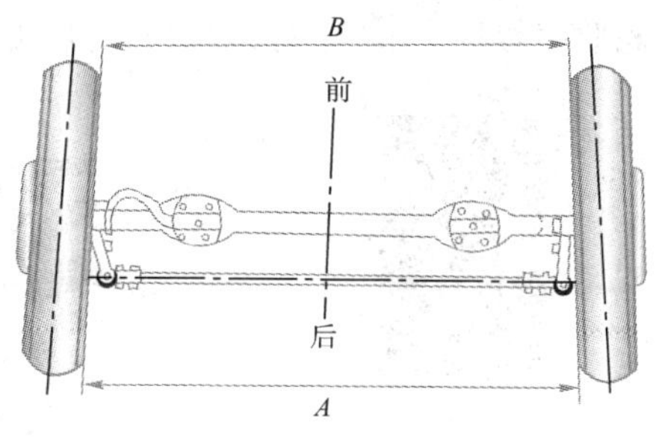

图 3-58　前轮前束

4 支持桥

桑塔纳车型后桥是纵向摆臂式非驱动桥，其结构如图 3-60 所示。

该车桥轮毂、制动鼓以及车轮与车桥的连接方式与转向桥一样，通过轴承支承，轴向定位。车桥只向其传递横、纵向推力或拉力，不传递转矩。

三、车轮与轮胎

1 车轮

车轮一般由轮毂、轮盘和轮辋组成，如图 3-59 所示。

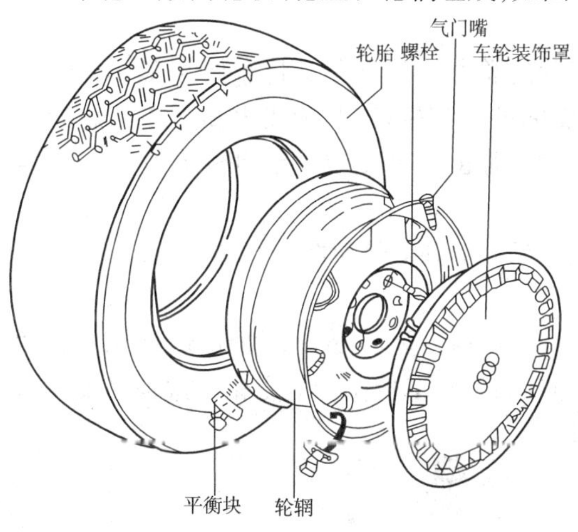

图 3-59　车轮的组成

轮毂通过圆锥滚柱轴承装在半轴套管或转向节轴上，轮辋用以安装轮胎，轮盘用来连接轮毂和轮辋。车轮可分为盘式和辐式两种形式。

2 轮胎

现代汽车几乎都使用充气轮胎，它由外胎、内胎、气门嘴和轮辋垫带等组成。轮胎的作用是支承汽车的总质量；吸收和缓和汽车行驶时所受到的部分冲击和振动，使汽车有良好的平顺性；保证轮胎与路面之间有良好的附着作用，提高汽车的牵引力和制动力。

充气轮胎可分为有内胎和无内胎轮胎两种。有内胎轮胎的外胎直接与地面接触，它是一个由耐磨橡胶制成的坚固有弹性的外壳，以保护内胎不受外来损坏；内胎是一条环形橡胶管，其内充以一定压力的空气；垫带放在内胎与轮辋之间，使内胎避免被轮辋金属及外胎的坚硬圈擦伤。

充气轮胎根据工作气压的大小可分为高压胎、低压胎和超低压胎。

根据外胎内帘布层帘线的排列形式，可分为普通轮胎和子午线轮胎。

按轮胎胎面花纹的不同，又可分为普通花纹轮胎、越野花纹轮胎和混合花纹轮胎，如图 3-60 所示。

3 轮胎规格表示方法

轮胎规格的表示方法，我国与大多数国家一样都采用英制。

高压胎一般用“$D \times B$”表示，低压胎和超低压胎一般用“B-d”表示，字母意义如图 3-61 所示。

如9.00-20,即表示轮胎断面宽度为9in(英寸),轮辋直径为20in的低压轮胎。子午线轮胎一般标有"z"字母,但也有的用英语缩写字母"R"表示。

a)普通花纹

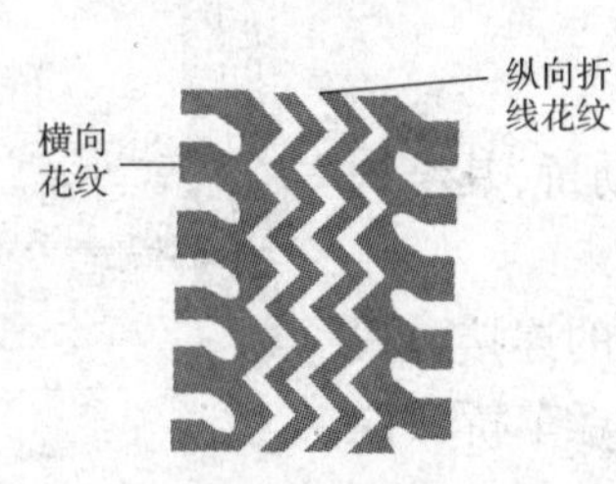

b)混合花纹

c)越野花纹

图3-60 轮胎花纹

四、悬架

1 悬架的功用与形式

悬架是车架与车桥之间所有传力和连接装置的总称。其作用是将车架与车桥弹性地连接起来,以吸收或缓和车轮在不平道路上所受的冲击和振动,并传递力和力矩。悬架一般由弹性元件、导向装置和减振器三部分组成。分别起缓冲、减振、导向和传递力和力矩的作用。

根据悬架结构的不同,通常将悬架分为独立悬架和非独立悬架两大类。

❶ 独立悬架

独立悬架的结构特点是车架与每一侧车轮之间的连接是独立的,如图3-62所示。它的车桥为断开式,当一侧车轮上下跳动时,不会影响到另一侧车轮位置的变化。这种悬架乘坐舒适性和操纵稳定性都较好,主要应用于乘用车。

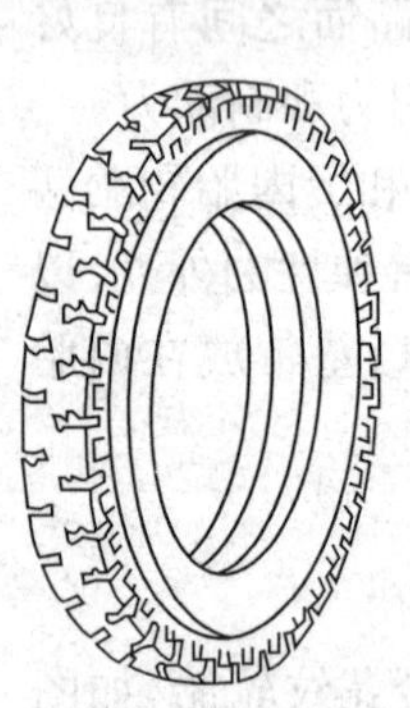

图3-61 轮胎规格的表示

D-轮胎名义直径;*B*-轮胎断面的宽度;*d*-轮辋直径(英寸);*H*-断面高度

图3-62 独立悬架

❷ 非独立悬架

非独立悬架的结构特点是两侧的车轮分别安装在一根整体式车桥上,如图3-63所示,这种结构,车轮对路面情况的适应性较差。若一侧车轮因路面不平跳动时,会影响另一侧车

2 主要组件

弹性元件的作用是承受和传递垂直载荷，缓和和抑制不平路面所引起的冲击。悬架采用的弹性元件有钢板弹簧、螺旋弹簧、扭杆弹簧、气体弹簧及辅助弹性元件——横向稳定杆等。

❶ 钢板弹簧

钢板弹簧又称叶片弹簧，如图 3-64 所示，它是由若干片等宽不等长、弧度不等、厚度相等的钢板弹簧片叠成。第一片（最长的一片）称为主片，其两端弯成卷耳，内装衬套，用弹簧销与固定在车架上的支架或吊耳铰链连接。钢板弹簧的中间用 U 形螺栓与车桥固定。

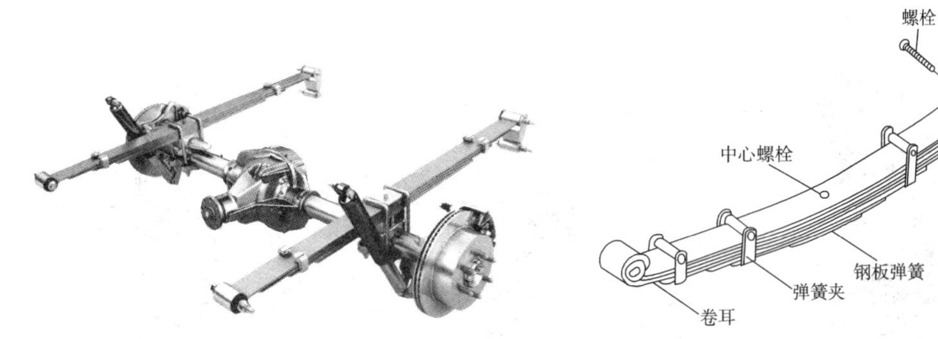

图 3-63　非独立悬架　　图 3-64　钢板弹簧

钢板弹簧全长内装有 2 ~ 4 个钢板夹，用以防止钢板弹簧反向变形时弹簧各片相互分开。装配钢板夹时，应将螺栓头朝向车架一面，而使螺母在车轮一面，以防止螺栓松脱刮伤轮胎。

钢板弹簧本身还兼起导向机构的作用，可不必单设导向装置，使结构简化，并且由于弹簧各片之间摩擦引起一定减振作用。

❷ 螺旋弹簧与导向杆

螺旋弹簧大多应用在独立悬架上，如图 3-65 所示。由于螺旋弹簧只承受垂直载荷，用

图 3-65　螺旋弹簧

它做弹性元件的悬架要加设导向机构和减振器。它与钢板弹簧相比具有不需润滑、防污性强、占用纵向空间小、弹簧本身质量小的特点，因而现代轿车上广泛采用。

❸ 横向稳定杆

横向稳定杆是一根横贯车身下部的弹性扭杆，如图 3-66 所示，由弹簧钢制成，断面呈圆形。杆的中部的两端自由地支承在两个橡胶套筒内，套筒固定于车架上。两侧纵向部分的末端通过支杆与悬架下摆臂上的弹簧支座相连。安装横向稳定杆提高了汽车行驶的平顺性、乘坐舒适性和操纵稳定性。

❹ 减振器

减振器的作用是迅速衰减汽车行驶中产生的振动，提高汽车行驶的平顺性。汽车悬架系统中广泛采用的是双向作用筒式液力减振器，它能在压缩和伸张两个行程内均起减振作用。如图 3-67 所示。

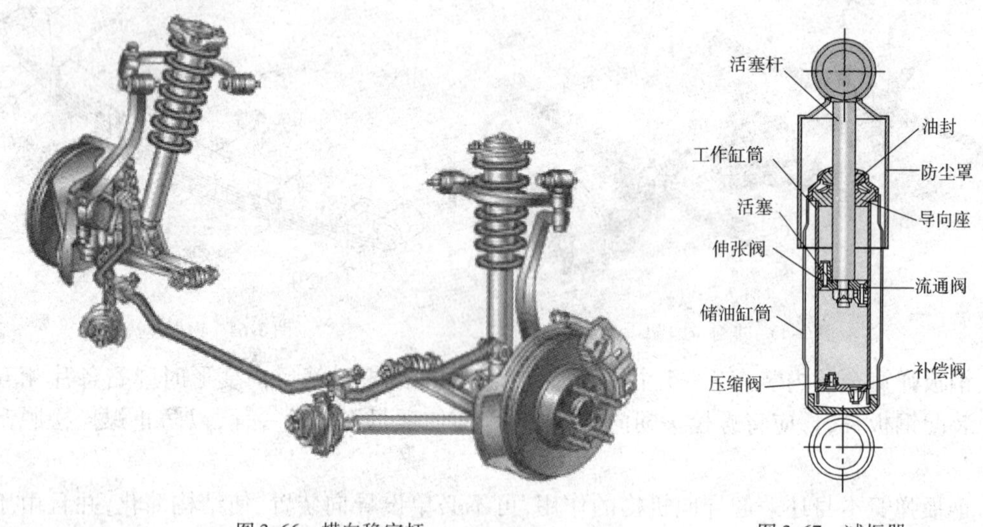

图 3-66 横向稳定杆

图 3-67 减振器

小结

1. 汽车行驶系统由车架、车桥、车轮与轮胎、悬架等四部分组成。

2. 车架是构成整个汽车的骨架，是汽车的装配基体，主要有边梁式、中梁式、综合式和无梁式车架。

3. 车桥的基本作用是承受和传递地面与车架之间的各种作用力。根据其作用不同，车桥又可分为转向桥、驱动桥、转向驱动桥、支持桥四种类型。

4. 转向轮定位是指转向轮、转向节和前轴三者之间的安装具有一定的相对位置。其主要作用是使汽车保持稳定的直线行驶，转向轻便，减少汽车行驶中轮胎和转向机件的磨损。转向轮定位包括主销后倾、主销内倾、前轮外倾和前轮前束等四个部分。

5. 车轮一般由轮毂、轮盘和轮辋组成。

6. 现代汽车几乎都使用充气轮胎，充气轮胎根据工作气压的大小可分为高压胎、低压胎和超低压胎。

7. 悬架是车架与车桥之间所有传力和连接装置的总称。根据悬架结构的不同，通常将悬架分为独立悬架和非独立悬架两大类。

思考题

1. 汽车行驶系统由哪些部件组成？
2. 行驶系统的作用是什么？
3. 车架主要有哪些类型？
4. 车桥的作用是什么？根据其作用不同，主要分为哪些类型？
5. 什么是转向轮定位？它的作用是什么？主要包括哪些内容？分别起什么作用？
6. 车轮由哪几部分组成？充气轮胎由哪几部分组成？
7. 悬架的作用是什么？主要由哪些部件组成？根据结构不同，分为哪两大类？

第三节　汽车转向系统

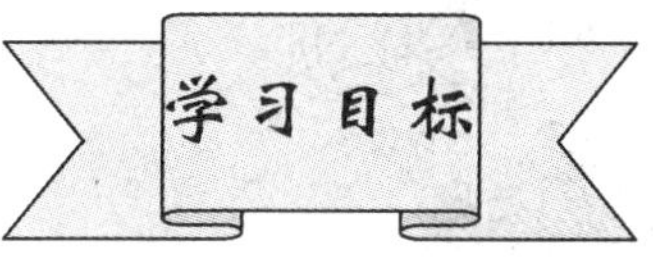

1. 掌握汽车转向系统的作用、组成、类型。
2. 掌握汽车车轮类型及车轮定位。

汽车行驶中，驾驶人通过操纵转向盘，经过一套传动机构，使转向轮在路面上偏转一定的角度来改变其行驶方向，确保汽车稳定安全的正常行驶。

转向系统的作用就是通过驾驶人转动转向盘，根据需要保持或改变汽车的行驶方向。汽车转向系统按其转向能源的不同，可分为机械转向系统、液压式动力转向系统和电控式动力转向系统。

一、机械式转向系统

1 组成

机械式转向系统如图3-68所示，由转向器、转向传动机构和转向操纵机构三部分组成。汽车转弯时，驾驶人作用在转向盘上的力经过转向柱传到转向器，转向器将转向力放大后，通过转向传动机构推动转向轮偏转，使汽车行驶方向发生改变。机械式转向系统完全由驾驶人的操纵力来实现，操纵较费力，劳动强度大，但其结构简单、工作可靠、维修

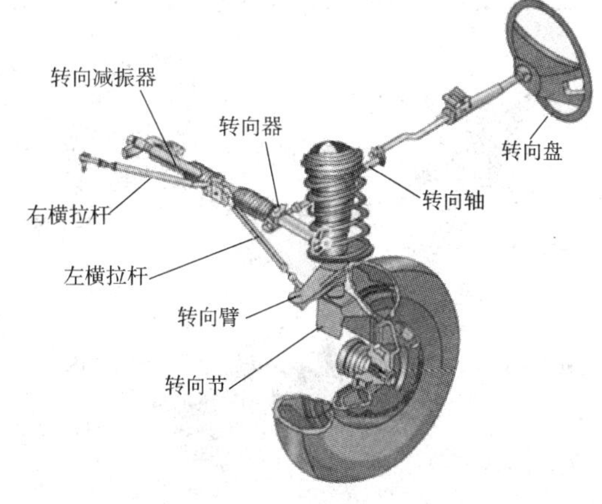

图3-68　机械式转向系统

方便，多用于小型货车和轿车。

当汽车发生碰撞时，为了避免由于转向盘的侵入，造成对驾驶人的人身伤害，现代汽车转向系统中均考虑了各种安全措施，如可伸缩的转向柱和转向盘退让系统。

2 转向器

❶ 转向器的作用

转向器的作用是增大由转向盘传到转向节的力，并改变力的传递方向，获得所要求的摆动速度和角度。

❷ 转向器的类型

转向器按其结构形式，可分为蜗杆指销式、循环球式和齿轮齿条式三种；按其作用力的传递情况，可分为可逆式、不可逆式和极限式三种。

(1) 齿轮齿条式转向器。齿轮齿条式转向器如图 3-69 所示，主要由转向齿轮、转向齿条、转向横拉杆等组成。驾驶人通过转向操纵机构转动转向齿轮，带动转向齿条移动，并通过转向横拉杆使两个车轮绕主销偏转。由于该转向器反冲较大，因此在前桥中设有转向减振器，以吸收冲击能量，减轻对驾驶人的伤害。

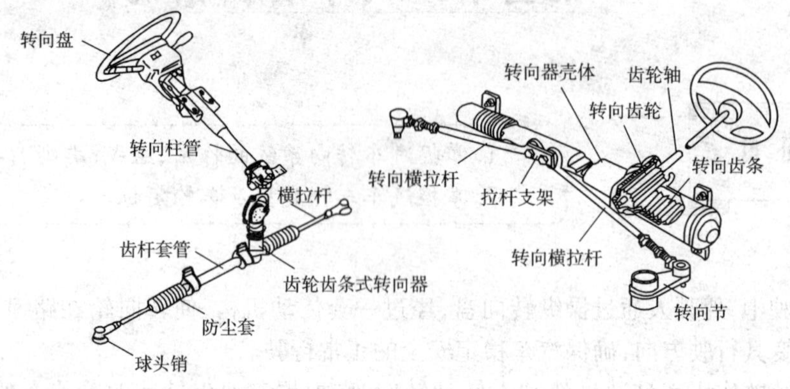

图 3-69　齿轮齿条式转向器

齿轮齿条式转向器具有结构简单、轻巧、传力杆件少、维修方便、操纵灵敏的优点，目前广泛应用于采用前轮独立悬架的轻型、微型汽车和中级、高级乘用车上。

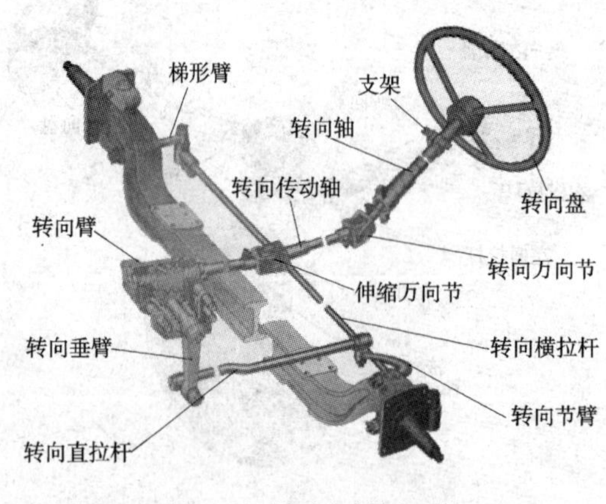

图 3-70　循环球式转向系统

(2) 循环球式转向器。循环球式转向器如图 3-70 所示，其传动效率高，机件磨损小，操纵省力，使用寿命长，广泛应用于轻型、中型汽车上（BJ1041、BJ2023、EQ1092 型等）。

如图 3-71 所示，该转向器由两套传动副组成，一套是螺杆螺母，一套是齿条齿扇。当转动转向盘时，螺杆随之转动，通过钢球将作用力传递给螺母，使螺母轴向移动。其齿条带动齿扇运动使转向垂臂轴转动，从而使转向垂臂产生摆动，通过转向传动机构使转向轮偏转。

(3)蜗杆指销式转向器。如图3-72所示，蜗杆指销式转向器传动副为蜗杆和指销，主要由壳体、蜗杆、曲柄、指销、转向垂臂轴、上盖、下盖、调整螺栓等组成。

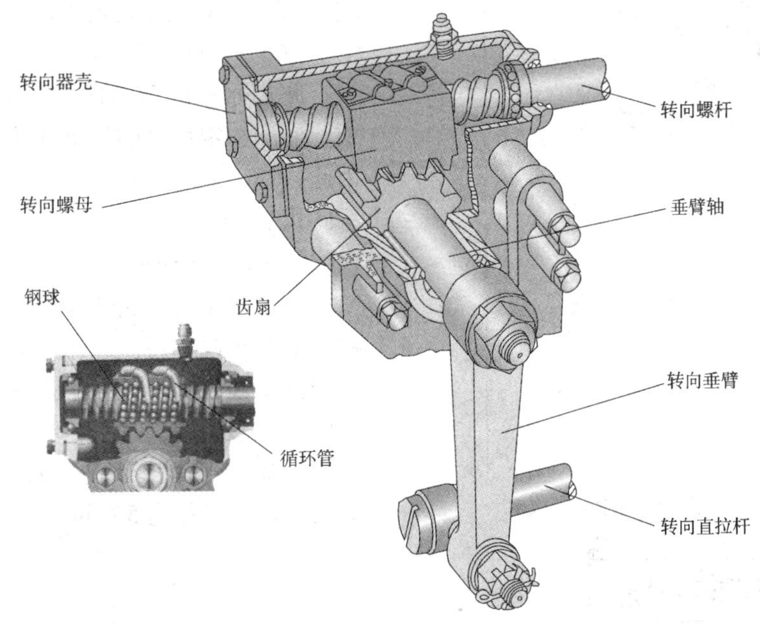

图3-71 循环球式转向器

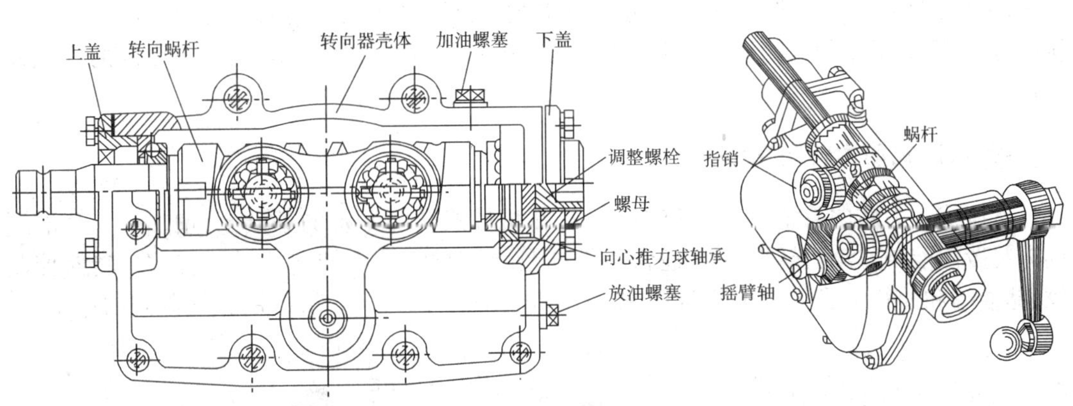

图3-72 蜗杆指销式转向器

3 汽车转向过程

汽车转向时，驾驶人对转向盘施加一力矩，该力矩通过转向轴，输入转向器，经过减速增扭后传给转向传动机构，最后传至转向车轮使之发生偏转，实现了汽车的转向。

如图3-73所示，汽车在转向时，要保证每个转向车轮都是纯滚动而不发生侧滑，必须使汽车车轮转向轨迹符合一定的规律。由于车轮在转弯过程中，内、外车轮滚动的距离不相等，必然会引起车轮边滚动边滑动的现象，造成轮胎加速磨损。为使两侧车轮在转弯时实现纯滚动，必须使所用车轮的轴线都相交于一点，即使所有的车轮能围绕它们的共同圆心转动，如图3-73所示，交点O称为转向中心，这个转向中心随驾驶人操纵的转向轮转角的变化而改变，因此转向中心又称瞬时转向中心。由图3-73可知，内转向轮的偏转角β大于外侧转

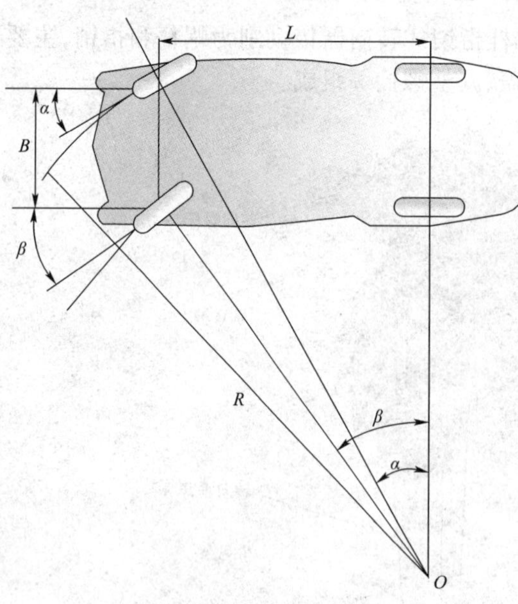

图 3-73 双轴汽车转向示意图

向轮的偏转角 α，两偏转角的关系为

$$\cot\alpha = \cot\beta + B/L$$

式中：B——两侧车轮主销的中心距离；

L——轴距。

此式称为汽车转向梯形理论特性关系式。对于一定型号的汽车，L 和 B 是固定的，因此，每有一个 β 角，就有一个 α 角，这个关系式由转向梯形机构（前轴、左右梯形臂和横拉杆组成）来保证。

从转向中心到外侧转向轮中心的距离称为最小转弯半径。最小转弯半径越小，汽车的机动性越好。现代汽车的左右转向轮的偏转角度从直行位置算起一般为 34°～42°，中型货车最小转弯半径为 7～13m，轿车的最小转弯半径为 5～6m。

二、动力转向系统

动力转向系统兼用驾驶人人力和发动机动力作为转向力源，在正常情况下驾驶人只需要提供所需能量的一小部分，其他部分能量由发动机通过转向加力装置提供。动力转向系统的应用，降低了驾驶人的疲劳强度，并通过对转向动力系统的控制，获得了更好的操纵稳定性。

1 液压式动力转向系统

液压式动力转向系统如图 3-74 所示，是在机械式转向系统的基础上，增加了一套液压助力装置。液压式动力转向系统通常由转向盘、转向柱、动力转向器、转向油泵、转向控制阀、储油罐和油管组成。汽车转向时，由发动机驱动的油泵产生高压油，在控制阀的作用下，

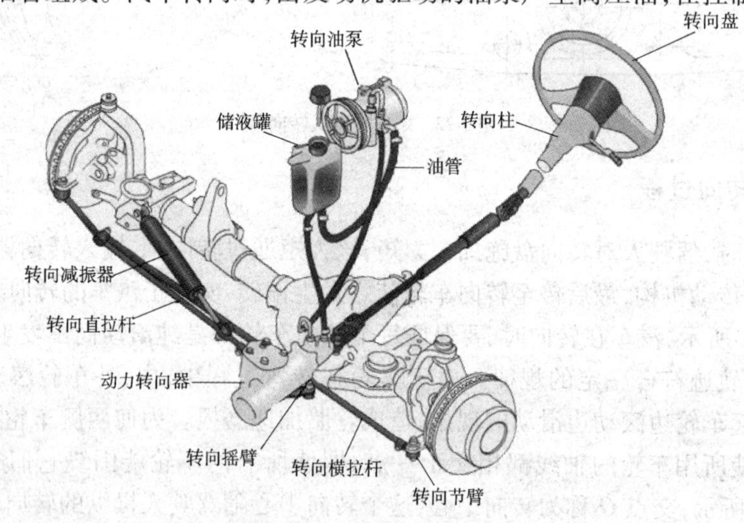

图 3-74 液压式动力转向装置

高压油进入动力油缸，推动转向轮偏转。液压式动力转向系统操纵轻便，灵活省力，维护简单。目前，广泛应用于高速乘用车和重型货车上。

按照液流的形式不同，可分为常流式和常压式两种；按其动力转向装置结构不同分为整体式和分开式。

液压式动力转向装置质量轻，结构紧凑，压力高（4～7MPa）利于改善转向操作感觉，并有自润滑作用，能吸振，噪声低，响应滞后少，是最普遍使用的动力转向系统。

2 电动式动力转向装置

电动式动力转向装置是最新形式的转向装置，是利用电能为转向系统提供动力的系统，一般的油压动力转向系统是直接用发动机驱动转向油泵。电动式动力转向装置是利用电动机作为动力源，不直接使用发动机的动力，所以大大降低了发动机的功率损失（液压式最大损失5～10马力），操作灵活，方便，机构紧凑，便于安装，只有在需要助力时才消耗动力，节约能源，故受到人们的重视，尤其有利于中置发动机后轮驱动的汽车。

电动式动力转向系统通常有三种传动形式：电动机驱动转向油泵、电动机减速后直接驱动转型齿条（EPS）、电动机经电磁离合器耦合将力矩传给转向齿条。

1 电动机驱动转向油泵动力转向系统

如图3-75所示，电动机驱动转向油泵动力转向系统是由电动机驱动转向助力泵并由计算机控制的方式，它集液压式和电动式的优点于一体。因为是计算机控制，所以转向助力泵不必经常工作，节省了发动机的功率。这种方式结构紧凑，便于安装布置，但液压产生的动力不能太大，所以适用于小排量汽车。

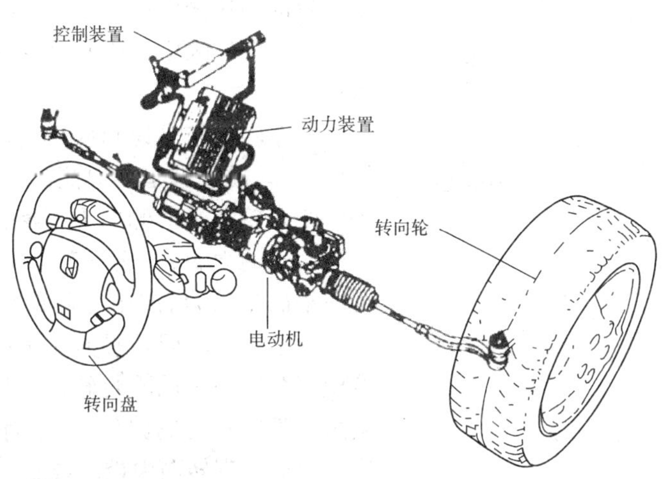

图3-75 电动机驱动转向油泵动力转向系统

2 电动机减速后直接驱动转型齿条（EPS）

如图3-76所示，这是一种直接依靠电动机提供辅助转矩的电动助力式转向系统，由于用电子控制（ECU），所以结构更简单，能耗更低。这种系统是以电动机为系统的执行元件，电子控制装置通过受控的电动机对汽车转向机械部件做出控制，它由发电机、传感器、电动机、电子控制装置和电力/电子齿轮齿条转向器等部分组成，转向器齿条从直流电动机电枢轴中间穿过。转向系统工作时，一方面由转向盘带动机械转向机构实现部分人力转向，另一方面通过传感器和电子控制装置驱动辅助转向电动机，电动机通过助力传动齿轮和蜗杆螺母机构将动力传给转向器齿条,形成转向助推力。

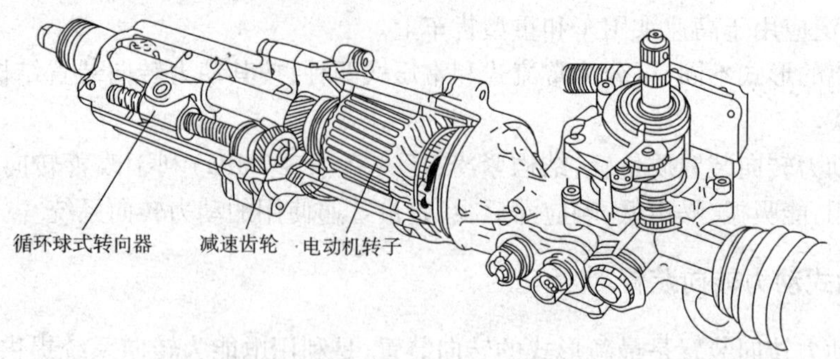

图 3-76　电动机减速后直接驱动转型齿条(EPS)

三、四轮转向系统

目前的轿车转向分为前轮转向(2WS)和四轮转向(4WS),前者普遍使用,后者是近年出现的一种新技术。

汽车的四轮转向(简称 4WS)是指汽车在转向时,4 个车轮都可相对车身主动偏转,使之起到转向作用,以改善汽车的转向机动性能。

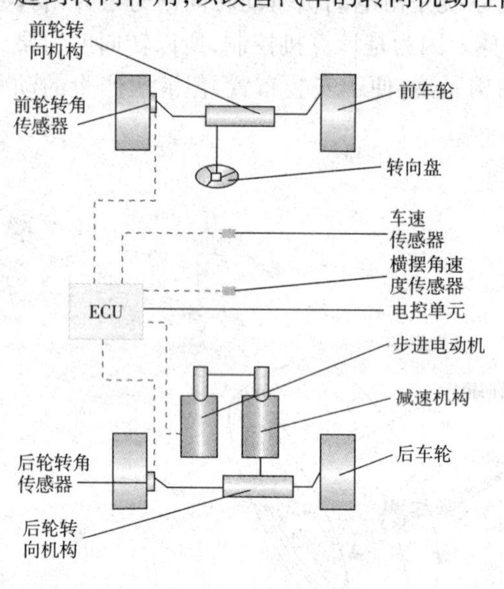

图 3-77　四轮转向系统

如图 3-77 所示,按照后轮转向机构控制和驱动方式的不同,四轮转向可分为机械式、液压式、电控机械式、电控液压式和电控电动式等几种类型。目前使用最广泛的 4WS 系统为电控液压式,主要用于前轮采用液压助力转向系统的高级和新型轿车上。

汽车转向作等速圆周运动时,由于受离心力的作用,地面使汽车转向侧向外力与离心力传至每一个车轮轴心的侧向力平衡,并形成了使弹性轮胎偏转的力矩,造成汽车车轮旋转平面与汽车转向平面不重合,产生了侧偏角(实际汽车运动转向角小于车轮回转平面实际的转向角)。通常希望汽车有一定的不足转向特性,即用前轮的侧偏角大于后轮的侧偏角,防止因车速达到转向临界车速而出现转向失控的现象。在道路附着极限内,侧向力变化,侧偏角也变化,车速增加,转向侧向力增加,侧偏现象加大。高速行驶时,因前后轮侧偏特性改变,可能出现过多转向现象,车速超过临界车速就会产生危险的转向失控,丧失操纵性,十分危险。故高速转向时,希望后轮有一个与前轮转向相同的转角,保持汽车的不足转向特性。汽车低速行驶时为增加转向机动性,减小转弯半径,转向时要求后轮有一个与前轮转向方向相反的转角。使汽车有满意的机动性和操纵稳定性,只有四轮转向可控制才能实现。四轮转向的另一个优点是在高速公路上行驶,因为前轮与后轮同一方向偏转,转弯半径大,易于变换车道。

所谓四轮转向,是指后轮也和前轮相似,具有一定的转向功能,不仅可以与前轮同方向转向,也可以与前轮反方向转向。其主要目的是增强轿车在高速行驶或者在侧 向风力作用下的操纵稳定性,改善低速时的操纵轻便性,在轿车高速行驶时便于由一个车道向另一个车道的移动调整,以及减小调头时的转弯半径。

四轮转向(4WS: 4wheelsteering)是以改善汽车低速转向机动性和高速转向稳定性为目的,通过机械、液压或电控液压的形式,在汽车的后轮处增加能够与前轮转向联动的后轮转向机构,控制后轮按照特定的方式偏转。

小结

1. 转向系统的作用就是通过驾驶人转动转向盘,根据需要保持或改变汽车行驶方向。

2. 汽车转向系统按转向能源的不同,分为机械式转向系统和动力转向系统。

3. 动力转向系统包括液压式动力转向系统和电动式动力转向系统。

4. 四轮转向(4WS: 4wheelsteering)以改善汽车低速转向机动性和高速转向稳定性为目的,通过机械、液压或电控液压的形式,在汽车的后轮处增加能够与前轮转向联动的后轮转向机构,控制后轮按照特定的方式偏转。

5. 汽车车轮的作用是安装轮胎,连接半轴或转向节、承受轮胎与车桥之间的各种作用力距。它由轮毂、轮盘和轮辋组成。

6. 车轮根据轮盘的不同结构可分为辐板式(盘式)和辐条式(辐式)两种。

思考题

1. 转向系统的作用是什么?

2. 什么是动力转向? 包括哪些类型?

3. 动力转向系统有哪几种?

4. 什么是四轮转向?

第四节　汽车制动系统

学习目标

1. 掌握汽车制动系统的作用、组成、类型。
2. 掌握汽车制动系统的工作过程。
3. 掌握汽车防抱死制动系统(ABS)的功能。
4. 掌握汽车 ABS 与 EBD 的关系。

汽车制动系统是安全行车的保障。在保证安全行驶的前提下,应尽可能提高行驶速度,从而提高运输效率,随着科学技术的发展,汽车制动系统采用了某些新设备、新材料和新技术。

一、普通制动系统

1 制动系统的功用与组成

汽车在保证安全行驶的前提下，应尽可能提高行驶速度，以提高运输生产效率，同时还应视需要减速和停车。汽车制动系统的作用就是根据需要使汽车减速或在最短的距离内停车；并保证汽车停放可靠，不致自动滑溜。汽车制动系统的优劣直接关系到车辆的行驶安全，它是汽车安全行驶的保障。

如图3-78、图3-79所示，汽车制动系统一般由两部分组成：制动器和制动操纵机构。

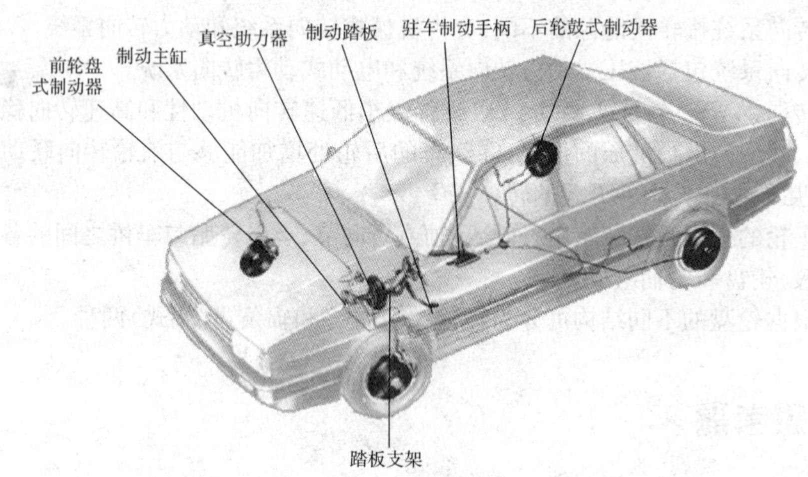

图3-78 汽车制动系统

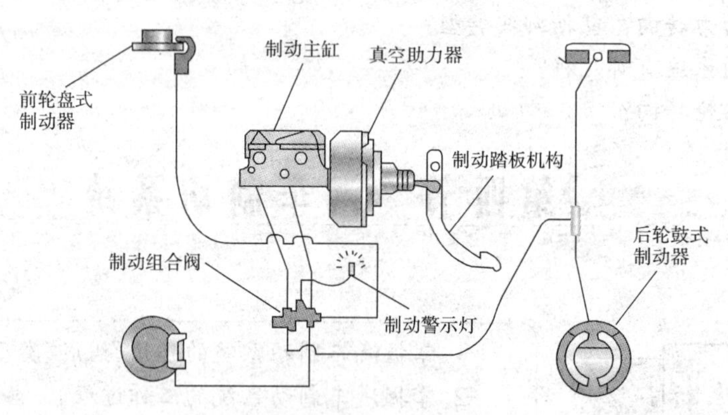

图3-79 汽车制动系统的组成

（1）制动器按照结构可分为鼓式制动器和盘式制动器；按安装位置可分为车轮制动器和中央制动器。车轮制动器可用于行车制动和驻车制动，中央制动器只用于驻车制动和缓速制动。

制动器是制动系统中用以产生阻碍车轮转动的部件，汽车制动器有两种，分别是鼓式制动器（图3-80）和盘式制动器（图3-81）。

高性能的跑车使用的制动盘多为打孔通风盘,具有较好的冷却作用

(2)操纵机构是将驾驶人踏板力传递到制动器的一系列部件,如液压制动系统操纵机构包括制动主缸、真空助力装置、液压管路等。

图 3-80　鼓式制动器

图 3-81　盘式制动器

2 制动系统的类型

❶ 按制动系统的功用分类

(1)行车制动系统。行车制动系统主要用于汽车行驶时的减速和停车。一般通过液压或气压将踏板力传到制动器,利用制动器内旋转构件与固定构件之间的机械摩擦作用,使旋转的车轮减速或停止转动。

(2)驻车制动系统:使已停驶的汽车驻留原地不动,防止汽车滑溜的一套装置。

(3)辅助制动系统:在汽车下长坡时用以稳定车速的安全装置。

❷ 按制动系统的制动能源分类

(1)人力制动系统:以驾驶人的肌体作为制动能源的制动系统。

(2)动力制动系统:由发动机的动力转化成气压或液压形式的制动系统。

(3)伺服制动系统:兼用人力和发动机动力进行制动的制动系统。

❸ 按制动能量的传输方式分类

按照制动能量的传输方式,制动系统又可分为机械式、液压式、气压式和电磁式等。同时采用两种传输能量方式的制动系统可称为组合式制动系统,如气顶液制动系统。

目前所有汽车都采用双回路制动系统,如轿车的左前轮和右后轮共用一条制动回路、右前轮和左后轮共用另一条制动回路,当一个回路失效时,另一个回路仍能工作,这样有效提高了汽车的行车安全性。

3 制动系统的工作过程

一般汽车制动系统工作过程可用图 3-82 所示的简单液压制动系统示意图说明。液压制动系统由两部分组成,液压操纵机构和鼓式车轮制动器。操纵机构包括踏板、主缸、推杆、油管等部件;制动器主要由制动轮缸、制动鼓、制动蹄、制动底板、制动蹄复位弹簧总成等组成。制动底板是固定不动的,其上装有铆接有摩擦片的制动蹄、制动轮缸和制动蹄复位弹簧等部件。制动蹄下端通过偏心支承销安装在制动底板上,上端用制动蹄复位弹簧拉紧靠在轮缸活塞上。制动轮缸通过油管与装在车架的制动主缸相通。制动鼓与制动摩擦片之间的间隙调整依靠偏心支承销调整。

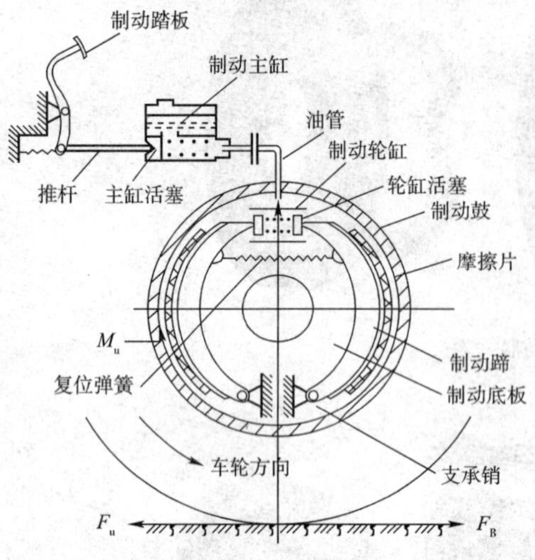

图 3-82　制动系统工作过程

不制动时,制动摩擦片的外圆面与制动鼓的内圆面保持一定的间隙,使车轮能自由旋转。制动时,驾驶人踩下制动踏板,推动推杆和主缸活塞,使制动主缸内的油液产生一定压力后进入制动轮缸,推动轮缸活塞使两个制动蹄的上端张开,消除与制动蹄之间的间隙后紧压在制动蹄的内圆面上。这样,固定的制动蹄与旋转的制动鼓之间产生一个与车轮旋转方向相反的摩擦阻力矩 M_f。由于这个摩擦力矩的作用,使车轮对路面产生一个切向的作用力 F_u,根据作用力和反作用力原理,路面同时会对车轮作用一个反作用力,即制动力 F_B。制动力迫使汽车迅速减速甚至停车。放松制动踏板后,在制动蹄复位弹簧的作用下,制动蹄与制动鼓之间的间隙又恢复,因而解除了制动。

制动力 F_u 的大小不仅取决于制动摩擦片与制动鼓之间的摩擦力矩 M_f,还受限于轮胎与路面件的附着力 F_Φ,即制动力只能小于或等于附着力。影响 M_f的主要因素是制动蹄的张开力、摩擦片与制动鼓的解除面积和摩擦系数等。

最佳制动状态是车轮抱死滑拖而又尚未抱死的临界状态。为了实现最佳制动状态,很多汽车上安装了车轮防抱死装置。

二、防抱死制动系统

如图 3-83 所示,防抱死制动系统主要由轮速传感器、制动压力调节器和电子控制器(ECU)等组成。

ABS 基本工作原理是,汽车制动时,首先由轮速传感器测出与制动车轮转速成正比的交流电压信号,并将该电压信号送入电子控制器(ECU)。由 ECU 中的运算单元计算出车轮速度、滑动率及车轮的加、减速度,然后再由 ECU 中的控制单元对这些信号加以分析比较后,向压力调节器发出制动压力控制指令。使压力调节器中的电磁阀等直接或间接地控制制动压力的增减,以调节制动力矩,使之与地面附着状况相适应,防止制动车轮被抱死。

当 ABS 刚刚问世时,人们纷纷为其卓越的安全性惊叹不已,有 ABS 的汽车不但说明其安全性能出类拔萃，而且档次也相当高级。而今天，安装 ABS 的轿车已经相当普遍，经济型车也安装有 ABS。如君威汽车采用目前功效最高的四轮盘式、电子四回路 ABS，可在 1s 内精确做出 15 次点制动，防止车轮抱死，在紧急制动时能保持方向控制，避免失控打转。此功能在湿滑或结冰路面尤其有效。

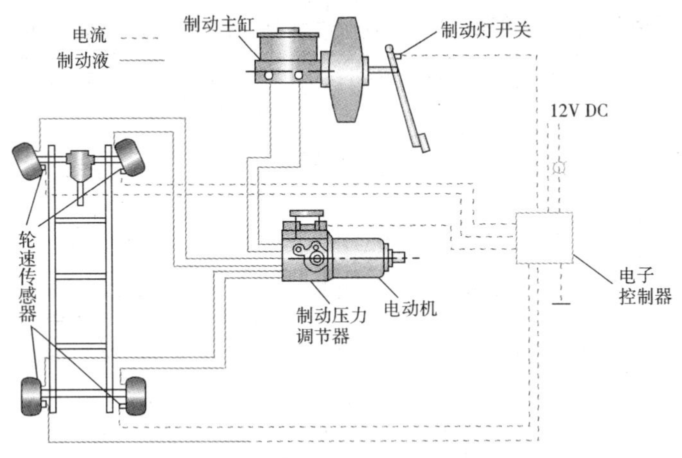

图 3-83　防抱死制动系统

ABS 的功能：在摩擦系数低的路面上紧急制动时，当制动系统内的摩擦阻力大于轮胎与路面之间的摩擦阻力时，车轮就会抱死，车辆就会打滑。其结果：如果前轮抱死，车辆就不能转向；如果后轮抱死，在左右侧车轮与路面摩擦系数有差别时就会导致车尾偏摆。制动力在滑转率是 10% ~20% 之间时最大，ABS 的设计就是不论道路情况如何，总使滑转率保持在这个范围内，从而使制动安全性能最佳。

三、驱动防滑控制系统

随着对汽车安全性能的要求越来越高，一些更为先进的、保护范围更加广泛的安全装置相继问世，其中驱动防滑系统（ASR）（又称牵引力控制系统）最具代表性，它们的诞生使汽车的安全性能得到了进一步提高。

如图 3-84 所示，驱动防滑系统（ASR）和 ABS 一样，主要由电子控制器、传感器、制动压力调节器等三大部分组成。ASR 中的电子控制器可以是独立的，也可以与 ABS 共用，轮速传感器可与 ABS 共用，ASR 与 ABS 的制动压力调节器也可以共用。因此通常将 ASR 和 ABS 组合在一起。

汽车驱动防滑控制系统是防止汽车在制动过程中车轮被抱死滑移和汽车在驱动过程中（特别是起步、加速、转弯等）驱动轮发生滑转现象的控制系统。

汽车行驶过程中，轮速传感器将车轮转速转变为电信号传输给 ASR 电子控制器（ECU），ECU 根据车轮转速计算驱动车轮的滑转率，如果滑转率超出了目标范围，ECU 综合参考节气门开度信号、发动机转速信号以及转向信号（有的汽车没有）等确定其控制方式，并向相应执行机构发出指令使其动作，将驱动车轮的滑转率控制在目标范围之内。

ASR 的作用是当汽车加速时将滑转率控制在一定的范围内，从而防止驱动轮快速滑动。它的功能：一是提高牵引力；二是保持汽车的行驶稳定性。行驶在易滑的路面上，没有 ASR 的汽车加速时驱动轮容易打滑；如果是后驱动的车辆容易甩尾，如果是前驱动的车辆容易方向失控。有 ASR 时，汽车在加速时就不会有或能够减轻这种现象。在转弯时，如果发生驱动轮打滑会导致整个车辆向一侧偏移，当有 ASR 时就会使车辆沿着正确的路线转向。

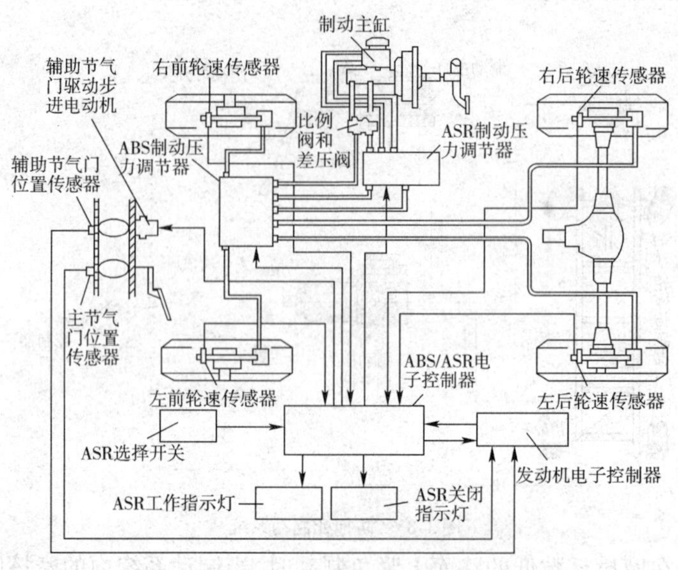

图 3-84　驱动防滑系统

在装有 ASR 的车上，从加速踏板到汽油机节气门（柴油机喷油泵操作杆）之间的机械连接被电控节气门装置所代替。当传感器将加速踏板的位置及轮速信号送到控制单元（CPU）时，控制单元就会产生控制电压信号，伺服电动机依此信号重新调整节气门的位置（或者柴油机操纵杆的位置），然后将该位置信号反馈至控制单元，以便及时调整制动器。

小结

1. 汽车制动系统的作用就是根据需要使汽车减速或在最短的距离内停车；并保证汽车停放可靠，不致自动滑溜。

2. 汽车制动系统一般由两部分组成：制动器和制动操纵机构。

3. 制动系统的类型按制动系统的功用分为行车制动系统、驻车制动系统、辅助制动系统；按制动系统的制动能源分为人力制动系统、动力制动系统、伺服制动系统；按制动能量的传输方式分为机械式、液压式、气压式、电磁式。

4. 制动力 F_u 的大小不仅取决于制动摩擦片与制动鼓之间的摩擦力矩 M_f，还受限于轮胎与路面件的附着力 F_Φ，即制动力只能小于或等于附着力。

5. 如果前轮抱死，车辆就不能转向；如果后轮抱死，在左右侧车轮与路面摩擦系数有差别时就会导致车尾偏摆。

6. ASR 的作用是当汽车加速时将滑转率控制在一定的范围内，从而防止驱动轮快速滑动。

思考题

1. 汽车制动系统的作用是什么？
2. 汽车制动系统一般由哪两部分组成？
3. 制动系统如何分类？
4. 制动力 F_u 的大小取决于哪些因素？
5. ABS 的作用是什么？

第4单元 汽车电气设备

第一节 概 述

1. 汽车电气设备的组成。
2. 汽车电气设备的特点。

汽车电气设备是汽车的重要组成部分,电子技术在汽车上的应用越来越广泛,尤其是微型计算机在汽车上的应用,大大推动了汽车工业的发展,同时给汽车的传统控制装置带来了巨大的变革。目前,电子技术在解决汽车能源、安全、污染等问题方面,起到越来越重要的作用。

一、汽车电气设备的组成

(1)电源系统:包括蓄电池、发电机、调节器。其中发电机为主电源,发电机正常工作时,由发电机向全车用电设备供电,同时给蓄电池充电。蓄电池的主要作用是发动机起动时向起动机供电,同时辅助发电机向用电设备供电。调节器的作用是使发电机的输出电压保持恒定。

(2)起动系统:包括串励式直流电动机、传动机构、控制装置,其作用是用于起动发动机。

(3)点火系统:包括点火开关、点火线圈、分电器总成、火花塞等,其作用是产生高压电火花,点燃汽油机发动机汽缸内的混合气。

(4)照明系统:包括汽车内、外各种照明灯及其控制装置,用于保证夜间行车安全。

(5)信号系统:包括喇叭、蜂鸣器、闪光器及各种行车信号标识灯,用于保证车辆运行时的人车安全。

(6)仪表系统:包括各种电器仪表(电流表、充电指示灯或电压表、机油压力表、温度表、燃油表、车速及里程表、发动机转速表等)。用来显示发动机和汽车行驶中有关装置的工作状况。

(7)辅助电器系统:包括电动刮水器、空调器、低温起动预热装置、收录机、点烟器、玻璃升降器等。

(8)电子控制系统:包括电控燃油喷射装置、电子点火装置、防抱死制动装置、自动变速器等。

二、汽车电气系统的特点

(1)低压直流:汽油车多采用12V,柴油车多采用24V。

(2)单线并联:单线制即从电源到用电设备使用一根导线连接,而另一根导线则用汽车车体或发动机机体的金属部分代替。单线制可节省导线,使线路简化、清晰,便于安装与检修。

(3)负极搭铁:将蓄电池的负极与车体相连接,称为负极搭铁。

小结

1. 汽车电气设备主要由电源系统、起动系统、点火系统、照明系统、信号系统、仪表系统、辅助电器和电子控制系统组成。

2. 汽车电气设备主要有低压直流、单线并联、负极搭铁的特点。

思考题

1. 汽车电气设备主要由哪几部分组成?
2. 汽车电气设备有什么特点?
3. 汽车电源系统包括那几个组成部分?

第二节　汽 车 电 源

1. 了解蓄电池的结构。
2. 掌握铅酸蓄电池的原理、工作特性。
3. 理解发电机发电原理、整流过程、激磁方法。
4. 掌握交流发电机的结构、工作原理。
5. 掌握调节器的工作原理。

汽车上的点火系统及全车电气设备的电源由蓄电池、发电机及其调节器组成,其在汽车电路中的连接关系是两电源并联后与用电设备相连。

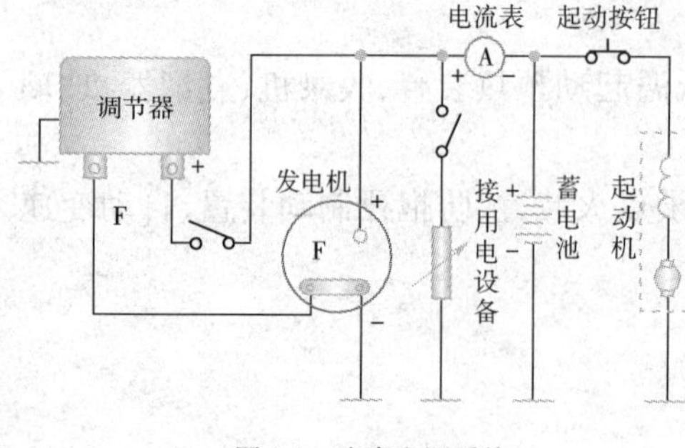

图4-1　汽车电源系统

如图4-1所示，发动机正常运行时，发电机向点火系统及其他用电设备供电，并同时向蓄电池充电。汽车的用电设备用电量过大、超过发电机的供电能力时，蓄电池和发电机共同向点火系统及其他用电设备供电。发动机起动或低速运行时，发电机不发电或电压很低，起动机、点火系统及其他用电设备所需要的电能，全部由蓄电池供给。

一、蓄电池

如图4-2所示，蓄电池是一个化学电源。充电时，其内部的化学反应将外接电源的电能转变为化学能储存起来；用电时，再通过化学反应将储存的化学能转变为电能，输出给用电设备。蓄电池的种类繁多，按电解液成分的不同分为碱性蓄电池和酸性蓄电池。由于酸性蓄电池电极的主要成分是铅，所以又称铅酸蓄电池，简称铅蓄电池。由于发动机起动时，蓄电池必须能够为起动机提供200～600A的电流，有些大功率柴油机起动机的起动电流高达1000A，且要持续5s以上的时间；在发电机发生故障不能工作时，蓄电池的容量应能维持车辆行驶一定的时间。所以要求汽车用蓄电池有尽可能小的内阻以及足够大的容量。铅蓄电池虽然比能较低，但其内阻小、电压稳定、在短时间内能提供较大的电流，并且结构简单、原料丰富，因而在汽车上得到广泛的应用。

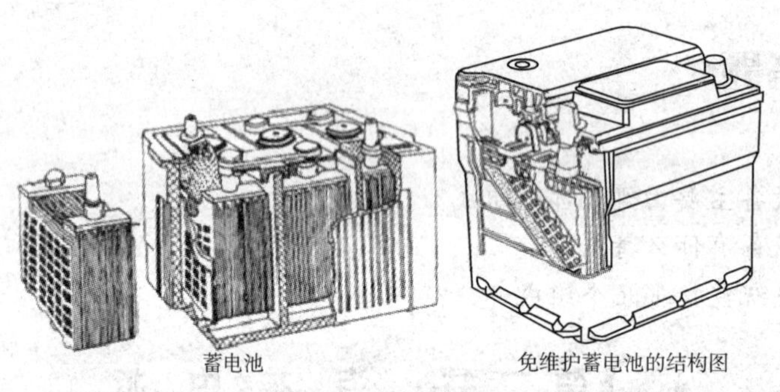

蓄电池　　免维护蓄电池的结构图

图4-2　蓄电池

汽车用铅蓄电池又分为普通型、干式荷电型、湿式荷电型和免维护型。干式荷电型蓄电池除具有普通型铅蓄电池的全部功能外，其主要特点是蓄电池内部无电解液储存，极板是干的，且处于荷电状态，新的蓄电池不必经过长时间的初充电即可投入使用。湿式荷电型蓄电池的极板为荷电状态，蓄电池内部有少量的电解液，大部分电解液被极板和隔板吸收并储存起来。免维护型蓄电池是在汽车合理使用过程中，不需要添加蒸馏水的一种新型蓄电池。免维护蓄电池的电解液，由制造厂一次性加注，并密封在壳体内，因此电解液不会泄漏、不会腐蚀接线柱和机体，在使用中不需加注蒸馏水或补充电解液来调节液面高度，无须维护。

表4-1所示为常见的车用蓄电池。

蓄电池的类型　　表 4-1

类　　型	优　　点	缺　　点	适用车辆
铅酸蓄电池	结构简单;价格便宜;内阻小;电压稳定;可以短时间供给起动机强大的起动电流	比容量小;使用寿命相对较短	一般车辆
镍碱蓄电池	容量大;使用寿命长;维护简单;能承受大电流放电而不易损坏	活性物质导电性差;价格较高	使用时间长、可靠性高的车辆
电动车蓄电池	比容量大;无污染;充、放电性能好;使用寿命长	结构复杂;成本高	电动汽车

1 蓄电池的功用

图 4-1 所示为汽车电源系统的组成,其中蓄电池是一种可逆直流电源,其功用是:

(1)起动发动机时,蓄电池向起动系统、点火系统、仪表、警告装置、发电机激磁等用电设备供电。

(2)当发动机低速运转、发电机电压低于蓄电池的充电电压时,由蓄电池向用电设备供电。

(3)当发动机中、高速运转,发电机电压高于蓄电池的充电电压时,蓄电池将发电机的剩余电能储存起来。

(4)当发电机过载时,蓄电池协助发电机向用电设备供电。

(5)蓄电池还可以吸收电路中的瞬时过电压,保持汽车电气系统电压的稳定,保护电子元件。

2 普通蓄电池的结构

铅酸蓄电池的结构如图 4-3 所示,是由正负极板、隔板、壳体、电解液和极柱等组成,一般由 3 个或 6 个单格电池串联而成。

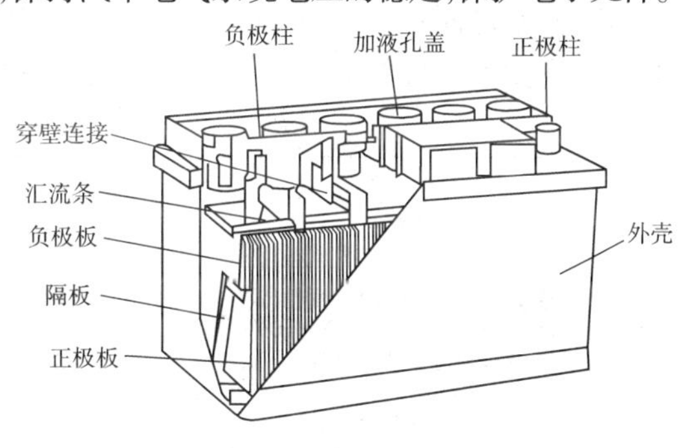

图 4-3　蓄电池的结构

❶ 极板

如图 4-5 所示,极板是蓄电池的核心部分,蓄电池充、放电的化学反应主要是依靠极板上的活性物质与电解液进行的。极板分为正极板和负极板,均由栅架和活性物质组成。

图 4-4a)所示为栅架的结构图,图 4-4b)所示为桑塔纳轿车蓄电池放射形栅架的结构。栅架的作用是固结活性物质。栅架一般由铅锑合金铸成,具有良好的导电性、耐蚀性和一定

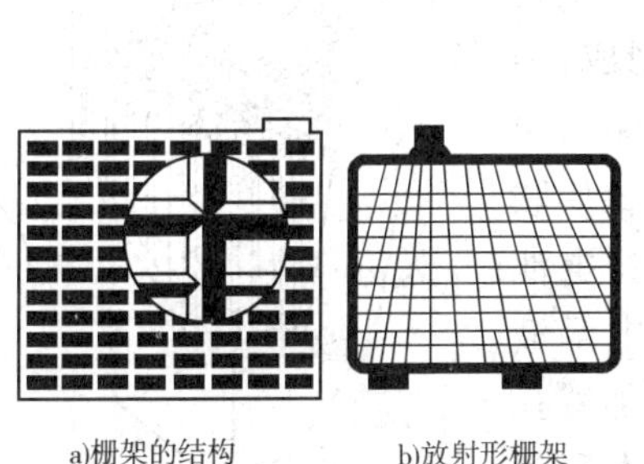
a)栅架的结构　b)放射形栅架

图 4-4　栅架

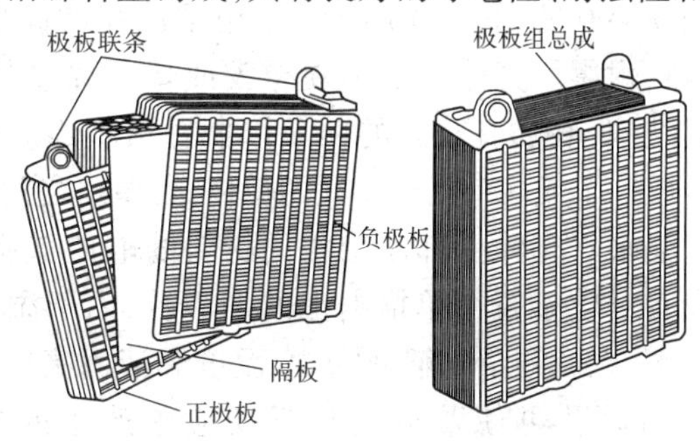

图 4-5　极板结构

的机械强度。为了降低蓄电池的内阻,改善蓄电池的起动性能,有些铅蓄电池采用了放射形栅架。

如图4-5所示,正极板上的活性物质是二氧化铅(PbO_2),呈深棕色;负极板上的活性物质是海绵状的纯铅(Pb),呈青灰色。将活性物质调成糊状填充在栅架的空隙里并进行干燥即形成极板。

将正、负极板各一片浸入电解液中,可获得2V左右的电动势。为了增大蓄电池的容量,常将多片正、负极板分别并联,组成正、负极板组。在每个单格电池中,正极板的片数要比负极板少一片,这样每片正极板都处于两片负极板之间,可以使正极板两侧放电均匀,避免因放电不均匀造成极板拱曲。

❷ 隔板

隔板插放在正、负极板之间,以防止正、负极板互相接触造成短路。隔板应耐酸并具有多孔性,以利于电解液的渗透。常用的隔板材料有木质、微孔橡胶和微孔塑料等。其中,木质隔板耐酸性较差,微孔橡胶隔板性能最好但成本较高,微孔塑料隔板孔径小、孔率高、成本低,因此被广泛采用。

❸ 电解液

电解液在蓄电池的化学反应中,起到离子间导电的作用,并参与蓄电池的化学反应。电解液由纯硫酸(H_2SO_4)与蒸馏水按一定比例配制而成,其密度一般为1.24~1.30g/cm^3。

电解液的密度对蓄电池的工作有重要影响,密度大,可减少结冰的危险并提高蓄电池的容量,但密度过大,则黏度增加,反而降低蓄电池的容量,缩短使用寿命。电解液密度应随地区和气候条件而定,表4-2列出了不同地区和气温下的电解液的密度。另外,电解液的纯度也是影响蓄电池性能和使用寿命的重要因素之一。

电解液的密度 表4-2

气候条件	完全充足电的蓄电池25℃时电解液的密度(g/cm^3)	
	冬季	夏季
冬季温度低于-40℃地区	1.30	1.26
冬季温度高于-40℃地区	1.28	1.25
冬季温度高于-30℃地区	1.27	1.24
冬季温度高于-20℃地区	1.26	1.23
冬季温度高于0℃地区	1.24	1.23

❹ 壳体

如图4-6所示,壳体用于盛放电解液和极板组,应该耐酸、耐热、耐震。壳体多采用硬橡胶或聚丙烯塑料制成,为整体式结构,底部有凸起的肋条以搁置极板组。壳体内由间壁分成3个或6个互不相通的单格,各单格之间用铅质联条串联起来。壳体上部使用相同材料的电池盖密封,电池盖上设有对应于每个单格电池的加液孔,用于添加电解液和蒸馏水,以及测量电解液密度、温度和液面高度。加液孔盖上的通风孔可使蓄电池化学反应中产生的气体顺利排出。

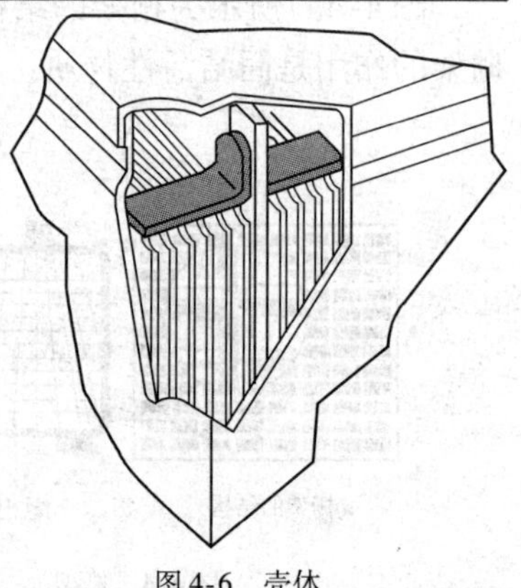

图4-6 壳体

3 铅蓄电池的工作原理

❶ 铅蓄电池的静止电动势

将铅蓄电池的正、负极板浸入电解液中，正、负极板与电解液相互作用，在正、负极板间就会产生约2.1V的静止电动势。

❷ 铅蓄电池的放电

当铅蓄电池的正、负极板浸入电解液中时，在正、负极板间就会产生约2.1V的静止电动势，此时若接入负载，在电动势的作用下，电流就会从蓄电池的正极经外电路流向蓄电池的负极，这一过程称为放电，蓄电池的放电过程是化学能转变为电能的过程。

放电时，正极板上的 PbO_2 和负极板上的Pb，都与电解液中的 H_2SO_4 反应生成硫酸铅($PbSO_4$)，沉附在正、负极板上。电解液中 H_2SO_4 不断减少，密度下降。

理论上，放电过程可以进行到极板上的活性物质被耗尽为止，但由于生成的 $PbSO_4$ 沉附于极板表面，阻碍电解液向活性物质内层渗透，使得内层活性物质因缺少电解液而不能参加反应，因此在使用中被称为放完电蓄电池的活性物质利用率只有20%~30%。因此，采用薄型极板，增加极板的多孔性，可以提高活性物质的利用率，增大蓄电池的容量。

蓄电池放电终了的特征是：

(1)单格电池电压降到放电终止电压；

(2)电解液密度降到最小许可值。

❸ 铅蓄电池的充电

充电时，蓄电池的正、负极分别与直流电源的正、负极相连，当充电电源的端电压高于蓄电池的电动势时，在电场的作用下，电流从蓄电池的正极流入，负极流出，这一过程称为充电。蓄电池充电过程是电能转换为化学能的过程。

充电时，正、负极板上的 $PbSO_4$ 还原成 PbO_2 和Pb，电解液中的 H_2SO_4 增多，密度上升。

当充电接近终了时，$PbSO_4$ 已基本还原成 PbO_2 和Pb，这时，过剩的充电电流将电解水，使正极板附近产生 O_2 从电解液中逸出，负极板附近产生 H_2 从电解液中逸出，电解液液面高度降低。因此，铅蓄电池需要定期补充蒸馏水。

蓄电池充足电的标志是：

(1)电解液中有大量气泡冒出，呈沸腾状态；

(2)电解液的密度和蓄电池的端电压上升到规定值，且在2~3h内保持不变。

4 干式荷电铅酸蓄电池

干荷式蓄电池的全称是干式荷电铅酸蓄电池，该电池主要是负极板的制造工艺与普通电池不同，干荷式蓄电池在负极板铅膏中加入松香、油酸、硬脂酸等防化剂，并且在化成过程中有一次深放电循环或反复地进行充、放电。化成后的极板，用清水冲洗后，再放入防氧化剂中进行浸渍处理，使极板表面生成一层保护膜，并采用干燥工艺，即制成干荷电极板。

它的主要特点是负极板有较高的储电能力，可以较长时间的保存，在完全干燥状态下，能在两年内保存所得到的电量，使用时，只需加入电解液，等过20~30min不需要充电即可使用。

5 免维护蓄电池

免维护蓄电池又称MF蓄电池，免维护是指在汽车合理使用期间，不需要对蓄电池进行加注蒸馏水、检测电解液液面高度、检测电解液密度等维护作业。免维护蓄电池特点：

(1)栅架材料采用铅钙合金,既提高了栅架的机械强度,又减少了蓄电池的耗水量和自放电。使用中无须补加蒸馏水,使用寿命长,耐过充电性能好,内阻小,起动性能好。

(2)采用了袋式微孔聚氯乙烯隔板,将正极板装在隔板袋内,既可避免正极板上的活性物质脱落,又能防止极板短路。因此壳体底部不需要凸起的肋条,降低了极板组的高度,增大了极板上方的容积,使电解液储存量增多。

(3)如图4-7所示,蓄电池内部安装有电解液密度计,可自动显示蓄电池的存电状态和电解液液面的高低。如果密度计的观察窗呈绿色,表明蓄电池存电充足,可正常使用;若显示深绿色或黑色,表明蓄电池存电不足,需补充充电;若显示浅黄色,表明蓄电池已接近报废。

(4)采用了新型安全通气装置和气体收集器,在孔盖内部设置了一个氧化铝过滤器,可阻止水蒸气和硫酸气体通过,同时又可以使氢气和氧气顺利逸出。通气塞中装有催化剂钯,可促使氢、氧离子重新结合成水回到蓄电池中。

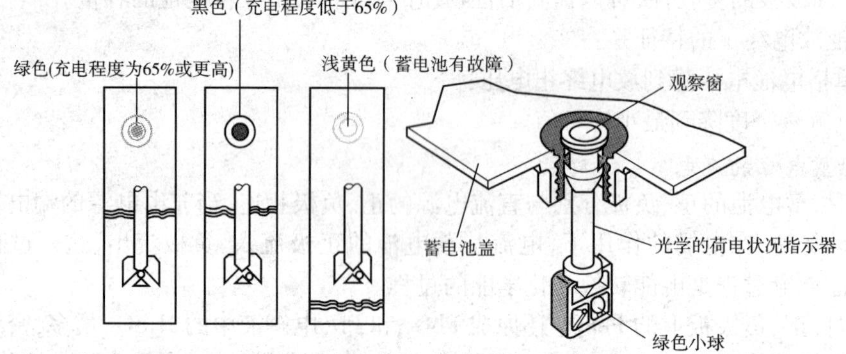

图4-7　免维护蓄电池

6 铅蓄电池的型号

按机械工业部《铅蓄电池产品型号编制方法》(JB 2599—1985)标准规定,铅蓄电池的型号分为三部分:如型号6-QA-60代表额定电压为12V、额定容量为60A·h的起动型干荷电铅蓄电池。表4-3所示为铅蓄电池的型号。

铅蓄电池的型号　　表4-3

第一部分	第二部分		第三部分	
串联的单格电池数	蓄电池的类型	蓄电池的特征	蓄电池的额定容量	蓄电池的特殊性能
用阿拉伯数字表示	用大写的汉语拼音字母表示,如: Q——起动用铅蓄电池; N——内燃机车用蓄电池; M——摩托车用蓄电池	用大写的汉语拼音字母表示,如: A——干荷电铅蓄电池; H——湿荷电铅蓄电池; W——免维护铅蓄电池; B——薄型极板; 无字母——普通铅蓄电池	20h率放电率的额定容量,单位为A·h,单位略去不写	用大写的汉语拼音字母表示,如: G——高起动率; D——低温性能好; S——塑料槽蓄电池

二、发电机与调节器

1 发电机

车用发电机是在发动机的驱动下，将机械能转变为电能的装置。它作为汽车的主要电源，其作用是在发动机怠速以上转速运行时，为电气设备供电且不断地给蓄电池充电。

目前，国内外汽车使用的发电机几乎都是交流发电机。这是因为交流发电机与直流发电机相比，具有体积小、质量轻、结构简单、维修方便、寿命长、发动机低速时充电性能好、配用的调节器结构简单、产生的无线电干扰信号弱、能节省大量铜材等优点，因此，自诞生后即得到迅速普及。

汽车用交流发电机通过二极管整流，使其输出直流电，由于整流二极管是硅材料，所以又称硅整流交流发电机。

❶ 硅整流交流发电机的类型

（1）硅整流发电机按总体结构的不同，分为：

①普通交流发电机：指无特殊装置和特殊功能的汽车交流发电机，如 JF132 交流发电机。

②整体式交流发电机：指内装电子调节器的交流发电机，如一汽大众奥迪、高尔夫、捷达和上海桑塔纳等轿车用 JFZ1613Z 型交流发电机。

③带泵交流发电机：指带真空泵的交流发电机，如 JFB1712 系列交流发电机。

④无刷交流发电机：指无电刷和滑环结构的交流发电机，如 JFW1913 型交流发电机。

⑤永磁交流发电机：指转子磁极采用永磁材料的交流发电机。

（2）如图 4-8 所示，按整流器结构不同，交流发电机又可分为：

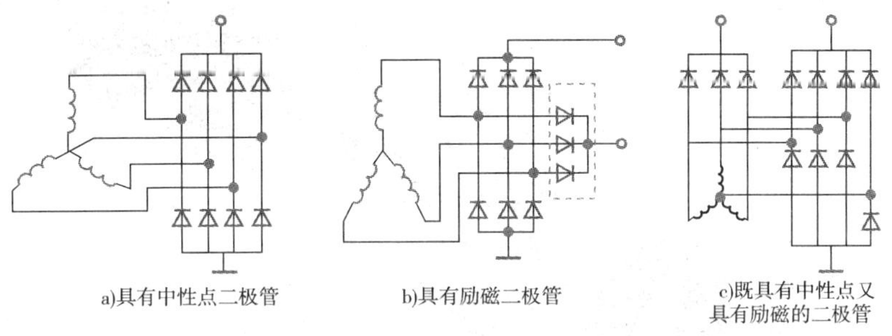

a)具有中性点二极管　b)具有励磁二极管　c)既具有中性点又具有励磁的二极管

图 4-8　整流电路

①6 管交流发电机：指整流器是由 6 个硅整流二极管组成的三相桥式全波整流电路的交流发电机。

②8 管交流发电机：有些发电机为了利用中性点电压，增加了 2 个中性点二极管，将发电机中性点电压整流后汇入发电机输出端，可以提高发电机的功率，则其整流器总成有 8 个二极管。

③9 管交流发电机：有些发电机为了向励磁绕组供电，还装有 3 个励磁二极管，与整流器的 3 个负极二极管形成另一个全波整流电路，因此其整流器有 9 个二极管。

④11 管交流发电机：有些发电机的整流器中既有中性点二极管，又有励磁二极管，则其整流器具有 11 个二极管。

(3)按励磁绕组搭铁形式不同,交流发电机可分为:

①内搭铁交流发电机:如图 4-9a)所示,励磁绕组的一端经负电刷(E)引出后和后端盖直接相连(直接搭铁)的发电机称为内搭铁型交流发电机,JF132N 交流发电机就是这种形式。

②外搭铁交流发电机:如图 4-9b)所示,励磁绕组的两端 (F 和 E)均和端盖绝缘的发电机称为外搭铁型交流发电机。多数采用电子调节器的发电机都是这种类型。

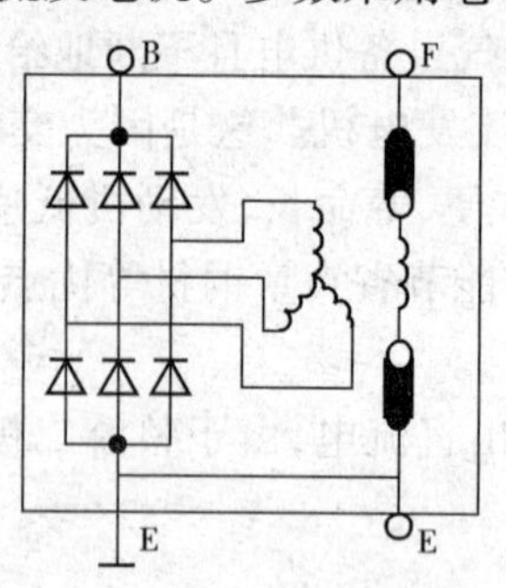

a)内搭铁型交流发电机

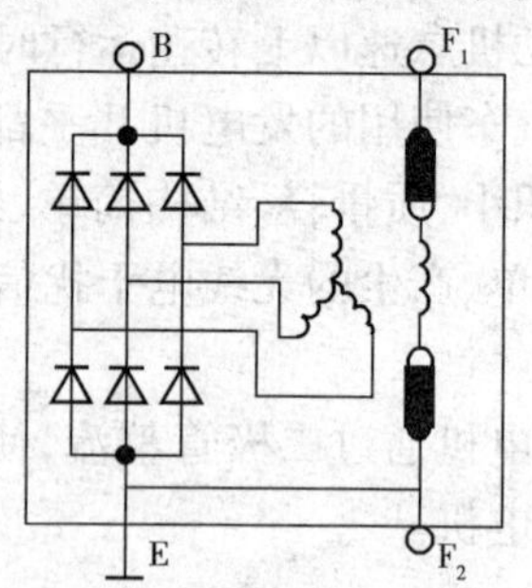

b)外搭铁型交流发电机

图 4-9　交流发电机的搭铁形式

❷ 硅整流交流发电机的结构

图 4-10 所示为 JF132 型普通交流发电机解体图。硅整流交流发电机由一台三相同步交流发电机和硅二极管整流器组成。发电机工作时产生的三相交流电通过整流器进行三相桥式全波整流后转变为直流电。硅整流交流发电机由转子总成、定子总成、整流器、前后端盖、风扇叶轮等组成。

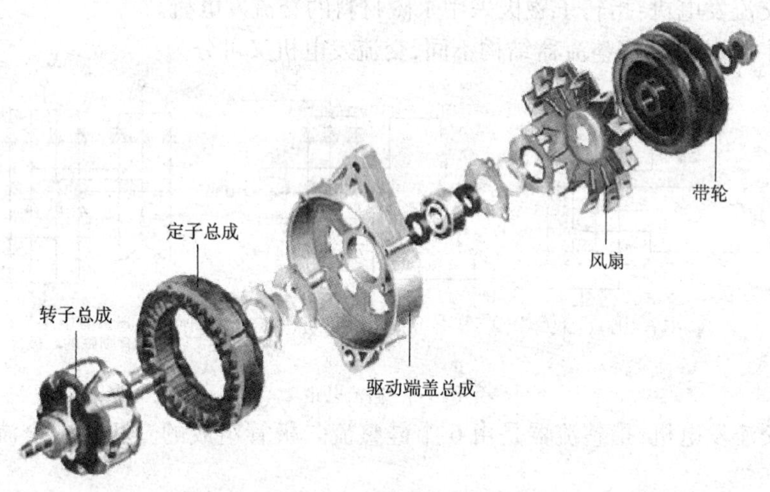

图 4-10　发电机分解图

(1)转子。图 4-11 所示为转子分解图。转子的功用是产生磁场。转子由爪极、磁轭、励磁绕组、滑环、转子轴等组成。

转子轴上压装着两块爪极,爪极被加工成鸟嘴形状,爪极空腔内装有励磁绕组和磁轭。

滑环由两个彼此绝缘的铜环组成,压装在转子轴上并与轴绝缘,两个滑环分别与励磁绕组的两端相连。

当给两滑环通入直流电时，励磁绕组中就有电流通过，并产生轴向磁通，使爪极一块被磁化为 N 极，另一块被磁化为 S 极，从而形成六对（或八对）相互交错的磁极。

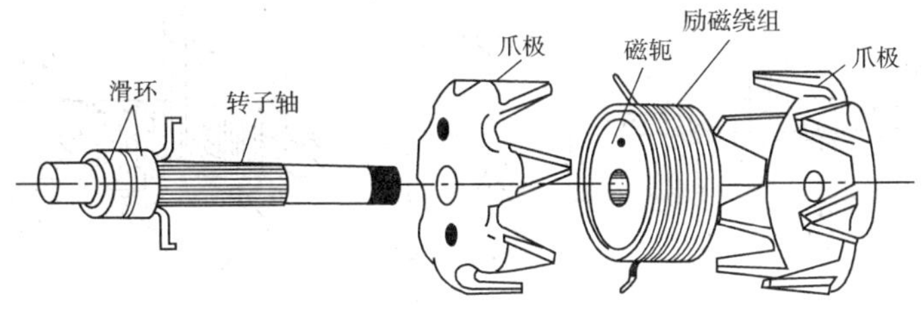

图 4-11 交流发电机转子分解图

当转子转动时，就形成了旋转的磁场。

（2）定子。定子的功用是产生交流电。

定子安装在转子的外面，由定子铁芯和定子绕组（线圈）组成，如图 4-11 所示。定子铁芯由内圈带槽、互相绝缘的硅钢片叠成，定子和发电机的前后端盖固定在一起，当转子在其内部转动时，引起定子绕组中磁通的变化，定子绕组中就产生交变的感应电动势。

如图 4-12a）、b）所示，定子绕组有三组线圈，对称的嵌放在定子铁芯的槽中。三相绕组的连接有星形接法和三角形接法两种，都能产生三相交流电。

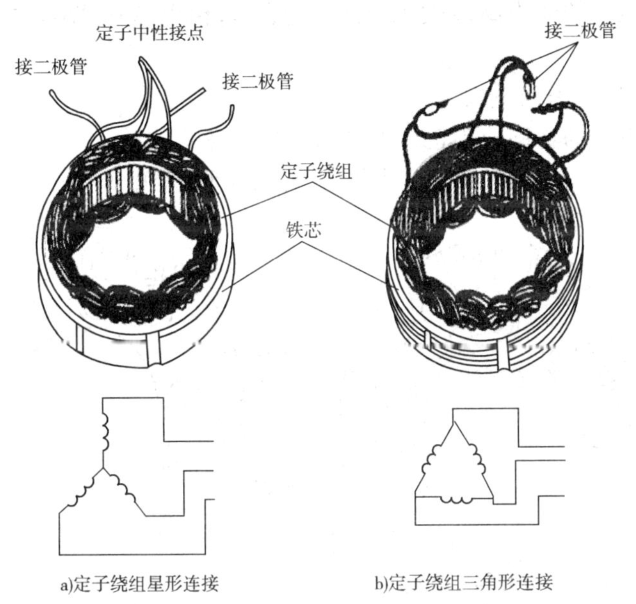

图 4-12 交流发电机定子总成及连接方式

（3）整流器。整流器的功用是将定子绕组的三相交流电变为直流电。

整流器由整流板和整流二极管组成，由 6 个（8 个、9 个或 11 个）硅二极管组成的三相桥式全波整流电路，在发动机工作时将三相定子绕组中产生的交流电转变为直流电。在负极搭铁的发电机中，3 个（或 4 个）二极管的壳体为负极，压装在与发电机机体绝缘的元件板上，并与发电机的输出端（正极）相连，其引线为二极管的正极，称为正极二极管；另外 3 个（或 4 个）二极管的壳体为正极，压装在不与机体绝缘的元件板上，或直接压装在电刷端盖上，作为发电机的负极，其引线为负极，称为负极二极管。

如图 4-13 所示，6 个整流二极管分为正极管和负极管两种。引出电极为正极的称为正极管,3 个正极管装在同一块板上,称为正极板;引出电极为负极的称为负极管,3 个负极管安装在负极板上,也可直接安装在后盖上。

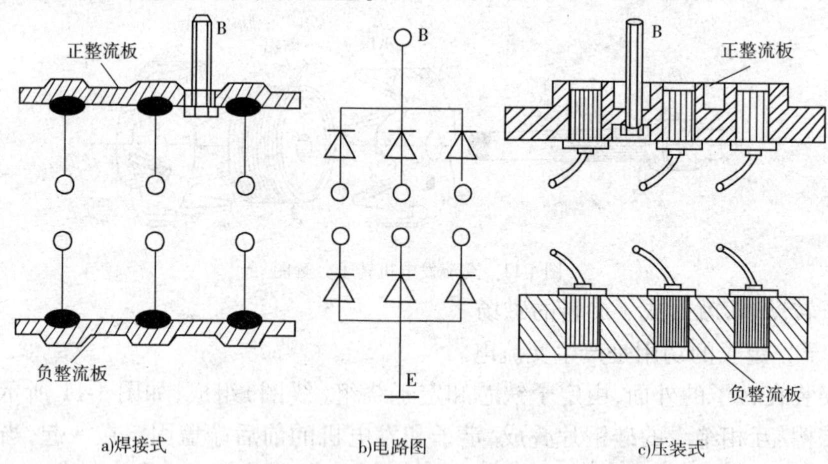

图 4-13 6 管交流发电机整流二极管安装示意图

汽车用硅整流二极管是专用的,有如下特点:

①允许的工作电流大,如 ZQ50 型二极管的正向平均电流为 50A,浪涌电流为 600A。

②承受反向电压的能力高,可承受的反向重复峰值电压在 270V 左右,反向不重复峰值电压在 300V 左右。

③只有一根引线(引出电极)。

④根据引出电极的不同分为正二极管和负二极管。

如图 4-14 所示,整流器总成的形状各异,有马蹄形、半圆形和圆形等。

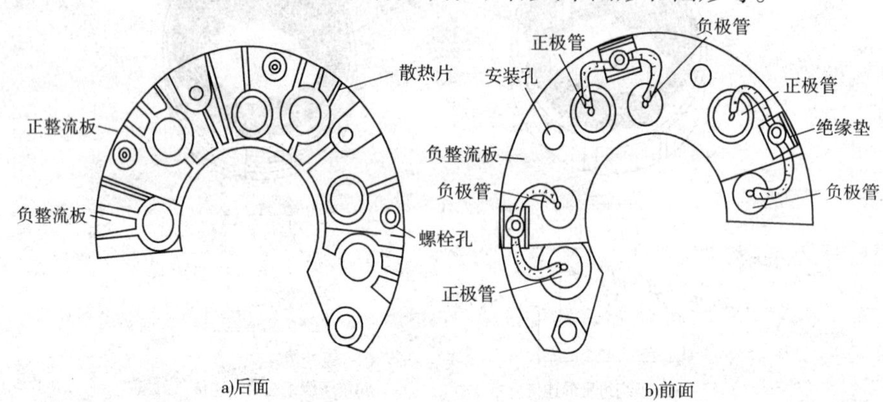

图 4-14 JF132 发电机整流器总成

图 4-15 所示为整流器和定子绕组的连接图。

(4)端盖及电刷组件。端盖一般分两部分(前端盖和后端盖),起支撑转子、定子、整流器和电刷组件的作用。端盖一般用铝合金铸造,一是可有效的防止漏磁,二是铝合金散热性能好。后端盖上装有电刷组件。

如图 4-16 所示,电刷组件由电刷、电刷架和电刷弹簧组成。

电刷的作用是将电源通过滑环引入励磁绕组。两个电刷分别装在电刷架的孔内,借助弹簧压力与滑环保持接触。

电刷和滑环的接触应良好,否则会因为磁场电流过小,导致发电机发电不足。

(5)带轮及风扇。交流发电机的前端装有带轮和风扇,由发动机通过传动带驱动发电机的转子轴和风扇一起旋转。

发电机工作时,定子绕组和励磁绕组中都会有热量产生,温度过高会烧坏导线的绝缘,导致发电机不能正常工作,所以为发电机散热是必须的,为了提高散热能力,有的发电机装有两个风扇(前后各一个),如丰田轿车的发电机。

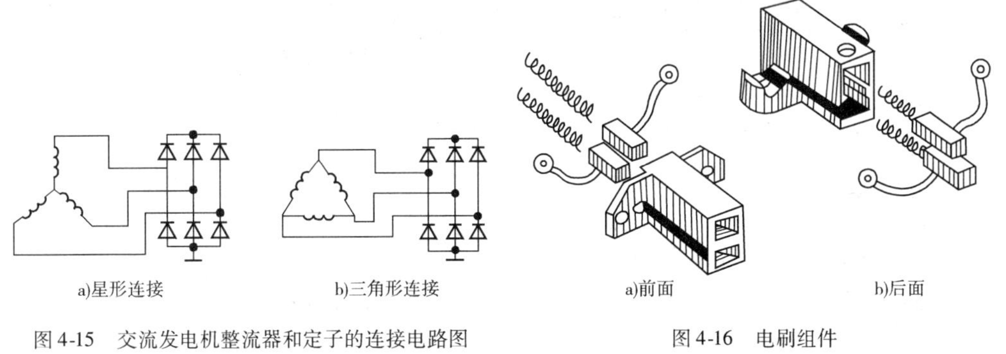

图 4-15 交流发电机整流器和定子的连接电路图

图 4-16 电刷组件

2 交流发电机发电及整流原理

如图 4-17 所示,发电机定子的三相绕组按一定规律分布在发电机的定子槽中,内部有一个转子,转子上安装着爪极和励磁绕组。

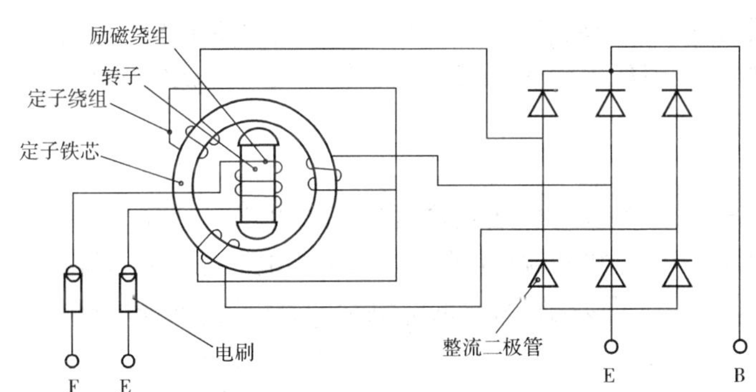

图 4-17 交流发电机发电原理示意图

当外电路通过电刷使励磁绕组通电时,便产生磁场,使爪极被磁化为 N 极和 S 极。当转子旋转时,磁通交替地在定子绕组中变化,根据电磁感应原理可知,定子的三相绕组中便产生交变的感应电动势,这就是交流发电机的发电原理。

交流发电机定子的三相绕组中,感应产生的是交流电,是通过 6 个二极管组成的三相桥式整流电路整流为直流电的,整流电路如图 4-18a)所示。

二极管具有单向导通性,当给二极管加上正向电压时二极管导通,当给二极管加上反向电压时二极管截止。将定子的三相绕组和 6 个整流二极管按图 4-18a)的电路连接,发电机的输出端 B、E 上就输出一个脉动直流电压,如图 4-18b)、c)所示,这就是发电机的整流原理。

3 交流发电机的励磁

除了永磁式交流发电机不需要励磁以外,其他形式的交流发电机都需要励磁,因为它们的磁场都是电磁场,必须给励磁绕组通电才会有磁场产生而发电,否则发电机将不能发电。

将电流引入到励磁绕组使之产生磁场称为励磁。交流发电机励磁方式有自励和他励两种。

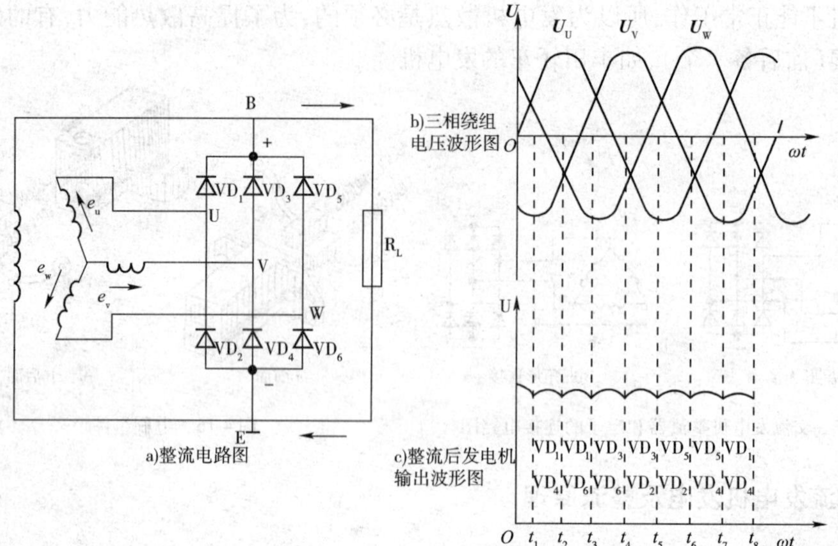

图 4-18 交流发电机整流原理

❶ 他励

在发电机转速较低时(发动机未达到怠速转速),自身不能发电,需要蓄电池供给发电机励磁绕组电流,使励磁绕组产生磁场来发电。这种由蓄电池供给磁场电流发电的方式称为他励发电。

❷ 自励

随着转速的提高(一般在发动机达到怠速时),发电机定子绕组的电动势逐渐升高并能使整流器二极管导通,当发电机的输出电压 U_B 大于蓄电池电压时,发电机就能对外供电了。当发电机能对外供电时,就可以把自身发的电供给励磁绕组,这种自身供给磁场电流发电的方式称为自励发电。

交流发电机励磁过程是先他励后自励。当发动机达到正常怠速转速时,发电机的输出电压一般高出蓄电池电压 1 ~2V 以便对蓄电池充电,此时,由发电机自励发电。

交流发电机的励磁电路如图 4-19、图 4-20 所示。不同汽车的励磁电路各不相同,但有

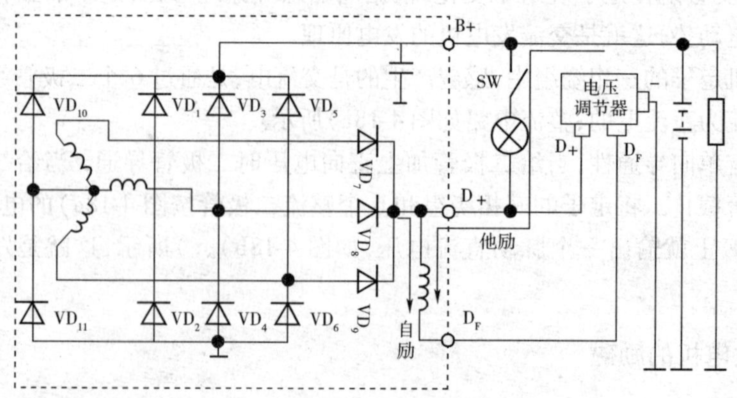

图 4-19 11 管外搭铁型交流发电机的励磁

一个共同特点是，励磁电路都必须由点火开关控制。

③ 利用中性点电压提高发电机功率

如图 4-21 所示，有的发电机（如夏利发电机）的整流器有 8 个整流管，其中两个整流管接在中性点处(1 个正极管和 1 个负极管)。把中性点电压和三相绕组并联输出，实践证明这样可提高发电机功率 10% ~15% 。

由于中性点电压的瞬时值是一个三次谐波，其波峰在有些时候可能大于三相绕组的最高值，此时，中性点正极管 VD_7 导通，其他 3 个正极管截止，由 VD_7 供给外电路高电压；同理，波谷也能小于三相绕组的最低值，此时，中性点负极管 VD_8 导通，参与对外输出，这样就提高了发电机的对外输出能力，提高了发电机的输出功率。

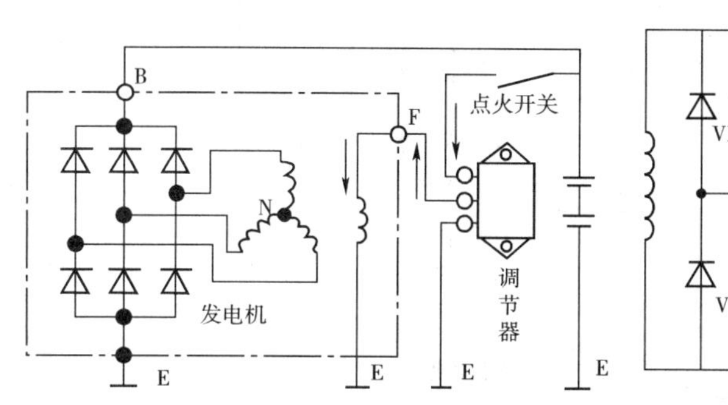

图 4-20　6 管内搭铁型交流发电机的励磁

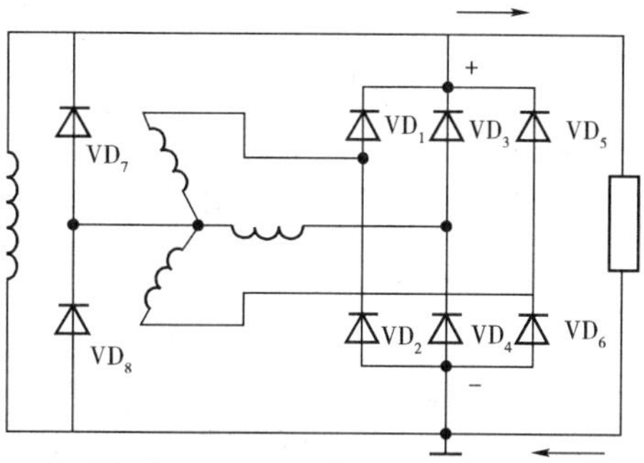

图 4-21　8 管交流发电机的励磁

4 电压调节器

发电机的端电压与发电机的结构常数、转速、磁通、负载电阻及定子绕组的阻抗有关。而发电机在汽车上是由发动机按固定的传动比驱动旋转的，其转速随发动机转速在很大范围内变化，定子绕组的阻抗也随转速的变化相应变化，并且发电机的负载大小也不是固定不变的。由于结构常数一定，要保持发电机端电压平均值恒定，就必须相应地改变磁极磁通。

所以可以通过调节激磁电流平均值的大小，使发电机端电压平均值在不同的转速和负载情况下基本保持恒定。调节器就是利用这一原理工作的。

① 调节器的种类

虽然都是通过调节激磁电流使磁场磁通改变来控制发电机的端电压，但是调节器仍可分为电磁振动式和电子调节器两类。

(1)电磁振动式电压调节器的基本原理。如图 4-22 所示，电磁振动式电压调节器是利用电磁力和弹力的平衡控制触点开闭，改变激磁电路的电阻来改变激磁电流平均值。

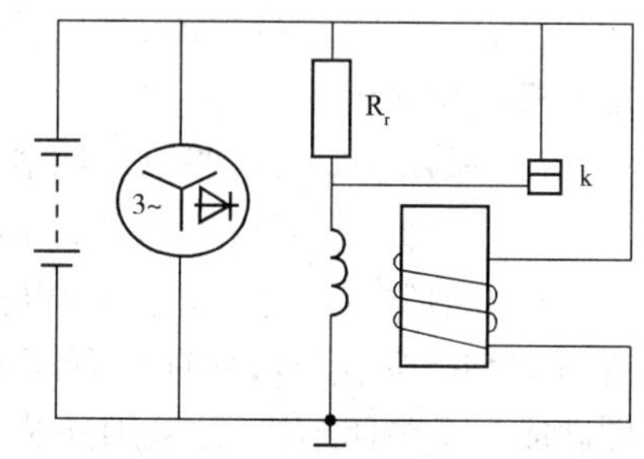

图 4-22　电磁振动式电压调节器

(2)电子调节器的工作原理。内、外搭铁型电子调节器的基本电路为如图 4-23 所示。电子调节器是利用晶体管的开关特性接通与切断激磁电流来改变激磁电流平均值的。由于汽车交流发电机有内搭铁型与外搭铁型之分，与之匹配使用的电子调节器也有内搭铁型与外搭铁型两类。

❷ 轿车整体式交流发电机与集成电路电压调节器的结构特点

(1)转子滑环在后端盖内,有利于防油污和水,使电刷的工作环境改善,拆装也方便,而且提高了工作可靠性。

(2)转子采用双面密封轴承,增加了油封工作可靠性和耐用性。

(3)定子绕组采用波绕法,减小了电动机铁芯端面电场的高次谐波,提高了定子的质量。

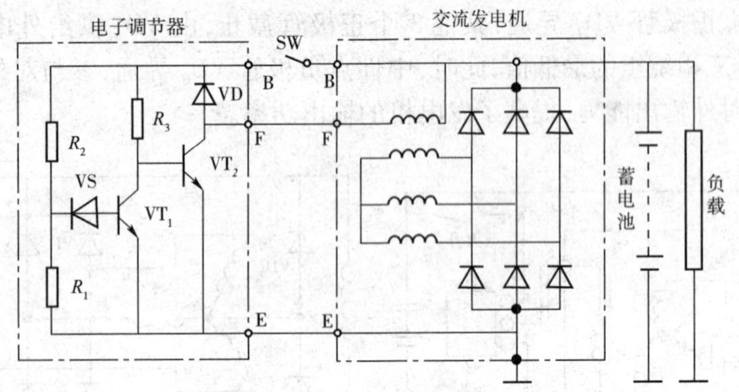

a)内搭铁型电子调节器

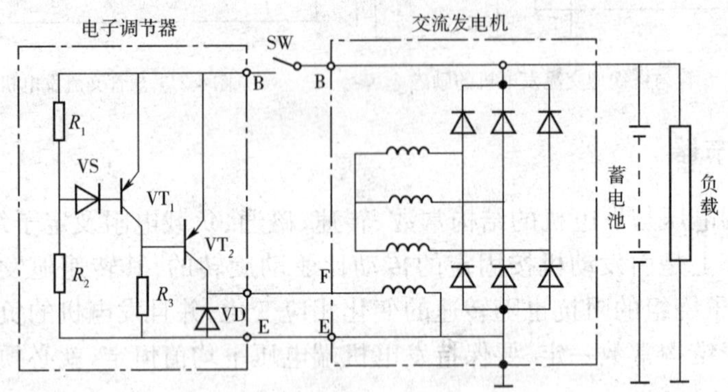

b)外搭铁型电子调节器

图 4-23　电子调节器

(4)发电机输出端装有滤波电容器,减小了对无线电的干扰,从而使输出波形更为平稳。

(5)转动件采用动平衡工艺,特别是爪形转子,每件都经过动平衡校正。

(6)采用 11 管硅整流,在三相绕组的中性点和输出端以及搭铁之间分别接一个二极管,发电机的功率增加。

(7)采用全集成电路电压调节器,并和发电机电刷架连成一个整体,提高了工作可靠性。

(8)冷却风扇采用了不等分结构,可降低高速运转时的噪声。

桑塔纳 2000 型轿车交流发电机接线图如图 4-24 所示,配用的调节器为集成式电压调节器(称为 IC 调节器),具有结构紧凑,工作可靠、体积小、质量轻等优点。IC 调节器与电刷组件制成一个整体结构,并采用外装式结构,当电刷磨损或调节器损坏需要更换时,拆下总成部件的两个固定螺钉,即可取下总成,维修十分方便。IC 调节器与电刷组件总成如图 4-25 所示。整体式交流发电机的内部电路如图 4-26 所示。

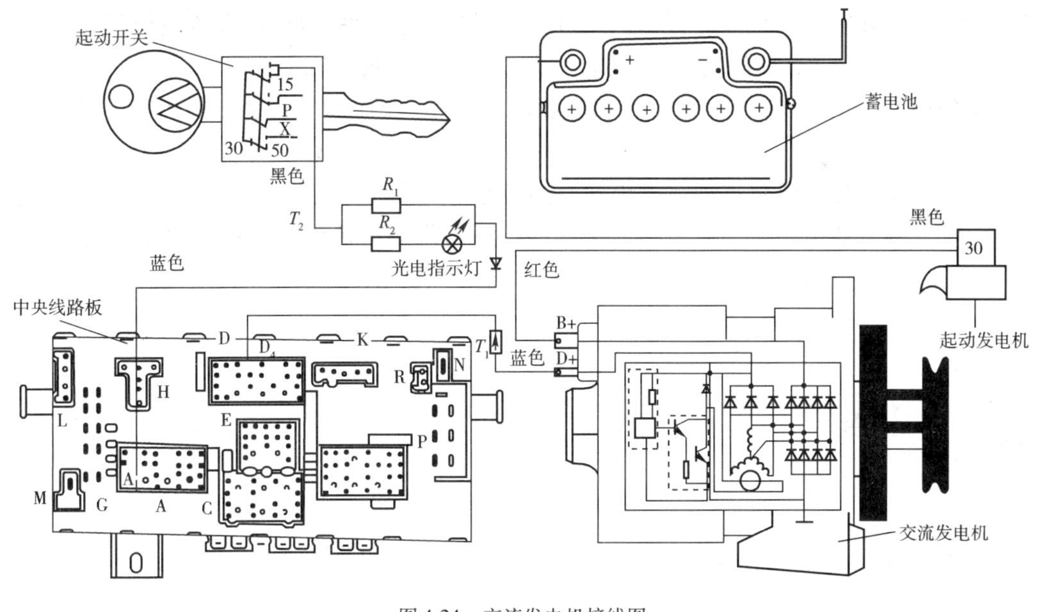

图 4-24　交流发电机接线图

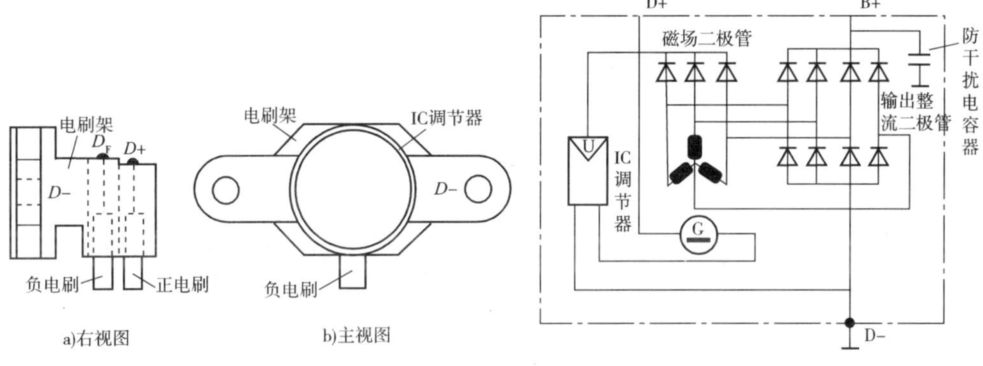

图 4-25　IC 调节器与电刷组件

图 4-26　整体式交流发电机电路图
U、G-磁场绕组

小结

1. 常用的车用蓄电池主要分为三类,分别为普通蓄电池、干荷蓄电池和免维护蓄电池三种。

2. 铅酸蓄电池是由正负极板、隔板、壳体、电解液和极柱等组成。

3. 目前汽车采用三相交流发电机,内部带有二极管整流电路,将交流电整流为直流电。

4. 轿车采用带调节器的整体式交流发电机。它主要由转子总成、定子总成、整流部分、风扇、元件板、带轮、前后端盖等组成。

5. 转子的功用是产生磁场。转子由爪极、磁轭、励磁绕组、滑环、转子轴等组成。

6. 定子的功用是产生交流电。定子由定子铁芯和定子绕组(线圈)组成。

7. 整流器的功用是将定子绕组的三相交流电变为直流电。整流器由整流板和整流二极管组成。

8. 6 管交流发电机的整流器是由 6 只硅整流二极管分别压装(或焊装)在相互绝缘的两

块板上组成的，其中一块为正极板（带有输出端螺栓），另一块为负极板，负极板和发电机外壳直接相连（搭铁），也可以将发电机的后盖直接作为负极板。

9. 将电流引入到励磁绕组使之产生磁场称为励磁。交流发电机励磁方式有自励和他励两种。

10. 调节器可分为电磁振动式电压调节器和电子调节器两类。

11. 电子调节器是利用晶体管的开关特性接通与切断激磁电流来改变激磁电流平均值的。电磁振动式电压调节器是利用电磁力和弹力的平衡控制触点开闭，改变激磁电路的电阻来改变激磁电流平均值。

思考题

1. 蓄电池的功用有哪些？
2. 常用的车用蓄电池主要分为哪三类？
3. 铅酸蓄电池由哪几部分组成？
4. 轿车采用带调节器的整体式交流发电机，它主要由哪几部分组成？
5. 转子的功用是什么？转子由哪些零件组成？
6. 定子的功用是什么？定子由哪些零件组成？
7. 什么是励磁？交流发电机励磁方式有哪些？
8. 调节器可分为哪几种？

第三节　汽油机起动系统

学习目标

1. 了解并掌握起动系统的作用、组成、分类。
2. 掌握起动系统的工作原理。

现代轿车上，使用最多的是活塞式内燃机，即汽油机和柴油机，从这两种内燃机的原理可以知道，只有当其转速达到一定的数值时，内燃机才可以向外输出功率做功。因此在车辆开始行驶时就有一个起动内燃机使其转速达到其最低工作转速的过程。通常把汽车发动机曲轴在外力作用下，从开始转动到怠速运转的全过程，称为发动机的起动，完成这一过程的系统称为汽车的起动系统。

一、起动系统概述

1 起动系统的作用

起动系统的作用就是供给发动机曲轴起动转矩，使曲轴达到必需的起动转矩，以便使发动机进入自行运转状态。当发动机进入自由运转状态后,便结束任务,立即停止工作。

2 起动系统的组成

起动系统由蓄电池、起动机和起动控制电路等组成,如图 4-27 所示。

3 起动机的组成及其分类

❶ 组成

起动机俗称马达,由直流电动机、传动机构和控制机构三大部分组成,如图 4-28 所示。

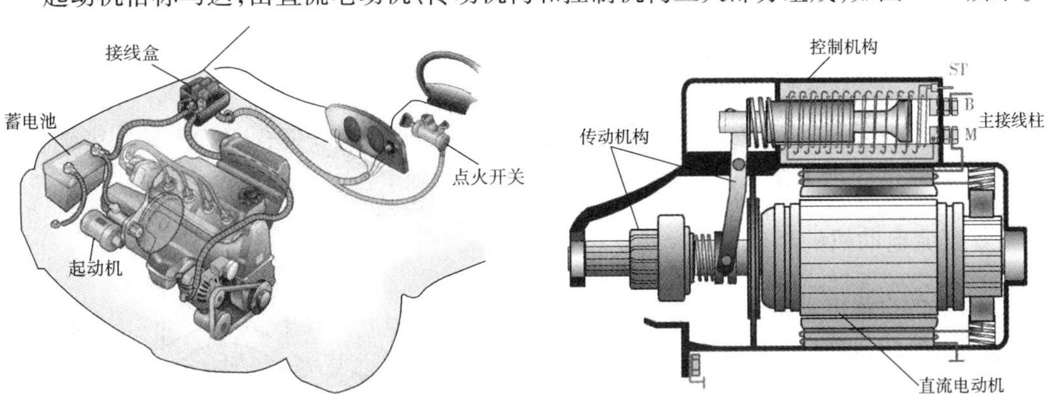

图 4-27　起动系统的组成　　图 4-28　起动机

直流电动机的作用是将蓄电池输入的电能转换为机械能,产生电磁转矩。

传动机构的作用是利用驱动齿轮啮入发动机飞轮齿圈,将直流电动机的电磁转矩传递给曲轴,并及时切断曲轴与电动机之间的动力传递,防止曲轴反拖。

控制机构的作用是接通或切断起动机与蓄电池之间的主电路,并使驱动小齿轮进入或退出啮合。

❷ 分类

起动机按控制机构分为机械控制式和电磁控制式;按传动机构分为惯性啮合式、强制啮合式和电磁啮合式。除上述形式外,还有永磁型起动机、减速式起动机等。

4 起动机的型号

根据《汽车电气设备产品型号编制规则方法》(QT/T 73—1993)的规定,起动机的型号由以下五部分组成:

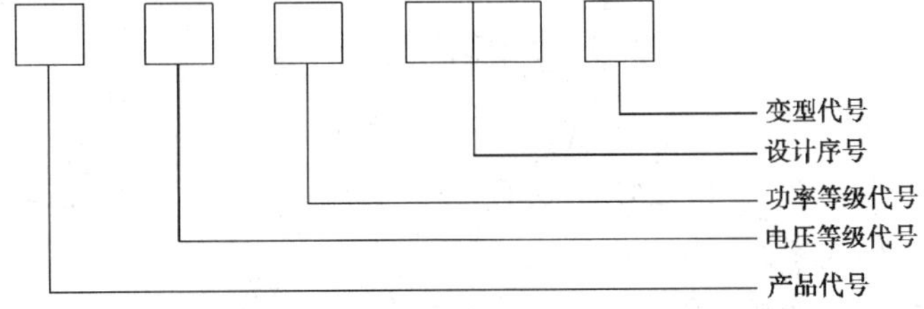

(1)产品代号:QD、QDJ 和 QDY 分别表示起动机、减速式起动机和永磁型起动机。

(2)电压等级代号:1——12V;2——24V。

(3)功率等级代号:含义见表 4-4。

起动机的功率等级代号　　表 4-4

功率等级代号	1	2	3	4	5	6	7	8	9
功率(kW)	~1	>1~2	>2~3	>3~4	>4~5	>5~6	>6~7	>7~8	>8~9

例如:QD124 表示额定电压为 12V,功率为 1~2kW,第四次设计的起动机。

二、起动机用直流电动机

1 直流电动机的工作原理

直流电动机是将电能转变为机械能的装置,它是根据载流导体在磁场中受到电磁力作用而发生运动的原理工作的,如图 4-29 所示。

2 直流电动机的组成

起动机的直流电动机主要由定子、转子、换向器、电刷及端盖等组成,如图 4-30 所示。

❶ 定子

定子俗称磁极,作用是产生磁场,分为励磁式和永磁式两类。为增大转矩,起动机通常采用四个磁极,两对磁极相对交错安装,定子与转子铁芯形成的磁力线回路如图 4-31 所示,低碳钢板制成的机壳是磁路的一部分。

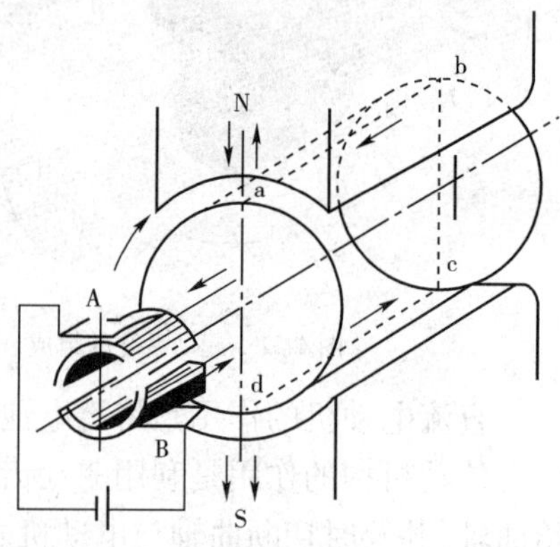

图 4-29　直流电动机的工作原理

❷ 转子

转子俗称电枢,如图 4-32 所示,由电枢轴、铁芯、电枢绕组和换向器等组成。转子的作用是产生电磁转矩。

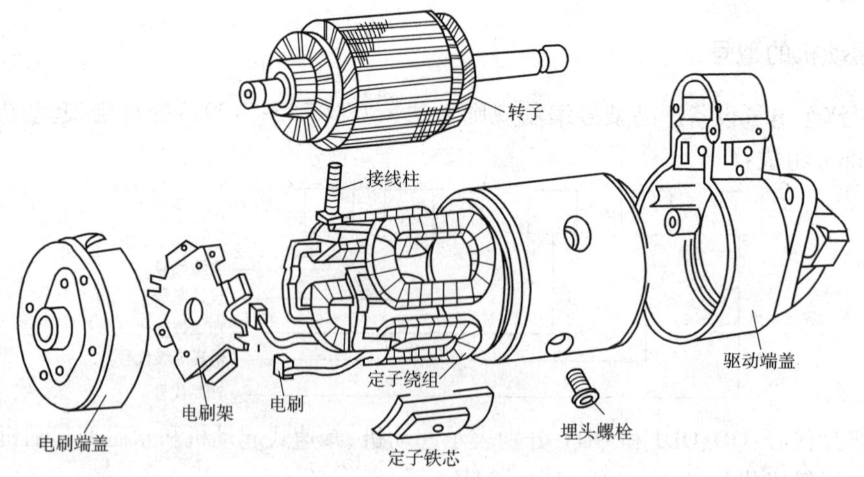

图 4-30　直流电动机的组成

❸ 电刷端盖

电刷端盖一般用铸造或冲压加工方法制成，端盖内装有四个电刷架及电刷，如图4-33所示。

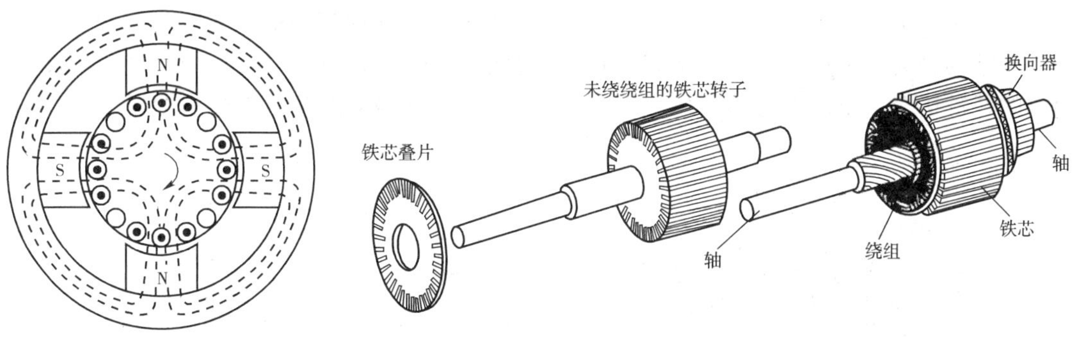

图4-31 定子

图4-32 转子

❹ 驱动端盖

驱动端盖上有拨叉座和驱动齿轮行程调整螺钉，还有支撑拨叉的轴销孔。为了避免电枢轴弯曲变形，一些起动机装有中间支撑板。

两端盖与机壳靠两个较长的穿心连接螺栓将起动机组装成一个整体。端盖与机壳间接合面上一般制有定位用的安装记号。

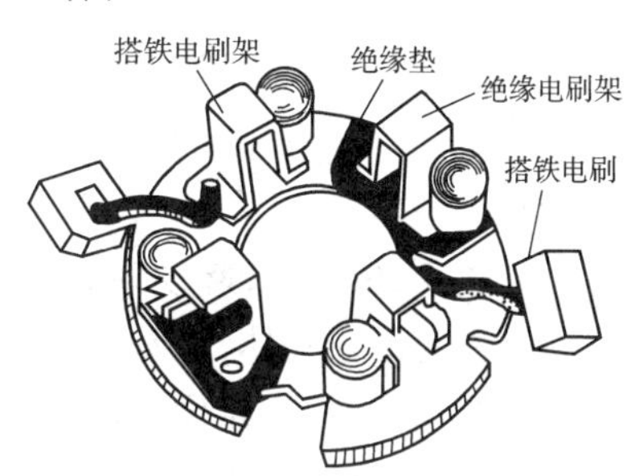

图4-33 电刷端盖

3 直流电动机的类型

直流电动机按励磁方式可分为永磁式和电磁式两大类，电磁式按励磁绕组与电枢绕组的连接关系又可分为并励式、串励式和复励式三种，如图4-34所示。

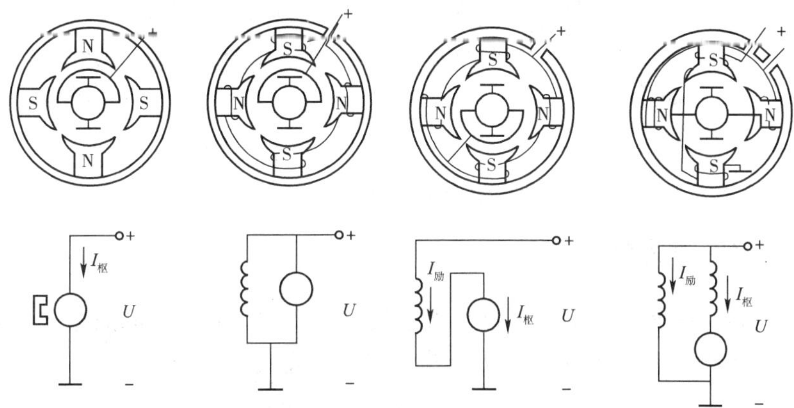

图4-34 直流电动机类型

三、起动机的传动机构

一般起动机的传动机构包括驱动齿轮的单向离合器、减速起动机的传动机构和减速装置。常见起动机单行离合器主要有滚柱式、弹簧式和摩擦片式三种。

1 滚柱式单向离合器

❶ 构造

如图 4-35 所示，滚柱式单向离合器是通过改变滚柱在楔形槽中的位置实现接合和分离的。其结构分为十字块式和十字槽式两种。离合器的套筒内有螺旋花键，与起动机电枢轴前端的花键接合。单向离合器既可在拨叉下沿电枢轴轴向移动，又可在电枢驱动下作旋转运动。

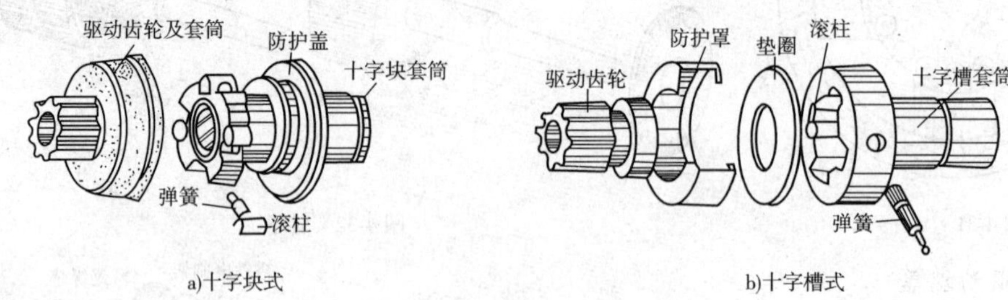

图 4-35　滚柱式单向离合器

❷ 工作过程

如图 4-36 所示，起动时，起动机带动发动机旋转，滚柱被挤到楔形槽窄端，使十字块与驱动小齿轮形成一体，电动机转矩便由此输出。发动机起动后，当飞轮转动线速度超过驱动小齿轮线速度时，飞轮便带动电枢旋转，此时滚柱被推到楔形槽宽端。十字块与驱动小齿轮开始打滑，于是齿轮空转，起到了保护电枢的作用。

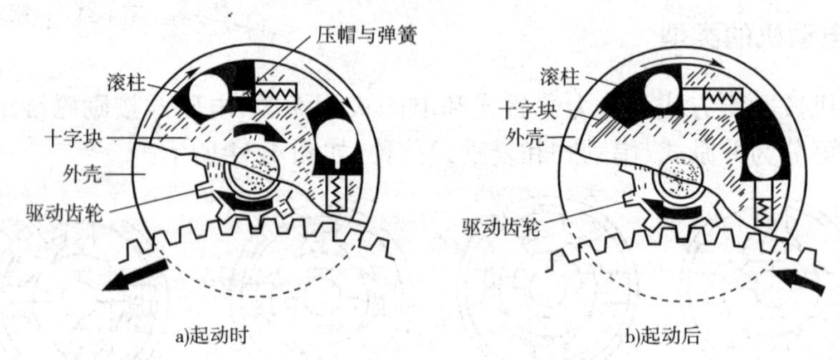

图 4-36　滚柱式单向离合器工作原理

2 弹簧式单向离合器

如图 4-37 所示，弹簧式单向离合器是通过扭力弹簧的径向收缩和放松来实现接合和分离的。驱动齿轮与花键套筒间采用浮动的圆弧定位键连接。

3 摩擦片式单向离合器

摩擦片式单向离合器是通过主动摩擦片、从动摩擦片的压紧和放松来实现接合和分离的，如图 4-38 所示。离合器的花键套筒通过四条内螺纹与电枢花键轴相连接，花键套筒又通过三条外螺纹与内接合鼓连接。

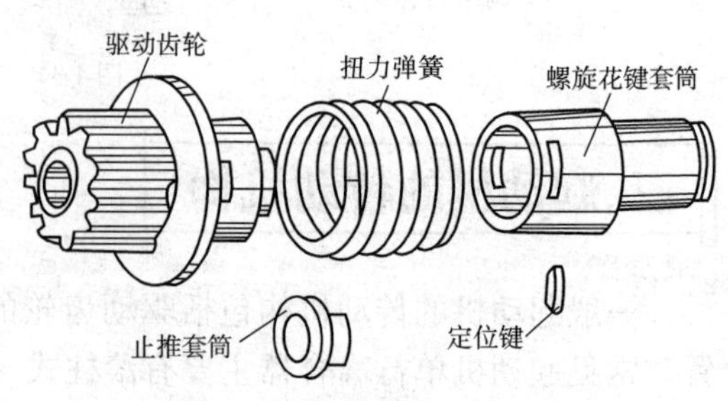

图 4-37　弹簧式单向离合器

四、起动机的控制机构

1 组成

电磁操纵式起动机电路原理如图 4-39 所示。

控制机构由电磁开关、拨叉等组成；电磁开关由吸拉线圈、保持线圈、活动铁芯、主开关接触盘及复位弹簧等组成。其中吸拉线圈与电动机串联，保持线圈与电动机并联。

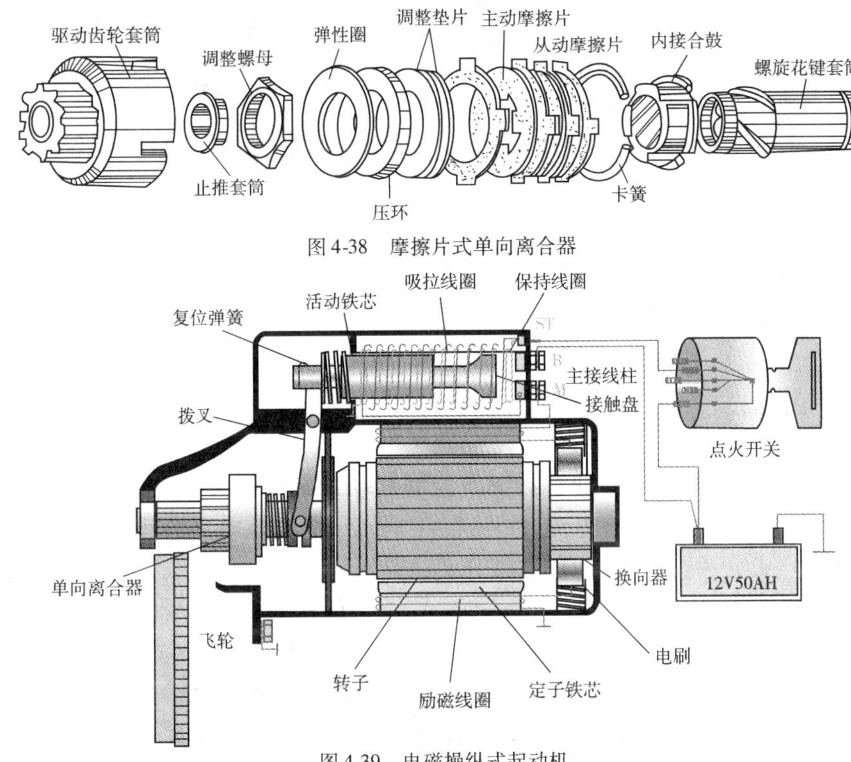

图 4-38 摩擦片式单向离合器

图 4-39 电磁操纵式起动机

2 工作过程

(1)起动机不工作时：驱动齿轮与飞轮齿圈不接触，电磁开关中的接触盘与各接触点分开。

(2)将起动开关接通：蓄电池经起动控制电路向起动机电磁开关通电，此时吸拉线圈与保持线圈磁场方向相同，活动铁芯压动推杆使起动机主开关接触盘与接触点接通，起动机主电路接通；与此同时拨叉将驱动小齿轮推向啮合。

(3)发动机起动后：单向离合器打滑，避免了电枢绕组高速甩散的危险。

(4)松开起动开关时：起动控制电路断开，但吸拉线圈和保持线圈通过仍然闭合的主开关得到电流。因两线圈磁场方向相反，相互削弱，活动铁芯在复位弹簧作用下迅速复位，使驱动小齿轮脱开啮合，主开关断开，起动机停止工作。

五、起动系统控制电路

常见的起动系统控制电路有：开关直接控制、起动继电器控制和起动复合继电器控制三种。

1 开关直接控制起动系统

开关直接控制是指起动机由点火开关或起动按钮直接控制，如图 4-40 所示。

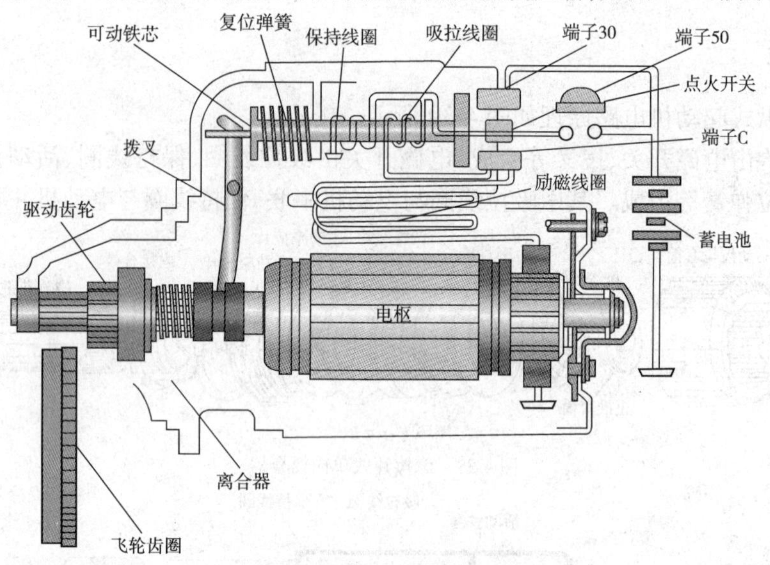

图 4-40 开关直接控制起动系统

2 起动继电器控制起动系统

起动继电器控制是指用起动继电器触点控制起动机电磁开关的大电流，而用点火开关或起动按钮控制继电器线圈的小电流，如图 4-41 所示。起动继电器的作用就是以小电流控制大电流，保护点火开关，减少起动机电磁开关线路压降。

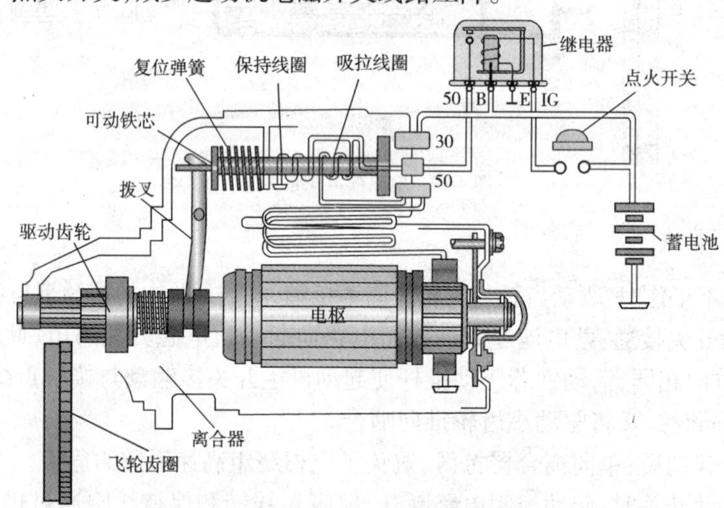

图 4-41 起动继电器控制起动系统

3 起动复合继电器控制起动系统

如图 4-42 所示，起动复合继电器由起动继电器和保护继电器两部分组成。起动继电器的触点是动合的，控制起动机电磁开关；保护继电器的触点式是动断的，控制充电指示灯和起动继电器线圈的搭铁。

六、典型起动机实例

1 电磁控制强制啮合式起动机

东风 EQ1090 汽车 QD124 型起动机就是一种起动继电器控制的强制啮合式起动机，其结构如图 4-43 所示。传动机构采用滚柱式离合器，在控制电路中装有一个起动继电器，起动机由点火开关控制。

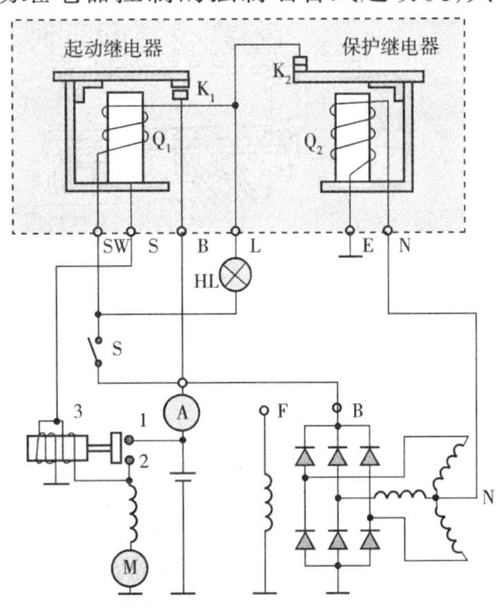

图 4-42　起动复合继电器控制起动系统

2 电枢移动式起动机

电枢移动式起动机，广泛应用在大功率柴油机上，结构如图 4-44 所示。

3 减速式起动机

减速式起动机基本结构与电磁强制啮合式起动机相同，只是在电枢和起动齿轮之间装有减速齿轮，经减速齿轮将起动机转速降低后，再带动驱动齿轮，如图 4-45 所示。

部分桑塔纳、奥迪、北京切诺基等汽车采用了永磁减速式起动机，既提高了起动机的性能，又简化了起动机的结构，图 4-46 所示为北京切诺基 BJ2021 型吉普车 12VDW1.4 型永磁减速式起动机的原理简图。

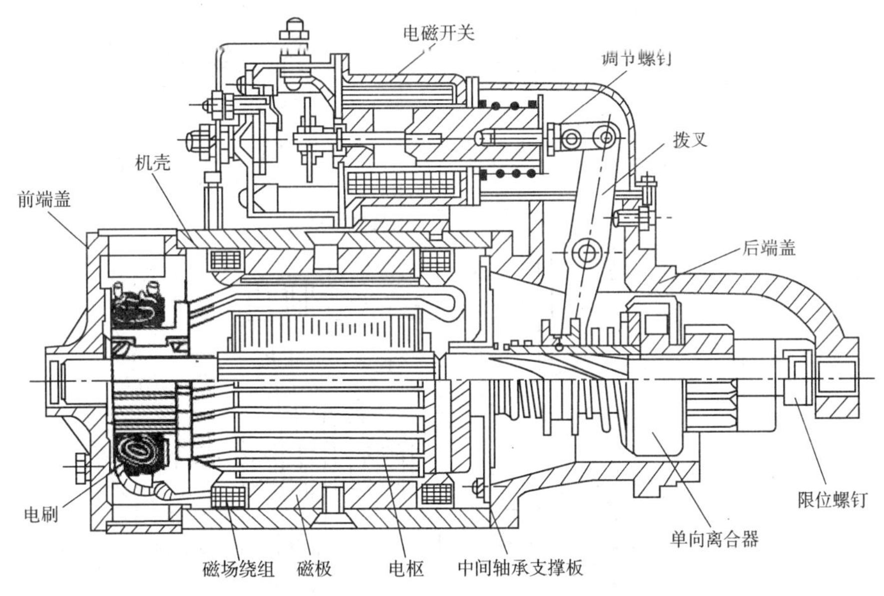

图 4-43　电磁控制强制啮合式起动机

图 4-47 所示为上海桑塔纳 2000 型轿车用 SD6RA 型永磁减速式起动机。

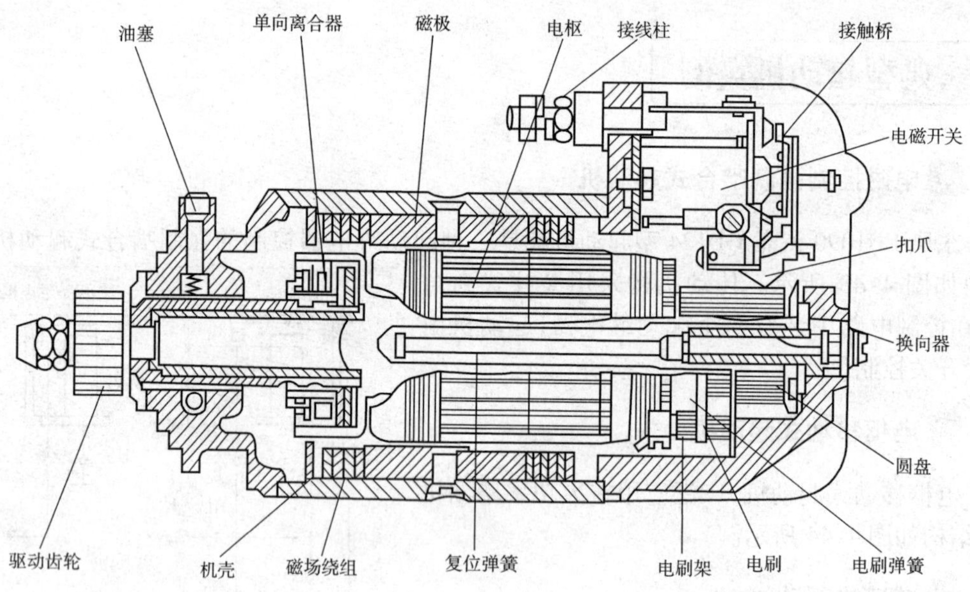

图 4-44　电枢移动式起动机

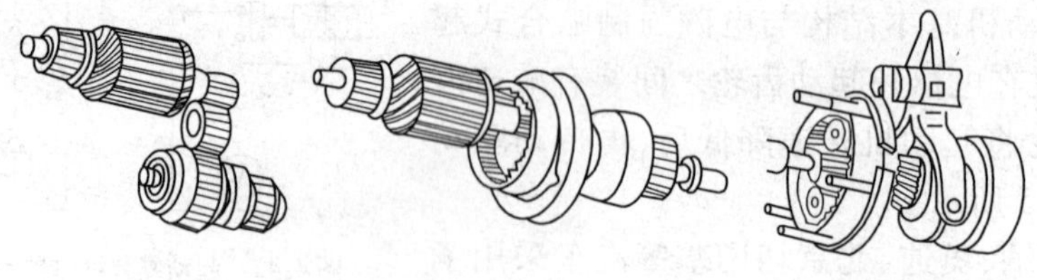

图 4-45　减速式起动机

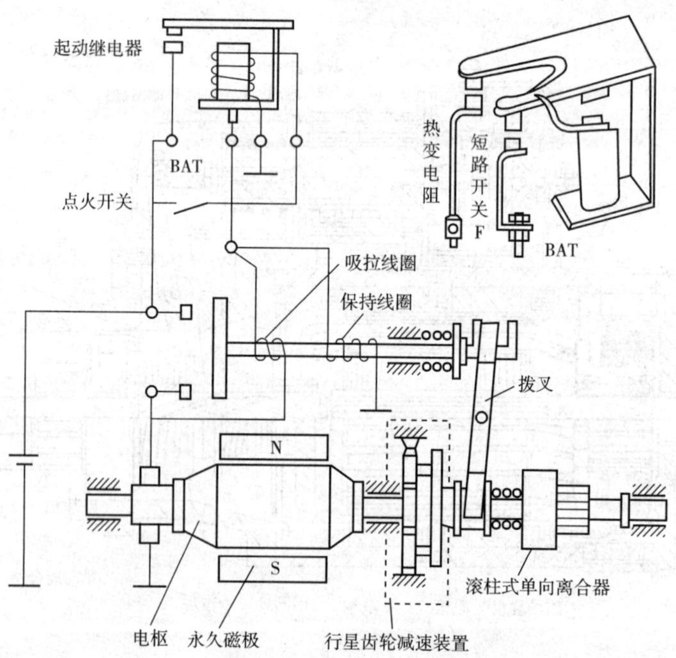

图 4-46　永磁减速式起动机

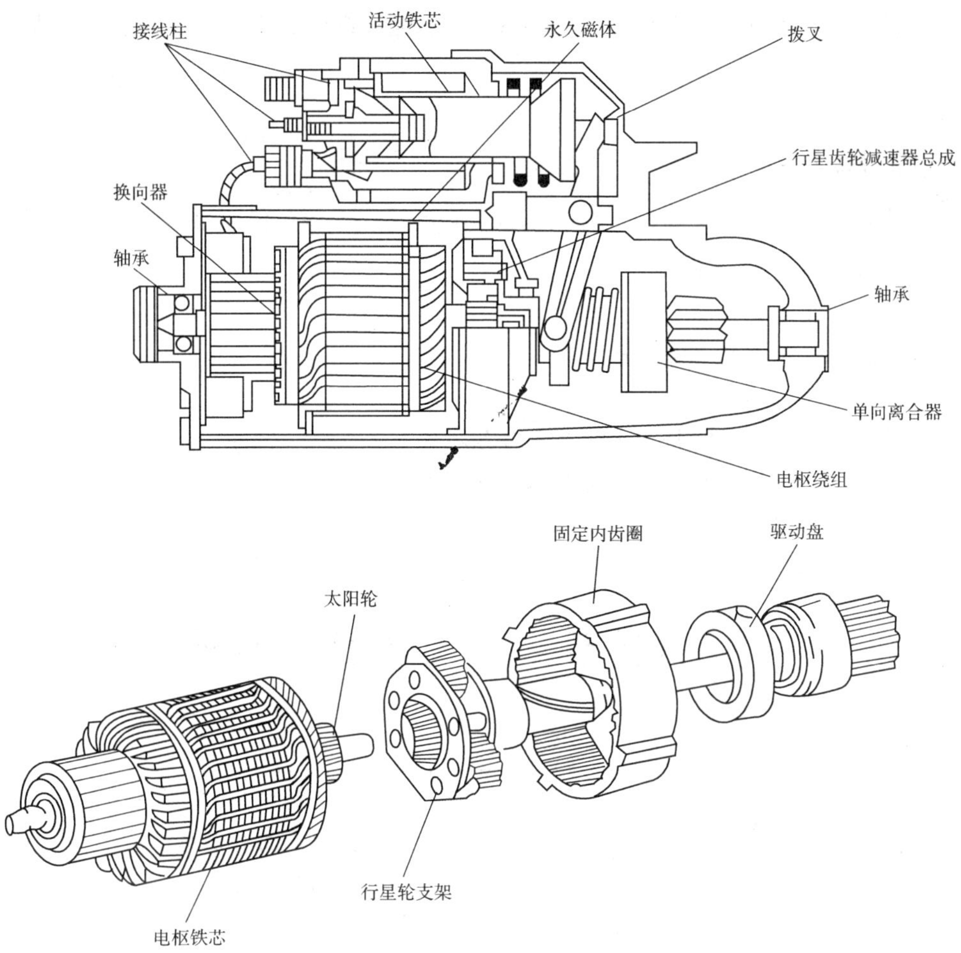

图 4-47　上海桑塔纳 2000 型轿车用 SD6RA 型永磁减速式起动机

小结

1. 起动系统的作用就是供给发动机曲轴起动转矩，使曲轴达到必需的起动转矩，以便使发动机进入自行运转状态。

2. 起动系统由蓄电池、起动机和起动控制电路等组成。

3. 起动机俗称马达，由直流电动机、传动机构和控制机构三大部分组成。

4. 起动机按控制机构分为机械控制式和电磁控制式；按传动机构分为惯性啮合式、强制啮合式和电磁啮合式。

5. 起动机的直流电动机主要由定子、转子、换向器、电刷及端盖等组成。

6. 直流电动机按励磁方式可分为永磁式和电磁式两大类，电磁式按励磁绕组与电枢绕组的连接关系又可分为并励式、串励式和复励式三种。

7. 常见起动机单行离合器主要有滚柱式、弹簧式和摩擦片式三种。

8. 控制机构由电磁开关、拨叉等组成；电磁开关由吸拉线圈、保持线圈、活动铁芯、主开关接触盘及复位弹簧等组成。其中吸拉线圈与电动机串联，保持线圈与电动机并联。

9. 常见的起动系统控制电路有:开关直接控制、起动继电器控制和起动复合继电器控制三种。

思考题

1. 起动系统的功用有哪些?
2. 常用的起动机主要分为哪几类?
3. 直流起动机由哪几部分组成?
4. 单向离合器有哪几种?
5. 转子的功用是什么? 转子由哪些零件组成?
6. 定子的功用是什么? 定子由哪些零件组成?
7. 起动机的控制机构由哪些部分组成?
8. 起动系统控制电路有哪几种?

第四节 汽油机点火系统

1. 掌握汽油机点火系统的功用、类型及组成。
2. 了解汽油机点火系统的工作原理。
3. 发动机对点火系统的基本要求。
4. 传统触点式点火系统的组成。
5. 汽车点火系统的类型。

汽油机在压缩接近上止点时,可燃混合气是由火花塞点燃的,从而燃烧对外做功,为此,汽油机的燃烧室中都装有火花塞。火花塞有一个中心电极和一个侧电极,两电极之间是绝缘的。当在火花塞两电极间加上直流电压并且电压升高到一定值时,火花塞两电极之间的间隙就会被击穿而产生电火花,能够在火花塞两电极间产生电火花所需要的最低电压称为击穿电压;能够在火花塞两电极间产生电火花的全部设备称为发动机点火系统。

一、概述

1 点火系统的功用

点火系统的作用就是按照汽油机工作的要求,在一定时刻供给火花塞足够能量的高压电,使其两电极之间产生电火花,点燃汽缸内的混合气,使发动机做功。

2 发动机对点火系统的基本要求

(1)发动机有效工作必须保证以下三个条件:

①足够高的压缩压力；

②正确的点火时刻及强大的火花；

③适当浓度的空气-燃油混合气。

(2)点火系统的基本功能是能够点燃汽缸内的空气-燃油混合气，必须满足下列条件：

①能够迅速产生足以击穿火花塞间隙的高压电。为了确保发动机在工作时火花塞的电极间隙能被击穿产生火花，通常要求点火系统必须能够迅速提供 10～30kV 的高压电。

②火花塞产生的电火花应具有足够的能量。发动机温度较低，所需的点火能量越高，起动时所需的点火能量越高，为保证发动机具有较高的经济性以及较少的排放污染物，一般要求电火花的能量应达到 15～50mJ，而且电火花还要有一定的持续时间，通常不少于 500μs。

③点火的时间应能适应发动机的工作情况。

3 汽车点火系统的分类

随着现代工业的高速发展，对汽车发动机技术指标和排放污染物指标的要求越来越高，点火系统先后经历了传统触点式点火系统、晶体管式点火系统和计算机控制的点火系统三个阶段，其中计算机控制点火系统又可分为有分电器式和无分电器式两个阶段。

二、触点式点火系统

1 点火系统的组成

如图 4-48 所示，传统触点式点火系统是指初级电路通断由断电器触点控制的点火系统。

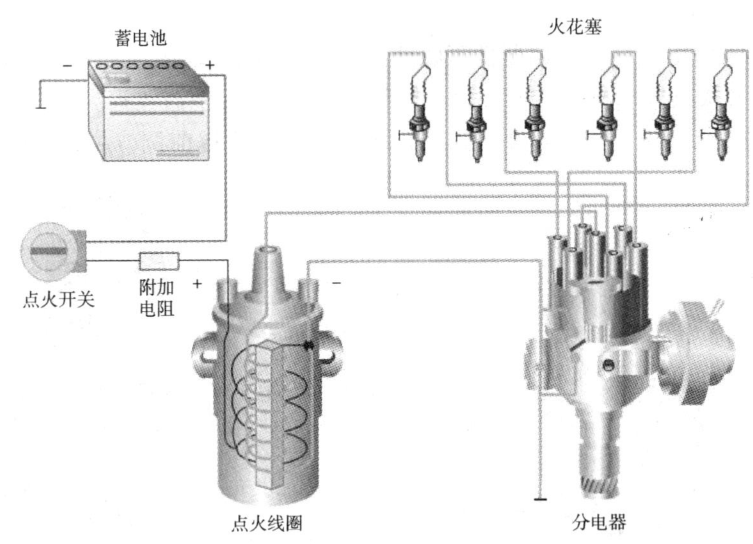

图 4-48 传统触点式点火系统电路

点火系统内有两个相互独立的电路：初级电路和次级电路。初级电路又称低压电路，其电源是蓄电池和发电机。次级电路又称高压电路，高压电路的工作电压在 5000～50 000V

之间,具体电压值由所用的点火系统及发动机工况而定。点火系统的初次级电路主要由蓄电池、发电机、点火开关、点火线圈、附加电阻、分电器、电容器和火花塞等组成。

(1)蓄电池、发电机是点火系统的能量来源。发动机起动时由蓄电池供电,起动后由发电机供电。蓄电池负极的一侧与车架相连而搭铁,而正极的一侧直接与点火开关相连。

(2)点火开关的作用是接通或切断提供给点火系统的初级电流。正常工作时,电流流过一个附加电阻;起动时,附加电阻被短路。

点火开关接通和切断点火电路同时还控制起动电路、发电机激磁电路、仪表电路及其他辅助电气设备的电路,点火开关是汽车电路中的一个重要的控制开关。

(3)点火线圈的作用是将汽车电源的低电压变为高电压。点火线圈实质上是一个升压变压器,是利用电磁感应原理制成的,主要由铁芯(硅钢片叠加而成)、一次绕组(200~300匝、导线直径为0.6~0.8mm)、二次绕组(11 000~23 000匝、导线直径为0.06~0.08mm)和壳体等组成。

点火线圈按磁路结构特点可分为开磁路和闭磁路两种类型。

图4-49所示为开磁路点火线圈:主要由铁芯、初级绕组、次级绕组、胶木盖、瓷座、接线柱和外壳等组成。

点火线圈的低压接线柱有两接线柱和三接线柱之分,两接线柱点火线圈的两个低压接线柱分别标有"+"和"-"的标记,三柱接线柱的点火线圈比两接线柱的点火线圈多了一个附加电阻,三个接线柱分别标记为开关或起动开关"+"、开关或点火开关"-",两接线柱的点火线圈其本身不带附加电阻,附加电阻的功能由点火开关至点火线圈"+"接线柱的附加电阻线来完成,因此这根附加电阻线是不能用普通的电线来代替的。

(4)附加电阻的作用是在发动机运转期间控制流经点火线圈初级绕组的电流大小。这种电阻属于热敏电阻,能随着温度的变化而改变电阻值,较好地改善了点火特性,同时在起动时被短路以提高起动性能。

(5)分电器的作用是接通或切断低压电路,使点火线圈及时产生高压电,并分配到各缸高压线,同时能够根据发动机的转速和负荷调整点火时间(提前或推迟)。

如图4-50所示,分电器由断电器、配电器、电容器和点火提前调节装置等组成。

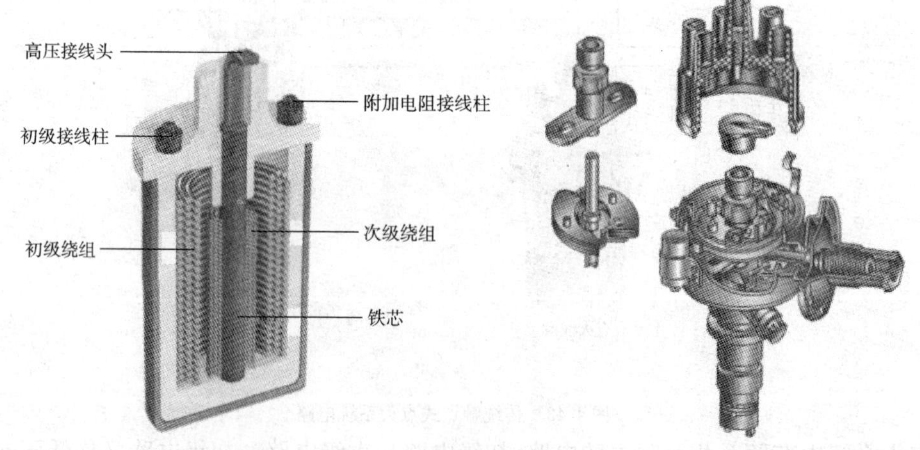

图4-49 开磁路点火线圈

图4-50 分电器

(1)配电器。如图4-51所示,配电器主要由分火头、分电器盖组成,其作用是按照发动机的工作顺序,通过高压线将高压电依次分配给各缸火花塞。

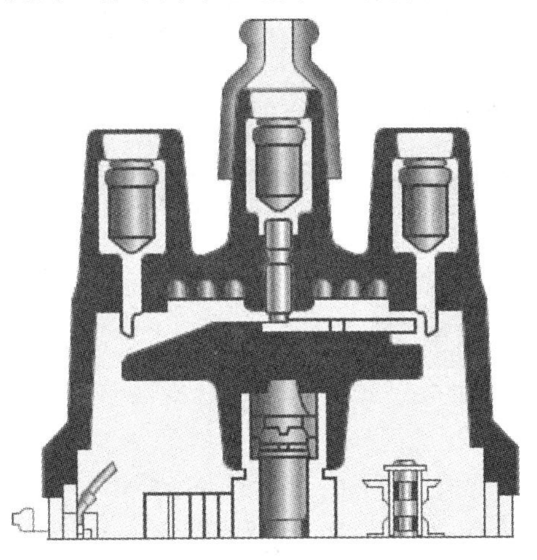

图4-51 配电器

(2)断电器。断电器的功用是周期地接通和切断点火线圈初级绕组的电路,使初级电流和点火线圈铁芯中的磁通发生变化,以便在点火线圈的次级绕组中产生高压电。如图4-52所示,断电器由一对钨质的触点和断电器凸轮组成。断电器凸轮的凸棱数与发动机汽缸数相等,凸轮轴通过离心点火提前调节器与分电器轴相连。分电器轴由发动机的曲轴通过配气凸轮轴上的齿轮驱动,其转速与配气凸轮轴的转速相等,为曲轴转速的一半(四冲程发动机)。

(3)离心点火提前调节装置。发动机工作时,离心点火提前调节装置利用改变断电器凸轮与分电器轴之间的相对位置的方法,在发动机转速变化时自动地调节点火提前角。发动机工作时,当曲轴的转速达到200~400r/min(开始转速因车型而不同)后,重块的离心力克服弹簧拉力的作用向外甩开。此时,两重块上的销钉推动拨板连同凸轮,顺着旋转方向相对于分电器轴转过一个角度,将触点提前顶开,点火提前角加大。随着发动机转速的升高,点火提前角不断加大,如图4-53所示。

(4)真空点火提前调节装置。在发动机工作时,真空点火提前调节装置随着负荷(节气门开度)的变化,自动调节点火提前角,它是利用改变断电器触点与凸轮之间相位关系的方法进行调节的,在发动机负荷增大时自动地减小点火提前角。发动机小负荷运行时,节气门开度小,节气门后方的真空度大,并从小孔经真空连接管作用于调节装置的真空室,使膜片右方真空度增大,在大气压力的作用下,膜片克服弹簧张力向右拱曲,并带动拉杆向右移动。与此同时,断电器底板连同触点,相对于凸轮逆着旋转方向转过一个角度,使点火提前角加大。发动机转速一定时,节气门后方的真空度只取决于节气门的开度。节气门开度越小(负荷越小),节气门后方的真空度越大,点火提前角也越大,如图4-54所示。

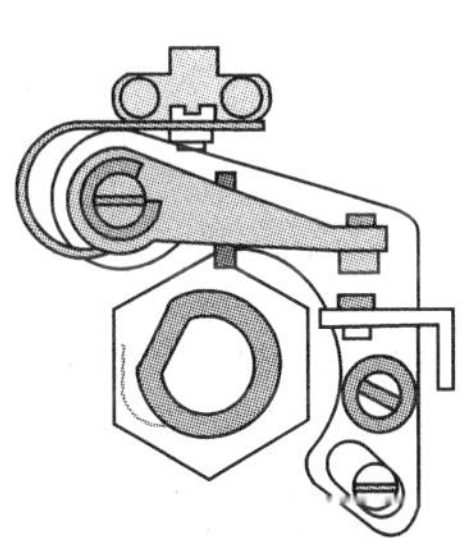

图4-52 断电器

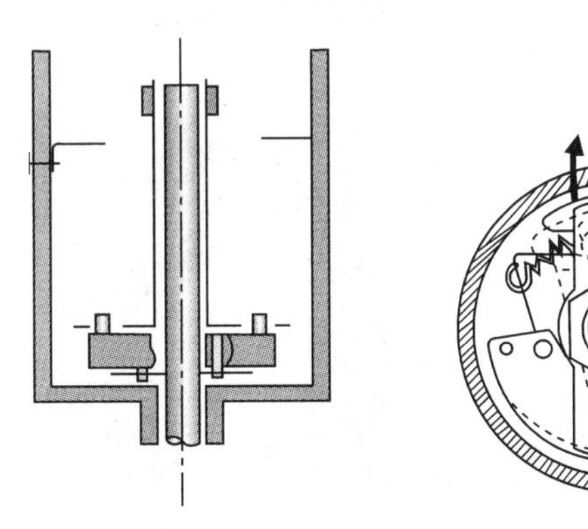

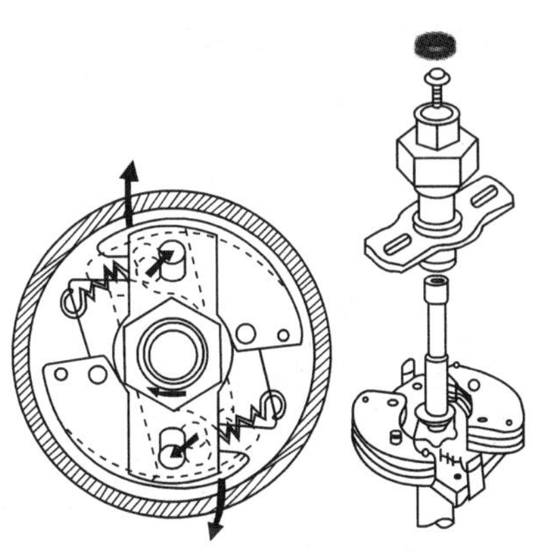

图4-53 离心提前机构

第4单元 汽车电气设备

(5)辛烷值选择器。辛烷值选择器一般安装在分电器下部的壳体上,通过人工转动分电器壳体,使信号发生器与信号转子作相对转动,从而改变起始点火提前角,如图4-55所示。

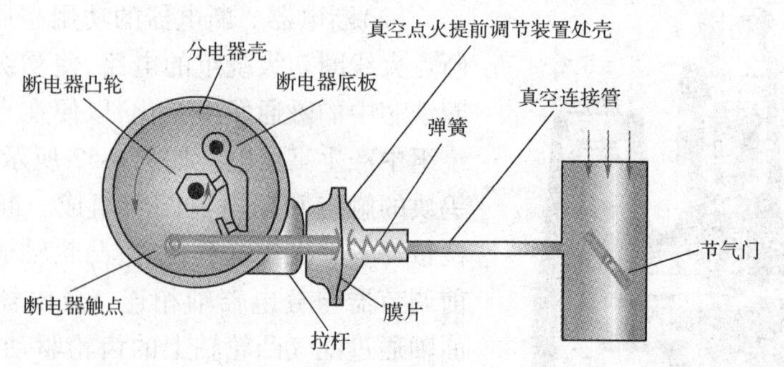

图4-54 真空提前机构

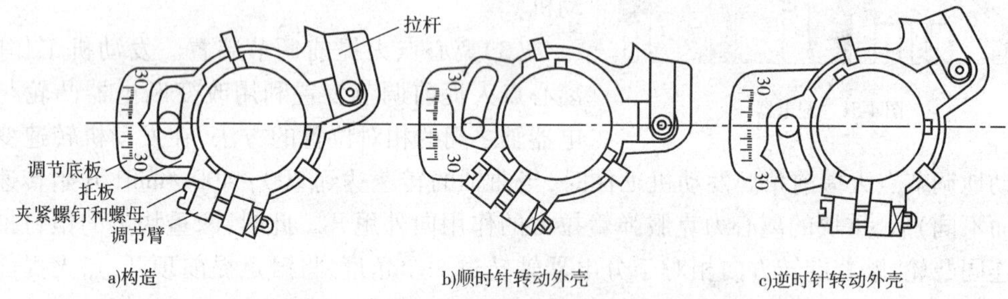

图4-55 辛烷值选择器

(6)电容器。如图4-56所示,电容器的作用是减少断电器触点的火花,避免触点烧蚀,延长其使用寿命,提高点火的能量。

(7)火花塞。火花塞的作用是将点火线圈产生的高电压引入发动机燃烧室内,并在其两电极之间产生电火花,点燃可燃混合气。火花塞电极间隙多为0.6~0.8mm。近年来为适应发动机排气净化的要求,采用稀混合气燃烧,火花塞的间隙有增大的趋势,有的已增大至1.0~1.2mm。

要使火花塞工作良好,必须使火花塞绝缘体裙部保持适当的温度。实践证明,火花塞绝缘体裙部保持在500~700℃时,落在绝缘体上的油滴能立刻烧掉,不致形成积炭。这个温度称为火花塞的自净温度。为使火花塞绝缘体裙部经常保持在自净温度,要求火花塞吸收的热量与散出的热量应达到平衡。火花塞的热特性主要决定于火花塞绝缘体裙部的长度,裙部长的火花塞,其受热面积大,而传热距离长,散热困难,因此裙部温度高,称为“热型”火花塞;反之,则称为“冷型”火花塞,如图4-57所示。

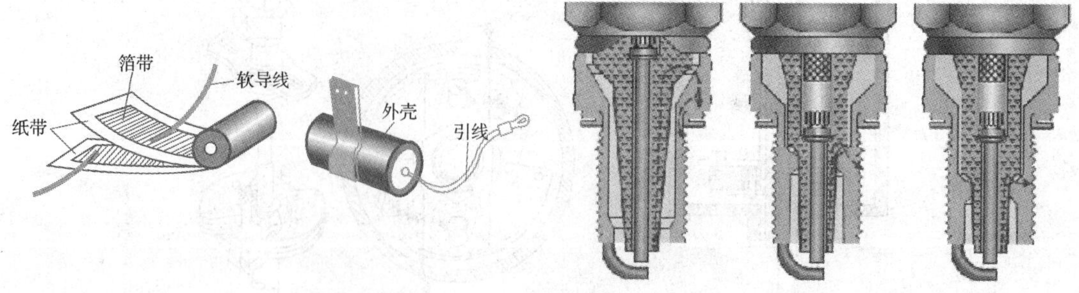

图4-56 电容器

图4-57 火花塞的形式

火花塞拧装在发动机汽缸盖的螺孔内，下部电极伸入燃烧室。火花塞主要由中心电极、侧电极、绝缘瓷体、壳体、导电玻璃、导电金属杆、紫铜内垫圈和密封垫圈等组成，如4-58所示。

(8)高压线。现在使用的高压线，大多采用电阻型的高压线，以抑制点火系统所产生的无线电干扰。

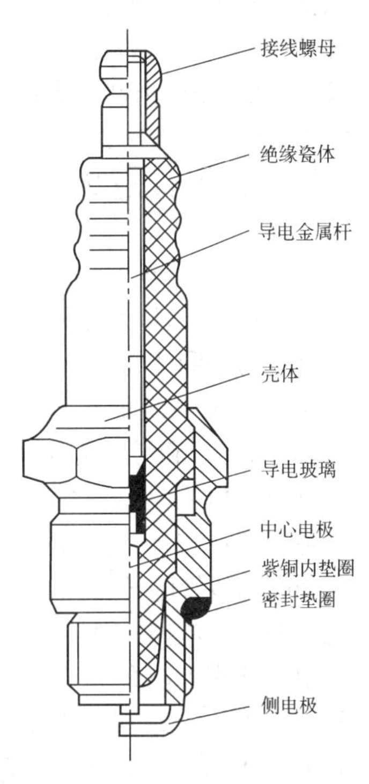

图4-58　火花塞

2 点火系统的工作原理

如图4-59所示，接通点火开关，发动机开始运转。发动机运转过程中，断电器凸轮不断旋转，使断电器触点不断地开启、闭合。当断电器触点闭合时，蓄电池的电流从蓄电池正极出发，经点火开关、点火线圈的初级绕组、断电器活动触点臂、触点、分电器壳体搭铁，流回蓄电池的负极。当断电器的触点被凸轮顶开时，初级电路被切断，点火线圈初级绕组中的电流迅速下降到零，线圈周围和铁芯中的磁场也迅速衰减以至消失，因此在点火线圈的次级绕组中产生感应电压，称为次级电压，其中通过的电流称为次级电流，次级电流流过的电路称为次级电路。

触点断开后，初级电流下降的速率越高，铁芯中的磁通变化率越大，次级绕组中产生的感应电压越高，越容易击穿火花塞间隙。当点火线圈铁芯中的磁通发生变化时，不仅在次级绕组中产生高压电(互感电压)，同时也在初级绕组中产生自感电压和电流。在触点分开、初级电流下降的瞬间，自感电流的方向与原初级电流的方向相同，其电压高达300V。它将击穿触点间隙，在触点间产生强烈的电火花，这不仅使触点迅速氧化、烧蚀，影响断电器正常工作，同时使初级电流的变化率下降，次级绕组中感应的电压降低，火花塞间隙中的火花变弱，以致难以点燃混合气。为了消除自感电压和电流的不利影响，在断电器触点之间并联有电容器 C_1。在触点分开瞬间，自感电流向电容器充电，可以减小触点之间的火花，加速初级电流和磁通的衰减，并提高了次级电压。

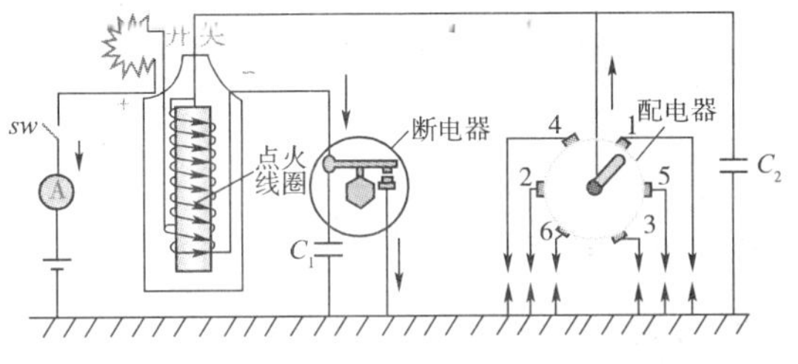

图4-59　点火系统的工作原理

点火系统所产生的高压电与初级电路断开时初级电流大小有关，在初级绕组电阻一定时，触点闭合的时间长，初级电流就大，触点断开时的次级电压就高，初级绕组的电阻小，初级电流就大，次级电压也高。

3 点火提前的原理

发动机在工作中，火花塞产生电火花点燃混合气后，火焰需要一定的时间才能传播整个燃烧室，所以点火的时刻要适当提前，一般为10°左右。

点火提前角：是指火花塞跳火开始到活塞到达上止点为止这一段时间曲轴转过的角度。能使发动机发出最大功率，油耗最低的点火提前角称为最佳点火提前角。

当发动机转速提高时，最佳的点火提前角应加大。当发动机转速一定时，节气门的开度增大，进入汽缸的混合气增多，混合气的质量提高、燃烧的速度加快，点火提前角应减小。

发动机使用的汽油标号不同，要求的点火提前角也不同。一般汽油的标号越高，所允许的点火提前角越大。发动机在一定运行条件下会出现爆震现象，发出敲击汽缸的响声，同时还会引起汽缸内的局部过热，冲坏汽缸垫、气门等。影响爆震的因素主要有发动机的压缩比、汽油的辛烷值和点火提前角。

三、晶体管点火系统

近年来，汽车发动机向着多缸、高转速、高压缩比的方向发展，人们还力图通过改善混合气的燃烧状况，以及燃用稀混合气，以达到减少排气污染和节约燃油的目的。这些都要求汽车的点火系统能够提供足够高的次级电压、火花能量和最佳点火时刻。传统点火系统已经不能满足这些要求。因此，近几十年来各国都在积极探索改进途径，并研制了一系列的晶体管电子点火系统。晶体管点火系统是指初级电路的通断由晶体管控制，并且采用机械式提前角调节装置的点火系统，它具有高速性能好、点火时间精确、结构简单、质量轻、体积小等优点，已经逐渐取代传统点火系统。图4-60所示为晶体管点火系统在发动机上的安装。

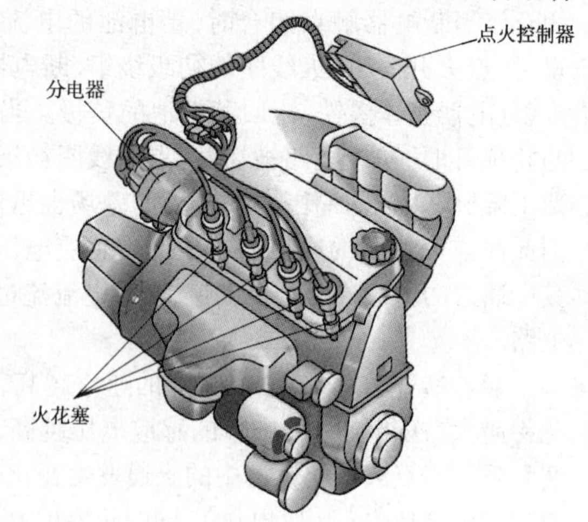

图4-60　晶体管点火系统

1 晶体管点火系统的组成

晶体管点火系统由电源、信号发生器、点火控制器、分电器、点火线圈、高压线、火花塞等组成，如图4-61所示。

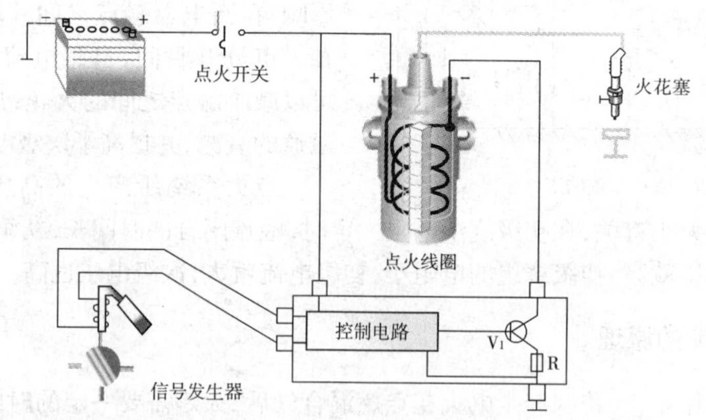

图4-61　晶体管点火系统的组成

① 点火线圈

近年来，在汽车的晶体管点火系统中，采用了能量转换效率较高的闭磁路点火线圈。与传统点火线圈相比，其铁芯为一带有小气隙的“口”或“日”字的形状。初级绕组在铁芯中产生的磁通通过铁芯形成闭合磁路，减少了漏磁损失，所以转换效率较高，可达75%。另外，闭磁路点火线圈还具有体积小、质量轻、对无线电的干扰小等优点。闭磁路点火线圈主要由铁芯、初级绕组、次级绕组、胶木盖、瓷座、接线柱和外壳等组成，如图4-62所示。

晶体管点火系统所采用的点火线圈是用点火控制器控制其初级电路通断的，所以其初级电流可以增大，点火线圈的电感和电阻一般较小，因此，一般情况下，不能和传统点火系统的点火线圈互换。

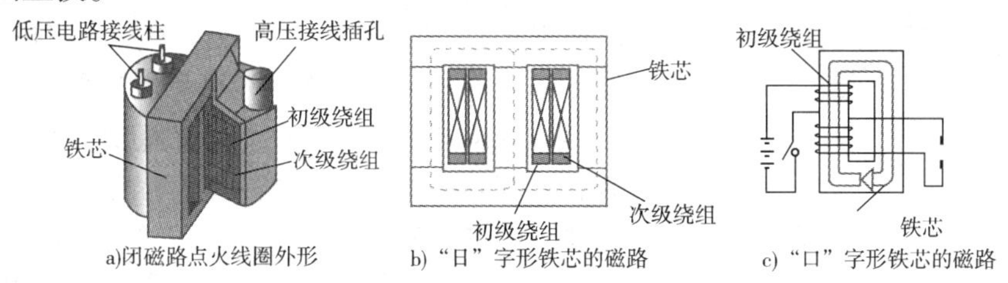

图4-62 闭磁路点火线圈

❷ 点火信号发生器

点火信号发生器取代了传统点火系统断电器中的凸轮，用来判定活塞在汽缸中所处的位置，并将非电量的活塞位置信号转变成为脉冲电信号输送到点火控制器，从而保证火花塞在恰当的时刻点火。所以点火信号发生器实际就是一种感知发动机工作状况、发出点火信号的传感器。它的类型很多，目前应用较多的主要有磁脉冲式、霍尔效应式和光电效应式。

(1)磁脉冲式点火信号发生器。磁脉冲式点火信号发生器是依靠电磁感应原理制成的，如图4-63所示，一般安装在分电器的内部，由信号转子和感应器两部分组成。信号转子由分电器轴驱动，其转速与分电器轴相同；感应器固定在分电器底板上，由永久磁铁、铁芯和绕在铁芯上的传感线圈组成。信号转子的外缘有凸齿，凸齿数与发动机的汽缸数相等。永久磁铁的磁力线从永久磁铁的N极出发，经空气隙穿过转子的凸齿，再经空气隙、传感线圈的铁芯回到永久磁铁的S极，形成闭合磁路。当发动机不工作时，信号转子不动，通过传感线圈的磁通量不变，不会产生感应电动势，传感线圈两引线输出的电压信号为零。

(2)霍尔效应式点火信号发生器(霍尔传感器)。霍尔效应式点火信号发生器安装在分电器内，如图4-64所示，由霍尔触发器、永久磁铁和由分电器轴驱动的带缺口的信号转子组成。

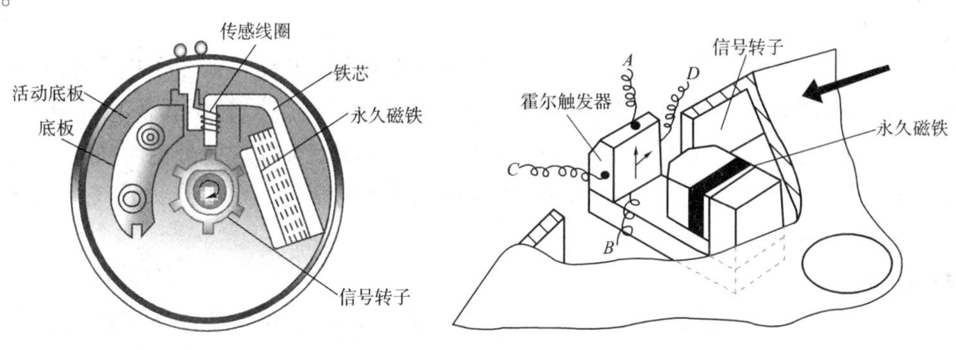

图4-63 磁脉冲式点火信号发生器

图4-64 霍尔效应式点火信号发生器

霍尔触发器(又称霍尔元件)是一个带集成电路的半导体基片。当直流电压作用于触发器的A、B两端时，便有电流I在其中通过，如果在垂直于电流的方向还有外加磁场的作用，则在垂直于电流和磁场的方向C、D上产生电压U_H，该电压称为霍尔电压，这种现象称为霍尔效应。

(3)光电效应式点火信号发生器。光电效应式点火信号发生器是利用光电效应原理,以红外线或可见光光束进行触发的,如图4-65所示,主要由遮光盘(信号转子)、遮光盘轴、光源、光接收器(光敏元件)等组成。光源可用白炽灯,也可用发光二极管。由于发光二极管比白炽灯耐振动、耐高温,能在150℃的环境温度下持续工作,而且工作寿命很长,所以现在绝大多数采用发光二极管作光源。发光二极管发出的红外线光束一般还要用一只近似半球形的透镜聚焦,以便缩小光束宽度,增大光束强度,有利于光接收器接收、提高点火信号发生器的工作可靠性。光接收器可以是光敏二极管,也可以是光敏晶体管。光接收器与光源相对,并相隔一定的距离,以便使光源发出的红外线光束聚焦后照射到光接收器上。

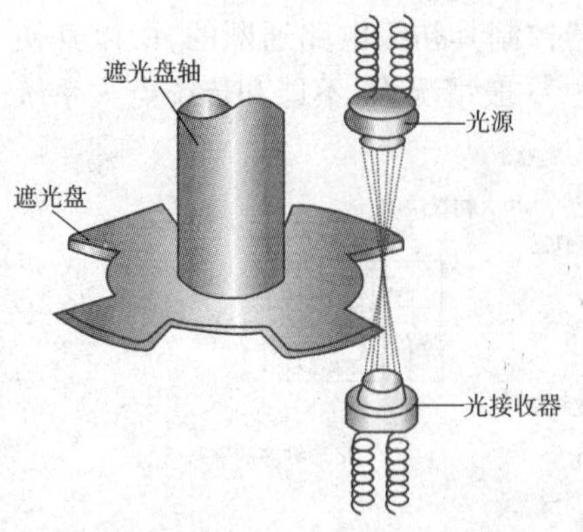

图4-65　光电效应式点火信号发生器

❸ 点火控制器

点火控制器取代了传统点火系统中断电器的触点,将点火信号发生器输出的点火信号整形、放大,转变为点火控制信号,控制点火线圈初级绕组中电流的通、断,以便在次级线圈的绕组中产生高压电,供火花塞点火。点火控制器的基本电路包括整形电路、开关信号放大电路、功率输出电路等。图4-66所示为磁感应式点火控制器电路图。

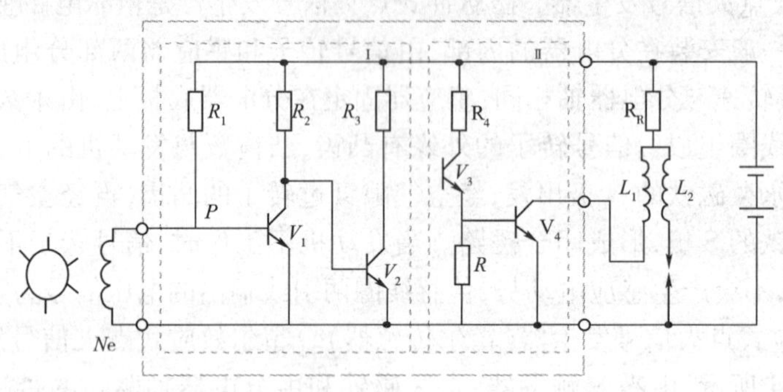

图4-66　点火控制器电路

❹ 分电器

电子点火系统的分电器与传统点火系统的分电器不同,主要区别在于电子点火系统取消了断电器(触点和凸轮)和电容器,增加了点火信号发生器(信号转子和传感部分)。有些点火控制器能够随着发动机转速变化自动调节点火提前角,所以这些分电器去掉了离心提前调节机构,只保留真空提前调节机构,配电器的结构则无变化。电子点火系统中所用的霍尔分电器的结构如图4-67所示。

❺ 火花塞

由于普通电子点火系统的点火能量提高,火花塞电极间隙比传统点火系统的火花塞电极间隙增大,一般为0.8~1.0mm;为了适应稀薄混合气燃烧,有的甚至达到1.0~1.2mm,并且各种车型差异也较大,在检查、调整、维修时,应严格根据原车说明书进行。为了减轻无线电干扰,电子点火系统采用的高压线为有一定电阻的高压阻尼线,阻值一般在几千欧至几十千欧不等;火花塞插头和分火头也都有一定的电阻,一般为几千欧。

2 晶体管点火系统的工作原理

图 4-67　霍尔分电器

电源供给的低压直流电，经点火线圈转变为高压电，再经配电器分送到各缸火花塞，在火花塞的电极间产生电火花，点燃可燃混合气，使发动机工作，如图 4-68 所示。

接通点火开关，起动发动机。信号发生器的转子在发动机凸轮轴的驱动下不断旋转，信号发生器产生的信号使点火控制器功率晶体管交替导通和截止。

当功率晶体管导通时，接通了点火线圈初级绕组的电路。电流通过初级绕组时，在点火线圈的铁芯中形成磁场，蓄积了磁能量。

当功率晶体管截止时，初级电路被切断，初级电流迅速下降，铁芯中的磁场也迅速消失，于是在点火线圈的次级绕组中感应出高压电动势。配电器把高压电传送给工作缸火花塞，击穿火花塞的间隙，产生电火花。

发动机工作期间，点火控制器功率晶体管每导通和截止一次，上述过程将重复进行一次，发动机每转两转，各缸按工作顺序轮流点火一次。

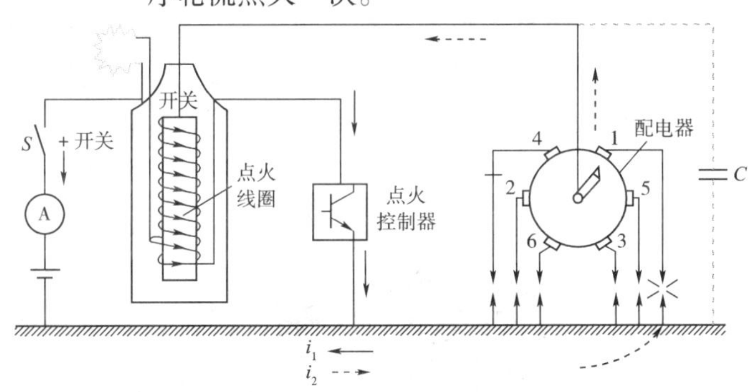

图 4-68　半导体点火系统的工作原理

3 晶体管点火系统的分类

❶ 有触点电子点火系统

如图 4-69 所示，有触点电子点火装置用减小触点电流的方法，减小触点火花，改善点火性能，它是一种半导体辅助点火装置。除了与传统点火系统一样具有电源、点火开关、分电器、点火线圈、火花塞之外，还在点火线圈初级绕组的电路中，增加了由晶体管（VT）和电阻、电容等组成的点火控制电路，断电器的触点串联在晶体管的基极电路中，控制晶体管的导通与截止。

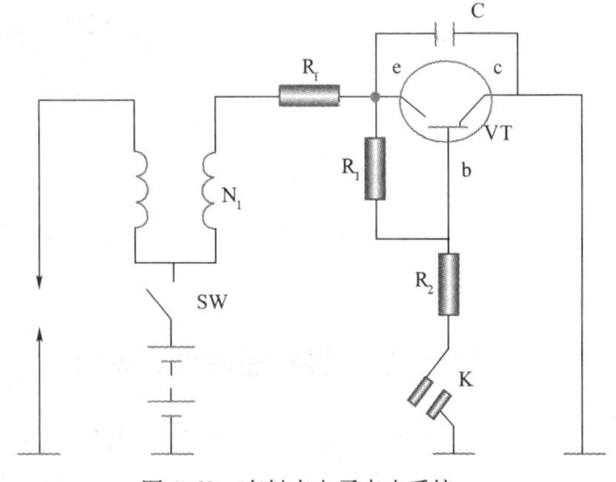

图 4-69　有触点电子点火系统

② 无触点电子点火系统

如图4-70所示，无触点电子点火系统利用传感器代替断电器触点，产生点火信号，控制点火线圈的通断和点火系统的工作，可以克服与触点相关的一切缺点，在国内外汽车上应用十分广泛。无触点电子点火系统主要由点火信号发生器（传感器）、点火控制器、点火线圈、分电器、火花塞等组成。其中分电器主要包括配电器和离心提前装置、真空提前装置，它们的作用、结构和工作原理与传统点火系统对应部分完全相同。

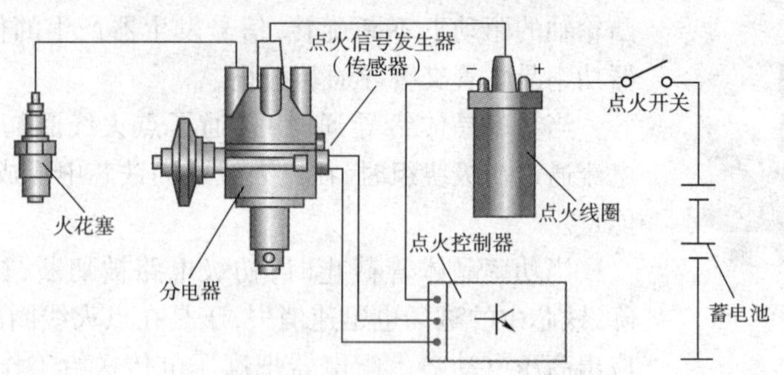

图4-70　无触点电子点火系统

四、计算机控制点火系统

计算机控制点火系统是指计算机根据各种传感器输入的信号，经过数学运算和逻辑判断控制初级电路通断的点火系统。计算机控制点火系统消除了机械式提前角装置，点火时间控制得更精确，应用越来越广。图4-71所示为计算机控制点火系统在发动机上的位置。

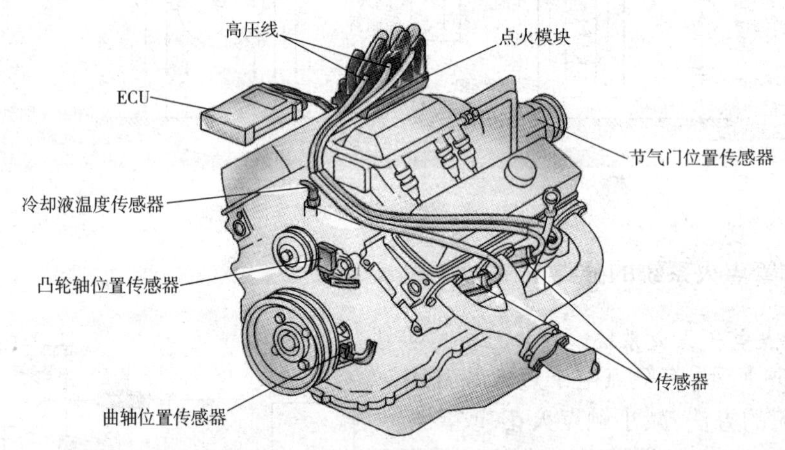

图4-71　计算机控制点火系统

计算机控制点火系统，按是否配有分电器分为有分电器微机控制点火系统和无分电器微机控制点火系统两种。

1 有分电器计算机控制点火系统

有分电器计算机控制点火系统由低压电源、点火开关、计算机电控单元（ECU）、点火控制器、点火线圈、分电器、火花塞、高压线和各种传感器等组成，如图4-72、图4-73所示。

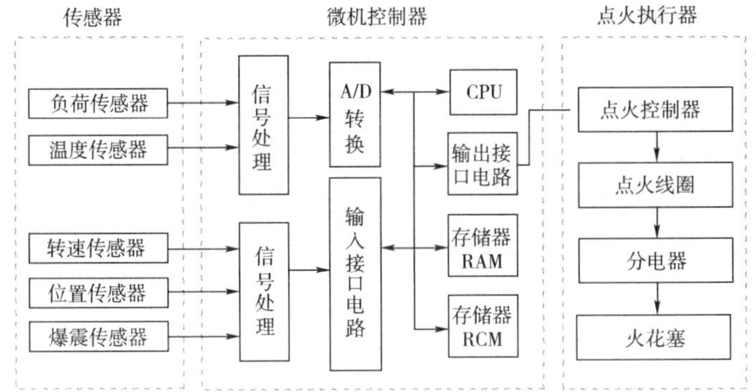

图 4-72　有分电器计算机控制点火系统框图

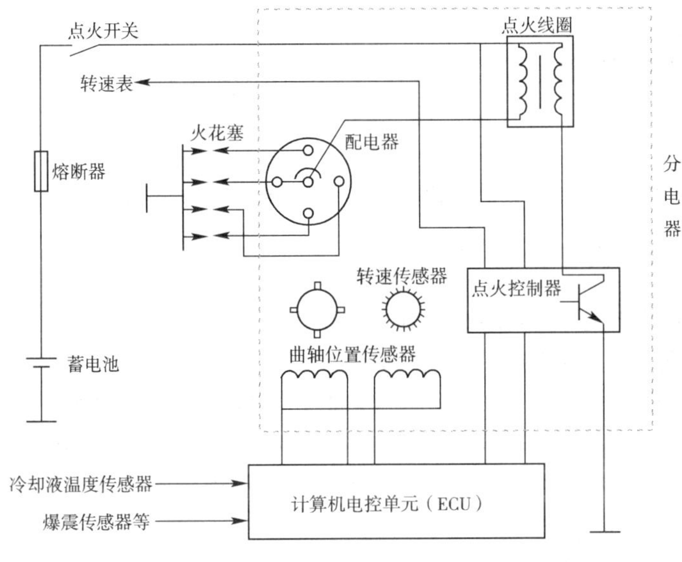

图 4-73　有分电器计算机控制点火系统原理图

❶ 电控单元(ECU)

ECU 的作用是接收与发动机工作状况相关的各种传感器及其他装置的信号,并进行运算、分析、判断后发出指令,控制电子点火器,实现点火控制。

❷ 传感器

传感器用来检测与点火有关的发动机工况信息,并将信息输入电子控制器,作为运算各控制点火时刻的依据。主要的传感器有曲轴转角和转速传感器、曲轴基准位置传感器、进气压力传感器、空气流量传感器、进气温度传感器、冷却液温度传感器、节气门位置传感器、爆震传感器、各种开关输入信号、起动开关信号、空调开关信号、空挡开关信号。

各种车型点火系统所用的传感器的形式、数量各不相同,一般主要包括:

(1)发动机曲轴位置、转速传感器和判缸信号传感器:可以装于曲轴前端或中部、凸轮轴前端或后端、飞轮上方或分电器内。常见的结构形式有光电效应式、磁感应式和霍尔效应式三种。

曲轴位置传感器用来反映活塞在汽缸中的位置,提供活塞上止点信号,以便确定各缸的点火时刻。

转速传感器向微机控制单元提供发动机转速(曲轴转角)信号,作为微机控制点火提前角、初级电路导通角与燃油喷射系统计算喷油量的主要依据。

判缸信号传感器用来区别到底是哪一个汽缸的活塞到达压缩行程上止点。

(2)发动机负荷传感器:主要包括节气门位置传感器、空气流量传感器或进气歧管绝对压力传感器,另外还包括空调开关和动力转向开关等。

(3)其他传感器:为改善发动机的工作性能,还增加了一些其他传感器,以修正点火正时。主要有冷却液温度传感器、爆震传感器、氧传感器、进气温度传感器、起动开关等。

❸ 点火控制器

各种发动机的点火控制器的结构和功能不尽相同,简单的只有大功率晶体管,单纯起开关作用;有的除了大功率晶体管外,还有其他控制电路,不但起开关作用,还有恒流控制、汽缸判别、闭合角控制和点火反馈监视等功能,向微机控制单元反馈点火信号,以便进一步控制燃油喷射。

❹ 点火线圈

点火线圈多采用闭磁路形式,实现小型化。有的与分电器合为一体,进一步减少了高压损失和无线电干扰。

❺ 分电器

分电器取消了机械式的离心提前机构和真空提前机构,主要起分配高压电的功能。

2 无分电器计算机控制点火系统

无分电器点火系统又称直接点火系统,它除了具有有分电器计算机控制点火系统的优点外,取消了分电器总成,其高压配电由原来的机械式改为电子式,使其还具有如下优点:在不增加电能消耗的情况下,进一步增大了点火能量,有利于采用稀混合气燃烧,降低排放污染物含量和消耗量;避免了与分火头有关的一些机械故障,提高了工作可靠性;对无线电的干扰大幅度降低,几乎降至零水平;无须进行点火正时方面的调整,使用维护更加简便。

❶ 无分电器点火系统的组成

无分电器点火系统由低压电源、点火开关、计算机电控单元(ECU)、点火控制器、点火线圈、火花塞、高压线和各种传感器等组成,如图 4-74 所示。

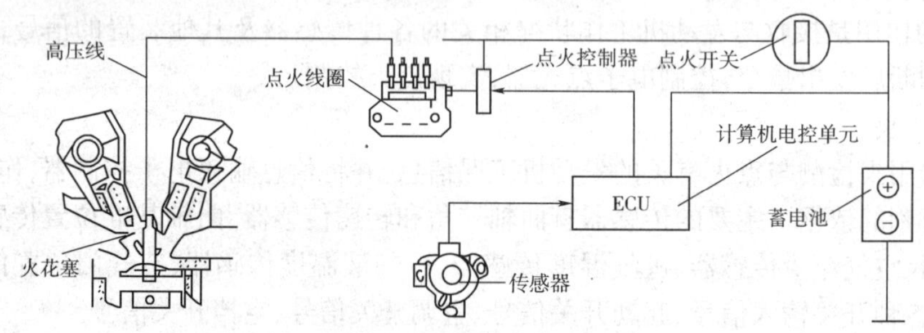

图 4-74 无分电器点火系统

❷ 无分电器点火系统的工作原理

无分电器微机控制点火系统根据高压配电方式的不同分为独立点火方式和同时点火方式两种,其工作原理也各不相同。

(1)独立点火方式是一个缸的火花塞配一个点火线圈,各个独立的点火线圈直接安装在火花塞上,独立向火花塞提供高压电,各缸直接点火。如图 4-75 所示,这种结构去掉了高压线,因此可以使高压电能的传递损失和对无线电的干扰降低到最低水平。

(2)同时点火方式是利用一个点火线圈对活塞接近压缩上止点和排气上止点的两个汽

缸同时进行点火的高压配电方法。同时点火方式又分为点火线圈配电方式和二极管配电方式两种。

①点火线圈配电方式。如图4-76所示，点火线圈配电方式是一种直接用点火线圈分配高压电的同时点火方式。几个相互屏蔽的、结构独立的点火线圈组合成一体，称为点火线圈组件。4缸机的点火线圈组件有两个独立的点火线圈，6缸机的点火线圈组件有三个独立的点火线圈。每个点火线圈供给配对的两个缸的火花塞以高压电。点火控制器中有与点火线圈数量相等的功率晶体管，各控制一个点火线圈的工作。点火控制器根据计算机提供的点火信号，由汽缸判别电路按点火顺序轮流激发功率晶体管，使其导通或截止，以此控制点火线圈初级绕组的通断，产生次级电压而点火。点火线圈配电方式点火系统是应用最广泛的一种无分电器微机控制点火系统。

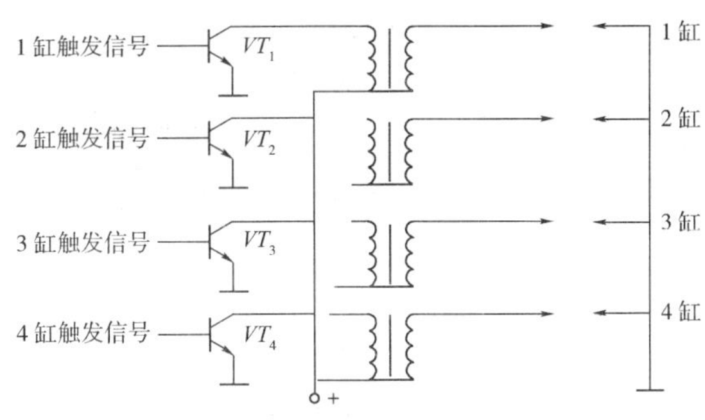

图4-75　独立点火方式

②二极管配电方式。如图4-77所示，二极管配电方式是利用二极管的单向导通特性，对点火线圈产生的高压电进行分配的同时点火方式。与二极管配电方式相配的点火线圈有两个初级绕组、一个次级绕组，相当于是共用一个次级绕组的两个点火线圈的组件。次级绕组的两端通过四个高压二极管与火花塞组成回路，其中配对点火的两个活塞必须同时到达上止点，即一个处于压缩行程上止点时，另一个处于排气行程上止点。计算机电控单元根据曲轴位置等传感器输入的信息，经计算、处理，输出点火控制信号，通过点火控制器中的两个大功率晶体管，按点火顺序控制两个初级绕组的电路交替接通和断开。当1、4缸点火触发信号输入点火控制器时，大功率晶体管 VT_1、初级绕组 N_1 断电，次级绕组产生虚线箭头所示方向的高压电动势，此时1、4缸高压二极管正向导通而使火花塞跳火。当2、3缸点火触发信号输入点火控制器时，大功率晶体管 VT_2 截止，初级绕组 N_1 断电，次级绕组产生实线箭头所示方向的高压电动势，此时2、3缸高压二极管导通，故2、3缸火花塞跳火。二极管配电方式的主要特点是一个点火线圈组件为四个火花塞提供高压电，因此特别适宜于四缸或八缸发动机。

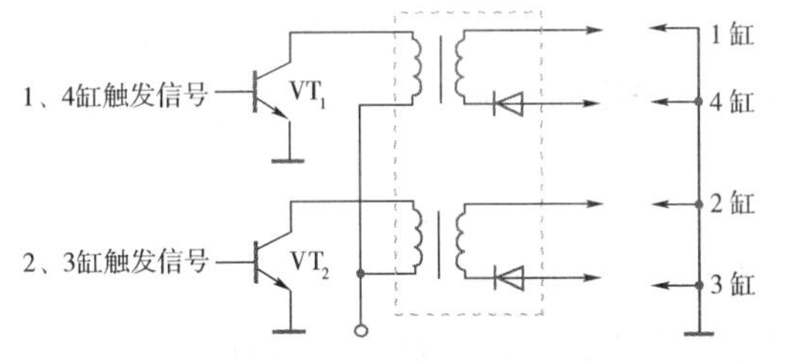

图4-76　点火线圈配电方式

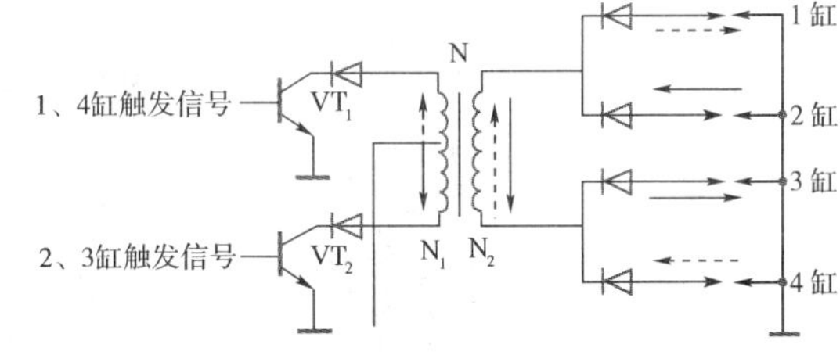

图4-77　二极管配电方式

❸ 无分电器点火系统主要元件的结构

无分电器点火系统的组成如图4-78所示，与有分电器计算机控制点火系统相比，火花塞、高压线和主要传感器的结构和原理基本相同，但是在计算机电控单元、点火控制器、点火线圈的结构和原理方面存在一些差异。

(1)计算机电控单元。无分电器点火系统的计算机电控单元不只是控制一个点火线圈的初级绕组，还要根据曲轴的不同位置、按一定顺序控制两个或多个点火线圈的初级绕组，以实现电子式高压配电。

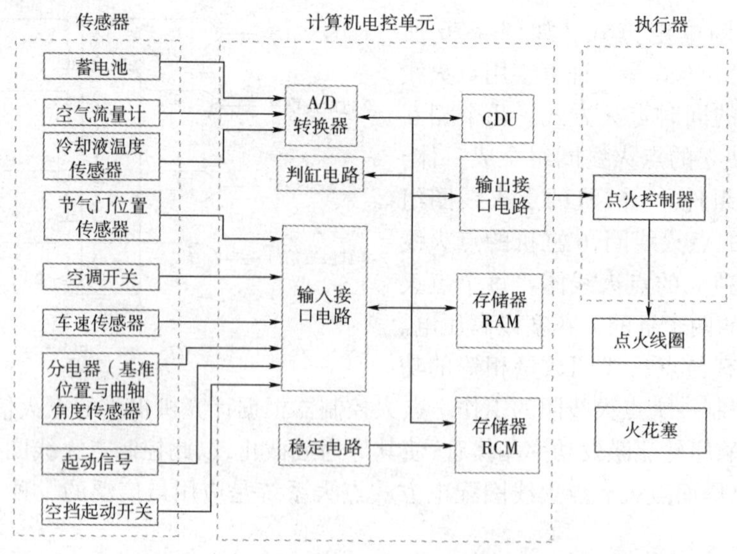

图4-78　无分电器点火系统

(2)点火控制器。点火控制器一般除了具有自动断电功能、导通角控制、恒流控制等电路外，还有判缸电路和多个大功率晶体管及相应的控制电路等。许多无分电器点火系统经点火控制器分为两部分：控制电路和大功率晶体管输出电路。控制电路直接合入计算机电控单元，大功率晶体管输出电路则自成一体，成为结构单一的点火控制器或与点火线圈集成在一起。

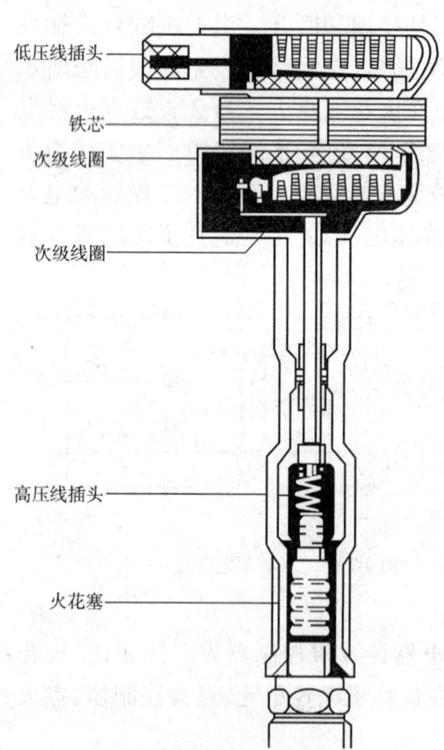

图4-79　单独点火方式配用的点火线圈

(3)点火线圈。

①单独点火方式配用的点火线圈。采用单独点火方式时，发动机有几个汽缸就有几个点火线圈，每个点火线圈的结构完全相同，如图4-79所示。

②点火线圈配电方式配用的点火线圈。采用点火线圈配电方式时，配用的点火线圈实际上是由若干个相互屏蔽的、单独的点火线圈组装起来，而成的一个点火线圈组件。图4-80所示为六缸发动机无分电器点火系统采用的点火线圈组件的外形和电路。

③二极管配电方式配用的点火线圈。二极管配电方式配用的点火线圈有两个初级绕组，一个次级绕组。次级绕组有两个输出端，每个输出端分别连接两个方向相反的高压二极管，这样次级线圈通过四个高压二极管与火花塞构成回路；两个初级绕组的电路由点火控制器中的大功率晶体管控制轮流接通和断开。

点火线圈有两种形式：

一种是点火线圈只包含初级绕组和次级绕组，不包含高压二极管，高压二极管装在火花塞上方，点火线圈有两个高压插座，如图 4-81 所示。

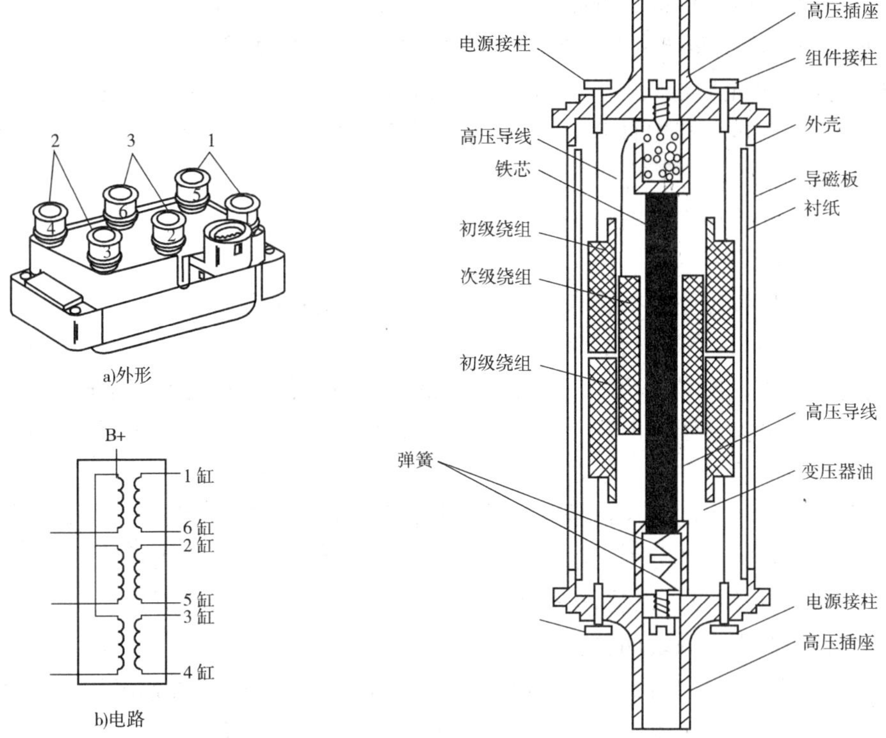

图 4-80　点火线圈配电方式配用的点火线圈　　　　图 4-81　二极管配电方式配用的点火线圈

另一种是点火线圈既包含初级绕组和次级绕组，又包含四个高压二极管，点火线圈有四个高压插座，原理和外形如图 4-82 所示。

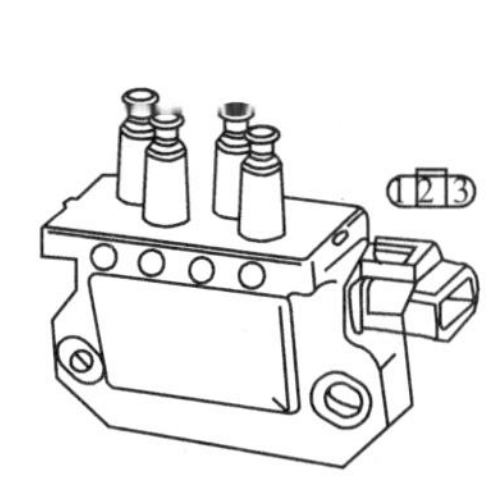

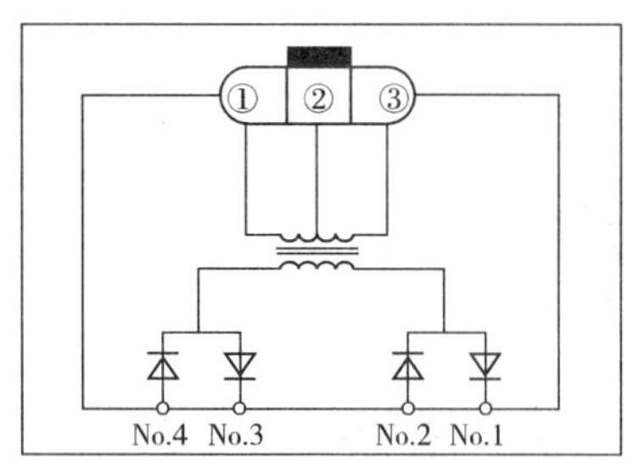

图 4-82　二极管配电方式配用的点火线圈

由于无分电器点火系统具有上述突出特点，所以 20 世纪 80 年代问世以来，在美国、日本以及欧洲发达国家得到迅速发展和广泛应用，带来了点火系统发展的又一次飞跃。进入 20 世纪 90 年代后，无分电器点火系统在发达国家的应用已经比较普遍，我国一汽大众生产的部分奥迪轿车和捷达轿车、上海大众汽车公司生产的部分桑塔纳 2000 型轿车等也相继采用了无分电器点火系统。无分电器点火系统正逐步成为点火系统的主流。

小结

1. 发动机有效工作必须保证三个条件：足够高的压缩压力；正确的点火时刻及强大的火

花;适当浓度的空气-燃油混合气。

2. 点火系统的作用就是按照汽油机工作的要求,在一定时刻供给火花塞足够能量的高压电,使其两电极之间产生电火花,点燃汽缸内的混合气,使发动机做功。

3. 点火系统先后经历了传统触点式点火系统、晶体管式点火系统和计算机控制的点火系统三个阶段,其中计算机控制点火系统又可分为有分电器式和无分电器式两个阶段。

4. 点火系统的初次级电路主要由蓄电池、发电机、点火开关、点火线圈、附加电阻、分电器、电容器和火花塞等组成。

5. 点火线圈按磁路结构特点可分为开磁路和闭磁路两种类型。

6. 点火提前角:是指火花塞跳火开始到活塞到达上止点为止这一段时间曲轴转过的角度。能使发动机发出最大功率,油耗最低的点火提前角称为最佳点火提前角。

7. 晶体管点火系统由电源、信号发生器、点火控制器、分电器、点火线圈、高压线、火花塞等组成。

8. 目前应用较多的点火信号发生器主要有磁脉冲式、霍尔效应式和光电效应式。

9. 晶体管点火系统分为有触点电子点火系统和无触点电子点火系统。

10. 计算机控制点火系统,按是否配有分电器分为有分电器计算机控制点火系统和无分电器计算机控制点火系统两种。

11. 有分电器计算机控制点火系统由低压电源、点火开关、计算机电控单元(ECU)、点火控制器、点火线圈、分电器、火花塞、高压线和各种传感器等组成。

12. 无分电器计算机控制点火系统由低压电源、点火开关、计算机电控单元(ECU)、点火控制器、点火线圈、火花塞、高压线和各种传感器等组成。

13. 无分电器计算机控制点火系统根据高压配电方式的不同分为独立点火方式和同时点火方式两种。

思考题

1. 发动机有效工作必须保证哪些条件?

2. 点火系统先后经历了哪三个阶段? 其中计算机控制点火系统又可分为哪两个阶段?

3. 点火系统的初次级电路主要由哪几部分组成?

4. 点火线圈按磁路结构特点可分为哪几种?

5. 晶体管点火系统由哪些零件组成?

6. 计算机控制点火系统,按是否配有分电器分为哪几种?

7. 什么是点火提前角?

8. 调节器可分为哪几种?

9. 有分电器计算机控制点火系统由哪些零件组成? 无分电器计算机控制点火系统由哪些零件组成?

10. 点火信号发生器的类型目前应用较多的有哪几种?

第五节　仪表、照明及信号装置

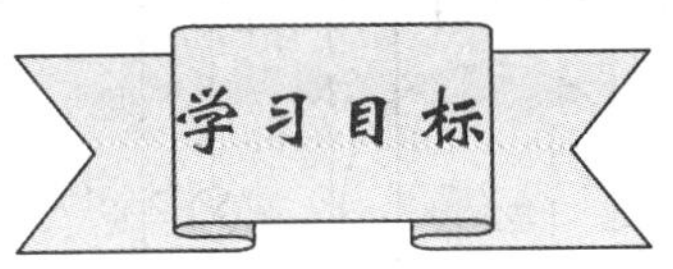

1. 了解汽车信号及照明装置种类和作用。
2. 掌握汽车仪表系统的组成和作用。

汽车仪表用来指示汽车运行及发动机运转的状况，以便驾驶人随时了解各系统的工作情况，保证汽车可靠而安全的行驶。汽车上常用的一般有5种仪表和3种相应的传感器。

为了方便行驶，保证行车安全，在汽车上都装有多种照明和信号装置，对汽车照明及信号系统的要求日趋完备、可靠、实用、美观，同时还要结构合理、经济耐用、维修方便。汽车照明及信号装置构成了汽车电气系统中一个独立的电路系统。一般轿车有15~25个外部照明灯和约40多个内部照明灯，这说明该系统在现代汽车上的重要作用。

一、汽车仪表

为了使驾驶人能够掌握汽车及各系统的工作情况，汽车驾驶室的仪表板上装有指示汽车、发动机运行工况的各种仪表、报警灯、指示灯、各种控制开关和按钮。为了便于驾驶人识别和控制，在各指示灯、开关的相应位置标有醒目的形象符号。汽车上常用的仪表有车速里程表、发动机转速表、机油压力表、燃油表、冷却液温度（水温）表等，它们通常与各种信号灯一起安装在仪表板上，称为组合仪表。

1 仪表板的结构

上海桑塔纳2000型轿车仪表板上主要有车速里程表、转速表、冷却液温度表、燃油表、时钟、动态油压报警、防冻液液位报警、高温报警、燃油不足报警、驻制动作用、充电、后风窗玻璃加热除霜、远光指示、紧急闪光、ABS报警等二十几种仪表或显示装置。其中采用电子仪表或电子控制的装置有十几种。仪表板线路采用薄膜印刷线路板，可以很方便地检查线路故障。仪表板显示采用导光装置、透过式标度盘及导光指针，使照明清晰美观，富有立体感。

仪表台上还布置收放机、点烟器、杂物箱以及空调出风口等。图4-83所示为桑塔纳

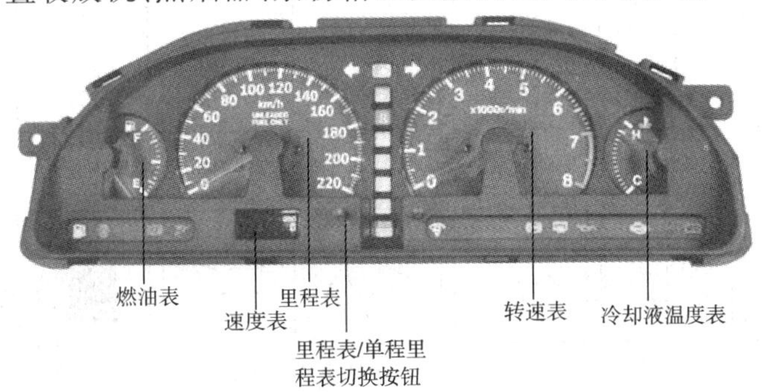

图4-83　桑塔纳2000型轿车仪表台外观

2000 型轿车仪表台。

图 4-84 所示为组合仪表电路图。

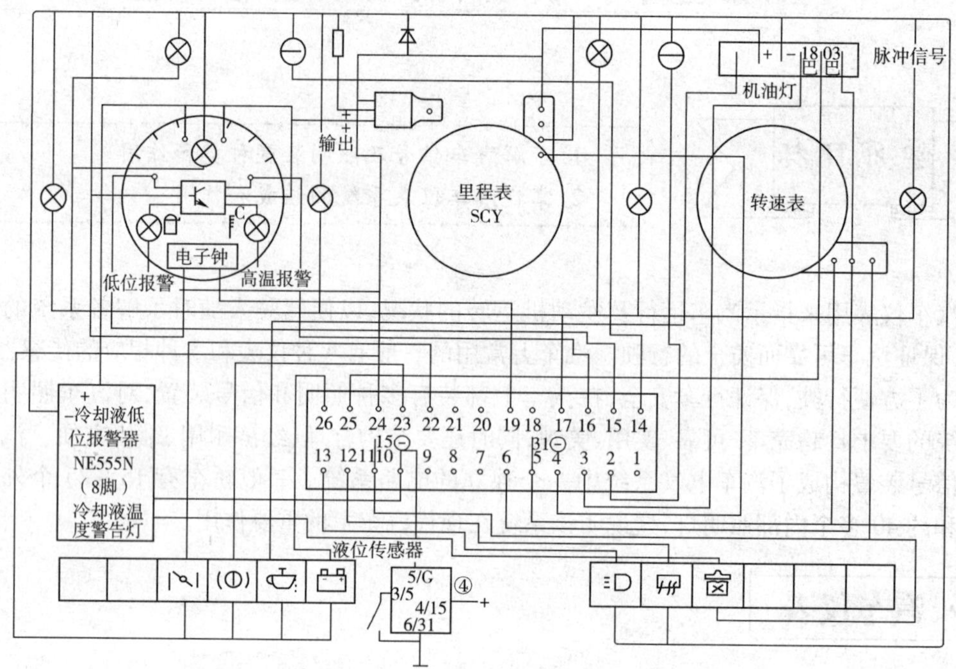

图 4-84　2000 型轿车组合仪表电路图

2 仪表板上的常用标识

各种符号的含义如图 4-85 对应文字所示。

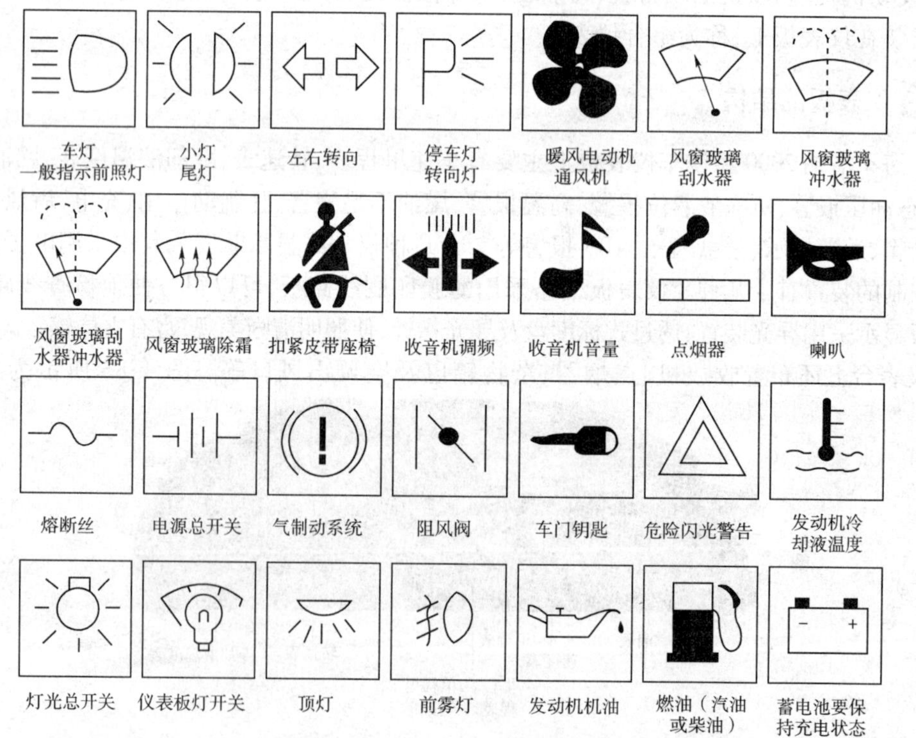

图 4-85　仪表板上的常用标识

二、汽车照明及信号装置

为了保证汽车行驶安全和工作可靠，在汽车上装有各种照明装置和信号装置，用以照明道路、表示车辆宽度和车辆所处的位置、照明车厢内部、指示仪表以及夜间车辆检修等。此外，在转弯、制动、会车、停车、倒车等工况下，还应发出光亮或音响信号，以警示行人和其他车辆，如图4-86所示。

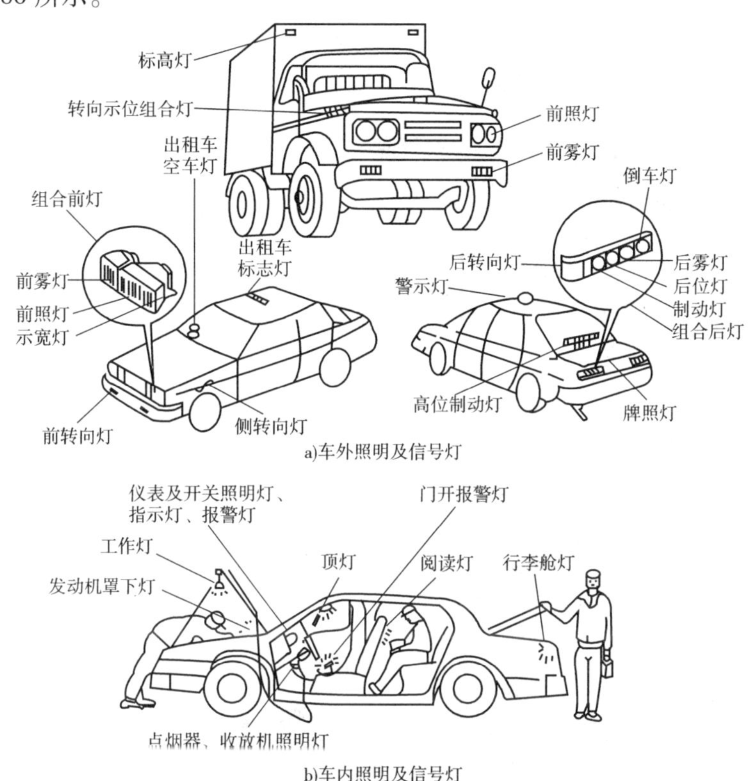

图4-86　汽车照明和信号装置

1 照明装置

汽车照明系统主要由照明设备、电源、开关和线路等组成。主要用于夜间行车照明及车厢、仪表、检修照明。汽车上所采用的照明装置包括车外照明装置和车内照明装置两部分。

如图4-87所示，车外照明装置包括前照灯、雾灯、尾灯、牌照灯等。车上使用的照明装置数量、结构形式以及安装位置因车型而异。

如图4-88所示，轿车常将示宽灯、前照灯和前雾灯组装在一起，称为组合前灯；将后转向灯、制动灯、尾灯、后雾灯和倒车灯等组装在一起，称为组合后灯。

车内照明装置包括顶灯、仪表灯、车门灯、阅

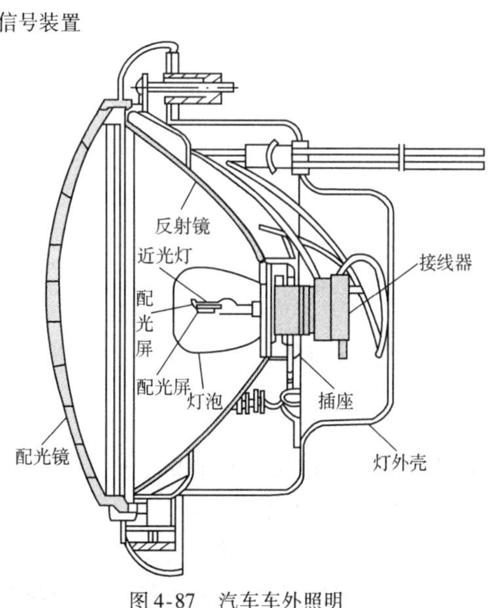

图4-87　汽车车外照明

读灯和工作灯。顶灯主要用于车内照明,灯光一般为白色。通常由灯光总开关和顶灯开关共同控制,有的车辆顶灯还具有门灯的作用,当车门关闭不严时灯亮,提醒驾驶人注意。这时,顶灯还受门柱开关控制。

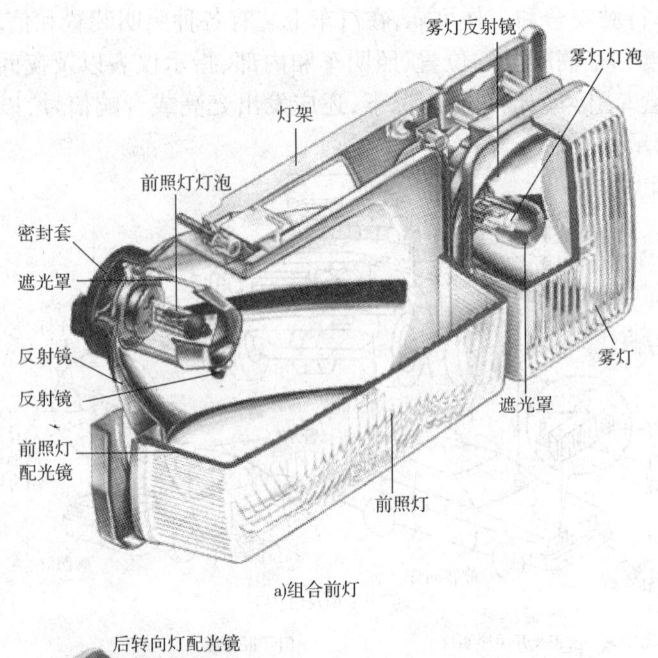

a)组合前灯

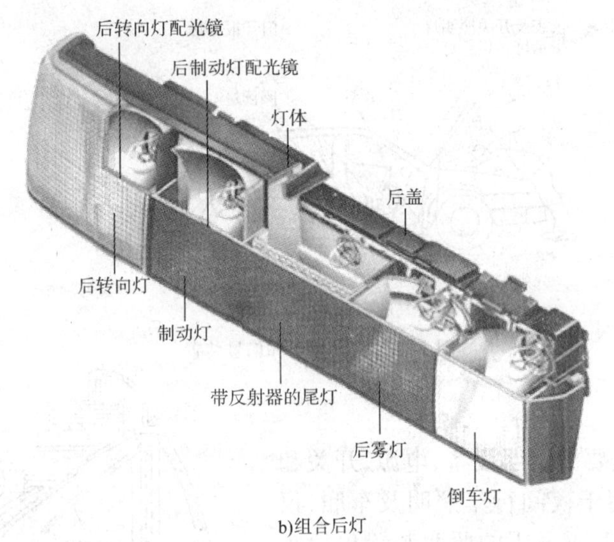

b)组合后灯

图4-88 桑塔纳轿车组合灯具

2 信号装置

汽车信号装置的作用是通过声、光信号向其他车辆的驾驶人和行人发出有关车辆运行状况或状态的信息,以引起有关人员注意,确保车辆行驶安全。

1 转向信号装置

汽车转向信号装置是由转向信号灯、转向信号闪光器和转向信号灯开关等组成。

(1)转向信号灯。转向信号灯简称转向灯,它分装在车身前端和后端的左右两侧。由驾驶人在转向之前，开亮左侧或右侧的转向信号灯，以通知交通警察、行人和其他汽车上的驾驶人。为了在白天能引人注目，转向信号灯的亮度很强，在转向信号灯电路中装有转向信号闪光器，使转向信号灯光发生闪烁。闪烁式转向信号灯可以单独设置，也可以与前小灯合成一体，在后一种情况下，一般用双丝灯泡。也有的后转向信号灯和后灯合成一体。

(2)转向信号闪光器。常用的转向信号闪光器有电热式(图4-89a)、电容式(图4-89b)和电子式(图4-89c)等多种形式。

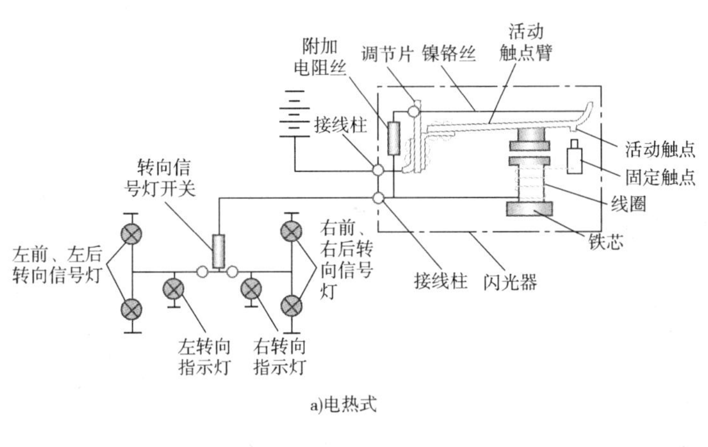

a)电热式

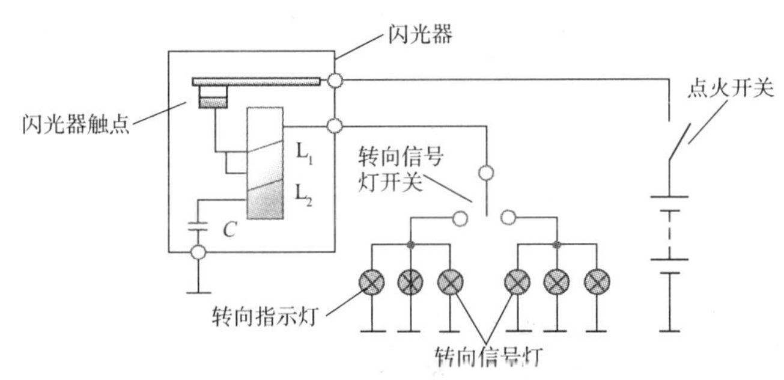

b)电容式

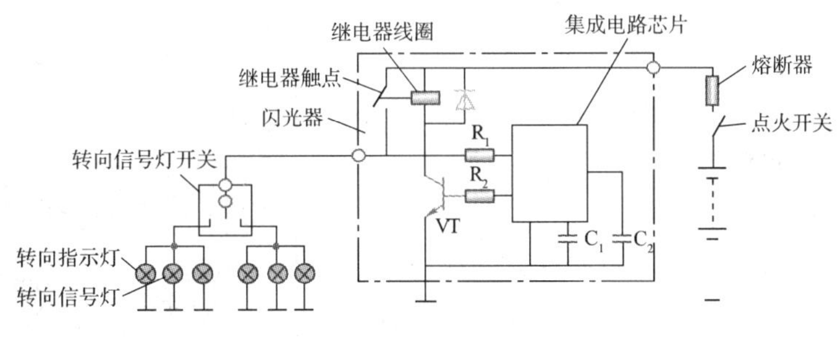

c)集成电路式

图4-89 转向信号闪光器电路

❷ 制动信号装置

制动信号装置主要由制动信号灯和制动信号灯开关组成，如图4-90所示。

制动信号灯安装在汽车的尾部，在驾驶人踩下制动踏板时立即点亮，发出强烈的红色光亮，即使在白天也十分明显，以提醒后车驾驶人注意。

制动信号灯开关安装在汽车制动回路中，随制动系统结构形式的不同，有液压式和气压式两种。

❸ 倒车信号装置

倒车信号装置由倒车信号灯、倒车信号灯开关以及倒车报警器等组成。

倒车信号灯和倒车报警器由倒车灯开关控制。倒车信号灯点亮的同时，倒车报警器的电喇叭也发出断续的声响或语言报警，以警告后车的驾驶人和行人，如图 4-91 所示。

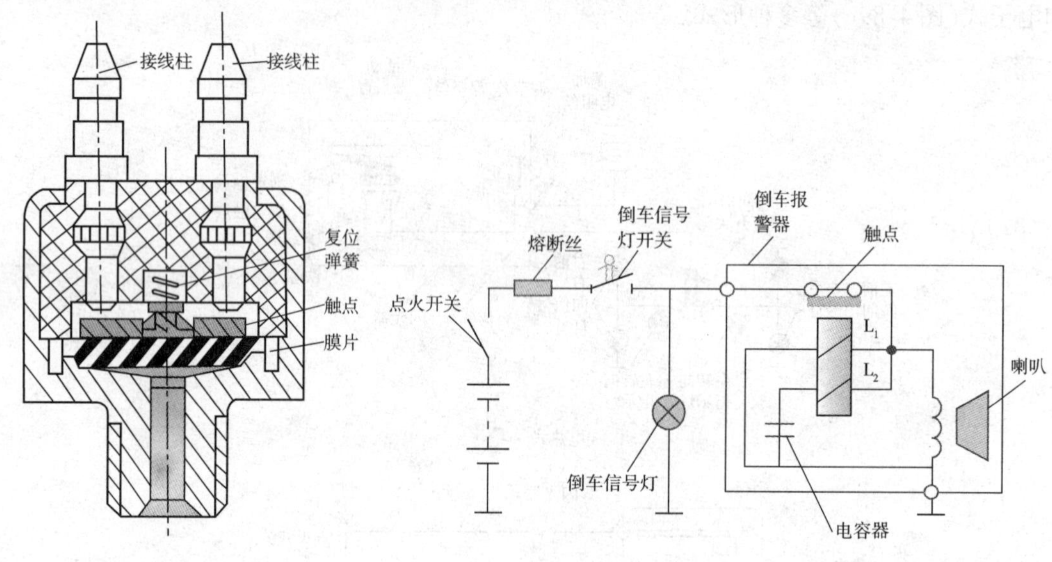

图 4-90　制动信号装置

图 4-91　倒车信号装置

如图 4-92 所示，倒车灯开关安装在变速器盖上，变速器处于空挡或前进挡时，钢球被倒挡拨叉轴的圆柱面顶起，固定在推杆上的金属盘上移，与固定触点分开，倒车信号灯和倒车报警器的电路均被切断。倒车时变速杆拨到倒挡位置，倒挡拨叉轴上的凹槽对准钢球，两个并联弹簧将推杆连同钢球向下推至极限位置，使触点闭合（如图 4-92 中所示位置），于是倒车信号灯点亮，倒车报警器也发出声响。

如图 4-93 所示，倒车报警器有蜂鸣器式报警器、语音式报警器等多种形式。

❹ 故障停车信号装置

在汽车运行中如果出现故障而停驻，故障停车信号灯点亮，以引起其他车辆和行人的注意。故障停车信号灯常与转向信号灯共用一组灯泡，分别由转向信号灯开关、故障停车灯开关控制，如图 4-94 所示。

❺ 汽车喇叭

汽车喇叭是用来在汽车运行中警示行人和其他车辆注意交通安全的声响信号装置。按使用能

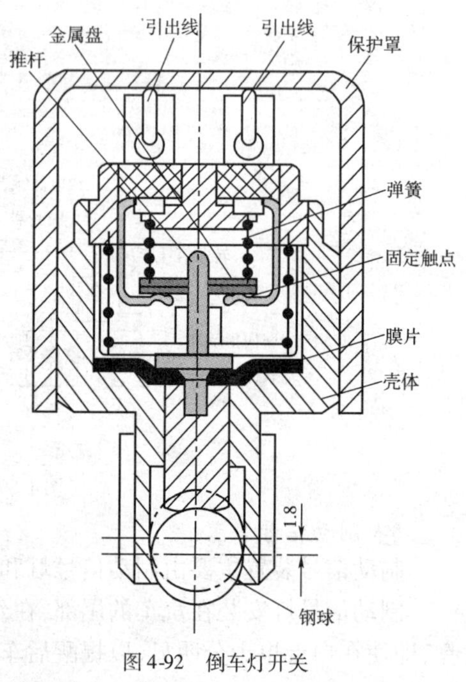

图 4-92　倒车灯开关

源的不同，汽车喇叭分为电喇叭和气喇叭两种。

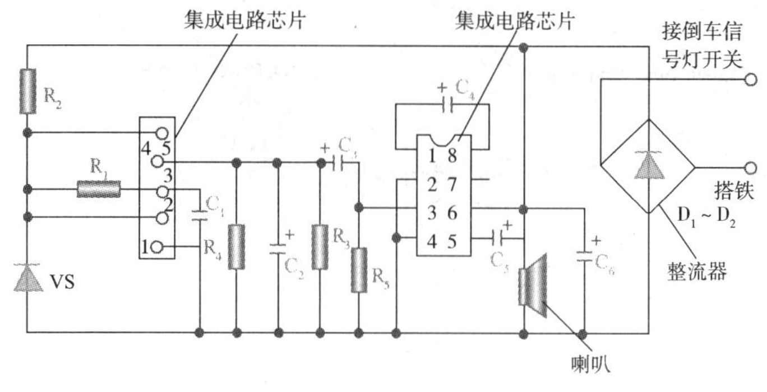

图 4-93　语音式报警器

（1）电喇叭。

电喇叭的特点是以蓄电池为电源，通过电磁线圈或电子电路激励喇叭膜片振动而发出声音。按其外部形状的不同分为螺旋形、盆形和长筒形三种。

①螺旋形电喇叭。螺旋形电喇叭声音和谐清脆，比较悦耳，广泛应用于各种车辆上，如图 4-95 所示。

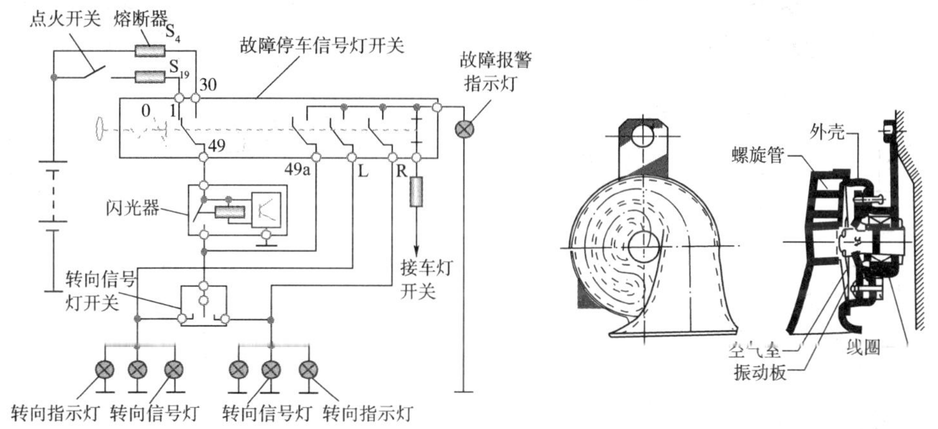

图 4-94　故障停车信号装置

图 4-95　螺旋形电喇叭

②盆形电喇叭。盆形电喇叭的声音指向性好，可以减小城市噪声污染，还具有耗电量小、结构简单、外形尺寸小、安装方便等特点，在中、小型客车和轿车上应用十分广泛。盆形电喇叭以共鸣板作为共鸣装置，不需要扬声筒，如图 4-96 所示。

为了使喇叭的声音更加悦耳，汽车上一般装有高、低音两个甚至三个不同音调的喇叭。由于喇叭在工作时消耗的电流过大，如果直接用喇叭按钮控制，喇叭按钮很容易损坏。为了减小流过喇叭按钮的电流，在其电路中一般装有喇叭继电器。如图 4-97 所示，按下喇叭按钮时继电器线圈通电，触点吸合，蓄电池经继电器触点向喇叭供电，流过按钮的电流是很小的线圈电流，松开按钮时喇叭自动断电。

（2）气喇叭。

气喇叭按结构和外形的不同可分为长筒形和螺旋形两种，按音调的不同又可分为单音和双音两种。气喇叭的声响强度和声音指向性好，适于山区使用。为了减少城市噪声污染，各个国家的交通法规均规定禁止在市区使用气喇叭，如图 4-98 所示。

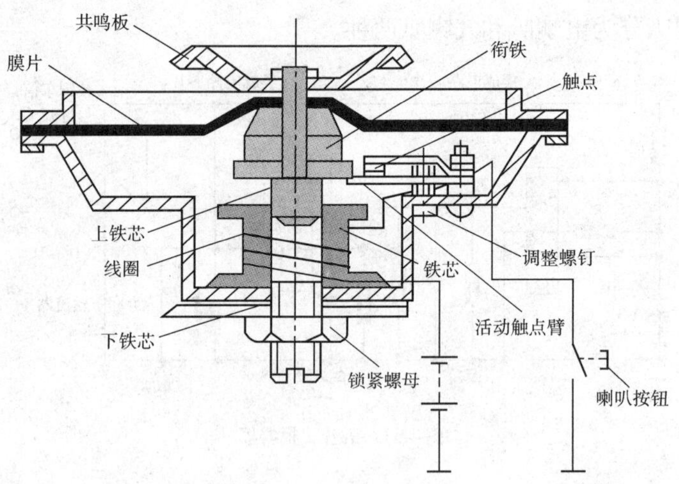

图 4-96 盆形电喇叭

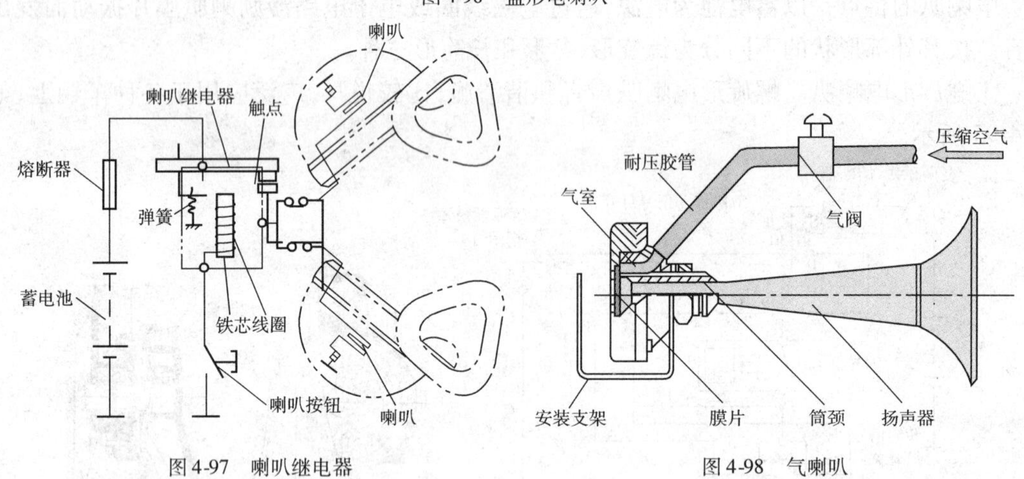

图 4-97 喇叭继电器　　图 4-98 气喇叭

小结

1. 汽车上常用的仪表有车速里程表、发动机转速表、机油压力表、燃油表、冷却液温度(水温)表等,它们通常与各种信号灯一起安装在仪表板上,称为组合仪表。

2. 汽车照明系统主要由照明设备、电源、开关和线路等组成。主要用于夜间行车照明及车厢、仪表、检修照明。汽车上所采用的照明装置包括车外照明装置和车内照明装置两部分。

3. 车外照明装置包括前照灯、雾灯、尾灯、牌照灯等。

4. 轿车常将示宽灯、前照灯和前雾灯组装在一起,称为组合前灯;将后转向灯、制动灯、尾灯、后雾灯和倒车灯等组装在一起,称为组合后灯。

5. 车内照明装置包括顶灯、仪表灯、车门灯、阅读灯和工作灯。

6. 汽车转向信号装置是由转向信号灯、转向信号闪光器和转向信号灯开关等组成。

7. 制动信号装置主要由制动信号灯和制动信号灯开关组成。

8. 倒车报警器有蜂鸣器式报警器、语音式报警器等多种形式。

9. 汽车喇叭是用来在汽车运行中警示行人和其他车辆注意交通安全的声响信号装置。按使用能源的不同，汽车喇叭分为电喇叭和气喇叭两种。

10. 电喇叭的特点是以蓄电池为电源，通过电磁线圈或电子电路激励喇叭膜片振动而发出声音。按其外部形状的不同分为螺旋形、盆形和长筒形三种。

思考题

1. 汽车上常用的仪表有哪些?
2. 汽车照明系统主要由哪些部分组成?
3. 车外照明装置包括哪些? 车内照明装置包括哪些?
4. 汽车转向信号装置是由哪些部分组成?
5. 汽车转向信号装置是由哪些部分组成?
6. 倒车报警器有哪几种形式?
7. 汽车喇叭的作用是什么? 按使用能源的不同，汽车喇叭分为哪两种?

第六节 空 调

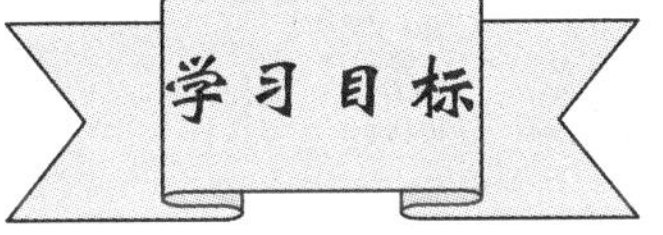

1. 了解并掌握汽车空调系统的结构原理。
2. 掌握汽车空调系统的主要元件。

汽车空调系统作为影响汽车舒适性的主要总成之一，为汽车提供制冷、取暖、除霜、除雾、空气过滤和湿度控制功能。汽车空调系统在汽车中的重要性日益突出，已成为汽车市场竞争的主要手段之一。各种替代能源动力车的出现，为汽车空调提出了新的课题和挑战。

一、空调系统的结构原理

桑塔纳 2000 系列轿车空调系统采用了替代 R12 的、对大气层无害的新型制冷剂 HCF134a(R134a)。空调系统在原普桑空调的基础上对蒸发器、压缩机、冷凝器、储液干燥器、软管、加注阀等总成或零件作了重大改进，使它的降温效果有了明显提高。桑塔纳 2000 系列轿车空调系统布置如图 4-99 所示。

空调系统的工作过程如图 4-100 所示。由蒸发器出来的低温、低压制冷剂 R134a 气体，经低压软管、低压阀进入压缩机。压缩机内将气态制冷剂吸进并压缩，变成高温、高压的制冷剂气体，由高压阀出来经过高压管进入冷凝器，并把热量排出车外，被冷却为高温、高压的液态 R134a，从冷凝器底部流向储液干燥器，经过滤、脱水后由高压管送至膨胀阀。经膨胀阀的高压液态制冷剂减压后，成为低温、低压的雾状物进入蒸发器，通过蒸发器芯管吸收周围空气中的热量而变为气体，冷却后的空气即为冷气，经风扇被强制送回车内，完成了降温的目的。低温、低压的气态制冷剂,经低压软管回到压缩机,开始新一轮工作循环。

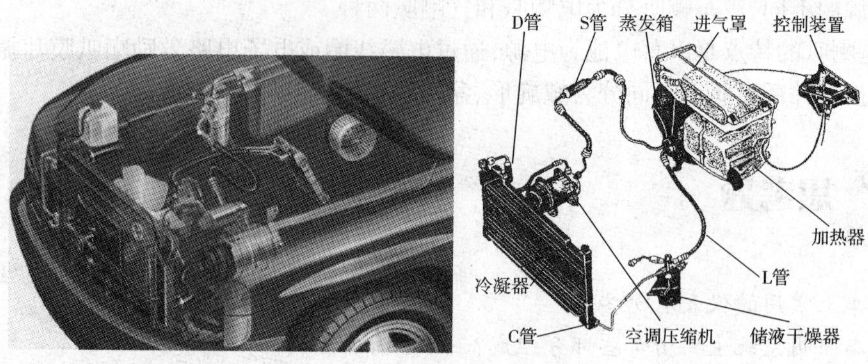

图 4-99 空调系统布置

空调系统操纵杆及空调系统出风口如图 4-101 和图 4-102 所示。

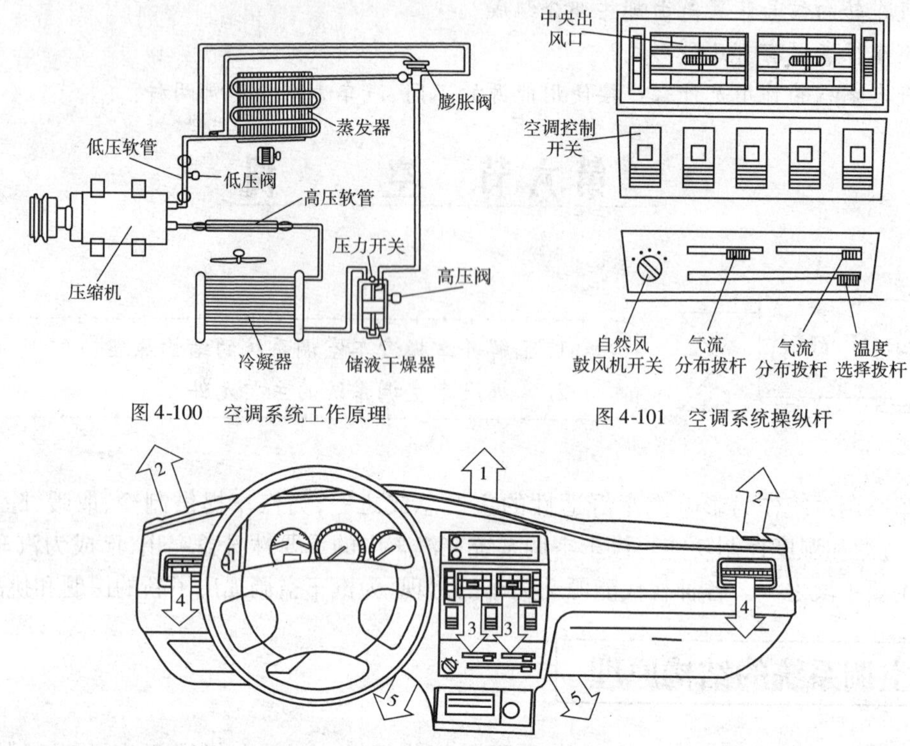

图 4-100 空调系统工作原理

图 4-101 空调系统操纵杆

图 4-102 空调系统出风口布置

二、空调系统主要元件

1 压缩机

由于桑塔纳 2000 系列轿车空调系统的制冷剂由 R12 改为 R134a,R134a 具有高渗透性,因此普通桑塔纳轿车空调系统所用的 SD-508 型压缩机已不适用,改为 SE-5H14 型压缩机。该压缩机是在 SD-508 压缩机的基础上根据制冷剂的要求进行了局部改动而成,主要改动有:①冷冻机油由原 5GS 矿物油改为 SW100 酯类合成油;②轴封由原来的机械密封式改为双唇口径向密封式;③有关零件提高了强度或改变了材料。为提高密封性能,其中橡胶密封件材料由 NBR/FKM 改为氢化丁腈橡胶。

图 4-103 所示为 SE-5H14 型压缩机属于摇摆斜盘式压缩机,当主轴旋转时,摇板作轴向往复摇摆,从而带动压缩机的活塞作轴向往复运动。压缩机采用电磁离合器形式,当接通电源时,电磁离合器线圈中的电流在离合器片与固定框之间产生一磁场,离合器的磁铁吸向转子,电磁离合器带轮从发动机上得到的动力传递给压缩机轴,带动压缩机工作。当切断电源时,磁场消失,离合器分离,带轮空转。

这种压缩机的吸气压力、排气压力及工作转矩的波动小,平均功耗低,工作变化平稳,且不会结霜。

2 冷凝器

图 4-104 所示为冷凝器结构图,冷凝器的作用是把来自压缩机的高温制冷剂气体冷凝成高压液体,并把吸收的热量排放到车外环境去。由于使用 R134a 制冷剂后,系统压力升高,为提高冷凝效果,已将桑塔纳 LX 型采用的管片式冷凝器,改为传热效果更好的全铝管带式平流冷凝器。

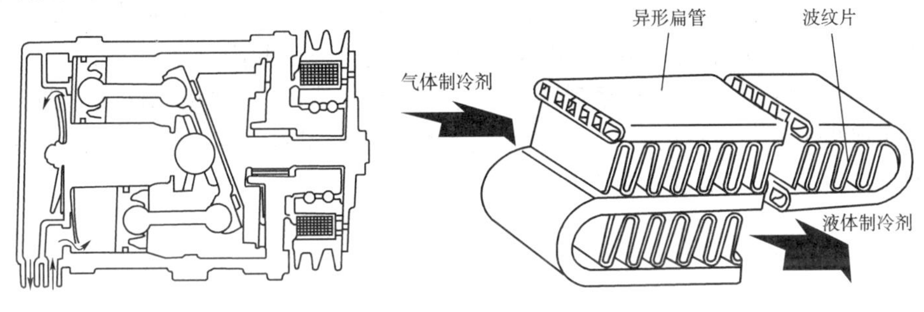

图 4-103　摇摆式压缩机　　图 4-104　管带式冷凝器结构图

3 蒸发器

蒸发器安装在副驾驶人一侧杂物箱下方,采用风冷全铝板带式结构,它的功能是:经节流阀流入的制冷剂液体蒸发成气体,吸收车内热空气的热量,从而达到降温的目的。蒸发器上插有感温开关的毛细管。由于采用 R134a 制冷剂,引起冷凝压力和温度上升,制冷效率下降。为此,桑塔纳 2000 系列轿车的蒸发器的扁管加宽,翅片间距减小,从而增大了热交换面积,改善了换热性能。

4 储液干燥器

如图 4-105 所示,储液干燥器安装在发动机左前方纵梁上,由过滤器、干燥剂、窥视玻璃孔、组合开关及引出管等组成。它的主要功能有储存制冷剂、吸收制冷剂中的水分及过滤异物、高低压保护等。

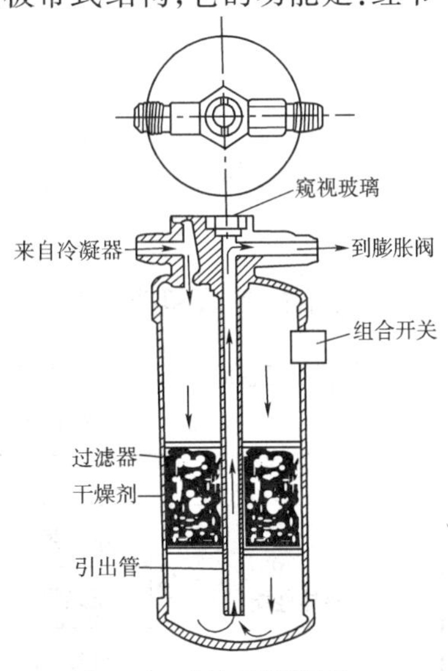

图 4-105　储液干燥器结构

由于 R134a 与水的亲合力强,脱水困难,故干燥剂由原来的 XH-4A-5 改为 XH-7,干燥剂用量增加,为提高罐体的抗腐蚀能力，其材料由铁改为铝。其主要规格见表4-5。

储液干燥器主要规格 表4-5

配套车型	桑塔纳2000型	压力开关名称	高、中、低三位一体压力开关
容量(mL)	500	开关值[表压(MPa)]	高压开关:3.14±0.20 中压开关:1.77±0.10 低压开关:0.196±0.10
干燥剂型号(分子筛)	XH-7		
干燥剂质量(g)	50		
平衡吸水量(g)	3	气门芯	快速连接
易熔塞击穿温度(℃)	103～110.5	适用制冷剂	R134a

储液干燥器要直立安装，倾斜度不要大于15°，否则，液态与气态制冷剂将不能完全分离。在空调系统的安装和维修过程中，干燥器必须最后一个安装到系统中，防止空气进入干燥器。

5 膨胀阀

膨胀阀的主要功能是：把高温、高压的液态制冷剂节流降压，转化为低压、低温的雾状物，送入蒸发器，并控制向蒸发器的供液量，防止过多的液体引起阻滞现象。

图4-106所示为桑塔纳2000系列轿车采用的H型膨胀阀，主要由阀体、感温元件、调节杆、弹簧、球阀等组成。与桑塔纳LX型所采用的F型膨胀阀相比，由于它的感温元件直接安装在阀体内，因而调节灵敏度和制冷效率更高。

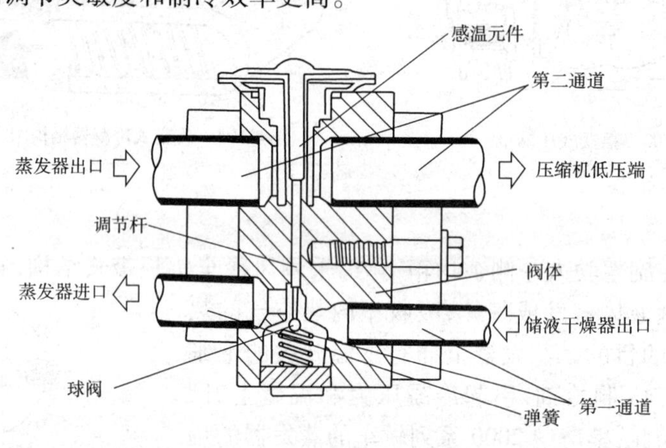

图4-106 H型膨胀阀结构示意图

6 结构参数和技术性能参数

桑塔纳2000系列轿车空调系统技术性能及参数见表4-6。

桑塔纳2000系列轿车空调系统技术性能及参数 表4-6

项目		单位	参数
整体性能	制冷量	W	3997
	制热量	W	7000～8000
	风量(干)	m^3/h	420

续上表

项目		单位	参数
压缩机	型号		SE5H14
	形式		摇摆斜盘式
	缸径	mm	φ35
	行程	mm	28.6
	缸数		5
	每转排量	cm^3	138
	最大允许转速	r/min	7000
	制冷剂		R134a
	润滑油		Castrol SW-100
	润滑油量	cm^3	135
	质量	kg	5
	功率消耗	kW	2.7
离合器部分	额定电压	V	12 DC
	脱离转矩	N·m	29.5
	最小啮合电压	V≤	7.5 DC
	额定电流	A	2.5~3.0
	最大允许转速	r/min	7000
	最大允许连续转速	r/min	6000
	传动带	型号×根数	A×1,M×1
	带轮外径	mm	φ130
	质量	kg	2.4
散热器风扇（主、从动两只）	最大功率	W	200
	起动方式		满电压直接起动
	抗无线电干扰	MHz	20~150
	高速挡风扇功率	W	150
	低速挡风扇功率	W	95
	车上主动风扇高速挡电流	A	6~7
	车上低速挡风扇电流	A	3~4
	主动风扇带动从动风扇后： 高速挡电流 低速挡电流	 A A	 8~10 4~6

三、暖风装置

汽车暖风装置是用来为车厢内取暖及风窗除霜用的，它是汽车空调的组成部分。上海桑塔纳轿车采用水暖式暖风机，包括暖风散热器（水箱）、鼓风机及外壳。它与制冷气的蒸发器组成一体,与冷风共用鼓风机及壳体。暖风散热器的进水管上设置调节水阀以实现热水从发动机分流到暖风散热器,并可调节水流量的大小。

桑塔纳轿车的采暖量可用改变水阀的开度来调节,也可用改变风机转速来调节,水阀的开度通过绳索由操纵板控制。

除前风窗玻璃的热风除霜口外,在左右两侧还有侧窗玻璃除霜口,以提高行车安全性。

小结

1. 汽车暖风装置是用来为车厢内取暖及风窗玻璃除霜用的,它是汽车空调的组成部分。

2. 轿车空调系统采用了替代 R12 的、对大气层无害的新型制冷剂 HCF134a(R134a)。

3. 空调系统主要由蒸发器、压缩机、冷凝器、储液干燥器、软管、加注阀等总成或零件组成。

4. 冷凝器的作用是把来自压缩机的高温制冷剂气体冷凝成高压液体,并把吸收的热量排放到车外环境去。

5. 膨胀阀的主要功能是:把高温、高压的液态制冷剂节流降压,转化为低压、低温的雾状物,送入蒸发器,并控制向蒸发器的供液量,防止过多的液体引起阻滞现象。

6. 储液干燥器由过滤器、干燥剂、窥视玻璃孔、组合开关及引出管等组成,它的主要功能有储存制冷剂、吸收制冷剂中的水分及过滤异物、高低压保护等。

思考题

1. 汽车暖风装置的作用是什么?
2. 现代汽车空调系统主要有哪些元件组成?
3. 冷凝器的作用是什么?
4. 膨胀阀的主要功能是什么?
5. 储液干燥器主要功能是什么?

第七节 汽车总线路

学习目标

1. 了解并掌握汽车线路的结构和类别。
2. 掌握汽车线路元件。

汽车电气设备总线路是将蓄电池、发电机及调节器、起动系统、点火系统、照明和信号系统、仪表、电子控制装置以及辅助电器等,按照它们各自的工作特性和相互的内在联系,通过开关、导线、保险装置等连接起来构成的整体。

汽车电气设备总线路和一般电路一样，也是由电源、负载（用电设备）、导线、开关、保险装置等组成。

一、电路图形符号

图 4-107 所示为汽车电路常见的图形符号。

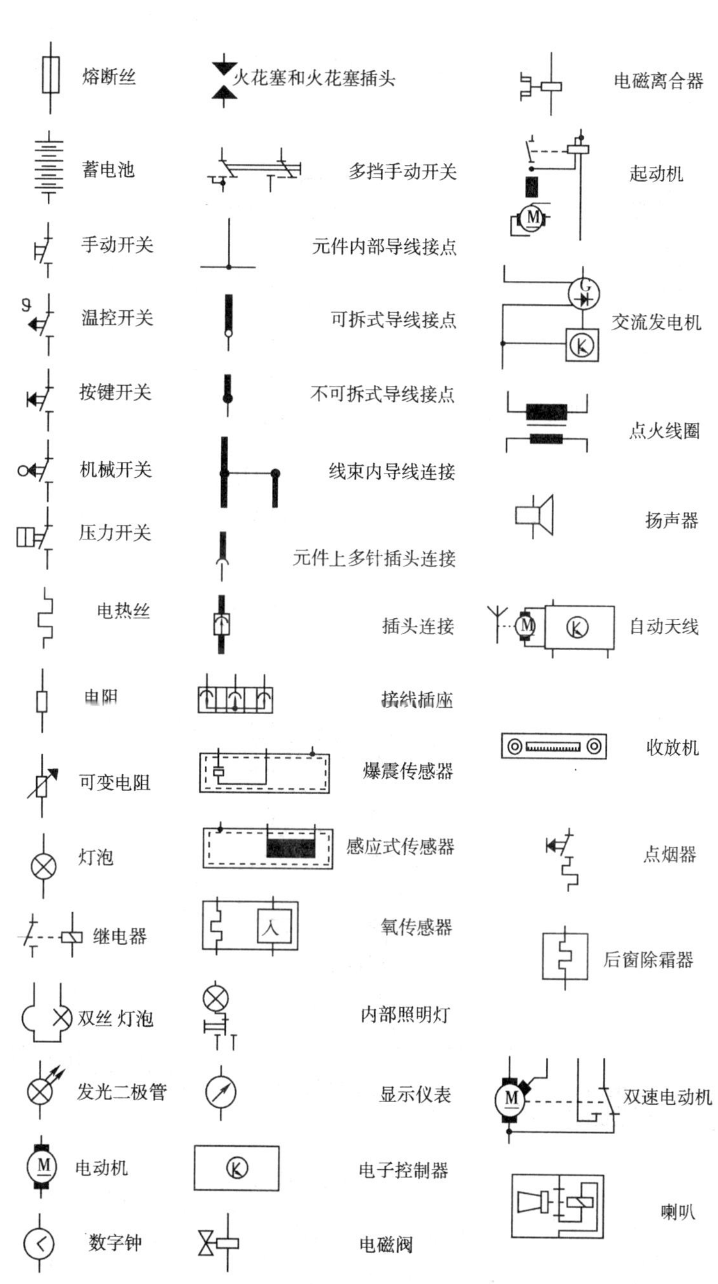

图 4-107 电路图形符号

二、电路图的种类

汽车电路图有接线图、线路图、电路原理图、线束图等四种。

1 接线图

如图 4-108 所示，接线图是一种专门用来标记接线与连接器的实际位置、色码、线型等信息的指示图，专门用于检修时查寻线束走向、线路故障及线路复原时使用，并不论及所连电器的工作原理及型号。虽然接线图中的导线以接近于线束的形式从相应的连接点引出，便于维修时按线、按色查找线路故障，但却不便于进行电路分析。接线图可以是整车电路的接线图，也可以是子系统的接线图。如丰田公司、日产公司的许多车辆，都采用这种方法。

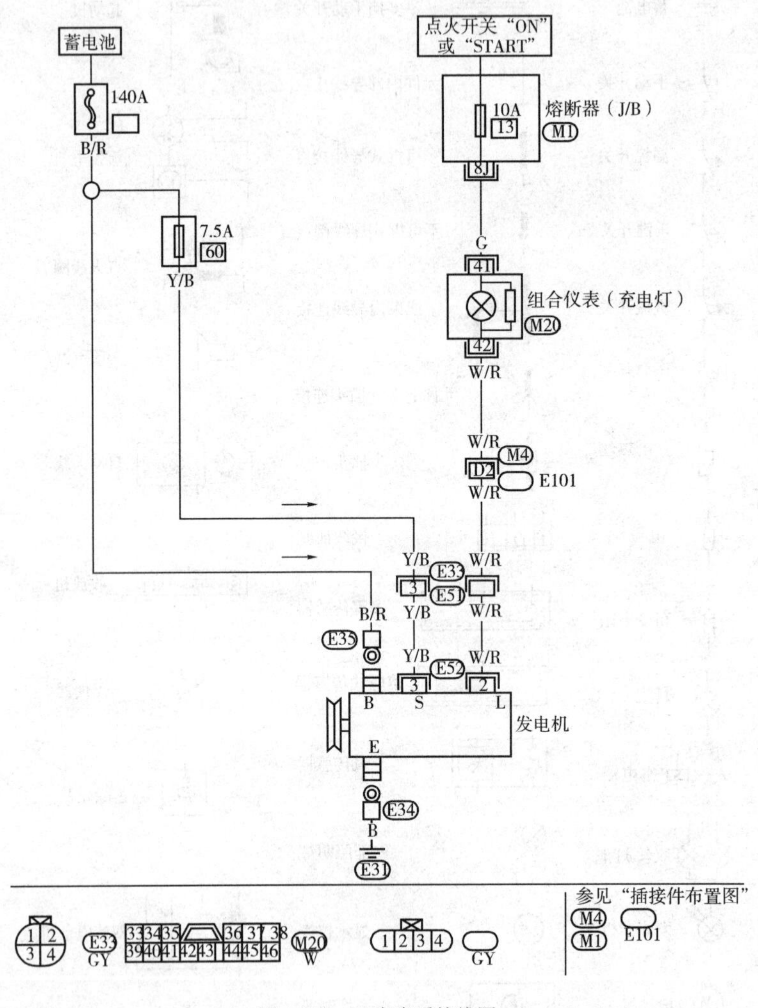

图 4-108　日产车系接线图

2 线路图

图 4-109 所示为汽车线路图，它是将汽车电器按在车上的实际位置、用相应地外形简图

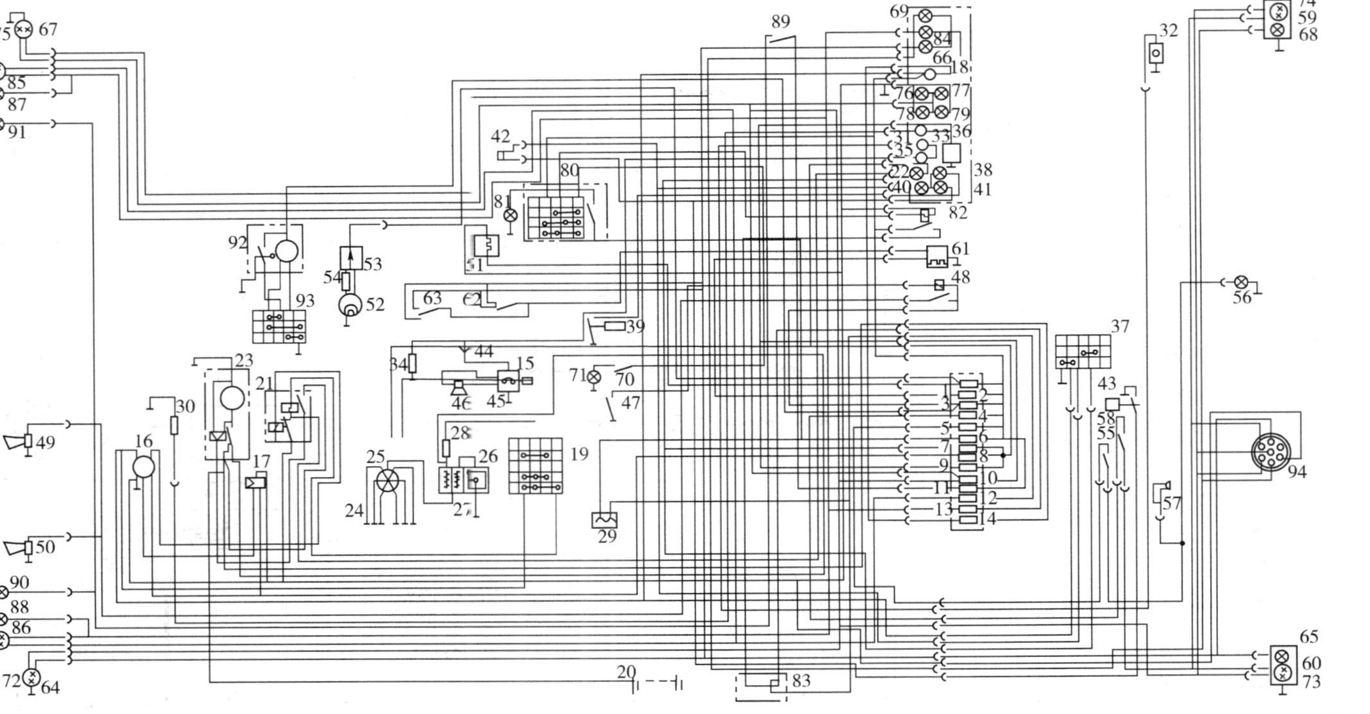

图 4-109　解放 CA1092 汽车线路图

1～15-熔断器；16-交流发电机；17-晶体管调节器；18-电流表；19-点火开关；20-蓄电池；21-复合起动继电器；22-充电指示灯；23-起动机；24-火花塞；25-分电器；26-点火控制器；27-点火线圈；28-点火线圈附加电阻；29-工作灯插座；30-油压表传感器；31-油压表；32-燃油表传感器；33-燃油表；34-温度表传感器；35-温度表；36-稳压器；37-停车灯开关；38-机油压力警告灯；39-机油压力警报开关；40-停车指示灯；41-低气压警告灯；42-低气压警报蜂鸣器；43-低气压警报开关；44-收放机天线；45-收放机；46-扬声器；47-喇叭按钮；48-喇叭继电器；49、50-喇叭（G、D）；51-点烟器；52-暖风电动机；53-暖风电动机开关；54-暖风电动机变速电阻；55-倒车灯开关；56-倒车灯；57-倒车蜂鸣器；58-制动灯开关；59、60-制动灯；61-闪光器；62-危险警报开关；63-转向灯开关；64、65-左转向信号灯；66-左转向指示灯；67-右转向信号灯；68-右转向指示灯；70-发动机罩下灯开关；71-发动机罩下灯；72～75-示宽灯；76～79-仪表灯；80-车灯开关；81-室内灯；82-灯光继电器；83-脚踏变光开关；84-远光指示灯；85、86-前照灯（远/近光）；87、88-前照灯（远光）；89-雾灯开关；90、91-雾灯；92-刮水器；93-刮水器开关；94-7 孔挂车插座画出来，并用线将电源、开关、熔断器等和这些电器一一连接起来。由于汽车电器的实际位置及外形与图中所示方位相符，且较为直观，因此便于循线跟踪地查找导线的分支和节点。但由于线路图线束密集、纵横交错，故图的可读性较差、电路分析过程相对较为复杂。

3 电路原理图

电路原理图是按规定的图形符号，把仪表及各种电气设备，按电路原理，由上到下合理地连接起来，然后再进行横向排列形成的电路图。它可以是子系统的电路原理图（此时多为详图），也可以是整车电路原理图（此时多为简图，电器则用简明图形符号表示）。

图 4-110 所示为桑塔纳 2000 轿车的电路原理图。

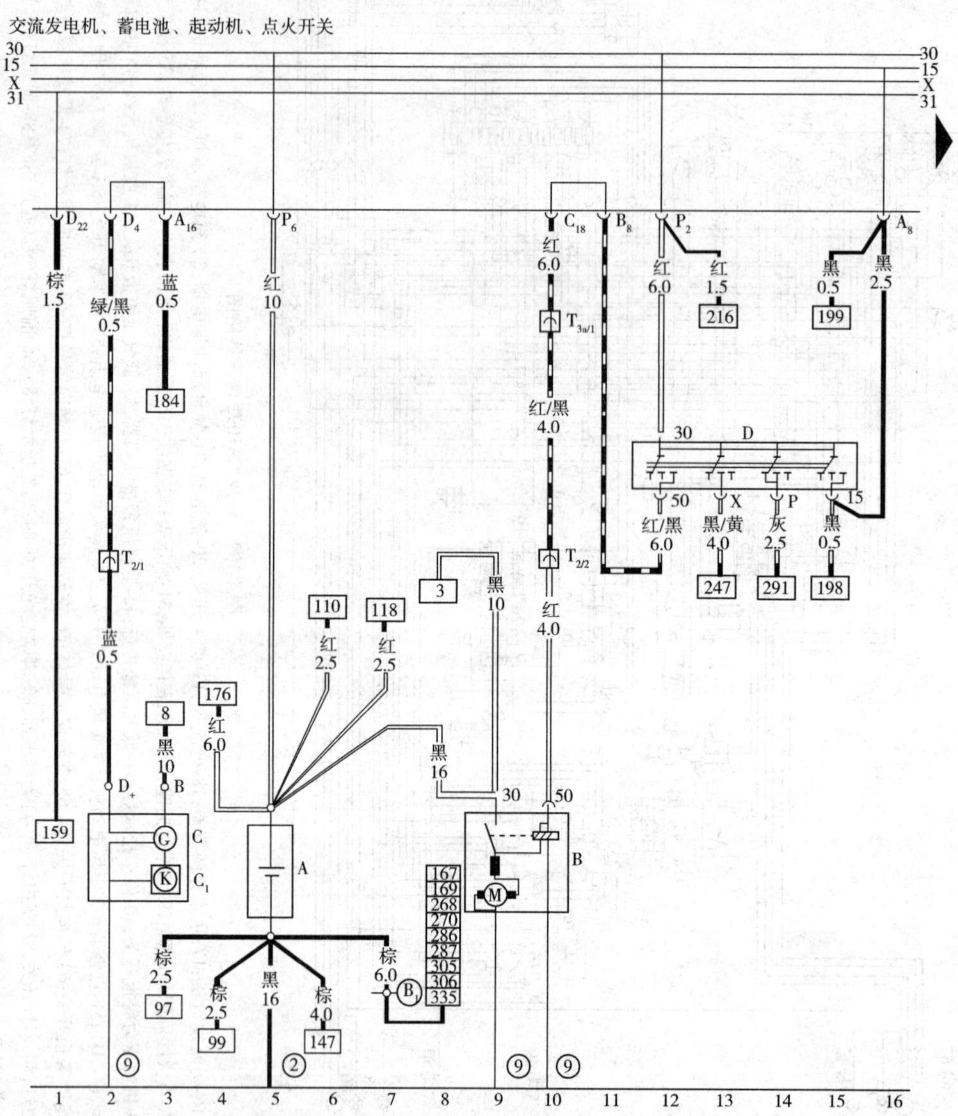

图 4-110 桑塔纳 2000Gsi 轿车电路原理图

A-蓄电池；B-起动机；C-交流发动机；C_1-调压器；D-点火开关；T2-发动机线束与发电机线束插头连接，2 针，在发动机舱中间支架上；T3-发动机线束与前照灯线束插头连接，3 针，在中央电器后面；②-搭铁点，在蓄电池支架上；⑨-自身搭铁

4 线束图

如图 4-111 所示的线束图，是指能反映线束走向和有关导线颜色、接线柱编号等内容的线路图。线束图的特点是不说明线路的走向和原理，线路简单。

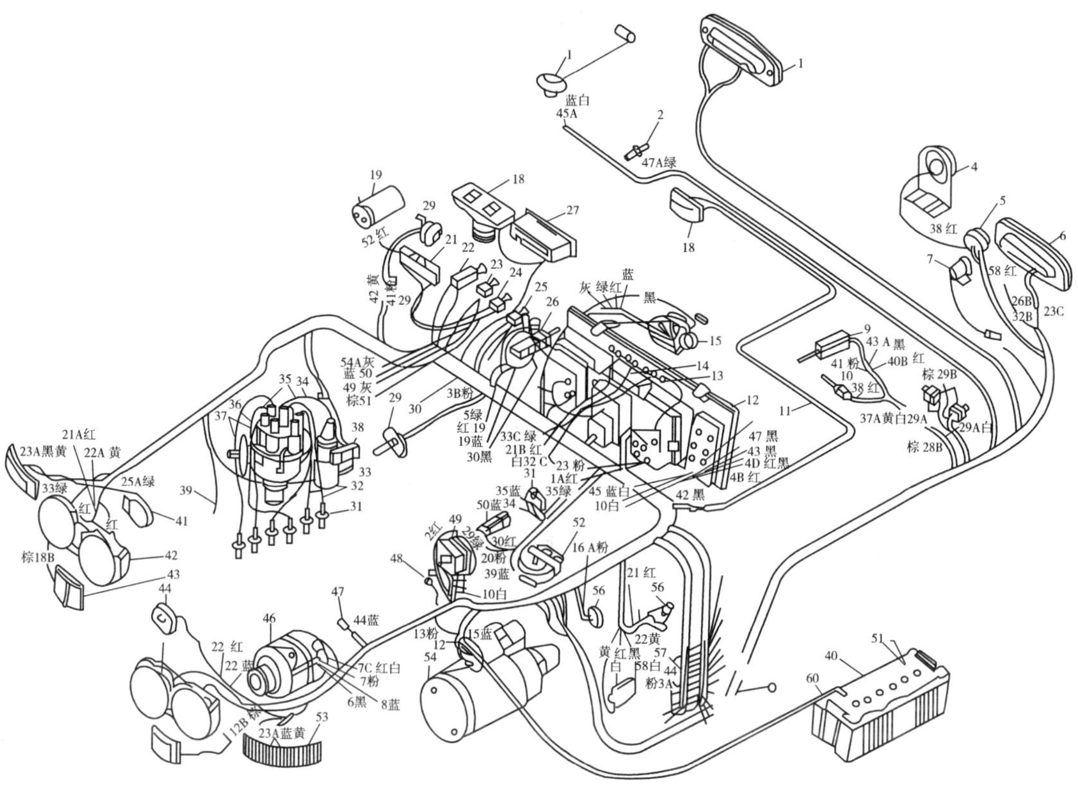

图 4-111　解放 CA1092 汽车线束图

1-燃油传感器；2-气压警报灯开关；3-后组合灯；4-倒车灯；5-倒车插座；6-左后组合灯；7-倒车蜂鸣器；8-制动灯开关；9-驻车灯开关；10-倒车灯开关；11-顶灯线束；12-仪表板；13-转向指示灯；14-远光指示灯；15-转向灯开关；16-顶灯；17-收放机；18-扬声器；19-暖风电动机；20-警报蜂鸣器；21-调速电阻；22-点烟器；23-雾灯开关；24-暖风电动机开关；25-点火开关；26-车灯开关；27-车速表；28-电喇叭按钮；29-发动机罩下灯；30-仪表线束；31-火花塞；32、35、37-高压分缸线；33-点火开关；34-中央高压线；36-分电器；38-点火控制器；39-冷却液温度传感器；40-蓄电池；41-右电喇叭；42-右前照灯；43-雾灯；44-左电喇叭；45-左前照灯；46-发动机；47-油压警报器；48-油压传感器；49-复合继电器；50-闪光器；51-喇叭继电器；52-灯光继电器；53-转向组合灯；54-起动机；55-工作灯插座；56-变光开关；57-熔断器盒；58-节压器；59-后线束；60-起动机电缆；61-搭铁电缆

三、电路图的识读

阅读接线图、线路图和电路原理图时，一般要先找到电源线和搭铁线，然后按照开关、熔断器、用电器（或开关）、搭铁的次序，运用前面各单元所介绍的知识进行原理分析。应特别注意：在电路原理图中，开关和继电器的位置是它们不工作时（电源切断情况下）的状态。

1 读电路图的基本原则

首先要注意电源的搭铁极性，其次对于一张整车电路图，要善于化整为零，将其划分成各个局部电路图，再分别弄清楚各导线、熔断器、用电设备、开关、继电器、控制器等的作用。

2 读电路图的方法

要遵循回路的原则：注意相线与搭铁线的不同；注意继电器和开关。

图 4-112 所示为桑塔纳车型部分电路图，读图方法如下：

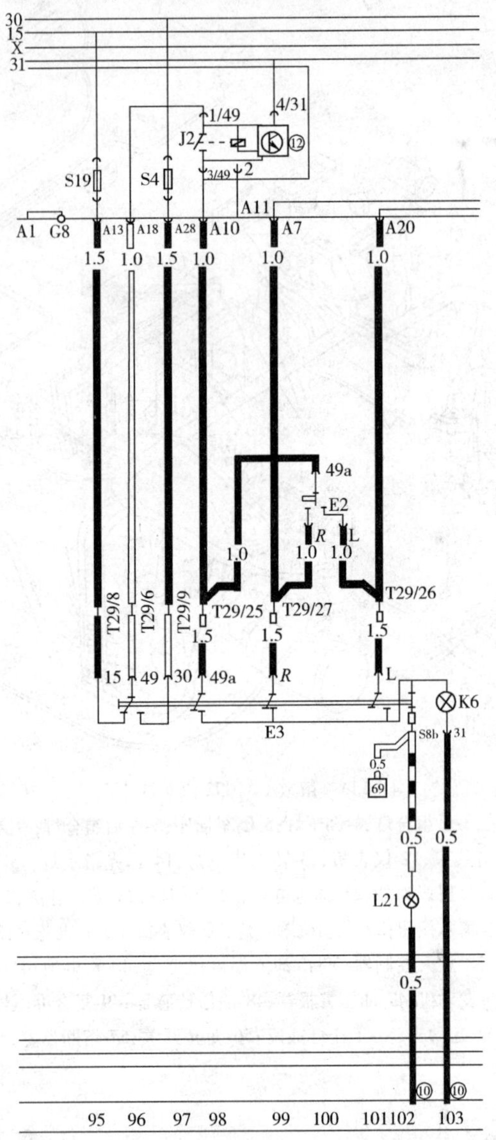

图 4-112　电路图的识读

J2 为电子复合控制继电器，⑫表示该继电器位于中央配线盒 12 号位。S19、S4 为熔断器，分别位于中央配电器的第 19 位和第 4 位。

A13 为中央配线盒结点说明，该黑/蓝色导线连接于中央配线盒 A 线束第 13 位插头上。

黑/蓝色导线上标有 1.5 表示此线径 1.5mm^2。

T29/8 表示连接插头，29 孔位于仪表板后面。

黑/蓝色导线尾部标有“15”字样，表示为 E3 开关的“15”接线柱。E3 为危险警告灯开关。

汽车电路中常用的图形符号有电路图形符号和仪表、开关、指示灯标志图形符号（不同厂家的图形符号有所不同）。

汽车上使用的连接导线，因功能、颜色和导线直径的不同，在电路图上标注也不相同。

小结

1. 汽车电气设备总线路和一般电路一样，也是由电源、负载（用电设备）、导线、开关、熔断器等组成。

2. 汽车电路图有接线图、线路图、电路原理图、线束图等四种。

3. 阅读接线图、线路图和电路原理图时，一般要先找到电源线和搭铁线，然后按照开关、熔断器、用电器（或开关）、搭铁的次序，运用前面各单元所介绍的知识进行原理分析。

思考题

1. 汽车电气设备总线路包括哪些元件？

2. 汽车电路图有哪几种？

3. 如何识读汽车电路图？

第5单元 汽车的性能与选购

第一节 汽车的使用性能与评价指标

1. 掌握汽车的动力性及评价指标。
2. 掌握汽车的燃油经济性及评价指标。
3. 掌握汽车的制动性及评价指标。
4. 掌握汽车的操纵稳定性及评价指标。

汽车的使用性能主要有动力性、燃油经济性、制动性、操纵稳定性、舒适性、通过性等。

一、汽车的动力性

动力性是汽车的最基本、最重要的性能,是汽车首要的使用性能,它直接影响汽车的平均车速,对汽车的运输效率有决定性的影响。

动力性是指汽车在行驶中能够达到的最高车速、加速能力和爬坡能力。它表示汽车克服行驶阻力,达到高的平均车速的能力。

1 最高车速

最高车速是指汽车以厂定最大总质量状态在风速≤3m/s条件下,在干燥、清洁、平坦的混凝土或沥青路面上,能达到的最高稳定行驶速度。此时发动机处在全负荷状态,变速器换入最高挡。

2 加速能力

加速能力是指汽车在各种使用条件下行驶,迅速增加行驶速度的能力。经常用加速过

程中的加速度 a、加速时间 t、加速距离 s 来评定加速能力。其中加速度 a 越大、加速时间 t 和加速距离 s 越小,汽车的加速性越好,平均车速也越高,即动力性好。现在也有用把汽车由静止加速到 100km/h 所用的时间来判断,时间越短,汽车的加速性能越好。

3 爬坡能力

爬坡能力是指汽车满载,在良好的混凝土或沥青坡道上以变速器最低挡能够爬越的最大坡度 i_{max}。轿车一般不强调爬坡能力,货车要有足够的爬坡能力,一般 i_{max} 在 30% 左右,越野车 i_{max} 在 60% 左右。

二、汽车的燃油经济性

汽车的燃油经济性是汽车的主要使用性能之一,它表示汽车以尽量少的燃料消耗完成单位运输工作量的能力。

汽车的燃油经济性常用一定运行工况下汽车行驶百公里的燃油消耗量或一定燃油量能使汽车行驶的里程来衡量。

1 单位行驶里程(100km)的燃料消耗量

当燃油按重力或质量计时,用 Q_S 表示,单位为 N/(100km)或 kg/(100km)。

当燃油按容积计时,用符号 Q_L 表示,单位为 L/(100km)。

我国及欧洲,燃油经济性评价指标的单位为 L/(100km),即行驶 100km 所消耗的燃油升数。其数值越大,汽车的燃油经济型越差。

有些国家用一定燃油量能使汽车行驶的里程来衡量。如美国用单位 mile/gal(美),即每加仑燃油能使汽车行驶的英里数。这个数值越大,汽车的燃油经济性越好。

这一指标只能用于比较相同类型汽车或同一辆车的燃油经济性。

2 单位运输工作量的燃料消耗量

单位运输工作量的燃料消耗量是指汽车完成百吨公里货运周转量折算的燃油消耗量。

当燃油按重力或质量计时,用 Q_{SG} 表示,单位为 N/(kN · 100km)或 kg/(100t · km)。

当燃油按容积计时,用符号 Q_{LG} 表示,单位为 L/(100t · km)。

这一指标可以用来比较不同类型、不同载质量的汽车的燃油经济性。

我国一般以容积计量燃油,采用 L/(100km)或 L/(100t · km)为单位。

三、汽车的制动性

汽车的制动性是指汽车行驶中能强制地降低行驶速度,以至视需要停车,或在下长坡时维持一定行驶速度的能力。

汽车具有良好的制动性是安全行驶的保证,也是汽车动力性得以很好发挥的前提。汽车制动性有下述三方面的内容:

1 制动效能

制动效能是指汽车迅速减速直至停车的能力。常用制动过程中的制动时间、制动减速度、制动距离和制动力等指标来评价。

2 制动效能的恒定性

制动效能的恒定性是指抗热衰退性。即在高速制动或下长坡连续制动时制动效能的稳定程度。汽车较长时间连续制动时,制动器温度升高后,制动力矩下降,制动减速度减小,制动距离增加,称之为制动器的热衰退。

3 制动时方向的稳定性

制动时方向的稳定性是指汽车在制动过程中按指定轨迹行驶的能力,即不发生跑偏、侧滑和失去转向的能力。

(1)制动跑偏。制动时汽车偏驶,但后轮的轨迹沿着前轮的轨迹运动。如当左右侧制动力不一样时,容易发生跑偏。

(2)制动侧滑。制动时汽车一轴或双轴发生横向的滑动,前后轮的轨迹不重合。

(3)失去转向能力。如前轮抱死拖滑,汽车将失去转向能力。

为防止上述现象发生,现代汽车设有电子防抱死装置。防止紧急制动时车轮抱死而发生危险。

汽车的制动效能除和汽车技术状况有关外,还与汽车制动时的速度以及轮胎和路面的情况有关。

四、汽车的操纵稳定性

汽车的操纵稳定性包括两个内容:一是操纵性,表示汽车能够及时准确的按照驾驶人的指令行驶的能力;另一个是稳定性,表示汽车抵抗外界干扰保持稳定行驶的能力。稳定性的好坏直接影响操纵性的好坏。

汽车的操纵稳定性是对汽车驾驶的操纵方便程度的评价,是决定汽车安全行驶的主要性能。

汽车的操纵稳定性的评价方法有主观评价和客观评价两种。所谓主观评价就是感觉评价,方法是试验评价人员根据试验时自己的感觉来进行评价,并按照规定的项目和评分方法进行评分。客观评价方法是通过测试仪器测试出来的表征操纵性的物理量,如横摆角速度、侧向加速度、侧倾角及转向力等来评价操纵稳定性。

五、汽车的通过性

汽车的通过性是指汽车能以足够高的平均技术速度通过各种坏路和无路地带(如松软的地面、凹凸不平的路面等)及各种障碍(如陡坡、侧坡、壕沟、台阶、灌木丛、水障等)的能力。

评价通过性的主要指标如图 5-1 所示。

由于汽车与地面间的间隙不足而被地面托起无法通过的情况称为“间隙失效”;当车辆中间底部的零件碰到地面而被顶住时称为“顶起失效”;当车辆前段或尾部触及地面而不能通过时则分别称为“触头失效”和“拖尾失效”。

1 汽车最小离地间隙 c

指汽车满载、轮胎气压符合规定，静止时汽车上的中间最低的突出部位与路面间的距离。它反映了汽车无碰撞地通过地面凸起的能力。最小离地间隙越大，汽车的通过性就越好。

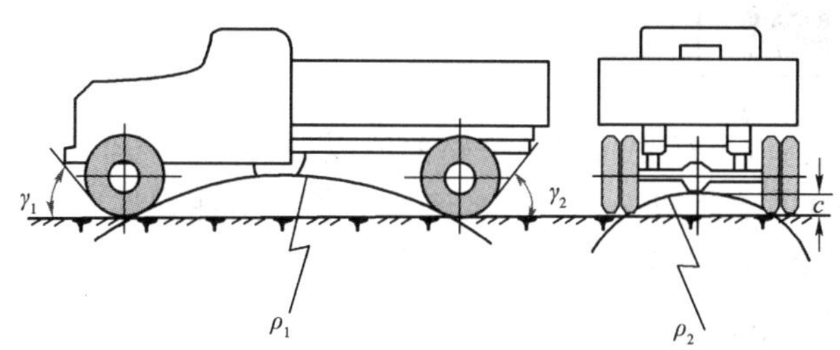

图 5-1　汽车通过性

γ_1-接近角；γ_2-离去角；ρ_1-纵向通过半径；ρ_2-横向通过半径；c-最小离地间隙

2 纵向通过半径 ρ_1

在汽车侧视图中做出的与前后轮及两轴中间轮廓线相切的圆半径，称为纵向通过半径，用 ρ_1 表示。它表示了汽车能够无碰撞地越过小丘、拱桥等纵向凸起轮廓尺寸。ρ_1 越小，汽车的通过性就越好。

3 横向通过半径 ρ_2

在汽车的正视图上所作与左右车轮及两轮之间轮廓线相切的圆半径，称为横向通过半径，用符号用 ρ_2 表示。它表示了汽车通过小丘及凸起路面等横向凸起障碍物的能力，ρ_2 越小，汽车的通过性就越好。

汽车最小离地间隙不足，纵向和横向通过半径过大，都容易引起"顶起失效"。

4 接近角 γ_1

汽车满载静止时，汽车前端突出点向前轮下部外圆所引切线与地面间的夹角 γ_1 称为接近角。γ_1 越大，汽车接近障碍物（如小丘、沟洼地等）时越不容易发生"触头失效"。

5 离去角 γ_2

汽车满载静止时，汽车后端突出点向后轮下部外圆所引切线与地面间的夹角 γ_2 称为接近角。γ_2 越大，汽车驶离障碍物（如小丘、沟洼地等）时越不容易发生"拖尾失效"。

6 最小转弯半径 R_H 和内轮差 d

如图 5-2 所示，转向盘转到极限位置时，作转弯行驶，前外轮印迹中心至转向中心的距离（左、右转弯，取较大者），称为汽车的最小转弯半径，用 R_H 表示。

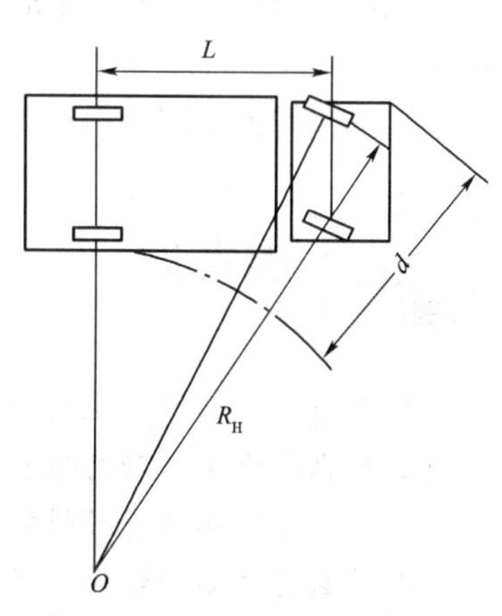

图 5-2　最小转弯半径 R_H 和内轮差 d

内轮差是指前内轮轨迹与后内轮的轨迹半径之差，用

d 表示。这两个参数表示车辆在最小的面积内回转能力和通过狭窄弯曲地带或绕过障碍物的能力。

我国安全标准中规定,机动车最小的转弯半径以前轮轨迹中心线为基线测量其值不得大于24m。当转弯半径为24m时,内轮差不得大于3.5m。

六、汽车的平顺性

汽车的平顺性是指汽车行驶时对不平路面的隔振特性。汽车中有车轮、悬架弹簧及弹性减振坐垫等,它们是具有固有振动特性的弹性元件。这些弹性元件可缓和不平路面对汽车的冲击,使乘员舒适和减少货物损伤。当路面不平激起的振动达到一定程度时,会使乘员感到不适和疲劳或使运载的货物损坏。

汽车乘坐是否舒适,与一系列因素有关,如交通情况、气候条件、大气污染、汽车性能、设备状况、视野好坏、振动和噪声等情况及乘坐者的心理、生理状况等。

汽车平顺性的物理评价有暴露极限、疲劳降低工作效率界限、舒适降低界限。

小结

1. 汽车的使用性能主要有动力性、燃油经济性、制动性、操纵稳定性、舒适性、通过性。

2. 动力性是指汽车在行驶中能够达到的最高车速、加速能力和爬坡能力。

3. 汽车的燃油经济性表示汽车以尽量少的燃料消耗完成单位运输工作量的能力。常用一定运行工况下汽车行驶百公里的燃油消耗量或一定燃油量能使汽车行驶的里程来衡量。

4. 汽车的制动性是指汽车行驶中能强制地降低行驶速度,以至视需要停车,或在下长坡时维持一定行驶速度的能力。

5. 汽车的操纵稳定性包括两个内容:一是操纵性,表示汽车能够及时准确的按照驾驶人的指令行驶的能力;另一个是稳定性,表示汽车抵抗外界干扰保持稳定行驶的能力。稳定性的好坏直接影响操纵性的好坏。

6. 汽车的通过性是指汽车能以足够高的平均技术速度通过各种坏路和无路地带(如松软的地面、凹凸不平的路面等)及各种障碍(如陡坡、侧坡、壕沟、台阶、灌木丛、水障等)的能力。

7. 汽车的平顺性是指汽车行驶时对不平路面的隔振特性。

思考题

1. 汽车的使用性能主要有什么?

2. 什么是汽车的动力性?评价指标有哪些?

3. 什么是汽车的通过性?评价指标有哪些?

4. 什么是汽车的燃油经济性?评价指标有哪些?

5. 什么是汽车的制动性?评价指标有哪些?

6. 什么是汽车的操纵稳定性？评价指标有哪些？

7. 什么是触头失效、拖尾失效、顶起失效？

第二节　汽车的技术状况及影响因素

1. 掌握汽车技术状况的变化内容。
2. 掌握汽车技术状况变化的影响因素。

汽车是一个复杂的系统，它由各种机构、总成组成，而机构、总成则是由零件组成。因此汽车的最基本组成单元是零件。零件的技术状况对汽车来说是非常重要的，它们是决定汽车技术状况的关键因素。

一、汽车技术状况的变化

汽车的技术状况是表征某一时刻汽车外观和性能综合参数的总和。汽车在各种不同工况条件下工作时，由于零件磨损、化学腐蚀及零件变形等将使汽车的技术状况逐渐变坏。

1 汽车技术状况变化规律

汽车技术状况的变化规律是指汽车的技术状况与汽车行驶里程或时间之间的相对关系。汽车主要零部件的技术状况的变化直接影响汽车技术状况的变化规律，因此，通常用汽车的主要零部件的磨损规律作为汽车技术状况变化规律的主要指标。

汽车在使用过程中，各种零件所处的工作条件各不相同，引起磨损的原因和程度也不会完全一样，但是大多数零件的正常磨损过程都是具有一定的共性规律。常把零件的正常磨损量和使用里程的关系用坐标来表示，该坐标曲线称为零件磨损特性曲线，该曲线大体可以分为三个阶段，如图5-3所示。

❶ 第一阶段

第一阶段是零件的走合期，又称磨合期，如图5-3中曲线 $O'a$、$O'a'$ 所示。其特征为零件磨损较快，这时由于新加工的零件表面凹凸不平而产生了啮合性摩擦，使零件表面的凹凸峰尖剥落，造成严重的磨损，直到配合零件走合良好后，才使零件磨损逐渐减慢。零件在磨合期内的磨损量主要取决于零件机械加工工艺质量和走合期使用工况、维护质量。

❷ 第二阶段

第二阶段是零件的正常工作期，如图5-3中曲线 ab、$a'b'$ 所示。其特征是零件表面经过磨合后，变得较为光滑，表面的粗糙度有所改善，零件表层组织有所硬化，两个相互配合的零件间隙仍然处于正常允许范围内，润滑条件好。因此，这一阶段零件的磨损是缓慢且均匀的，从图5-3中曲线 ab 可知，这一阶段基本上处于直线状态，即零件磨损量与行驶里程成正比例关系。

正常工作期的长短，与零件的结构、使用条件、维修质量、合理使用有关。因此，必须认真执行各级维护制度，严格执行驾驶操作规程，保持汽车经常处于完好技术状况，从而延长汽车的使用寿命。

❸ 第三阶段

第三阶段是零件的极限磨损期，如图5-3中曲线 bc、$b'c'$ 所示。其特征是零件磨损已经达到正常工作的极限，运动配合副在工作时，因为互相配合零件之间的松旷量较大产生冲击、振动，使作用力变大，零件磨损量将急剧增加。又由于配合间隙过大，润滑油油楔效应降低，难以形成正常的油膜，通常会伴随渗漏、油压降低、异响等症状，并容易转化和引发汽车事故性损伤。如继续使用，零件将出现异常的磨损，这时应及时进行大修，恢复汽车使用性能。

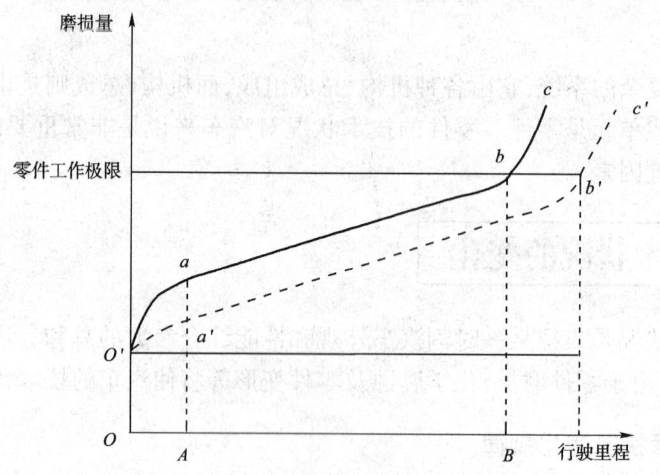

图5-3 零件磨损特性曲线

OO'-摩擦副原有的装配间隙的50%；$O'a$、$O'a'$-磨合期；ab、$a'b'$-正常工作期；bc、$b'c'$-极限磨损期

从零件磨损特性曲线的三个阶段的分析可知，要延长汽车的使用寿命，应着重在第一阶段和第二阶段采取措施，减缓零件的磨损速度。

2 汽车技术状况变化的表现

汽车技术状况变化主要是汽车使用性能指标的变化。

❶ 汽车运行能力下降

汽车运行能力通常用汽车的动力性表示。汽车的动力性下降则汽车运行能力变差。当发动机的有效功率和有效转矩均小于额定功率和最大转矩的70%时，表明动力性下降而不能继续使用。通常情况下，往往采用汽车行驶时的最高车速，从起步到一定车速之间所经历的时间或距离，以及汽车的牵引力大小来判断动力性是否下降。

❷ 汽车燃料、润滑油消耗增加

发动机在正常工作期进入磨损极限期，零件的配合间隙增大，汽车的燃料、润滑油的消耗量明显增加。当汽车的燃料消耗量比正常额定量增加15%～40%、润滑油的消耗比正常量增加3～4倍，经调整仍然无效时，则表明汽车燃油经济性变差。

❸ 工作可靠性变坏

汽车在使用时，由于零件发生故障，如漏油、发热、异响和咬死等，造成汽车制动效能变坏、故障停修次数增多、故障频率提高、汽车完好率和运输效率下降等，使汽车安全行车无保证，则表明汽车工作可靠性变坏。

二、汽车技术状况变化的影响因素

影响汽车技术状况变化的因素有很多，如零件磨损、老化变形和其他损伤等，其中以零件磨损的影响最大。导致零件磨损的原因主要有：汽车设计制造质量、配件质量、燃料和润滑油的质量、汽车运行条件、管理使用状况、维修质量等。

1 汽车设计制造质量的影响

汽车结构设计的科学性和合理性、材料的优劣、制造装配质量等都将直接影响汽车的技术状况。

2 零配件质量的影响

零配件在制造或修理加工过程中，由于制造加工工艺不符合规定或满足不了零件的技术要求，如零件的材料、尺寸公差、形位公差和表面粗糙度等，在加工时没有达到设计的技术要求。这样的零配件在使用过程中就破坏了零件表面应有的几何形状和力学性能，使装配零件间的相互关系和位置发生变化，因而造成零件的技术使用性能变坏，容易使零件产生早期损坏。

零件在装配过程中，因未按工艺要求操作，或受客观条件限制，缺乏必要的检测手段，使得零件选用不当；在装配时，使得零件间的相互间隙调整不当或无法调整，不能满足汽车技术条件，使零件的装配质量下降，破坏零件配合的相互位置，使零件早期损坏而影响汽车技术状况变化。

3 燃料和润滑油品质的影响

为保证汽车正常工作，必须合理选用燃料和润滑油，否则将加剧汽车各总成和零件的磨损，降低汽车的使用性能，使汽车的技术状况变坏。

❶ 燃料品质的影响

(1)汽油。汽油品质对发动机零件磨损有直接的影响。如压缩比高的发动机配用的汽油辛烷值偏低，容易引起爆震，不仅使发动机动力性和经济性下降，而且发动机的平均磨损量比正常工作时增加50%以上。燃油中的含硫量越多，对发动机的化学腐蚀越大，磨损量也越大，一般含硫量不得超过0.15%。

(2)柴油。柴油的品质对发动机零件磨损的影响很大。柴油的黏度过大会增加零件运动阻力；黏度过小失去润滑作用，加速零件的磨损。十六烷值选择不当，会使发动机工作粗暴，加速零件磨损。燃油中的含硫量超过0.1%时，将使发动机零件磨损量增加。

❷ 润滑油品质的影响

(1)润滑油。润滑油品质对润滑质量有直接影响。如黏度影响润滑油的流动性，黏度大则流动困难，黏度小则不能形成油膜，都使润滑条件变坏，加剧零件磨损。选用流动性好的润滑油可明显降低零件的磨损。

(2)润滑脂。润滑脂应根据品质合理选用，如水泵应选用耐水性好的润滑脂。润滑脂应保持清洁，不能混入灰土、砂石或金属碎屑等杂物，以防增加零件磨损。

4 运用条件的影响

❶ 气候条件

(1)在寒冷地区,环境温度低,发动机热效率低,经济性变差;润滑油黏度增大,使润滑条件变差,加速零件磨损,造成汽车起动困难。同时冰雪路面车轮极易打滑。

(2)在炎热地区,环境温度高,造成发动机过热,充气系数下降,润滑油黏度下降,润滑效果变差,发动机易爆震或早燃,加剧零件磨损,驾驶人极易疲劳。

(3)在气候干旱、风沙大的地区,各总成运动副极易因沙尘侵入而加剧磨损。

(4)在气候潮湿、多雨的地区,发动机、驾驶室、车厢的防水和泄水不好,极易引起零件锈蚀和因潮湿而使电气系统工作不良。

(5)在山区高原地带,空气稀薄,气压低,发动机可燃混合气过浓,气压制动力不足,驾驶人体力消耗大。

❷ 道路条件

汽车在良好道路行驶,车速高,燃油经济性好,零件磨损小,寿命长;汽车在凹凸不平路面行驶,平均技术速度不仅较低,且因频繁换挡和频繁制动,加速了一些零件的磨损。路面不平还使零件承受的冲击载荷增加,加剧了零件的损坏。

5 管理和使用状况的影响

❶ 管理因素

(1)车辆选配和使用的前期管理。选配车型应适合当地运力、运量、运距和道路、气候等客观条件和早燃条件。对于新车必须严格按走合期的各项规定执行,必要时应在车辆投入使用前进行驾驶人和维修工的培训,以便掌握汽车的各项性能指标、使用和维修方法,以免影响汽车的技术状况。

(2)车辆的基础管理。保证汽车的装备符合国家的有关规定,并根据特殊的条件配备必要的临时性装备,如保温、预热、防滑等装备。建立车辆技术档案,视情修理,保证车辆经常处于良好的状况。

(3)驾驶人的管理。加强驾驶人队伍管理,提高驾驶人的心理素质和操纵技能,提倡驾驶人勤检查、勤维护、勤修理。严格遵守驾驶操作技能,不断提高驾驶技术。

❷ 使用状况的因素

(1)驾驶操作。正确驾驶:预热升温、轻踏缓抬、平稳行驶、及时换挡。多采用预见性制动,少用紧急制动。

(2)装载质量。汽车在长期超负荷条件下工作,会使发动机过热,磨损量增加。

(3)行驶速度。控制车速,选用适合的挡位,经常保持中速行驶,可减轻发动机的磨损量,延长发动机的寿命,提高汽车的动力性和经济性。正确估计发动机的动力,及时换挡,避免高挡低速或低挡高速行驶。

6 维修质量的影响

❶ 维护质量

车辆通过维护能及时发现和消除故障隐患,防止早期损坏。车辆经过及时的润滑、清洁、紧固、补给、调整等,能减少零件磨损,避免工作中发出异响,也能使操作轻便灵活,保证安全行车。

❷ 修理质量

车辆通过修理能及时恢复车辆的完好技术状况。加强修理过程检验，才能保证修理质量。

小结

1. 汽车的技术状况是表征某一时刻汽车外观和性能综合参数的总和。汽车技术状况的变化规律是指汽车的技术状况与汽车行驶里程或时间之间的相对关系。

2. 汽车的零部件磨损规律包括三个阶段：磨合期、正常工作期、极限磨损期。

3. 汽车技术状况变化的表现在：汽车运行能力下降；汽车燃料和润滑油消耗增加；工作可靠性变坏。

4. 导致零件磨损的原因主要有：汽车设计制造质量、配件质量、燃料和润滑油的质量、汽车运行条件、管理使用状况、维修质量等。

思考题

1. 汽车技术状况发生变化有哪些方面体现？
2. 什么是汽车的技术状况？
3. 导致零件磨损的原因主要有哪些？
4. 汽车的零部件磨损规律包括哪三个阶段？

第三节　新车选购

1. 掌握新车选购的比较因素。
2. 掌握新车的挑选、验收方法。

随着国内汽车市场的发展，国产车和进口车大量投入市场，汽车已经成为许多人生活中必不可少的交通工具。面对市场上不同品牌、用途各异的汽车及完善的售后服务管理体系，了解并掌握购车的主要考虑因素、基本程序及相关的手续办理知识，对购车者来说是非常必要的。

初次买车可以向朋友、媒体了解汽车的知识，包括外形、安全、技术、性能、配置、售后服务及某些品牌的口碑。另外，还要了解一点汽车市场的形势，因为汽车不同于房地产，是属于消费品，价格走势永远是下滑曲线，不要因为一些降价传言影响你购买的决心，需要注意了解的是产品降价的周期，选择一个合理的节点进行购买。

一、新车选购的比较因素

1 车辆的安全性能

生命最可贵,因此安全是第一位的,尤其是车身整体安全性更重要,直接决定着驾乘空间的安全系数。汽车的安全性直接影响人们的生命财产的安全,国家制定了许多强制性的标准加以限制。安全环保不合格,整车的质量就不合格,其他性能再好也无用。

汽车安全是消费者的第一要求,汽车的安全性能又可分为主动安全性和被动安全性,主动安全性是在正常情况下汽车预防和避免事故发生的能力。主要受到汽车操纵性能的影响,如超车时的加速性能(发动机功率/转矩),制动性能、行驶平顺性、操纵稳定性、驾驶视野、汽车的灯光及重心等。

汽车的被动安全性能是汽车在事故发生后的承受能力,也就是对汽车内的乘员在事故发生后的保护能力。影响汽车被动安全性能的因素主要有:安全带、安全气囊的数量、前后保险杠、汽车的大小、车体整体结构的抗冲击性和变形能力、脑后护垫等,安全配置是越多越先进越好。

值得注意的是,主动安全性能和被动安全性能有时候在设计上是冲突的,比如汽车对被动安全性能有利,但是由于质量加大使得制动距离加大,不利于汽车的主动安全性能。而同一种安全性能中也会冲突,如重心高一般有利于改善驾驶人的视野,但是同时也造成了汽车容易翻车。

一般来说,大车、豪华旅游车的安全性能比小车和经济型轿车要好。同一档次、同一价位、相同配置的不同车型,就要看具体资料了。

2 车辆的经济性

汽车的经济性主要是指汽车的燃油经济性,汽车行驶的燃油经济性是汽车性能的一个重要指标,其性能的优劣不但反映了汽车的整体设计水平,同时也影响到用户的汽车使用费用。

目前,在市场上销售的汽车中,进口汽车燃料消耗一般相对较低,但汽车的销售价格较高;国产车燃料消耗相对较高,但汽车售价较低。经过汽车界人士的不断努力,积极引进和消化新技术,国产轿车的燃料消耗已经降到5~8L/100km,为轿车进入家庭起到了很大的推动作用,燃料的消耗越大,费用就越高。另外,我国很快要实施费改税,耗油量越大的汽车缴纳的税金就越多。因此,耗油量是购车者格外注重的性能,从总体上看,汽车发动机的排量越大,其耗油量就越大。但随着汽车新技术的采用,使耗油量降低了。一般在购车前可通过汽车说明书、厂家宣传资料、用户反馈等得到各车型的汽车燃料经济性,通过比较来挑选适合自己的汽车。

3 可靠性与维修性

汽车的可靠性是指汽车在规定的使用条件下和规定的行驶里程(或时间)内,不发生故障的性能,而维修性是指一旦发生故障后能否迅速排除故障。两者都是汽车质量水平的综合反映,主要和设计、制造、装配、材料等因素有关,它直接关系到汽车的运输效率。可靠性和维修性不好的汽车，不仅给车主带来很多不便，而且增加了车主的维修费用和汽车的折旧率，从而大大增加了车主的真实费用，同时有些故障甚至可能造成安全问题。

汽车用户都希望自己购买的汽车在运行中不出故障或少出故障，一旦发生故障能在短时间内加以排除，这样才不至于影响经营运输，保证经济效益。汽车的可靠性如何，多数生产厂家有这方面的指标，尤其是进口汽车必不可少，可直接了解。对没有此项指标的汽车来说，可间接向老用户、修理企业、配件商店等了解。经常维修、配件销售量大的车可靠性较差，所以购车时应多费时间了解情况，避免盲目购车。

4 购车用途

个人购车的目的是用来代步，还是用来从事营业性客运或货运，或是二者兼顾，这决定了汽车型号的选定。城市家庭用车一般以代步为主，并以方便舒适为主要的考虑因素，所以轿车是首选目标。若是从事营业性运输，如出租、客运、货运，以营利为目的，则以价格较为低廉的汽车为首选目标。

大多数人都受经济能力的限制，不可能得到所有想要的配置。明确了购车的目的，购车者就可以明确什么是真正需要的，什么是可以放弃的。

5 个人经济能力

对大多数人来说，经济能力是有限的，在考虑汽车的费用时必须考虑汽车使用的“真实费用”，真实费用包括：原始购买价、税、牌照费、养路费、保险费、油费、每年折旧率及平均折旧率、每年平均维护费、修理费、零部件费等。汽车的真实费用直接与车主对车的使用（持有车的年数和每年行驶平均公里数）有关，更与汽车的可靠性及生产厂家的声望有关。

6 车辆的品牌和款式

❶ 品牌因素

品牌作为汽车性能因素具有一定的抽象性。从品牌上看不到任何有关数据和指标。但品牌是在几十年甚至上百年的时间形成的，它包含着企业对客户的一种承诺，这个承诺包含着产品的内在质量，也包含着企业对售后服务的责任和让顾客满意的良好信誉。这无形资产还包含产品的外形美观及技术的先进性。

品牌就是质量的象征，欧美品牌以扎实著称，日韩品牌则物美价廉。但没有完美的汽车，如选购了欧洲车，可能在油耗方面就没有日系车省油，而若选购了做工精细、省油的日系车，则安全系数可能比不上欧洲的“铜墙铁壁”。

❷ 技术的成熟性

一般上市时间较长的汽车在维修方面比较成熟，比如上海大众的桑塔纳，走遍全国都不怕，因为它的配件及维修在全国都能找到。但上市时间较长的车型肯定旧。上市时间较长的车型购买者能够问到用户的真实感受。买车一般不要去当“出头鸟”，因为一款车刚生产出来，各方面的性能参数都只是厂方的测试数据，实际使用的数据还没有。

❸ 性价比

买一款称心如意的车，当然包括称心如意的价格，但所谓的性价比高的车是指各个方面良好、价格合理。因此在购车时所考虑的不仅是价格，还包括不同车型综合价值的比较，特别是操控性能。可以去经销商那里试驾备选车型，切实体验该型汽车的综合性能。试驾时着重体察车的动力性能、安全配置和驾驶舒适程度。进入车内可以感觉视野情况，各仪表操纵设置是否方便易触。动力性能要看它的起步阶段动力输出情况，是否抖动，挡位是否清晰，挡位间距离长短，是否容易进入挡位。行驶时要注意车内及发动机噪声，转向盘是否抖动，转向和挡位是否精确，踏板需要的力度。另外，还要看在颠簸路面的行驶情况。

安全性能要观察制动系统，除常见的前盘后鼓式升级为四轮盘式，现在多数车型都拥有ABS、EBD系统的配置，安全气囊也是每个车型必备，一般多是前排双气囊及后排气囊的设置，可以为车主提供更多的安全保障。

另外，儿童安全锁、前后雾灯、后窗除雾线和防夹电动窗是车辆必要的配置。舒适性能则首先要看车内的密封情况，是否可以将噪声隔离在车外。要在驾驶中切实体验其悬架的减振效果，看悬架对路面的颠簸及发动机振动的吸收控制。

即使是相同排量不同品牌的两款车，在性能上也是有很大的差别，切身体验后，更容易进行选择。

❹ 造型和外观

有时选车就是第一印象，觉得这款车够时尚，就有要买的冲动。当然看外观也是有很多讲究的。外观主要看车型设计，除了解汽车外形、颜色外，可以对照生产商的资料介绍看车长和车高，看车长可以了解车内空间及行李舱的容量，看车高可以观察其与整车的比例及后排乘坐空间是否充裕。

汽车外形还要观察它的C柱是否坚实，车顶到行李舱弧线设计是否和谐，看车胎宽窄、品牌产地及轮辋外观是否时尚动感、稳重大方。细节部分还要特别注意观察汽车间隙是否均匀，这既代表着总装质量，也反映着制作加工水平。看车门C柱是否是一体成形的，就是看车门或C柱中间是否有接缝，如果是一体成形的，那么安全性会更好些。

不必刻意追求时尚或与众不同，要看制造工艺是否精良等，不同厂家往往在工艺精度上会有很大区别，从而也带来产品品质的巨大差异。

另外，看车内的塑料装饰部件与车体之间是否紧凑，看汽车安全保险杠的紧凑度是否和车身紧密结合在一起。储物箱是否能稳定关上，开关车门的声音最好清脆而无杂音。

❺ 汽车颜色

一般情况下，人们对汽车颜色的选择多是从美观角度来考虑。颜色是车主个性的体现，能反映车主的情感和身份。红色能激发欢乐情绪；黄色是崇尚大自然的颜色；蓝色表示豪华气派；白色则给人以纯洁、清新、平和的感觉；而黑色是一种矛盾的颜色，既代表保守和自尊，又代表新潮和性感；绿色则能给人带来沉静和蔼的气氛。

但是，如果仅仅从喜好的角度来考虑对汽车颜色的选取是不够的。有关人士称，汽车颜色与交通安全密切相关。有些颜色在汽车遭遇紧急危险时，起到加剧肇事的作用；相反，还有一些颜色却从某种程度上减弱或者遏制车祸的发生。

红色轿车给人以跳跃、兴奋、欢乐的感觉。红色是放大色，容易从环境中“跳”出来，引起人们视觉的注意，有利于交通安全。但是，红色却不耐脏，驾驶人长时间行车时，红色容易引起视觉疲劳，不利于对其他淡色物体的观察。从这一点上讲，又十分不利于安全。

有关人士通过研究可以明确的是，在雾天、雨天或每天清晨、傍晚时分，黄色汽车和浅绿色汽车最容易被人发现，发现的距离比发现一般深色汽车要远3倍左右。因此，浅淡且颜色鲜艳不仅使汽车外形轮廓看上去增大了，使汽车有较好的可视性，而且使反向开来的汽车驾驶人精神振奋，精力集中，因此，有利于行车安全。

嫩黄色也许不是最受大众欢迎的汽车颜色，但最近的一项研究却发现，色彩亮丽夺目的嫩黄色是最安全的汽车颜色。

❻ 内饰和配置

对于车的外形是否喜欢一眼就能决定，但内饰就不同了，看仪表板的指针是否明确，中控台是否方便驾驶人触摸，有无为乘员设计的人性化装置。另外要看内饰做工是否精致。一般经济型轿车在内饰方面都做得比较精致，但一些低端的越野车则在内饰方面下的工夫就不够了。

对于车的配置，在购车时不必把它看得太重，配置以实用、够用为限，因为配置越多，可能发生故障的部位也相应增多，就可能增加维修费用。

任何车型，即使它配置再高、油耗再低、价格再便宜，但是其安全不达标，也不会受到消费者的青睐。众所周知，美系车及德系车素以安全舒适著称。如通用旗下的别克品牌所采用的全金属封闭式承载车身、优化增强底盘与独立悬架系统、智能感应双级安全气囊以及独有的悬浮发动机防撞保护装置等，就能最大限度地保护驾乘者的安全。

有统计数据表明，"安全带 + 气囊"的保护方式可以挽救约 60% 的生命；而在仅使用安全带的情况下，有效保护率为 43%；在仅使用安全气囊的情况下，这一比例将下降到 18% 左右。安全的车都非常重视安全带设计，把车上每位乘客的安全看得同等重要。安全意识淡漠并不一定会出交通事故，但安全意识强却一定可以避免很多悲剧的发生。就拿安全带来说，如果不系，无论多么坚固的车身结构、多么齐全先进的安全装备，也无法发挥作用，无法保护你了。

如果价格一样、性能一样，内部配置当然是多多益善，可是这需要你做出取舍。不过现在汽车装饰业也很发达的，你不一定要一步到位。

❼ 车辆的舒适性

据有关调查显示，对于有车一族来说，其一生中将有 5 年时间是在车上度过的，汽车无异于他们第二个家，因此选择一款乘坐舒适的汽车就显得尤为重要。车辆的舒适性包括驾乘的舒适性、车身的稳定性、减振性以及隔噪效果等。

7 售后服务

购车时消费的开始而非终结，维修服务在汽车整体使用价值中占据很大的比重，售后服务系统的健全与否，直接关系到购车后的权益保障，其中包括：索赔、维护、配件供应、技术支持、网络分布（离你最近的站是多远，省内或全国的服务网络情况）、服务质量和价格等一系列内容。

销售出去后是否有质量保证期？各地是否有售后服务站、维修站？是否实行"三包"、上门服务？维修配件是否供应充足？这些都是购车者需要认真考虑的问题。一旦汽车出现故障得不到及时的维修，或缺少汽车配件使汽车停驶，或延长了汽车维修停厂时间，都会给车主造成经济损失。通常情况下，买车时需要选择可靠的品牌和具备实力的经销商，这样，即可确保维修水平，也可保证合理的工时费、正宗的配件和便利的服务。

如何选经销商？一般情况下，应尽量找大经销商或专门的 4S 店。这里的车较多，挑选的余地也就大些。同时它们的产品往往周转很快，购买者可以买到出厂的车。若看中的车货源不足，大经销商或专门的 4S 店也能依靠其进货渠道让购车者尽快提到车。此外，大经销商或专门的 4S 店的运营渠道有时还能帮购车者顺利快速办齐相关手续。

比如,国内售后体系比较出众的有上海通用、上海大众等汽车品牌,其售后服务网络均已遍及全国。如此比较,若在几款候选车型的价格、配置、性能同等的情况下,可优先考虑售后体系完善的车型。

8 综合用车成本

很多消费者片面认为油耗即是衡量用车成本的唯一标准,这是个误区,油耗只是用车成本的一部分。用车成本还包括车辆的维修费用等。如一款刚上市的新车,其售后体系尚未健全、技工的维修技术水平还不成熟,且零配件价格偏高,该车的使用成本也会随之上升。因此,购车应尽量选择成熟车型。

二、新车的检查与验收

目前新车都是流水线规模化生产的,同一批车之间质量相差不大,但由于制造、装配、运输、销售等多个中间环节的不确定性,并不能完全保证商家的每一辆车都能让顾客满意,因此有必要在提车时对车辆进行认真的挑选和验收,如果感觉自己一个人会有疏漏,可以找一两个较内行的人帮忙,由于提车前肯定已经做了大量工作,没必要找很多专家。

1 新车的静态表面检查

(1)看外观,重点看车身外部有无瑕疵。

①看防锈喷涂效果。车身外表面与仪表板上平面应平整光亮,且颜色、色调光泽一致,无污点、变色、皱纹、龟裂、流漆、剥落等缺陷;棱角边缘光滑整齐、无脱漆现象。

②看覆盖件表面。用眼看、手摸等方法检查车辆应光顺平滑,正规企业生产的车身外表钣金件全是用模具压制而成,不允许有明显凹凸不平现象,如发现钣金件有凹凸不平现象,边角出现不直,焊口未经修光,个别零件与其他零件不协调或有锐边,说明该车进行过整修。

用简单易行的敲、看方法检查车身钢板的厚度。车体 A 柱、B 柱和 T 形梁一定要坚固,尤其是 T 形梁,注重安全的车型上会采用双层钢板,敲起来声音沉闷,而单层钢结构的声音则相对清脆。另外,注意观察车门,不是整体冲压的车门可以看出焊接的痕迹。

环绕汽车仔细检查,不要让脏物或灰尘遮住残损处,查看全车颜色是否一致,若不一致,用手摸一摸,看是否有修补的痕迹,若修补痕迹较多,则可判断该车为旧车。看车身是否有碰撞,仔细观察车身有没有小坑,剐蹭,检查车身各个部分接缝是否均匀;观察各玻璃、前照灯、塑料件有没有裂纹。

在车辆的仪表板上靠近风窗立柱位置的铭牌有一排由英文字母和阿拉伯数字组成的 17 位数字代号,这就是该车的车辆识别代号(VIN)。它是制造厂为识别而给一辆车指定的一组号码,在世界范围 30 年内制造的所有车辆的 VIN 代号具有唯一性。车辆识别代号中的英文字母无 I、O、Q,如果发现 VIN 字码字迹不清晰、有手工打刻痕迹或出现 I、O、Q 等英文字母,就说明这辆车有问题。

③看车门及车窗开关是否灵活到位。每个车门、发动机罩、行李舱都打开关闭几次,检查机构运转。听车门关闭是否有异响,依次打开每个车门,观察是否有下垂现象。将门慢慢打开到推不动为止,感觉限位开关是否起作用、有没有异响。轻关车门,听关车门的声音是否有尖锐的撞击声,车门拉手是否松动。

关门时如有撞击声说明阻尼和密封不好。另外需要检查车身外部的其他设备，包括反光镜能不能折叠、防撞条粘贴以及挡泥板安装是不是牢固。

(2)看车底盘等相关部件。大型企业一般采用先进自动化生产线生产，驾驶室前围、底板总成、车架等均是一次性成形，如发现车架等部件有切割焊接处，则说明该车不是拼装也是改装。

看汽车悬架弹簧在汽车行驶中，承受高频往复压缩运动，起着缓冲和减振的作用。其质量好坏，对车辆平稳性、安全性起着重要作用。专业正规企业生产的汽车悬架弹簧表面平整光滑、规格尺寸规范；喷漆工艺水平高，用刮刀刮去弹簧凹面漆层，弹簧上密布均匀小凹坑，提高弹簧疲劳寿命。如果发现弹簧上小凹坑稀疏不均匀或有轧制、车削的痕迹，说明此悬架弹簧必是劣质产品。

(3)看车内设施。打开车门，检查车内座位是否完整，座椅及靠垫是否美观大方，座椅能否前后调整，座椅电动功能是否正常，乘坐是否舒适，有无安全系统，安全带伸缩是否自如，手动或电动车窗操作是否正常，门窗及前后风窗玻璃是否密封良好，玻璃是否存在裂纹。检查各后视镜中景物图像是否清晰。检查车内各装饰件安装是否牢固可靠，特别是内顶棚是否有松脱现象等；看仪表台接缝是否均匀，地胶粘贴是否平整；看看行李舱里面是否平整干净。检查座椅的舒适和安全(最好带头枕，桶形并防滑)性。

检查蓄电池各接线是否牢固可靠；检查蓄电池电解液液面高度等是否符合要求；检查里程表有无读数记录，对于新车其数值不应超过 10km。

(4)检查轮胎规格，备胎及其他 4 个轮胎是否相同，轮胎气压是否合适，轮胎颜色款式是否一样；检查发动机、变速器、后桥的润滑油量是否在规定范围，润滑油是否变质；检查散热器冷却液的高度是否符合要求；检查发动机各传动带(发电机、压缩机等设备)是否有损坏及缺陷，张紧力是否合适；检查随车工具是否齐全等。

(5)车型及参数。先核对汽车型号，由于不少汽车是用多个英文字母代表其结构特点及有关参数，型号代号比较长，核对时一定要细心；核对发动机型号与说明书、发票上的是否相同，核对发动机号码、车身号码，要与说明书上的一致，若不一致，机动车市场管理所不给办理上牌手续；查看汽车出厂日期。

(6)检查是否漏水漏油。检查散热器是否有水滴在地面或者散热器下部是否有明显的水滴凝集，用手摸散热器底部，若有较多水分，则散热器可能存在漏水问题；检查发动机油底壳是否有机油渗漏；检查后桥壳主减速器壳是否有润滑油渗漏；检查转向器(动力转向)是否渗漏；检查燃油供给系统，特别是燃油滤清器、各燃油管路是否漏油等。

(7)看相关文件资料。看随车产品合格证、产品说明书、音像制品资料、三包凭证等。合格证上车型、发动机号、底盘号应与车上的号码一致；光盘或盒式录音磁带图像和音质应清晰，所示无误。否则，说明相关资料非该车配套用品。

2 新车的动态试车检查验收

(1)原地着车，等怠速稳定后听发动机的声音有无杂音，感觉隔音如何，怠速是不是平稳，踩下离合器踏板后听发动机声音有无变化，将发动机转速升到 3000r/min，再听声音有无变化。发动机运转声音是否有规律，运转是否轻快、连续、平稳而无噪声、异响、轻踩加速踏板，发动机转速应连续平稳的上升，加速响应是否快捷。注意驾驶不要过于粗暴，试驾车处于磨合阶段。

看提速性能，不是越快越好，因为在城市里开车没有那么着急，一般国内的家庭车，0～100km的提速时间是在12～15s之间（试车时别忘了问最佳经济转速和最佳换挡转速）；试乘后座，看空间的大小和舒适程度，并咨询前后悬架系统的设计；听各种状况下车内的静音情况。

(2)试验音响系统、灯光系统（包括近光、远光、示宽灯、前后雾灯、制动灯、转向灯、双闪、仪表灯、阅读灯、行李舱灯）。检查各车灯，如前照灯、小灯、制动灯、转向灯、防雾灯、牌照灯、车厢灯等是否工作正常；检查灯光亮度以及闪烁是否频率相同，电动窗是否同时工作。按喇叭按钮开关检查声音是否响亮；拉紧驻车制动，换上空挡，起动发动机，检查发动机起动是否容易，并观察各仪表及电气报警装置是否正常。

(3)调试空调系统。检查空调暖气是否暖和，冷风是否凉爽。

(4)试刮水器、前风窗玻璃清洁系统。

(5)车辆起步前行，离合器是否带助力；试换挡力的大小及操控的灵活性（最好带挡位自锁功能，入挡清晰省力），换挡时应平顺，不应该出现换挡困难及出现齿轮异响的现象；轻踩制动踏板，检查制动系统的制动力度，以及制动时的方向稳定性是否良好，制动性能是否好，最好选择四轮碟制动，并至少带ABS系统；检查滑行性能，在20km/h的速度下换空挡滑行，应可滑行50～80m；多绕些弯路，检查转向系统，看汽车是否有良好的操作性；在不平路面上加速行驶，感受汽车的减振性能是否令人满意；高速行驶，检查汽车的高速行驶性能等。

(6)试转向有无助力。在着车和熄火状态下，分别打轮（转向盘转动不小于180°），体会力量大小便知。

(7)试制动助力。熄火后，踩制动踏板3～5次，若踩下的行程一次比一次小，说明助力系统正常，否则就可能有问题，注意新车制动一般未经磨合都比较软，在上路前应在安全场地内多踩几脚，以便自己体会，否则容易发生事故。助力（转向灵活性）最好是电液伺服方向助力。

(8)看试车效果。试车时主要看发动机是否运转平稳，怠速稳定，有无异响，机油压力是否正常；转向盘应转动灵活、操纵方便、无阻滞现象；离合器应接合平稳、分离彻底，工作时不应有异响、抖动和不正常打滑现象，换挡时齿轮啮合应灵便，互锁和自锁装置应有效，无乱挡、跳挡现象；运行中传动轴和驱动桥工作时不得有异响。检查制动系统和照明系统功能应健全、有效。如果试车效果不好，就说明该车出厂检验把关不严或存在其他问题，质量无保证。

小结

1. 购车时的比较因素有汽车款式、汽车性能、汽车的配置、汽车颜色、汽车的售后服务、综合用车成本。

2. 新车的静态表面检查包括：看外观，重点看车身外部有无瑕疵；看车门及车窗开关是否灵活到位；看车内设施；检查轮胎规格；核对车型及参数；检查是否漏水漏油；看相关文件资料。

3. 新车的动态试车检查验收包括原地着车、试验音响系统和灯光系统、调试空调系统、试刮水器和前风窗玻璃清洁系统、试转向有无助力、试制动助力、车辆起步前行试验。

思考题

1. 购车时有哪些比较因素？
2. 新车的静态表面检查包括哪几方面？
3. 新车的动态试车检查验收包括哪几方面内容？

第四节　二手车选购

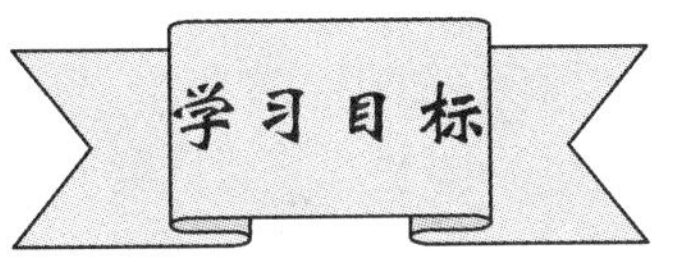

学习目标

1. 掌握二手车选购的比较因素。
2. 掌握二手车的挑选方法。
3. 掌握二手车的验收方法。

在欧美国家，选购一辆二手车就像两个小朋友在跳蚤市场交换玩具一样简单。据统计，有80%以上驾驶人的第一辆车都来自二手车市场。

在我国，近年来二手车市场也日渐成熟，“买辆二手车练手艺”成为很多新手们的选择。但是，日渐成熟的国内二手车市场也仍然存在或多或少的问题，比如车辆信息伪造、价格不合理、以次充好等情况。

一、二手车选购

二手车又称旧车，在国外交易率很高，事实上，每年欧美市场的二手车交易量大大高于新车市场，大多数年轻的消费者更倾向于购买更加经济合算的二手车。以前我国对于家用轿车的定义似乎基本上局限于新出厂的车型这一方面，随着消费者消费目的和消费价值观的不断发展，近几年我国的二手车市场也开始逐渐升温。很多消费者受车价因素的影响，愿意购买二手车，首先，因为新车价格较贵，二手车比较便宜，尤其是企业淘汰下的七八成新的二手车价格一般只是新车价格的30%～50%；其次，对于一些驾驶技术不很熟练或用车率较高的车主来说，开二手车不必担心磕碰，照料起来比较省心；再次，由于新车型的不断推出及价格的不稳定性，一些急于用车又在短时间不能选中满意车型的消费者，常会选购二手车，这样不但可以尽早享受驾车之便，而且又可以等待选择满意车型。

然而许多消费者由于缺乏经验，对车辆技术状况不甚了解，盲目购买二手车，结果上当受骗，由此引发的经济纠纷屡见不鲜。另外，二手车具有许多不确定因素，因此在选购二手车时不能操之过急，应慎之又慎。

1 对二手车的检查

❶ 车辆手续的检查

按照有关规定，机动车辆自购车之日起1个月内应到机动车辆管理机关办理申领牌证手续方可上路行驶。若所购的车辆证照不全，则有可能是私自改装、组装拼凑的车辆。另外转向盘右置的车辆或走私车辆，办不了证照。若证照遗失、多年未年检等原因导致证照不全，买了以后也要花一笔费用来办证。

按照《中华人民共和国道路交通安全法》等法规规定，机动车辆必须参加年度检验，经检验合格方可继续使用，否则不许使用。另外，未经安全检测和质量检测的各类机动车，质量无保证，按规定不予入户。

在道路上从事运输或兼营运输的机动车辆，必须按规定向国家缴纳养路费、工商行政管理费、营业税等税费。如果买下别人拖欠税费的车辆，那么这些拖欠的税费随着车辆转移给新车主了。

所以购买二手车前，首先要看清楚车辆出厂投入运营的时间，应该何时报废。必要时，可请有经验的维修人员路试和检验。要查验车主的身份证、年检证明及保险单等，必要时可与车主到主管部门逐一核实。

❷ 外观的检查

（1）车漆部分的检查。

①漆色。新补的油漆往往色彩不同于原车的漆色，若车使用的时间比较长，补漆往往比较多，因而整个车身各个部位颜色都有差异，有时甚至找不出原车的颜色。

②车身的平面度。特别是有大面积撞伤的部位，补腻子的面积比较大，在工人打磨腻子时往往磨得不平，因而补漆后，车身表面看上去如同微微的波浪一样凹凸不平。

③油漆质量。补过的漆往往有如下质量问题：丰满度不如原车的油漆，油漆表面有流痕，表面有不规则的小麻坑，表面有小麻点。车辆成色越好，上述质量问题越少。

（2）车门部分。从车门框 B 柱观察是否呈现为一直线，若无波浪形，表示此车无大问题；再从车门查看，在未打开车门时，可先查看车门接缝处是否平整，如果结合的密合度自然平整，表明此车无大问题；但不能由此而断定此车无问题。可以再打开车门来仔细查看 A、B、C 柱，即观察车门框是否在一直线，如果不平整，有类似波浪的形状，表明此车经过钣金处理。也可将黑色的水胶条揭开看是否平整，车门附近是否留有原车接合时的铆钉痕迹，留有铆钉痕迹的表示此车为原厂车，表明此车烤过漆。最后可来回开关车门，检视车门开启的顺畅度，无异响或开启时极为顺手，表示此车无大问题。

（3）发动机和行李舱部分。前后盖更换则要更小心的检查，通常发动机罩更换代表撞击后发动机罩卷曲，金属产生卷曲钣金整平极为困难，所以才会更换发动机罩，若发现更换发动机罩则下一步必须仔细检查散热器架是否有切焊或换新，是否因为撞击力度过强导致车头溃缩，同理，行李舱盖更换的可能是因为来自后方撞击力度过强产生溃缩。这种原因流入二手车市场的车辆，通常维修会采用包修的做法将车辆修到尽可能回复到原状即脱手，所以别指望修理好的车辆没问题，安全性可是没办法保证的。查看行李舱开口处左右两边的钣金件或后保险杠的接合处，可先翻开行李舱下的地毯，检视该处有无烧焊过的痕迹，虽然现在的钣金技术已经非常先进了，但只要仔细观察还是能够分辨出是否进行过钣金维修，这一点非常重要，如果车辆维修得比较粗糙，可能存在下雨天行李舱漏雨的问题。

（4）底盘部分。检查轮胎磨损程度，可能的话实际试车，感觉行驶时打转向盘的感觉，从而判断该车车轮定位及转向系统和悬架部分中各球头的好坏。另外通过简单的驾驶，还能判断该车离合器及变速器或自动变速器的性能。通过目视检查减振器是否漏油，用手由上向下按压车身，体会减振器阻尼作用的好坏。

3 内饰的检查

(1)座椅及地毯。座椅松动和严重磨损、凹陷,此时应该进行维修。从地毯磨痕可推断汽车的使用频繁程度,新地毯更要注意检查真实车况。

(2)打开空调,观察冷气和暖风是否良好,同时还要注意体会在压缩机运转时是否伴随异常噪声和车身的严重振动。

(3)检查仪表板和汽车外部所有灯光及控制系统是否良好。一般来说,汽车每年的行驶里程在 2 万 ~3 万 km,累计里程表过低不一定是好现象,里程表可能被修改过。

(4)现代轿车配备多种电子设备,注意观察发动机故障灯、气囊灯、ABS 灯及其他报警灯是否在车辆着车后长时间内不熄灭,或在打开点火开关后根本不亮,这些都表明存在故障。

(5)检查驻车制动器是否良好。

4 发动机罩的检查

(1)外观。仔细观察与翼子板的密合度或发动机留有的缝隙是否一致,不要有大小不一的情形,发动机与风窗玻璃之间的缝隙是否一致或留有原车的胶漆,这些都是检查的重点。

(2)内部。发动机罩内的检查更是重点的重点,打开发动机罩,先检查其内侧,如果有烤过漆的痕迹,表明这片盖板碰撞过,因为一般人不会在这个地方乱烤漆,原因是不美观。然后检查发动机前部的端框,该部件往往是固定散热器和冷凝器的,同时它还是前照灯定位和调整的基准,所以非常重要。

2 试驾操作

1 灯光

转动钥匙到 2 挡开关,检视仪表板指示灯是否正常(带 ABS 的车应有显示)。

2 离合器

发动机起动时,油压灯和蓄电池灯应熄灭。踩离合器注意噪声,以确定离合器分离轴承是否破损;转入 4 挡及拉动驻车制动,慢慢放松离合器,如离合器状况良好,发动机应立即停止工作。

3 转向

检查转向器时,可以在原地把转向盘从左到右打满,再从右向左打到头,看两次的圈数是否一致。还可以将车起动后检查,方法是确定一个参照物,把方向打满,从左到右转一圈,再返回来看是否回到参照物处,如未回到原处,则证明转向盘有问题,或是撞击后变形了。起动发动机后还可以看看转向盘复位是否良好,即方向打到头。还应看看发动机舱内的走线是否整齐,在蓄电池上应该有两条总线连出。

4 倒车

倒车时变速器应无异响,发动机发出的声音应具有连续性,有的车在倒车时会有"咯噔咯噔"的生硬,且车身随之振动,可能是球头松动的原因。

5 制动

试验制动的时候最好能找一处行人和车辆较少的地方。在车速提升后再踩制动踏板,看车轮是否被抱死,一脚制动是否有效等。在试验完毕后,还应检查驻车制动,方法是在路上找一个小的坡道,在踩制动踏板的同时,拉起驻车制动。驻车制动应该很有弹性地拉起三四个齿时就能使车可靠的停住。但还要有至少两个齿的余量可以再拉紧,并在松开驻车制动时不费力。另外在试验制动时,观察其停车的距离,是否有侧滑、跑偏等现象。

⑥ 异常抖动

正常的车辆在起动发动机后，无论是暂停状态还是行车中，车身部分应保持平稳状态。如果消费者发现要买的车辆有不正常的抖动发生，则表示该车某部分可能产生问题。例如：怠速时车速抖动，则表示发动机部分有问题；行驶时发现转向盘有抖动现象则为轮胎部分有问题，可能要做前轮定位。这些异常的抖动情况如果问题不大，则较易解决，但如果现象严重，则极易威胁到车辆本身的安全。

⑦ 减振系统

车辆减振系统的好坏，对该车在行驶中的舒适性有很大的影响，因此在试车时，可特意将车辆开到不平的路面，以测试其减振系统。如果减振不佳，坐在车内便会有强烈的颠簸感，车辆的舒适性自然大打折扣。另外，还要注意行驶在这种路面上时，车身是否存在杂音或异音，并注意确定是从何处发出来的，以此来判断该车各个部位可能出现的问题。

试行各种路面。只在一般的路面上驾驶，无法判断车辆的真实状况。因此在试车时，最好能在不同路面上行驶，如颠簸的路、多弯道路、坡路等，以实际的驾车感觉，体验该车的各种性能，并体会开起来是否顺手，是否容易操控。一旦发现该车有不对劲的地方或驾驶困难，则最好考虑更换其他车辆，否则，购车后开起来也会遇到同样的麻烦。

⑧ 异常气味

车辆行驶时，该车的各个零件也会跟着运转，如果此时闻到车内或车外的异常气味，且能够确定是该车本身的问题时，则表示此车某个部件有问题。例如：当闻到焦味，可能是发动机舱内的电线有烧焦的现象，或传动带、制动摩擦片因严重磨损而产生焦味；如闻到汽油味，则可能是发动机油底壳破损渗漏或输油管、油箱等零件漏油，以此在车内就闻到浓浓的汽油味，无论是哪一方面的因素导致的，其对车辆本身都具有潜在的危险性，因此车主在购买前要多加考虑。

二、二手车选购的比较要素

消费者对于二手车钟情它的价格实惠，担心它的过往历史。一不走运，就可能买到那些事故车、水淹车，为以后埋下安全隐患。如何淘到放心车，消费者需要注意以下一些细节。

1 购车时机

车辆在放置一个晚上后，有的车会出现不易起动、地面漏油的痕迹，说明电气系统或油液系统出现问题。因此，车辆在早上最能体现出其基本性能。选车首先要选对时机，把握住机会才能“淘”到宝贝。

2 出厂时间

因为我国对车辆的使用寿命有明确的规定，一般为10年，最长也不超过14年。因此，在购买二手车时，一定要查清车辆的出厂时间，以免买回即将报废的车辆。车辆出厂时间一般可通过车辆标牌，或原用户的上牌记录查出，最准确的是通过查找该车型技术资料的方法来了解。

3 行驶里程

通常汽车的使用寿命与使用的时间和行驶里程有很直接的关系。一般在行驶15万～25万km以后，汽车的性能就会明显降低，技术状况也会变差，需要不断地进行修理或更换零配件。汽车的行驶里程可通过观察离合器踏板和制动器上的橡胶脚踏的磨损情形看出来，一般手动变速器的离合器脚踏使用寿命为3万~5万km，而自动变速器的脚踏寿命为8万~10万km。此外，根据轮胎的磨损状况也能判断出汽车的大致行驶里程，一般汽车的轮胎正常使用寿命为10万~12万km，而非正常磨损可能会使轮胎的使用寿命大幅度降低。

4 车身外观

买二手车切记不能凭第一眼印象觉得车型时尚、表面无划痕就产生购买的冲动，一定要细心地观察汽车外观。可按照由外到内的顺序仔细观察车漆，一般原厂喷漆质感均匀，颜色协调，而经过修理厂修补的车漆，漆色或厚薄会与周围的不吻合；也可以打开行李舱，根据行李舱内的颜色也可以判断出是否重新喷过漆。因此要注意补漆处的颜色偏差以及橡胶密封件边缘的油漆残渣，还应注意门下边缘、车身纵梁等区域的漆面情况以及有无腐蚀。

要认真查看车身的锈蚀，它与原车使用时间长短和以后的使用寿命有很大的关系，否则，车辆 购回后，将会出现车身抖动，严重的还需要进行焊接或修补，可通过检查门、窗、叶子板、流水槽、密封胶条等处，查看密封状况和锈蚀程度，还可以打开行李舱和揭开前地板毡，查看行李舱地板上有无漏水现象。

5 汽车内饰

在检查汽车内饰时，应当逐一检查仪表板、转向盘的功能键开关及显示灯是否完好。好的转向盘在用手晃动时，上下不应该有间隙，左右晃动幅度不应过大。还要注意观察车门玻璃是否能升降自如，密封性是否良好。座椅表面应该整洁无损坏，前后滑动顺畅无梗塞。

6 发动机

查看发动机外观，识别漏油，漏水的痕迹。点燃发动机，观察排出气体的颜色，若是半透明的淡灰色，说明发动机状况良好，如果排出的气体是黑色的，则说明发动机没有调校好。此外，还可以通过声音鉴别，声音清脆且节奏感强的一般是好发动机，但也有的车型设计的比较低沉。总之，发动机舱一定要整洁，无漏油、渗油现象，声音节奏不混乱。机油应该有黏度，无金属粉屑，由此可以看出原车主是否爱护和维护原车。

7 减振及悬架

可用手将汽车前后左右角分别用力下压，如放松后汽车车身能回弹，并能自由跳动2~3次，说明该系统正常。如出现异响或不能自动跳动，则说明该减振器或悬架系统的弹簧等部件工作不良，舒适性自然就会变差。

8 行李舱

掀开行李舱盖，如发现边沿有钣金痕迹，则说明该车曾经追尾，这时再观察后翼子板（行李舱侧板）的光反射和色差。

9 路试检查

起步，检查离合器接合是否平稳，有无抖动和异响。原地起步加速行驶，猛踩加速踏板看提速是否灵敏，在坡道上检查提速是否有劲，如果提速慢，上坡又没有劲，则说明发动机功率不足。

10 传动系统

传动系统的检查可以通过行驶中空挡滑行，根据滑行的距离长短判断传动效能的优劣。

检查变速器可在增、减挡时感觉是否灵活顺畅，有无跳挡，夹挡和异响。

三、二手车的选购方法

1 二手车选购要点

虽然现在二手车市场有一套科学的监测评估体系，但对于消费者来说更相信自己看到的一些东西。

❶ 要点一：外观检测

检测关键：接口检查要仔细，漆面不必太在意。

在查看车辆漆面时，要留意车辆的光线发射和色差，观察有无砂纸打磨的痕迹，并用手轻摸车表面感觉顺滑度，注意边沿、装饰条及橡胶密封件。看是否有残留油漆痕迹和"流漆"痕迹，以确认车辆漆面是否是原漆。

漆面检查后，再从车门框、B 柱来观察是否呈现为一直线，若无波浪状，表明此车无大问题。然后重点检查车门，在未打开时，看看车门接缝是否平整，如接合的密合度自然平整，表明此处无大问题。在车门打开时详查 A、B、C 柱，也就是观察车门框是否成一条直线，如果不平整有类似波浪形，表示此车钣金过。最后查看行李舱开口处左右两边的钣金件与后保险杠的接合处时，先翻开行李舱下的地毯，观察该处有无焊接过的痕迹，虽然现在的钣金技术已经十分先进，但只要你细心检查必可发现蛛丝马迹。

❷ 要点二：外观检测

检测关键：透过伪装，窥探真面目。

二手车内饰的检测是不容忽视的，车辆内饰的状况往往可以帮助我们推测出车辆的日常维护情况以及真实的车况。

在检查内饰时，应当逐一检查仪表板、中控台功能键开关以及显示灯是否完好。主要是针对转向盘、脚踏板（离合器踏板、制动踏板、加速踏板）、挡把、驻车制动器以及座椅等部位。用手晃动转向盘，上下不应该有间隙，左右晃动幅度不应过大。检测车门玻璃上下升降情况，密封性是否良好。观察各踏板上的橡胶垫的磨损程度，注意踩踏板时是否有异常感。座椅表面应该整洁无损坏、前后滑动顺畅无梗塞。

❸ 要点三：发动机检测

检测关键：仔细观察，发现痕迹。

对发动机舱内的检查更是重中之重。打开发动机罩后，先检查一下发动机罩内侧，如果有烤漆的痕迹，表示这件发动机罩碰撞过的概率不低。然后可再从发动机上方的横梁（也是散热器上方的工字梁）、发动机体下方的两条纵梁等处查看，这些地方如无意外都有圆形的点焊痕迹，如果这些痕迹有失圆或大小不一的点焊状，都有可能是遭受过撞击的结果。每块钢板的连接处也都是检查的重点，防水条是否平顺，也是判断此车有无损伤的依据。

另外，也可以通过其他方法深层次的来考核发动机是否存在问题。如检查尾气，尾气烟显示蓝色，表明油封失效，机油进入了汽缸燃烧室，也可能是活塞环与汽缸壁间隙过大或活塞环断裂等故障，或是由于发动机油封老化及损坏，造成机油消耗过多，这是发动机需要大修的表现。如果发动机油的颜色变灰、变白或有乳化的现象，说明可能是发动机冷却系统和燃烧系统有泄漏情况。另外，还可以根据加油口盖是否有黏稠的深色乳状物和水珠来确定缸垫、缸盖或缸体是否损坏，在正常情况下，加油口盖不会有类似情况。

❹ 要点四：底盘检测

检测关键：观察各机件协调性，尤重底盘的检视。

底盘的任何损伤都可能让一部分车的寿命提早结束，所以不可不慎。又因底盘对车架构件的张力、抗力等影响程度极大，底盘是除了发动机检测后的第二大重点，也是避免买事故车不可缺少的另一项依据。底盘检测可以从以下几个方面着手：

(1)检查底盘漏油情况(发动机底壳、变速器、差速器、制动系统、减振器)。

(2)检查底盘是否生锈、腐烂，如果是这样，车辆会大打折扣，因为底盘生锈、腐烂会严重影响车辆的寿命和使用。

(3)检查一下排气管是否有漏气和腐烂，看一下横拉杆等附件是否变形。

(4)最后检查一下轮胎，看一下轮胎是否磨损严重或寿命已到，几只轮胎的费用也不是一个小数目。

❺ 要点五：悬架检测

检测关键：力道运用适度、方位选择明确。

用力压下轿车一角，放松后汽车应能弹回，如果超过两次不能弹回，则表明液压减振器有故障，可能是油液泄漏造成的；也可将车开到平路上，看四个车轮位置有无明显下沉造成车辆倾斜(前提是胎压正常)。其次，可以在试车的时候，选择一段颠簸、多弯道、上坡、下坡等路段，以实际的驾车感受体验该车的悬架性能。

需要指出的是，一般二手小型汽车的悬架系统都比较坚固，也比较硬，所以在挑选时，不可用豪华车的乘坐舒适性标准来衡量小型汽车。SUV 等车型其弹性元件多采用钢板弹簧，应观察叶片是否折断，如果只是个别叶片折断，不会对车辆有很大损害，如果多数叶片折断，表明钢板弹簧已无法承载，会出现严重倾斜，给行车安全造成隐患。

2 二手车选购十大禁忌

选购二手车有绝招，同时也有禁忌。

❶ 禁忌一：着急交定金

一般来说，只要不是特殊的车辆，不会遇到市场无二手车的情况。当然，用户的选择不一样，如果在用户不了解全面的情况下，没有完全确定的时候，不要着急交定金，因为按照有关规定，用户如果不在合约期间内提车付款，定金不退还。

❷ 禁忌二：只关注某一方面

对于这类禁忌，一般女性用户和年轻用户比较多，往往只关注外表，尤其是一些个性化小车比如甲壳虫(图库论坛)、Mini、奥迪 TT 等。车辆需要考虑综合性能比较，需要考虑外观和车架、发动机和变速器、底盘、电气系统等，因此，选购二手车时不要“一根筋”，关键时刻要理智。

❸ 禁忌三：只面对一款车

二手车与新车的最大不同在于其个性化，尤其是供应车辆不一定根据购买方的意愿，比如车辆的型号、颜色、配置、价格等。我们建议用户一般选择二手车按照价格空间和功能需求来圈定车辆，而不能仅仅就面对一款车，这样容易造成价格偏差，购买价格偏高等。

❹ 禁忌四:过于坚持己见

二手车方面不仅要有对车辆状况的相对了解,同时要有对车辆的手续等复杂问题的了解,只有真正从事这一行业的人员才能更好地掌握,所以有时候不要过于坚持己见,多走访几家,多听听从业人员的建议,综合考虑。

❺ 禁忌五:虚假报价全当真

其实二手商品最大的问题在于价格的不透明化,因此这里面的价格也就有很多“水分”,二手车如此,二手房也如此。卖车一般商家报价偏高,买车的时候砍价余地较大。我们建议用户不要听虚假报价,以最终成交价格为基准,找正规商家洽谈交易,不要轻信路边、网络等虚假报价。

❻ 禁忌六:用售价做卖价参考

一方面每台二手车的价格不同,另一方面二手车出售价格中有砍价的余地,另外二手车整备、销售过程中的成本用户不确定。一般出售车辆建议多找几家公司询价最好,仅仅通过售价作为参考很难销售出去,往往心气过高耽误了最佳销售时机。

❼ 禁忌七:买车过于急切

不少用户买车都是一种“急切”的心态,在选择新车的时候相对好一些,但是选择二手车,在某些时段某些情况下也许当天的库存车辆并不是令人很满意,也许等待一周之后不论是价格还是车况也许会更好,所以选择二手车要有耐心,不要非得“今天就要开车走”。

❽ 禁忌八:找行家100%没问题

在实际交易过程中,即使是最好的评估师也有“走眼”的情况,并且常规情况下10%的失误率普遍存在。即使用户找专家帮忙,但是为了确保真的出了问题能解决,用户还是要按照正规程序签署合同,可以相信专家,但专家不是神仙,也会看走眼。

❾ 禁忌九:里程表作依据

不少用户在购买二手车的时候都参考里程表作为依据,主要问题是目前国内对于里程(图库 论坛)表的检查和鉴定不完善,容易出现人为的调整情况,因此里程表作为依据有一定的不确定性。

❿ 禁忌十:代办手续全省心

由于在办理过程中需要用户签订一些文件和证明,如果全权代理在此过程中有很多细节用户缺乏了解,容易出现纠纷和后续的问题,比如养路费、登记证、身份证等,因此代办虽然方便,但是转移登记表格、合同等重要的文件还是要用户自己看和自己确认签字。

小结

1. 二手车的选购方法。
2. 二手车选购的比较因素。

思考题

1. 二手车的选购方法有哪些?
2. 二手车选购的比较因素有哪些?

第 6 单元 Unit 6

汽车的维护与修理

第一节 汽车的维护

1. 掌握汽车维护类型、维护作业内容。
2. 掌握汽车修理类型、修理内容。

根据交通运输部 1990 年颁发的《汽车运输车辆技术管理规定》,我国汽车计划预防维护制度分为定期维护和非定期维护两大类。其中又按其作业范围和作业深度的不同,分为不同等级。定期汽车维护分为 3 级:日常维护、一级维护、二级维护;非定期维护包括:走合维护、换季维护、停驶封存维护。

我国现行汽车维护制度原则为:预防为主,定期检测,强制维护。

一、定期维护

1 日常维护

汽车日常维护由驾驶人在出车前、行车中、收车后执行。

(1)行车前,驾驶人应坚持对车辆进行下列检查:

①检查车灯和转向信号灯工作是否可靠;

②检查制动装置工作是否良好,包括对制动器、制动液面以及制动尾灯的检查;

③检查燃油量;

④检查后视镜位置是否合适;

⑤检查前照灯、后尾灯、制动灯及车窗玻璃是否清洁;

⑥检查轮胎气压和轮胎状况是否正常；

⑦检查发动机润滑油液面是否符合要求；

⑧检查刮水器和风窗玻璃清洗液液面及工况是否符合要求；

⑨检查车辆外露部位螺栓、螺母是否安全；

⑩起动发动机，检查发动机运转是否正常，有无异响，各仪表、警告指示灯工作是否正常。

(2)驶途中的检查维护。长途行车时，行驶一段路程或一定时间后，应选择平坦、宽阔、安全可靠、能遮风或遮阳的地方停车，进行检查维护。通常进行下列项目：检查发动机和底盘的工作情况是否正常；各种仪表工作是否有效、可靠；检查转向器、驻车制动器和离合器的工作是否正常可靠；检查轮胎气压，清除轮胎花纹中的夹杂物；检查有无漏水、漏油、漏气现象；巡视全车外身，检查有无异常情况。

(3)收车后的检查维护。收车后例行检查维护，一般要进行下列项目：检查发动机运转是否正常，察听有无漏气之处，检查和补充燃油、机油、冷却液；按规定对润滑点进行检查和加润滑油(脂)；扭转机油滤清器手柄3～4转；用手摸制动鼓是否发热或过烫；轮胎气压是否充足；气温在0℃以下时，无防冻液的应将冷却液放净；严寒地区，应将蓄电池入暖室内，关闭所有开关和拉钮；检查并配齐随车工具及附件；清洁全车外部，打扫驾驶室和车厢；检视主缸制动液液面是否符合规定；最后按下各车门开关按钮，拔下点火开关钥匙，关闭车门。车门关好后应再拉一下，看是否已锁上。

2 一级维护

一级维护是在车辆行驶一定里程(2000～3000km)后由专业维修工负责定期执行的维护制度。作业范围除日常维护作业外，主要以清洁、润滑、紧固为中心内容，并检查制动、转向等安全部件的工作状况；检查紧固外露连接件的螺栓；检查各总成内润滑油液面，视需要添加润滑油；按规定给各个润滑点加注润滑脂；做好空气、燃油、润滑油滤清器的清洁工作；检查仪表、门锁工作情况。一旦发现故障应及时修理，超出一级维护项目的修理，应在小修作业中予以修复。

3 二级维护

二级维护也由专业维修人员负责进行，依据各地条件的不同，行驶里程在10 000～15 000km范围内选定。若须突破者，可做适当调整。它是以检查、调整为中心，作业范围除了一级维护作业外，还应进行：检查、调整发动机和电气设备的工作状况；拆洗空气滤清器、燃油滤清器和机油滤清器及油底壳；检查并调整转向系统和制动系统；拆洗传动轴和各轮毂轴承并添加润滑脂，拆检轮胎并进行轮胎换位。

二、非定期维护

1 走合维护

走合是指汽车运行初期(如新车、大修后的汽车及装用大修发动机的汽车)，改善零件摩擦表面几何形状和表面力学性能的过程。汽车运行初期的一段里程(一般为1000～

1500km)称为走合期,在这段时间对汽车所进行的维护称为走合维护。

走合期规定:

(1)减载。走合期的载质量一般按标准载质量减载20%～25%,最大载质量不超过额定载质量的75%。走和期内的汽车不准拖挂或牵引其他车辆。

(2)限速。汽车的最高车速不超过其经济车速。轿车发动机的转速不超过4200～4500r/min,各挡位车速也要按规定严格控制。

(3)选择优质的燃料和润滑油。

(4)正确驾驶。

(5)按照规定进行走合期的维护调整作业。

2 换季维护

❶ 汽车夏季维护

(1)正确使用空调。在炎热的夏季,空调的温度不宜调得过低,一方面对健康不利,另一方面还会增加发动机的负荷。一般以低于外界10℃为宜。当车内温度高时,不要立即使用空调,而是要打开车窗,让热空气散出去再关闭车窗,开启空调。若空调出现不制冷,或制冷效果不好,应及时维修。

(2)防止燃料系统气阻。

(3)防止发动机过热。经常检查风扇传动带不能沾有机油,以防打滑,传动带的松紧度要适度。当长途行车途中一定要选择阴凉处适时休息,并打开发动机罩通风散热,当车轮温度很高时,不能用放气或泼冷水的方法降低轮胎温度,而应立即停车休息。

(4)换用夏季润滑油,经常检查润滑油量、油质情况,并及时更换。

(5)夏季也使用防冻液,避免发动机冷却系统经常开锅。

❷ 汽车冬季维护

(1)正确使用刮水器。在寒冷的冬季,当刮水器被雨水粘在风窗玻璃上时,千万不要用热水直接冲洗,否则容易使车窗因为温度剧变而炸裂、刮水器变形。正确的做法是将空调开至热风,然后等待刮水器自然化开。

(2)检查冷却系统。冬季气候寒冷,要定期检查散热器、水泵、传动带、水管、膨胀水箱等部件,如有损坏或故障,应及时修复或更换。换用优质的防冻液。

(3)使用冬季的优质润滑油。

(4)轮胎的气压不可太高,也不能太低。要及时清理轮胎花纹中的夹杂物,尽量避免使用补过的轮胎,更换掉磨损较大或不同品牌的不同花纹的轮胎。

第二节 汽车的修理

了解掌握汽车修理的原则及分类。

汽车修理,是为恢复汽车完好的技术状况或工作能力和寿命而进行的作业。

基本原则:车辆修理应贯彻视情修理的原则,即根据车辆检测诊断和技术鉴定的结果,视情按不同作业的范围和深度进行,既要防止拖延修理造成车况恶化,又要防止提前修理造成浪费。

汽车修理按维修作业范围可分为包括汽车大修、总成修理、汽车小修和零件修理。

一、汽车小修

汽车小修:用更换或修理个别零件的方法,保证或恢复汽车工作能力的运行性修理。小修作业主要是消除汽车个别零件的超前磨损,或由于操作、维护不当等原因造成的早期损坏和故障。

二、汽车总成修理

总成修理:汽车的总成经过一定使用里程(或时间)后,用修理或更换总成任何零部件(包括基础件)的方法,恢复其完好技术状况和寿命的恢复性修理。

三、汽车大修

汽车大修:新车或大修后的汽车,在行驶一定里程(或时间)后,经过检测诊断和技术鉴定,用修理或更换汽车任何零部件(包括基础件)的方法,恢复汽车的完好技术状况,完全(或接近完全)恢复汽车寿命的恢复性修理。

车辆经过大修后,应该尽可能恢复汽车的动力性、经济性、可靠性及原有的装备,使汽车的技术状况和运行性能达到规定的技术条件。

四、零件修理

零件修理:对因磨损、变形、损坏等而不能继续使用的零件进行修理。

小结

1. 我国现行汽车维护制度原则为:预防为主,定期检测,强制维护。

2. 我国汽车计划预防维护制度分为定期维护和非定期维护两大类。

3. 定期汽车维护分为3级:日常维护,一级维护,二级维护。

4. 非定期维护包括:走合维护、换季维护、停驶封存维护。

5. 汽车日常维护由驾驶人在出车前、行车中、收车后执行。

6. 一级维护是在车辆行驶一定里程(2000~3000km)后由专业维修工负责定期执行的维护制度。作业范围除日常维护作业外,主要以清洁、润滑、紧固为中心内容。

7. 二级维护由专业维修人员负责进行,行驶里程在10 000~15 000km范围内选定。它是以检查、调整为中心。

8. 汽车运行初期的一段里程(一般为1000～1500km)称为走合期,在这段时间对汽车所进行的维护称为走合维护。

9. 汽车修理,是为恢复汽车完好的技术状况或工作能力和寿命而进行的作业。

10. 汽车修理按维修作业范围可分为汽车大修、总成修理、汽车小修和零件修理。

思考题

1. 我国现行汽车维护制度原则是什么?
2. 定期汽车维护分为哪三级?
3. 非定期维护包括哪些?
4. 什么是一级维护、二级维护、走合维护?
5. 汽车修理按维修作业范围可分为哪几个方面?
6. 什么是汽车修理?

参考文献

[1] 陈家瑞.汽车构造[M].北京:机械工业出版社,2010.
[2] 蔡兴旺.汽车构造与原理[M].北京:机械工业出版社,2010.
[3] 张弟宁.汽车发动机构造与维修[M].北京:人民交通出版社,2008.
[4] 任恒山,周水庭.现代汽车概论[M].北京:人民交通出版社,2009.
[5] 屠卫星.汽车文化[M].北京:人民交通出版社,2009.
[6] 出射忠明.汽车构造双色图解[M].北京:人民交通出版社,2008.
[7] 邱志华.汽车传动系统维修工作页[M].北京:人民交通出版社,2008.
[8] 苏伟.汽车概论[M].北京:高等教育出版社,2004.
[9] 武华.汽车底盘构造与拆装工作页[M].北京:人民交通出版社,2007.
[10] 巫兴宏.汽车电气设备与维修[M].北京:高等教育出版社,2005.
[11] 夏怀成.汽车概论[M].北京:电子工业出版社,2007.
[12] 肖生发.汽车文化[M].北京:机械工业出版社,2009.